예배의 불꽃

S P A R K

SPARK: A Comprehensive Worship Leadership Handbook
Igniting the Culture of Pure Worship In Your Teams and Your Congregation

회중과 예배팀에 예배 문화의 불을 붙여라

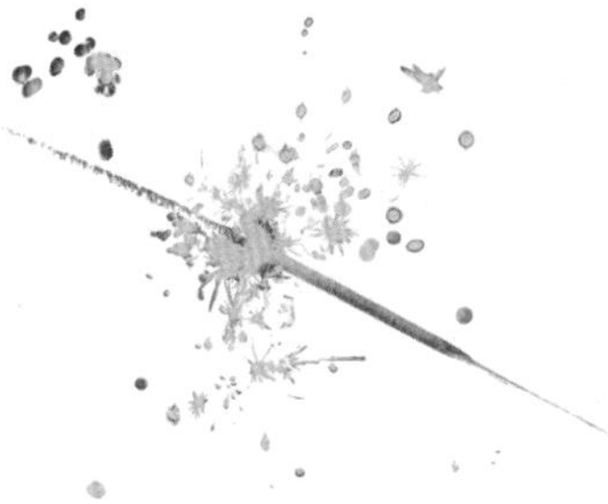

예배의 불꽃

SPARK

효과적인 예배 인도를 위한 종합 안내서

제프 디오 지음 한성진 옮김

스캇 브래너 추천, 폴 발로쉬 서문

이런 책이 진작 나왔더라면 얼마나 좋았을까요! 교회 대부분이 더 나은 예배를 원하지만, 영적으로 깊이 있고 창의적이며 공동체가 함께 누리는 탁월한 예배 문화를 만드는 데 필요한 지식과 전문성이 부족합니다. 제프는 자기 삶의 경험과 이야기를 통해 이런 예배 문화를 세우는 법을 매우 실용적으로 풀어냅니다.

조나단 스톡스틸

예배 인도자, 베다니 교회 담임목사

여기 예배에 영감을 주면서 실용적이고, 비전과 핵심이 모두 담긴 책이 있습니다. 이 책은 예배 운동의 아버지로 떠오른 제프 디오가 쓴 책으로 수십 년의 경험을 간결하고 유용한 지침으로 잘 정리했습니다. 당신은 이 책을 통해 예수님을 향한 열정으로 그리스도의 몸 된 교회를 다시 뜨겁게 할 방법과 마지막 때의 예배를 인도하는 소명을 어떻게 청지기 적으로 감당할 수 있는지 배울 수 있습니다.

밥 소르기

강사, 설교자, 『예배의 다음 파도』, 『예배는 사업이 아닙니다』의 저자

제프 디오의 새 책 『예배의 불꽃』은 우리 모두의 선물입니다. 제프는 자신이 직접 체험한 공감이 가는 이야기들과 검증된 실용적 예배 기술을 문화 구축의 중요성이라는 큰 틀 안에서 훌륭하게 엮어냈습니다. 문화 구축의 강조는 이 책 전체를 관통하는 핵심입니다. 제프가 노스 센트럴 대학교에서 세운 예배 문화는 "올바른 문화가 있으면 한계가 없다"라는 것을 증명합니다. 이 책은 당신의 마음속 문화를 바꾸고, 나아가 교회와 지역사회의 문화를 영원히 바꿀 것입니다.

크리스 듀프리

강사, 목사, 『하나님의 거친 사랑』 저자

제프 디오는 전형적인 예배 인도자나 작곡가가 아니라 순수한 예배자입니다. 저는 먼저 그의 음악을 통해 멀리서도 알았지만, 친구로서 더 가까이에서 지켜봤습니다. 오늘날 교회에 절실히 필요한 메시지를 담은 이 책에서 제프는 자기 삶의 경험과 함께 매일 예배를 살아내는 문화를 세우는 실제적인 방법을 나눕니다. 여러분의 삶과 교회에 부흥의 불꽃을 일으킬 예배 재부팅 버튼을 찾고 있다면,『예배의 불꽃』이 바로 그 책입니다.

브라이언 밍

언베일드 워십 공동 창립자,『시크릿 하트』저자

이 책에서 제프 디오는 예배 인도자 개인의 영적 성장과 그가 섬기는 공동체의 예배 문화 성숙, 이 둘 모두를 이룰 수 있는 깊이 있고 명확한 계획을 제시합니다.『예배의 불꽃』은 예배를 향한 우리 생각을 자극하고, 오래된 예배 방식의 고정관념에 도전하며, 영적 공동체가 그동안 직면한 다양한 장벽들을 뛰어넘도록 실제로 도와줄 것입니다.

엘리사 세인트 제임스

예배 목사, 페이스 커뮤니티 펠로우십

재능 있는 예배 인도자이자 교사인 제프 디오가 직접 우리 예배 팀을 코치하면서 알려준 실용적인 가르침들은 인도자로서 저에게 큰 힘이 되었습니다. 우리 팀은 교회를 향한 주님의 비전을 인내심 있게 실행하면서 서로 더 가까워지고 주님과 더 깊어졌습니다. 만일 여러분이 예배팀과 함께 하나님을 찾고 교회와 삶에서 하나님 나라의 예배 문화를 성장시키고 싶다면, 제프의 새 책『예배의 불꽃』을 읽으십시오!

케티 가너

예배 인도자, 롤라 제일 하나님의 성회

이 책의 원리들을 적용하면, 설계된 목적대로 정확하게 작동할 것입니다. 바로 하나님 나라에 불꽃을 일으키는 것입니다. 제프는 예배를 향한 마음을 나누면서 독자의 마음에 직접 말을 거는 탁월한 능력이 있습니다. 이 책은 여러분이 개인적으로 은밀히 가꾼 예배를 공적으로 드리도록 영감을 줄 것입니다. 바로 순수한 예배를 향한 마음입니다. 이 책을 읽으면서 여러분의 사역 중에 하나님께 온전히 내려놓아야 할 부분이 무엇인지 보여달라고 하나님께 기도하십시오.

마크 오버터프

예배 인도자, 트리니티 하나님의 성회

텅 빈 마음으로 예배를 인도하고 계십니까? 계속 나아갈 힘이 필요하십니까? 제프 디오의 새 책 『예배의 불꽃』을 통해 마음에서 우러나온 열정적인 메시지를 발견하십시오. 이 책을 읽으면서 여러분은 영감과 격려받을 뿐 아니라, 성경을 더 깊이 탐구하고 실제적인 조언을 얻을 것입니다. 제프는 개인 예배자로서, 그리고 회중 예배 인도자로서의 예배 능력을 생생하게 담아냅니다. 인도자와 예배팀, 그리고 회중 모두에게 필요한 책입니다!

매트 힉스

음악 및 청년 담당 목사, 선셋 애비뉴 교회

제프는 순수하고 진정한 예배를 깊이 이해하고, 삶으로 실천하며, 다른 이들을 인도하는 사람입니다. 그는 오늘날 교회가 절실히 필요로 하는 예배 개혁의 신뢰할 수 있는 목소리입니다. 여러분도 그의 지혜에 귀 기울이고 이 예배 회복의 여정에 함께하시길 권합니다!

토드 마샬

워십 이즈 라이프 사역, 『예배는 삶이다』 저자

과도한 속도와 지나친 활동은 사역에 부정적인 영향을 미칠 수 있습니다. 제프 디오의 최신작『예배의 불꽃』은 여러분이 한발 물러서서 삶과 교회에서 예배가 어떻게 성장하는지를 재발견하도록 방향과 신선한 영감을 제공합니다. 이 책은 신자들이 예수님과의 관계에서 더 깊이 성장하도록 돕는 예배 문화를 구축하려는 지도자들을 위한 실전 안내서입니다.

톰 제이콥스

패밀리 라이프 하나님의 성회

오늘날 우리가 살아가는 이 시대에, 그리스도의 몸 된 교회는 제프 디오의 예배 지도력에 관한 지혜와 통찰이 절대적으로 필요합니다. 제프는 예배와 그 안에 담긴 능력을 탁월하게 이해하고 전달합니다. 이 책에서 발견할 수 있는 순수한 마음과 헌신적인 순종은 여러분의 예배 접근 방식에 반드시 새로운 활력을 불어넣을 것입니다.

다니엘 에릭 그로브스

예배 복음 전도자, DEGM 교육 목사, 호프 시티 교회

제프 디오의 새 책『예배의 불꽃』은 예배 사역에서 예수님을 섬기는 모든 사람에게 신선한 바람을 불어넣습니다. 이 책은 지도자들이 예배를 바라보는 방식을 변화시킬 뿐 아니라, 더 중요하게는 성경에서 발견할 수 있는 잘 알려지지 않은 방법들을 활용하여 팀과 회중을 세우도록 격려함으로써 교회 안에 진정한 하나님 나라 문화를 확립하도록 돕습니다. 이 책이 많은 사람을 예수님께 더 가까이 인도하는 데 쓰임 받기를 바랍니다.

에릭 버클린

중국 파트너 사역 설립자, WCM 이사회 멤버

문화는 좋든 나쁘든 끊임없이 만들어집니다. 이 책은 여러분의 교회에서 순수한 예배의 하나님 나라 문화를 세우는 데 도움을 주는 책입니다! 저는 제프 디오가 우리 셀러브레이션 교회에서 이 책의 원칙을 따라 예배 사역을 이끌면서 실천하는 모습을 지켜보았습니다. 여러분에게도 이 책을 적극 추천합니다.

데릭 로스

셀러브레이션 교회 담임 목사

『예배의 불꽃』은 모든 예배 목회자와 인도자가 꼭 읽어야 할 필독서입니다! 제프는 우리가 인도자로서 종종 믿어온 많은 미묘한 거짓말을 폭로하고, 우리 교회가 주일에 좋은 경험을 하는 수준을 넘어 매일 하나님을 만나는 단계로 나아가도록 돕는 실용적이고 성경적인 전략들을 자세히 설명합니다. 이 책을 통해 여러분은 도전받고 격려받으며, 새로운 열정과 목적으로 예배를 인도하는 영감을 얻을 것입니다!

조시 브루어

예배 목사, 파인레이크 교회

수년간 저는 제프가 이 새 책에서 말하는 하나님이 주신 많은 계시를 직접 듣는 특권을 누렸습니다. 하지만 이 책을 읽으면서 이전에 들었던 것보다 훨씬 더 많은 것을 발견했습니다. 우리가 자기 왕국을 세우는 것과 하나님 나라를 세우는 것 사이에서 크게 고민하는 이 시대에, 하나님은 우리가 겸손해지도록 제프에게 새로운 계시를 주셨습니다. 확신하건대, 이 책은 여러분의 영혼이 예수님과 연합하고 다른 이들도 그렇게 인도하는 데 필요한 불꽃을 되찾도록 도울 것입니다.

조나단 리

작곡가, 예배 담당 목사, 시더래피즈 제일 하나님의 성회

저는 수년간 제프를 알아 온 영광을 누렸습니다. 제프는 이 책의 가치를 삶으로 실천한 사람입니다. 그러므로 저는 이 책이 제프의 진정성과 열정을 바탕으로 예배 문화를 세울 뿐 아니라 하나님 나라를 세우는 실용적이고 강력한 도구임을 확신합니다.

클린턴 앨런

예배 인도자, 리버 밸리 워십

목 차

2부
순수한 예배 인도를 위한 팀 활성화하기

3부
회중에게 순수한 예배의 마음 심어주기

헌정사

이 책을 자신이 느끼든 느끼지 못하든
하나님의 불꽃이 필요한 모든 예배 인도자와
하나님 나라 중심의 예배를 갈망하는
예배자들에게 바칩니다.

노스 센트럴 대학교(NCU)와 셀러브레이션 교회에서
성령님이 이끄시는 성경적 전략을 실행할 자유를 허락하여
예배 처소에 하나님 나라의 문화를 일궈낼 기회를 주신
고든 앤더슨, 래리 바흐, 스콧 해이건, 더그 그레이엄,
데릭 로스에게 경의를 표합니다.

추천사

저는 제프 디오를 14년째 알고 있습니다. 제프는 예배 문화를 가르칠 뿐만 아니라 실제로 그렇게 사는 사람입니다. 이 책은 모든 예배 인도자에게 꼭 필요한 지혜를 저자의 실제 경험과 효과적으로 결합하여 실용적이면서도 깊이 있는 영적 자료로 훌륭하게 담아냈습니다.

제프는 예배의 영적 기초와 실제 효과 있는 실용적 방법을 하나로 모았습니다. 바로 이것이 이 책의 가장 큰 장점입니다. 진정한 예배를 향한 제프의 마음이 책 전체에 녹아 있으며, 단순한 연주를 넘어 하나님과의 진정한 만남이 일어나는 환경을 만들어가라고 우리에게 도전합니다.

제프는 단순히 예배 순서를 짜는 것이 아니라 하나님 나라 문화를 세우는 데 집중하라고 말합니다. 이 메시지는 예배 인도를 바라보는 우리 관점을 완전히 바꿔놓습니다. 책에 담긴 이야기들과 성경적 통찰들은 독자에게 영감을 주는 동시에 매우 실용적인 도움을 줍니다.

여러분이 예배를 향한 새로운 열정을 얻고 예배팀과 교회 공동체에 변화를 일으키고 싶다면 『예배의 불꽃』이 그 답입니다. 전능하신 하나님의 임재로 사람들을 인도하려는 모든 이에게 제프의 검증된 방법과 하나님을 향한 진실한 마음이 담긴 이 책을 추천합니다.

- 스캇 브래너

한국 주님의 교회 담임목사

서 문

1981년 영화 『불의 전차』에서 스코틀랜드 출신 올림픽 금메달리스트 육상 선수 에릭 리델은 "하나님이 나를 빠르게 만드셨다. 나는 달릴 때 하나님의 기쁨을 느낀다"라고 말했다. 나는 영화에서 이 말을 들었을 때 크게 마음에 와닿았기 때문에 생생하게 기억한다. 그 후 예배 사역을 시작하면서 종종 에릭의 힘 있는 말을 떠올리곤 한다.

음악 예배에서 신자들을 인도하기 위해 마이크 앞에 설 때 나는 종종 약간의 두려움과 불안으로 시작한다. 하지만 가사의 처음 몇 줄을 부르면 항상 평화와 자신감이 넘치는 상태로 바뀐다. 30년 넘게 예배를 인도하는 동안 한 번도 예외가 없었다. 다른 신자들과 함께 찬양을 부를 때면 나도 에릭처럼 "하나님의 기쁨"을 느낀다. 예배 인도가 익숙해지거나 주님의 임재를 기대하는 마음이 무뎌지지 않기를 바란다.

나는 예배 인도뿐만 아니라 삶의 다른 부분도 평안하기를 바란다. 하지만 평안은 저절로 오지 않으며, 내가 적극적으로 추구해야 한다. 내 관심을 끌기 위해 경쟁하는 다양한 소셜 미디어 채널은 늘 독설로 가득 차 있으며 진리를 의견으로, 평안을 불안으로 대체하고 있다.

솔직히 말하면, 성경적 예배 문화에 불을 붙이는 책들에서 내가 가장 원하지 않는 것은 사람의 의견이다. 그런 면에서 제프 디오의 새로운 책은 매우 신선하고 시의적절하다. 제프는 20년 넘게 전 세계의 대형 공연

장부터 작은 교회에 이르기까지 다양한 환경에서 예배를 인도한 경험을 바탕으로, 지역 교회 예배 팀과 회중에 '하나님 나라 문화'를 구축하는 방법이 담긴 비전을 제시한다. 감사하게도 이 책은 예배 사역에 부름을 받은 모든 사람에게 도전과 영감을 주는 성경적 통찰로 가득하다.

모든 신자의 삶에 엄청난 함정과 유혹이 가득하지만, 감히 말하건대 설교, 가르침, 예배 인도 등 신자들 앞에서 사역하는 사람들은 더 많고 높은 수준의 검증을 받아야 한다. 야고보서 3:1은 더 수준 높은 책임감을 말한다. "*내 형제들아 너희는 선생된 우리가 더 큰 심판을 받을 줄 알고 선생이 많이 되지 말라*(개역개정)." 공적 사역에 종사하는 사람들은 더욱 각별한 주의가 필요하다. 특히 겸손한 삶을 추구한다면 더욱 그렇다. 이 문제를 이 책의 여러 장에서 깊이 있게 다룬다.

아마도 당신은 예배 팀과 회중과 함께 이 책의 진리를 자주 참고하게 될 것이다. 나는 예배팀의 모든 구성원이 각자 이 책을 사서 함께 읽어보며 공부하기를 강력히 권한다. 예배팀과 함께하는 사역은 영적 체육관에서 하는 훈련과 같다. 복근과 근육을 단련하며 육체를 건강하게 하듯 다른 신자들과 함께 사역하면서 우리는 용서, 순종, 인내, 격려, 서로 섬김을 계속 익혀간다. 이런 끊임없는 도전을 통해 우리는 철이 철을 날카롭게 하듯 영적으로 건강한 모습을 갖춘다. 예배팀 공동체는 속한 모든 사람이 하나님 나라의 성숙함을 점진적으로 높일 수 있는 잠재력을 제공하는 환경이다.

내가 텍사스 동부의 작은 교회에서 기타와 보컬로 예배 인도를 시작한 이후로 현대 예배 음악은 지역 교회의 주요 구성 요소로 성장했다. 그리고 좋든 나쁘든 간에, 예배 운동을 지원하기 위한 산업 전반이 생겼다. 예배 산업을 '발전'이라고 부르고 싶을 만큼 대부분은 칭찬할 만하지만, 때때로 중심이 크게 흔들려서 균형을 잡아야 할 때도 있다. 내 친구이자 가끔 함께 곡을 쓰는 매트 레드먼은 '예배의 마음Heart of Worship'이라는 노래에서 영감 있는 가사로 이러한 긴장과 지속적인 재조정의 필요를 아주 아름답게 표현했다.

『예배의 불꽃』은 성령님이 이끄시는 예배가 무엇인지, 그리고 그 예배를 통해 우리가 얼마나 더 성장할 수 있는지 알려준다. 개인적으로는 당신의 마음속에서, 함께하는 사역에서는 팀원들과 교회 공동체 안에서 말이다. 우리는 예배에서 자주 균형을 잃곤 한다. 그래서 제프가 들려주는 이해하기 쉬운 비유와 이야기, 성경에 기초한 가르침이 더욱 소중하다. 이 책의 내용은 내가 평생 헌신해온 예배 사역에 새롭고 영감 어린 방향을 제시한다.

이제 이어지는 장들이 여러분을 인도하는 불꽃이 되기를, 여러분이 하나님을 예배할 때 항상 "하나님의 기쁨"을 느끼기를 기도한다.

- 폴 발로쉬

예배 목사, 작곡가

들어가는 말

하나님 나라 문화를 세우는 안내서

나는 이 책을 통해 예배를 잘 인도하는 방법을 돕고 싶은 것이 아니다. 예배팀과 회중에 문화의 불꽃, 더 정확히 말하면 하나님 나라 예배 문화의 불꽃이 타오르도록 돕고 싶다. 재미있는 사실은 우리가 깨닫든 깨닫지 못하든 간에 이미 우리가 있는 곳에서 우리가 하는 전부와 하지 않는 전부를 통해서 원하든 원하지 않든 문화를 형성한다는 점이다. 이 사실을 깨닫고 바른 문화를 세우는 데 힘을 쏟아야 한다.

내 첫 번째 책『Awakening Pure Worship』을 예배팀과 회중의 마음에 깊이 심을 수 있다면 얼마나 좋을까? 하나님 나라 예배 문화는 사람의 독창성이나 최신 판매 전략, 학습된 심리적 조작의 결과가 아닌, 하나님을 향한 순수하고 참된 권능과 주님의 임재에서 나오는 진정성과 열정과 하나님을 향한 갈망으로 가득하다. 또한 하나님의 나라를 세워가는 과정에서 오는 참된 믿음, 모든 남녀노소와 인종, 가족과 독신자들에게 눈에 보이는 실제적이고 지속적인 변화를 일으키는 믿음으로 충만하다. 정말 이런 문화를 세울 수 있을까? 나는 가능하다고 믿는다.

바람직한 미래의 청사진

질문: 성경에 반하는 방식으로 교회를 이끌어 왔거나, 중요한 성경적 지침을 의도치 않게 무시했다는 사실을 깨닫는다면 기꺼이 바꿀 의향이

있는가? 나는 여러분이 그럴 의향이 있다고 믿는다. 우리 각자가 현재의 문화를 더 잘 이해하고 인도자로서 회중을 더 잘 이끌 수 있기를 바란다.

나는 우리 예배팀과 교회 가족의 모습과 환경을 혁신할 수 있다고 믿기 때문에 하나님의 은혜를 힘입어 바람직한 지도력의 미래 청사진을 그려보려고 한다. 이 미래 청사진은 내 꿈이 아닌 하나님이 원하시는, 하나님이 말씀으로 제시하시고 성령님을 통해 확증해 주신 청사진이다. 이제 다음 장부터 끝까지 세 가지 중요한 문화 구축 전략이 강력하고 감동적으로 펼쳐질 것이다.

1. 예배 인도: 진정성으로 시작하라
2. 순수한 예배 인도를 위한 팀 활성화하기
3. 회중에게 순수한 예배의 마음을 심어주기

이 세 가지 전략을 통해 우리는 진정한 하나님 나라 문화의 신비를 재발견한다. 이 문화는 하나님의 말씀 전체에 신비롭게 짜여 있다. 우리가 이것을 탐구하는 이유는 분명하다. 팀과 회중을 훨씬 더 효과적으로 섬기기 위해서다. 기억하라. 예배 인도자는 하나님의 몸 된 교회의 지도자로서 매주 내리는 선택에 책임을 져야 한다. 우리 선택은 교회 전체를 하나님 나라 문화에 가까워지게 하거나 멀어지게 할 수 있기 때문이다. 이것이 우리 소명이며 임무이자 기쁨이다!

안전띠를 매라

나는 이 책을 예배 목회자, 음악가, 싱어들뿐만 아니라 모든 목회자를 위해 썼다. 이들에게는 한 가지 공통점이 있는데, 바로 현상 유지에 만족하지 않는다는 것이다. 오해하지 마라. 이들은 교회에 비판적이거나 부정적인 것이 아니라 지금보다 훨씬 더 높은 차원에서 사역이 이루어질 수 있고, 그래야 한다고 믿을 뿐이다.

자신에게 질문해 보자. 우리 교회를 향한 내 비전과 하나님의 비전은 무엇인가? 이 둘이 일치하는가? 다시 말하지만, 이 책은 "예배 인도 방법"에 관한 책이 아니다. 하지만 걱정하지 말라. 나는 이 책에서 예배 인도와 예배팀 구성에 관해 여러분이 알고 싶어하는 거의 모든 실용적인 조언을 풍부하게 제공한다. 하지만, 이 책은 예배 인도 방법보다 훨씬 더 많은 내용을 담고 있다. 이 책은 "하나님 나라 문화를 구축하는 방법"에 관한 책이다. 하나님의 말씀을 따라 하나님 나라의 방법을 여러분의 교회에 심고 실천하도록 격려하고 도전한다.

감사하게도 우리는 가만히 앉아서 교회가 하나님이 원하시는 모습으로 성장하기를 바라며 기다리지 않아도 된다. 우리는 성령님이 이끄시는 참된 변화에 의지적으로, 천천히, 시간을 들여서 동참할 수 있다. 지금 당장은 회중 대부분이 무관심해 보일지라도 교회 안에 건강한 하나님 나라 문화를 세울 수 있다. 내가 나눌 성경적 원칙과 성령님의 도우심으로 여러분의 회중 안에 참된 자유와 온전한 헌신이 담긴 노래와 삶으로 예배하는 문화의 불꽃을 일으킬 것이다.

"하지만 제프 목사님, 우리 교회는 이미 하나님이 놀랍게 역사하세요." 정말 좋다. 그런데 그것이 다가 아니다. "하지만 제프 목사님, 우리 교인들은 변화하기에는 너무 굳어져 있어요." 일리 있는 말이다. 그래서 우리에게 거대한 패러다임 전환이 필요하다. 우리 교회 회중이 음악 예배 중에 무엇을 느끼고 어떻게 반응하든 대부분 교회 지도자와 인도자들이 세운 문화의 결과들이다.

예를 들어, 교회 가족들이 주일 낮 예배에서 12시만 되면 안절부절못하며 떠날 준비를 하거나 강단 초청에 전심으로 집중하지 못하는 모습을 보인다면, 그 이유는 회중이 예배가 끝날 시간을 예상하기 때문이다. 왜 그럴까? 바로 우리, 목회자와 예배 인도자 때문이다.

회중의 모습은 교회 지도자들이 세운 문화의 결과다. 교회 지도자들이 회중에게 예배에 몰입하도록 가르치기보다 예배가 끝나는 데 더 집중하도록 가르쳤기 때문이다. 수백, 수천 번의 예배에서 우리는 거의 항상 설교가 끝나면 3~4분 만에 교회를 떠나기에 바빴다.

왜 회중이 더 깊은 예배를 드리고 더 뜨겁게 반응하기를 기대하는가? 회중은 그저 교회 지도자들이 세운 예배 순서라는 문화 안에 존재하며 마땅히 해야 하는 것처럼 그 문화에 맞게 반응할 뿐이다. 그러므로 교회 지도자들이 50주 연속으로 같은 예배를 드리다 51번째 주일에 갑자기 전혀 다른 예배를 드리려고 하면 회중은 불편한 정도가 아니라 충격을 받고 심지어 불쾌감을 느낀다.

이유는 단순하다. 당신과 나는 회중에게 말로 설명하지는 않았지만, 설교가 끝나자마자 최대한 빨리 예배를 마치고 퇴장해서 맛있는 점심을 먹으러 가는 것이 예배임을 반복해서 명확하게 본을 보여주는 문화를 세웠기 때문이다. 교회에서 일어나는 대부분의 일을 보면서 대부분 당신이 어쩔 수 없는 일이라고 생각할 수 있고 실제로 그중 일부는 사실일 수도 있다. 그러나 명백한 사실은 교회 지도자들과 인도자들이 교회의 현재 분위기와 문화를 허용하고 세웠다는 점이다.

실제로 교회 회중은 그저 지도자들이 세운 문화를 열정적으로 받아들이거나 혹은 마지못해 따르며 반응할 뿐이다. 지도자들이 세운 문화가 불편한 사람들은 다른 곳으로 떠났고 남은 사람들은 지도자의 계획과 방향과 문화를 받아들였다. 지도자의 문화가 회중의 문화가 되었다.

우리는 모두 그저 지도자들이 세운 "교회"라는 문화적 거품 안에서 때로는 좋게 때로는 나쁘게 함께 있을 뿐이다. 이것이 문화의 정의다. 문화는 한 집단이 오랜 시간 반복한 행동 양식이다.

지도자가 하는 일

문화는 본질적으로 좋고 나쁜 것이 아니라 그냥 존재할 뿐이다. 문화는 원인이 아니라 결과다. 수많은 시간, 날, 주, 달, 년에 걸쳐 인간이 하는 행동의 결과다. 모든 인간의 습관과 결정이 쌓이고 쌓여 문화가 된다. 문화를 만드는 것이 나쁘다는 말이 아니다. 정반대다. 통제의 도구가 아니라 섬김의 문화를 만드는 것이 지도자가 해야 할 일이다.

교회 지도자들이 알든 알지 못하든, 원하든 원하지 않든 문화는 교회 안의 모든 일에 24시간 365일 녹아있다. 목회자와 사역자가 하는 모든 말과 행동으로 문화가 정교하게 세워진다. 예배 인도자의 선곡과 예배 순서, 모든 기도와 설교, 광고와 헌금 시간, 모든 세례식과 헌아식과 강단 초청, 모든 자막과 영상으로 교회의 문화가 세워진다.

교회는 지도자들의 결정과 계획과 표현과 진행 방식을 따라 회중이 반응하도록 조건화했다. 그런데 역설적으로 교회 지도자들은 종종 회중의 열정적인 참여나 반대, 무관심에 당황하거나 불편해한다. 회중은 그저 지도자들이 보여준 대로, 권장하고 허용한 방식대로 행동할 뿐이다.

회중은 더 깊은 하나님의 은혜에 마음이 닫혀 있지 않다. 하나님의 더 깊은 은혜가 교회의 표준과 문화가 되기를 바란다면 교회 지도자들이 나서서 성령님의 풍성한 이끄심에 열린 문화를 세우는 헌신적인 촉진자가 되어 회중이 하나님의 더 깊은 은혜를 구하도록 권면해야 한다.

문화적 실험

이 책에서 나는 11년간 많은 사람과 함께 노스 센트럴 대학교(North Central University 이하 NCU)와 모 교회인 셀레브레이션 교회에서 순수한 예배 문화의 불꽃을 일으키기 위해 상당한 피와 땀과 눈물을 투자한 실험에서 얻은 수많은 이야기를 나눌 것이다. 내 여정의 일부는 이전 세대에게 물려받은 열정적인 문화를 지속하는 것이었지만, 대부분은 관행에 맞서 교회 문화를 하나님 나라의 문화와 일치시키고 재정렬하기 위해 결단력 있게 박차를 가하는 것이었다.

우리는 어떤 교회의 경우 바뀔 수 없다고 변명한다. 어떤 사람들은 대형 교회는 이 책에서 제시하는 방법을 실행할 수 없다고 믿지만 사실이 아니다. 이 책의 원칙은 교회가 크든 작든, 도시든 지방이든, 복음주의든 오순절이든 상관없이 적용할 수 있다.

하나님 나라의 정체성 변화는 하나님의 전문 분야다. 하지만 언제나 그렇듯이, 하나님의 뜻이 우리 교회 문화에 들어올 수 없다고 믿으면 잠재력 있는 미래를 덮어두고 무력한 과거만 꽉 붙잡고 있는 셈이다. 물론 변화를 향한 비전은 모든 지도자의 지지와 함께 시간을 두고 천천히 의도적으로 회중에게 소개해야 한다. 이것이 진정한 지도력의 본질이다.

내가 완벽한 교회를 세우려는 것으로 보이는가? 아니다. 여러분의 교회와 내가 섬기는 교회가 똑같기를 바라는 것으로 보이는가? 아니다. 하지만 하나님은 우리가 "*얼룩이나 주름이나 그 밖의 결점이 없이 거룩하고 흠이 없는 영광스러운 교회*"(엡 5:27, 현대인의 성경)로 주님께 드릴 수 있도록 준비시키신다. 내가 이 책에 직접 정리한 원칙들은 교회에 예배의 불꽃을 일으킬 최고의 기회를 제공할 것이다.

왜 불꽃인가?

2018년 6월 30일, 나는 위스콘신주 제인스빌에서 우리 팀의 예배 인도 중에 특별하고 비범한 "불"을 받은 프랭크라는 남자를 만났다. 그때 나는 '프리덤 페스트'라는 집회에서 한 타임을 맡아 예배를 인도했다. 이 집회는 매년 여름 수천 명의 사람이 모여 미국 전역에서 가장 영감 있는 밴드의 음악을 듣고 다양한 놀이기구를 즐기며 거대한 콘도그와 치즈 가득한 감자튀김, 설탕 뿌린 코끼리 귀 과자를 먹는 가족 축제 행사다.

이날은 6월치고도 특별히 더웠다. 하늘에는 구름 한 점 없고 온도는 37도에 달했으며 습도는 땅콩버터처럼 끈적끈적했다. 밴드들의 열기도 뜨거웠다. 매닉 드라이브, 위 아 메신저스, 플럼 같은 밴드가 출연진 명단을 장식했고 나도 그중 하나였다.

그날 나와 함께 연주한 밴드는 정말 최고였다. 드럼에 샘 로드리게스, 베이스에 조니 큐, 건반은 케일럽 발로우, 기타에 저스틴 제이콥스, 더 바랄 게 없는 밴드였다. 내 차례는 하루 중에 가장 무더운 오후 4시 30분에 거대한 검은색 단상 위에서 그늘도 없이 서서히 지는 해를 마주해야 했다.

단상 앞 짓밟힌 누런 잔디 위에는 형형색색 접이의자와 담요가 널려 있었고, 작은 치와와와 어린아이들이 나방과 나비를 쫓으며 자유롭게 뛰어다녔다. 이 집회에 17번째 참여한 많은 노인이 빛바랜 파라솔 아래 앉아서 나초 그릇으로 부채질했고, 공기에는 달콤한 솜사탕 냄새가 가득했다.

앞 순서인 매닉 드라이브가 땀으로 흠뻑 젖은 채 그늘과 물을 찾아 단상에서 내려오자, 사회자가 나와서 열정적인 군중을 격려하며 열렬히 기도한 후 이렇게 외쳤다. “좋아요, 여러분! 모두 일어나서 제에에에에에프 데이-오오오오오오오를 환영합시다!” 이런, 나는 이미 몇 분 전에 사회자에게 “데이-오가 아니라 디-오에요. D와 O만 기억하시면 됩니다.”라고 분명히 설명했지만 사소한 일에 연연할 시간이 없었다. 이미 나는 단상 위에 있었고 밴드는 Glorious Day의 연주를 시작했다.

마침내 마지막 곡 끝에서 폭발적으로 연주를 마치고 나서, 담대하게 모든 사람에게 창조주 하나님이 지으신 맑은 하늘 아래서 한 번 더 목소리를 높여 찬양하자고 권면했으며 모두 다 소리 높여 주님을 찬양했고 나는 마치는 기도를 한 후 단상 아래로 내려왔다.

나는 숨을 고르며 자리에 앉아 수건으로 땀을 닦았다. 그리고 밴드와 함께 그늘이 있는 음식 판매 구역으로 천천히 걸어갔다.

몇몇 사람이 나에게 찾아와서 이야기를 나누었고 다른 팀원들은 닭튀김을 먹으러 갔다. 그때 프랭크가 다가왔고 모든 것이 바뀌었다.

나는 프랭크 때문에 이 책을 썼다.

나는 전형적인 '정말 좋은 예배였습니다'라는 반응에 만족하지 않는다. 항상 더 많은 깊은 은혜를 원한다. 그리고 나는 이런 은혜가 있다고 믿는다. 나는 더 깊은 예배를 맛보았고, 여러분도 더 깊은 예배를 향한 갈망이 있기 때문에 이 책을 읽고 있다. 이제 계속해서 이야기를 이어가 보자. 프랭크에게 무슨 일이 일어난 걸까?

프랭크가 나에게 다가왔을 때 나는 완전히 지쳐 있었다. 대기실로 돌아가서 시원한 에어컨도 쐬고 맛있는 음식도 먹을 준비를 하는 중이었다. 하지만 프랭크가 내 발걸음을 멈추게 했다.

프랭크는 내 손을 잡은 채 떨며 그 자리에 서 있었다. 뭔가 말하려 했지만, 눈에는 눈물이 고여 있었다. 프랭크는 진심 어린 감사 인사를 건넨 후 자기 이야기를 하고 싶어 했지만 쉽게 말하지 못했다.

순간, 솔직히 나는 프랭크가 어떤 식으로든 정신적인 문제가 있는 것은 아닌지 궁금했지만 내 예상과 다르게 프랭크의 어색한 모습은 초자연적인 이유 때문이었다. 프랭크는 이렇게 말했다.

"제프, 저는 매년 이 축제에 가족과 함께 즐겁게 지내려고 왔어요. 놀이기구도 타고 맛있는 음식도 먹고 밴드의 연주도 들었습니다. 그런데 당신이 노래하기 시작했을 때, 시든 잔디밭 위에서 내 삶을 침노하시는 창조주 하나님을 만났어요. 마치 온 세상이 멈추고 나와 예수님만 남은 것 같았습니다. 저는 이런 걸 원하지 않았어요. 나를 영적으로 휘청거리게 할 하나님의 임재의 충격을 경험하리라고는 상상하지 못했습니다."

프랭크는 떨리는 목소리로 계속 말했다.

"당신께 어떻게 감사드려야 할지 모르겠어요. 저는 위스콘신의 더위 속에서 아무것도 신경 쓰지 않고 하나님의 사랑에 빠져 손을 들고 서 있었습니다. 이제 세상이 완전히 새롭게 느껴져요. 마치 마음이 다시 열리고 완전히 새롭게 태어난 느낌입니다. 오랜만에 눈이 맑아졌어요. 감사합니다. 제프, 감사합니다. 저는 이전과 달라요. 정말 감사합니다!"

나는 뭐라고 말해야 할지 몰랐다. 하지만 프랭크의 고백은 내 안에 특별한 감동과 불꽃을 일으켰다. 나는 과거의 성공이나 부족함에 연연하지 않고 포기하지 않으며 계속해서 하나님의 임재를 위해 싸우면서 앞으로 나아가기를, 성령님의 권능 안에 사는 능력을 계속 키우고 하나님을 향한 사람들의 갈망을 가속하는 기름 부음을 믿기를, 계속해서 더 많은 것을 기대하고 계속해서 돌파를 위해 싸우며 부흥을 위해 기도하기를 결단했다.

부흥.

나는 부흥을 믿는다.

나는 지난 29년간 전 세계 교회를 격려하고 신자들의 마음에 예배의 불꽃을 일으키기 위해 살았다. 때로는 실패하고 때로는 승리했지만 나는 지금도 여전히 전 세계 교회가 하나님과의 연결을 통해 거대한 불을 일으키도록 돕고 싶다. 만일 프랭크에게 일어난 일이 모든 사람에게 일어나는 환경을 만들 수 있다면 어떨까? 나는 우리 모두 함께 이 땅에 하나님의 생명을 주는 하나님 나라 문화의 불꽃을 일으키기를 소원한다.

그래서 이 책의 제목이 예배의 불꽃이다. 이 책을 읽는 여러분의 마음에 뜨거운 불꽃이 일어나기를 기도한다.

1부

예배 인도 : 진정성으로 시작하라

1장

우물을 파라

거짓말 #1

"나는 시간을 창조하신 하나님과

정기적으로 친밀한 시간을 보낼 여유가 없다."

주의 사항 : 이번 장을 건너뛰고 예배팀과 회중을 이끄는 "실용적인" 내용으로 넘어가고 싶은 유혹이 있을 수 있지만, 그러지 말기를 간곡히 부탁한다. 이 책의 첫 다섯 장은 인도자에게 어떤 폭풍우가 몰아쳐도 무너지지 않을 중요한 기초를 제공한다.

사슴처럼

1994년 여름을 결코 잊지 못한다. 우리 가족은 뜨거운 태양이 내리쬐는 유타주의 아름다운 파월 호수에서 휴가를 보내는 중이었다. 협곡 절벽 아래 모래사장에 작은 하우스 보트를 정박하던 중에 평생 잊지 못할 광경을 목격했다.

불그스름한 바위 너머로 영양실조에 걸린 것처럼 야윈 사슴 한 마리가 물가를 향해 비틀 거리며 걸어왔다. 사슴은 약 30미터 아래 호수를 바라보며 조각상처럼 꼼짝하지 않고 서 있었다. 사슴과 호수 사이에는 바위투성이 비탈이 가로놓여 있었다.

갑자기 사슴이 걷기 시작했다. 한 걸음 한 걸음 내디딜 때마다 피부 아래 근육과 뼈가 균형을 유지하기 위해 긴장한 것처럼 움직였다. 천천히 그러나 꾸준히, 흔들림 없이 반짝이는 호수를 향해 다가오는 사슴은 마치 물을 생존을 위한 유일한 희망처럼 여기는 것 같았다. 몇 걸음마다 우리를 힐끗 쳐다보며 위험하지 않은지 확인하면서 우리와 탈수로 인한 죽음 중에 어느 것이 더 큰 위협인지 저울질하는 것처럼 보였다.

사슴은 희망을 품고 계속 걸었다. 마침내 얕은 물가에 도착하자 잠시 멈췄다. 잠시지만 영원처럼 느껴지는 시간이 흐른 후 몸을 추스르고 쇠약한 머리 살짝 내려 물을 맛보았다. 사슴의 눈과 귀가 우리 쪽으로 초조하게 움직이는 동안 우리는 꼼짝하지 않고 서 있었다.

그리고 사슴은 주변의 잠재적인 위험은 아랑곳하지 않고 메마른 몸을 완전히 회복하기 위해 절박한 심정으로, 천천히, 몸을 떨며, 의지적으로 무릎을 꿇고 거침없이 물을 마시기 시작했다.

열매 없음

무릎을 꿇고 파월 호수의 깊고 푸른 물을 마시는 사슴의 모습이 마치 어제 일처럼 내 기억에 남아 있다. 바위나 험난한 지형도, 구경꾼들의 위협도, 잔인한 태양이나 격렬한 더위도, 심지어는 탈진한 자기 자신도 생수를 마시려는 의지를 막을 수 없었다.

그 순간 나는 예배 인도의 새로운 깨달음을 얻었다. 많은 예배 인도자가 거의 탈진한 채 공허한 상태에서 예배를 인도한다. *"하나님이여 사슴이 시냇물을 찾기에 갈급함 같이 내 영혼이 주를 찾기에 갈급하니이다"*(시 42:1). 나는 예배 인도자들과 목회자들이 매일 생수의 강에서 갈증을 해소하고 사역하기를 바란다. 우리는 종종 배고픔에 "굶어 죽을 거 같아"라고 말하지만, 그렇게까지 굶거나 목마른 적이 없다. 하지만 현실은 많은 교회 지도자가 앙상한 사슴처럼 심각한 영적 영양실조에 걸려 있다.

많은 지도자가 탈진, 우울증, 불안과 씨름하면서 무언가 잘못됐다는 느낌을 받으면서도 겉으로는 웃고 좋은 척하지만, 사실은 무너지기 일보 직전의 상태로 살아간다. 우리는 종교적 의무를 다하면서 영감을 주는 성경 구절을 소셜 미디어에 계속 올리지만 정작 영혼의 본모습은 뼈와 살로 이루어진 자루에 불과한 상태로 살면서 왜 지도자로서, 사역자로서 지속적인 열매를 맺지 못하는지 궁금해한다.

분명히 하나님을 향한 영적 필요는 음식을 향한 육체적인 필요와 비슷하다. 하나는 몸에, 다른 하나는 메마른 영혼에 필수적인 영양분을 공급한다. 우리는 식사나 간식을 먹지 않고 몇 시간도 버티지 못하면서 영혼을 위한 하나님의 말씀, 기도, 음악 예배, 임재처럼 친밀한 교제에서 오는 양분 없이 며칠, 몇 달, 심지어 몇 년을 버티며 지낸다.

우리는 단순히 교회에서 일하는 것만으로도 하나님의 좋은 기운을 흡수할 수 있다고 믿으며 자신을 속인다. 더 나쁜 것은 작년의 인상 깊은 부흥회나 예배 컨퍼런스 또는 부부 수련회에서 받은 은혜의 잔재로 살아가려고 한다. 혹은 몇 년 전 상황이 덜 복잡했을 때 하나님을 향해 가졌던 열정으로 살아가려고 한다. 우리는 회중에게 하지 말라고 했던 모습, 주일 한 번의 작은 식사만으로도 충분한 것처럼 여기면서 다음 주일이 될 때까지 영적으로 굶으며 사는 삶의 모습으로 살아간다.

절반만 채워진 지도자들

불꽃을 잃어버렸는가? 하나님과의 관계에 불을 붙여서 다시 불꽃을 타오르게 하고 첫사랑의 참된 기쁨에서 무뎌지지 않게 해야 한다. 예배 인도자나 연주자로서 죄책감이 없다는 이유로 하나님과의 진정한 관계 없이 주일 예배를 인도하면서 만족하는가? 혹은 목회자로서 교회 정치와 재정 업무에 얽매여 왜 하나님 나라를 섬기는 목자가 되었는지 잊어버리지는 않았는가? 또는 교회 임원이거나 봉사자로서 하나님과의 관계에서 벗어나 방황하는 많은 사람을 보며 마음 아파할지도 모른다.

인생은 힘들고 사역도 힘들다. 그래서 많은 사람이 부흥보다 생존에 더 집중한다. 교회 일을 하고 가족을 돌보는 것만으로도 벅차고 거대한 은혜의 가능성을 보지 못한 채 고개 숙여 고된 일상을 받아들이며 산다. 혹은 실망을 거듭하며 의미 있는 삶을 포기했을지도 모른다.

마귀는 우리가 원한 자리에 우리를 가둔다. 원하던 자리에 만족하지만, 사실은 그 자리가 우리를 얽매는 것을 알지 못한다. 그러나 우리는 진심으로 기름 부음을 받고 열정으로 예배를 인도하며 그리스도의 권위 안에 살기를 원한다. 진심으로 고통받는 사람들을 돕고 포로 된 자들을 자유롭게 하고 하나님의 초자연적인 능력 안에 살기를 원한다. 하지만 우리가 하나님의 사랑보다 하나님의 일을 더 많이 추구한다면, 어떻게 다른 사람들에게 하나님 나라의 영양분을 나눌 수 있겠는가?

지도자로서 우리는 심각한 갈등에 직면한다. 공적인 사역에서 하나님께 강력하게 쓰임 받기를 원하지만, 이 매혹적인 열망이 하나님과 더 깊은 우정을 맺으려는 갈망을 쉽게 가린다. 이 엄청난 모순을 받아들여야 한다. 공적인 사역을 선호하면서 하나님과 개인적 동행을 소홀히 하면, 하나님과의 생명력 넘치는 관계와 우리가 추구하는 지속적이고 영향력 있는 사역을 얻는 데 모두 실패한다. 후자는 항상 전자에 달려 있다. 하지만 후자가 더 흥미롭고 단기적으로 보람 있게 느껴진다.

모든 것이 진정성에서 시작한다는 사실을 깨달아야 한다. 진정성은 은밀한 곳에서 하나님과의 진실한 관계에서 시작한다. 나는 이것을 "우물 파기"라고 부른다. 복음 전도자 로웰 런드스트롬은 반만 채워진 그리스도인이 다른 사람들에게 영향력을 끼치는 것보다 더 해로운 것은 없다고 자주 말했다. 나도 동의한다. 반만 찬 기독교 지도자가 다른 사람에게 영향력을 끼치는 것은 해로운 결과를 낳는다.

여행 안내원 비유

당신이 갑자기 과감하게 애리조나로 이사하기로 했다고 상상해 보자. 아무에게도 말한 적 없지만 항상 미국 서부, 그랜드 캐니언으로 이사하는 꿈을 꾸었다. 애리조나 사막의 장엄한 붉은 바위와 뜨거운 햇볕에 그을린 지층 사이를 지그재그로 흐르는 콜로라도강의 웅장한 모습, 축구장 316개를 합친 것보다 넓은 거대한 지구의 균열. 숨이 멎을 것처럼 아름다운 상상을 초월하는 광경이 눈 앞에 펼쳐진다.

그래서 여행 안내원이 되겠다는 꿈을 품고 과감하게 직장을 그만둔 후 짐을 싸서 그랜드 캐니언 근처로 이사한다. 놀랍게도 도착하자마자 여행 안내원 일자리를 얻고 바로 첫 여행 안내를 배정받는다. 하나만 빼고 다 완벽하다. 그 하나가 무엇일까? 당신은 실제로 그랜드 캐니언에 가본 적이 없다는 것이다. 그랜드 캐니언 사진도 보았고, 이야기도 많이 들었고 꿈도 꿨다. 하지만 실제로 그랜드 캐니언의 바위 절벽에 올라가 보거나, 건조한 공기를 마시거나, 아름다운 협곡 중심부로 이어지는 구불구불한 흙길을 먼지 날리며 걸어 본 적은 없었다.

당신은 현실을 깨닫고 관리자에게 불쑥 질문한다. "그럼, 안내원 훈련은 언제부터 시작하나요?" 관리자가 빈정대며 대답한다. "훈련이라고요? 무슨 훈련이요? 훈련할 시간 없어요. 저기로 곧장 가서 왼쪽으로 두 번, 오른쪽으로 한번 돌면 당신을 기다리는 팀이 있어요. 여기 배낭과 지도를 챙기고 노새를 몰고 가서 평생 잊지 못할 여행을 선사해 주세요!"

그제야 한 번도 가본 적 없는 여행을 안내해야 한다는 생각에 마음이 불안해진다. 사실 당신을 기다리는 여행자 중 상당수는 두 번째, 세 번째, 심지어 20번째 여행하는 사람도 있다. 그들은 그랜드 캐니언을 손바닥 보듯 훤하게 알고 있다. 자, 이제 이 이야기가 많은 인도자가 예배 인도에 접근하는 방식과 비슷하다는 생각이 들지 않는가?

이 비유는 우리 생각의 근본적인 결함을 분명히 드러낸다. 우리는 성공적인 예배 인도의 최우선 목표가 단상에서 하나님께 집중하는 것이라고 믿었다. 물론 예배를 인도하면서 하나님을 예배하는 것이 당연하지만, 놀랍게도 이것은 예배 인도자의 핵심 목표가 아니다.

사실 감히 말하자면, 예배 인도에서 하나님과의 개인적 관계를 최우선에 두는 것은 마치 여행 안내원의 주된 목적이 자기가 여행을 즐기는 모습을 사람들에게 보여주는 것이라고 주장하는 것과 다름없다. 끔찍하고 형편없는 여행 안내원일 뿐이다.

여행 안내원의 최우선 목표는 무엇인가? 자기가 절경을 즐기는 모습을 사람들에게 보여주는 것인가? 절대 아니다. 여행 안내원의 최우선 목표는 여행자들에게 최상의 경험을 선사하기 위해 온 힘을 다해 섬기는 것이다.

여행 안내원이 여행을 즐기고 싶다면 다른 안내원이 이끄는 여행에 참여하면 된다. 마찬가지로 여행 안내원으로서의 효율을 높이려면 정기적으로 혼자 여행을 다니면서 모든 광경과 소리와 구석구석을 직접 체험하고 여행의 모든 독특한 면에 흠뻑 빠져야 한다. 이것이 최고의 여행 안내원이 되는 길이다. 혼자서 부지런히 여행해야 다른 여행자들을 효과적으로 안내할 수 있다.

핵심은 이것이다: 인도자는 가보지 않은 곳으로 사람들을 인도할 수 없다. 불가능하다. 단상에서 인도자의 주된 역할은 자신을 위해 주님을 찾는 것이 아니다. 자신을 위해 주님을 찾는 것은 공적인 열매를 맺기 위해 은밀한 곳에서 이루어져야 한다. 그래야만 인도자는 진정성을 담아 자유롭게 사역하며, 회중이 매번 드리는 예배에서 점점 더 깊은 하나님과의 만남을 경험하도록 돕는다는 목표를 두고 섬길 수 있다.

많은 비유가 그렇듯 이 비유도 여행 안내원이 자기 역할을 완벽하게 익히고 나면 좀처럼 혼자 여행을 떠나지 않는다는 점에서 약간의 한계가 있다. 복음 사역자와 예배 인도자도 자기 역할에 익숙해지면 이런 위험에 빠진다. 목회자와 예배 인도자들은 하나님과 진정한 관계의 불꽃을 유지하기 위해 매일 홀로 주님의 임재 안으로 여행을 떠나야 한다.

묵은 땅을 기경하라

은밀한 곳에서 하나님과 보내는 시간은 아버지와의 관계의 우물을 파는 시간이다. 우물 파기는 단순한 행위가 아니라 모든 건강한 관계를 풍성하게 만드는 투자의 관점이다. 하나님은 이 시간에 우물을 파는 데 필요한 좋은 삽을 주신다. 우물을 파는 삽은 찬양, 기도, 춤, 성경 읽기, 회개, 경청, 외치기, 잠잠하기 등이며 이를 통해 하나님과의 개인적인 관계를 키운다. 개인적으로 이런 활동을 할 때마다 삶에서 하나님과의 더 풍성한 관계를 위해 마음의 토양을 경작한다.

하지만 어떤 흙은 우리 마음처럼 매우 단단하므로 파기가 어렵다. 그러나 우리가 힘겨운 과정을 중단하지 않고 충분히 오랫동안 깊이 파다 보면 우물에서 물이 솟아난다. 이 물은 바로 요 7:37~39에서 예수님이 생수의 강이라고 비유하신 성령님을 의미한다.

> [37] 축제 분위기가 절정에 달한 명절 마지막 날에 예수님은 서서 이렇게 외치셨다. '누구든지 목마른 사람은 다 나에게 와서 마셔라. [38] 나를 믿는 사람은 성경 말씀대로 그 마음속에서 생수의 강이 흘러나올 것이다.' [39] 이것은 예수님을 믿는 사람들이 앞으로 받을 성령에 대하여 하신 말씀이었다. 예수님이 아직 영광을 받으시지 않았기 때문에 성령께서 아직 사람들 가운데 계시지 않았다. (요 7:37~39, 현대인)

아주 단순하다. 우물을 파면 성령님의 정결케 하시는 물이 새롭게 부어져 우리 마음을 채우고 굳은 곳을 부드럽게 하며 냉소적인 덩어리를 깨트리고 압도적인 더러움을 씻어내는 길을 만든다. 동시에 우리 영혼의 연인이신 주님과 순수하고 진실한 교제를 키워간다. 참으로 아름답다.

많은 지도자와 인도자가 하나님을 향한 개인적인 추구를 소홀히 여기는 이유는 하나님과의 만남이 단상 위에서 설교를 전하거나 예배를 인도할 때 일어난다고 믿기 때문이다. 하지만 사실이 아니다. 우리가 은밀한 곳에서 개인적으로 하나님과 나눈 달콤한 교제가 충만할 때 공적인 자리에서 섬기는 사역에 그 충만한 은혜가 자연스럽게 넘쳐흐른다.

오늘의 특선 메뉴

흥미롭게도 은밀한 곳에서 공적인 자리로 나아갈 때 우리 손에 든 삽은 물병으로 바뀐다. 여행 안내원 이야기에서 확인한 것처럼, 예배 인도자들은 하나님과의 개인적인 시간을 즐기기 위해 단상 위에 서지 않는다. 이미 일주일 내내 은밀한 곳에서 하나님과의 개인적인 시간에서 즐거움을 누렸고, 이제 완전히 채워진 상태로 오직 한 가지 목표를 품고 단상에 선다. 이 목표는 하나님의 은혜로 피조물과 창조주 사이의 초자연적인 만남을 진심으로 돕는 것이다.

예배 인도자는 회중에게 고급 레스토랑 직원처럼 질문한다. "저희 유명한 천국 빵을 더 드시겠습니까?" 또는 "저희가 엄선한 '생수의 강'을 다시 채워 드릴까요?" 혹은 "오늘 저녁 하나님의 선하심을 조금 더 맛보시겠습니까?" 조금 우스꽝스럽지만, 이것이 예배 인도자의 역할이다.

하지만 슬프게도 교회는 재능 있는 예배 인도자와 인기 있는 목회자를 록스타처럼 보기 시작했다. 그러나 우리 진정한 부르심은 분명하다. 섬기는 종이다. 우리 임무는 사람들에게 우리가 얼마나 놀라운지가 아니라 하나님이 얼마나 놀라우신지를 보여주는 것이다. 우리는 자신의 어떠함으로 사람들을 감탄하게 하는 것이 아니라 사람들이 하나님께 감탄하도록 섬겨야 한다. 이것을 놓치지 말라. '오늘의 특선 메뉴'를 효과적으로 설명하는 유일한 방법은 판매하기 전에 먼저 맛보는 것이다.

그러나 삽과 달리 물병으로는 우물을 팔 수 없다. 물병은 우물에 가득 찬 물을 뜰 때 사용한다. 우리 영혼의 저수지가 가득 차야 우리가 인도하는 모든 노래와 공적인 설교라는 물병으로 회중에게 퍼줄 수 있다.

우리는 직접 우물에서 기른 물만 회중에게 제공할 수 있다. 어쩌면 은밀한 곳에서의 하나님과의 만남이 너무 멀어 우물이 완전히 말라 버렸을지도 모른다. 아니면 몇 주가 지나서 약간의 물만 늪처럼 고여서 박테리아와 이끼가 번창했을지도 모른다. 그 결과, 마지못해 종교적인 억지 미소를 지으며 메마른 우물의 탁한 물을 물병에 담아 아무것도 모르는 회중에게 은혜로운 척 뿌린다. 이런 사역자들은 선량한 교인들의 시선을 돌리기 위해 과장된 주일 아침 교회 용어를 두 배로 사용한다. 우물에 물이 거의 없을 때, 얕은 마음을 가리기 위해 모조품을 제공할 수밖에 없다.

오해하지 말라. 하나님과의 교제를 하루라도 놓치면 교회 사역을 할 수 없다는 말이 아니다. 거기에도 나름의 은혜가 있다. 그럼에도 매일 개인적인 우물을 파는 것이 마음의 토양을 부드럽게 유지하며 생명을 주시는 성령님의 생수로 우물을 차고 넘치게 채우는 유일한 방법이다.

대접의 안쪽을 깨끗게 하기

예수님은 이렇게 경고하셨다. *"화 있을진저 외식하는 서기관들과 바리새인들이여 잔과 대접의 겉은 깨끗이 하되 그 안에는 탐욕과 방탕으로 가득하게 하는도다"*(마 23:25).

사실이다. 예수님은 바리새인의 문제를 우리에게서도 보신다. 바리새인처럼 우리도 종종 모든 사람이 보는 사역의 겉모습, 대접의 바깥쪽을 아름답게 하는 데 몰두하며, 아주 적은 사람만 볼 수 있는 사역의 핵심인 대접의 안쪽을 정결케 하는 데는 소홀하다. 대접의 바깥쪽은 모든 사람이 아는 나와 내 공적인 모습과 사역을 나타내지만, 대접의 안쪽은 단상 밖의 진짜 나, 오직 하나님과 내 가족만 보는 나를 의미한다.

우리가 이 두 가지를 혼동하는 이유는 단순하다. 슬프게도 결국 시간 관리 문제다. 우리는 대접의 바깥쪽과 안쪽을 모두 깨끗이 할 시간이 없다고 자신을 설득한다. 그래서 자기 체면을 세우고 사람들에게 좋은 인상을 주기 위해 일단 대접의 바깥쪽만 깨끗이 청소한다.

우리는 모든 것을 거꾸로 한다. "최근에 하나님을 위한 시간을 많이 내지 못했네. 하지만 이번 한 번만은 괜찮을 거야. 여전히 나는 하나님의 자녀들을 인도할 책임이 있어. 주님도 아시겠지만, 저 사람들은 손이 많이 가거든. 나는 회중이 계속해서 하나님과 가까이 지내도록 격려하고 싶어. 나중에 꼭 시간을 내서 하나님과 만나자."

그러는 동안 예수님이 속삭이신다. "네가 내 뜻대로 하면 안과 밖이 모두 깨끗해지고, 지속적인 평안을 경험하며, 개인적인 경건 속에서 성장할 뿐만 아니라 사역에서 끊임없는 효과를 볼 것이다." 예수님은 우리에게 간청하신다. "*눈 먼 바리새인이여 너는 먼저 안을 깨끗이 하라 그리하면 겉도 깨끗하리라*"(마 23:26).

보았는가? 방금 우리 일정에 혁명을 일으키셨다. 정말 쉽다! 체면을 지키기 위해 사역이라는 바위를 가파른 절벽 위로 밀어 올리려고 노력한 후 지칠 대로 지친 후에야 대접의 겉을 깨끗하게 닦는 것이 우리 일이 아니었다는 것을 깨닫는다. 대접의 겉을 닦는 것은 하나님의 일이다. 우리가 하나님과의 관계라는 우물을 파서 내면을 깨끗하게 유지하는 것을 일상적이고 자연스러운 일처럼 하면, 하나님이 초자연적인 방법으로 대접의 겉도 깨끗하게 유지하신다. 이것은 대접의 안과 겉을 모두 깨끗하게 유지하는 제일 좋은 방법일 뿐만 아니라 유일한 방법이다.

대접의 겉면인 공적 사역을 깨끗하게 유지하도록 대접의 안쪽인 마음에 집중하면서 하나님께 의지하는 것이 그리스도와의 진정한 동행의 열쇠이자 종교적인 가면을 벗고 기름 부음을 유지하는 방법이다.

마음껏 마시라

기억하라, 회중만 생수의 강을 마셔야 하는 것이 아니라 지도자들도 자신을 정결케 하고 새롭게 하려면 생수의 강을 마셔야 한다. 오직 생수의 강만이 우리 자신과 회중을 위해 하나님이 원하시는 일에 초점을 맞추고 부르심을 받아들이는 방법이다.

생수의 강이 하나님께 가까이 다가가면서 동시에 하나님이 인정하시는 진정한 사역을 효과적으로 수행할 유일한 방법이다. 이제 우리 자신이 하나님을 향한 진정한 목마름을 채우지 않고 다른 사람들의 목마름을 채우려는 시도를 멈추고 다시 한번 하나님의 생수의 강으로 돌아가자. 거친 바위 절벽 위의 사슴처럼 말이다.

내 첫 번째 책 『Awakening Pure Worship』에서 "하나님과 적은 시간을 보내면서 하나님과 더 가까워질 수 있다고 생각하십니까?"라고 질문했다.[1] 사실 하나님을 향한 목마름은 우리가 주님을 찾는 만큼 증가한다. 계시록의 초대는 지금도 유효하다. 이 초대에 응하겠는가?

> 성령님과 신부가 '오소서!' 하고 말씀하십니다. 이 말씀을 듣는 사람들도 '오소서!' 하고 말하십시오. 그리고 목마른 사람도 오십시오. 누구든지 생명의 물을 마시고 싶은 사람은 와서 마음껏 마시십시오. (요한계시록 22:17, 현대인)

1. 제프 디오, *Awakening Pure Worship* (Shippensburg, PA: Destiny Image, 2018), 228p

핵심 요약

1. 많은 사역자가 좀비처럼 공허하고 영양실조에 빠진 사실을 모른 채 다른 사람들을 그리스도 안에 담긴 충만함으로 이끌려고 한다. 이러면 안 된다. 아버지를 추구하는 것보다 사역을 더 사랑하고 우선시하면 안 된다.

2. 지도자로서 심각한 갈등에 직면한다. 공적 사역에서 하나님께 강력하게 쓰임 받기를 갈망하지만, 이 매력적인 열망이 종종 하나님과 더 깊은 우정을 쌓으려는 갈망을 가린다. 공적 사역을 갈고닦는다는 이유로 하나님과의 친밀한 동행을 소홀히 한다면, 우리가 추구하는 지속적이고 영향력 있는 사역과 생명을 주는 하나님과의 관계를 맺는 데 매번 실패할 것이다.

3. 그리스도를 믿는 신자로서 가장 중요한 일은 하나님과 시간을 보내는 것이다. 나는 이것을 '우물 파기'라고 부른다. 은밀한 곳에서 하나님과 보내는 시간이 우리에게 열정, 진정성, 기름 부음을 준다. 물론 더 나은 지도자가 되기 위한 목적만으로 하나님과 홀로 시간을 보내는 것은 아니다. 하지만 하나님과의 개인적 우정이야말로 지도력을 강화하는 가장 좋은 방법이다.

4. 가보지 않은 곳으로 사람들을 인도할 수 없다. 예배 인도자 또는 "여행 안내원"으로서 익숙하지 않은 곳으로 사람들을 인도하면 안 된다. 가장 효과적인 여행 안내원은 다른 사람들을 하나님의 임재로 인도하기 전에 먼저 아버지와 혼자 수없이 많은 여행을 "연습" 한다. 이것은 결코 멈추면 안 되는 지속적인 실천이다. 여행을 향한 열정이 여행을 인도하려는 열망보다 우선해야 한다. 그래야만 진정성 있는 열매를 맺을 수 있다.

5. "대접의 안쪽을 깨끗이 하라"는 성경 명령에 집중하기보다 "대접의 겉을 깨끗이 하려는" 유혹에 저항하기 위해 매일 하나님과 교제하라. 대접의 겉을 깨끗이 하는 것은 영적인 가면을 쓰는 것이고, 대접의 안쪽을 깨끗이 하는 것은 하나님과의 개인적인 동행을 강화하는 것이다.

2장

우리 찬양이 소음이 될 때

거짓말 #2

"하나님은 자비로우시므로 입술의 노래가

삶의 노래와 일치하지 않을 때도 이해하신다."

누구든 100% 완벽한 위선자가 되려고 상세한 전략을 세우거나, 새해 결심으로 이번에는 진짜 미지근한 사람이 되겠다고 다짐하거나, 무슨 수를 써서라도 자신이 설교한 대로 살지 않겠다고 다짐하거나, 주변 사람들을 속여 자신이 진짜 영적인 사람이라고 믿게 만들겠다는 절박한 소망을 품는 사람은 거의 없다.

하나 더 질문하자. 결혼 직전에 25년간 결혼 생활을 유지하고, 3명의 자녀를 두고, 개 한 마리와 하얀 울타리가 있는 집을 소유한 후에 가족이 당신을 가장 필요로 할 때 거창한 중년의 위기에 부추김을 받아 젊은 연인을 위해 가족을 버리는 악랄한 계획을 꾸미는 사람을 본 적이 있는가?

아니면 바리새인이나 위선자, 배신자, 불신자가 되려고 노력한 적이 있는가? 그럴 리 없을 것이다. 누구도 앞서 말한 것처럼 되려는 사람은 없다. 누구도 가짜, 위선자, 율법주의자가 되거나 하나님에게서 멀어지거나 돈을 횡령하고 중독에 빠지거나 친구를 배신하고 신앙을 버리려 하지 않는다. 그럼에도 여전히 많은 지도자와 인도자가 이렇게 된다.

참 안타깝고 답답한 일이다. 바른 질문은 "그 사람들은 왜 그렇게 됐을까"나 "그 사람들을 위해 우리는 어떻게 해야 할까?"가 아니라 "내 삶에서, 내 가족에서, 내 지도력에서 이런 재앙을 막기 위해 어떻게 해야 할까?"여야 한다. 나는 우리에게 답이 있다고 생각한다. 한편으로는 이제 흔해 보일 정도로 많은 실패를 적극적으로 대비하는 사람이 거의 없어 보이는 때에 우리와 우리 지도력 아래 있는 사람들이 원수의 오랜 함정의 희생양이 되지 않도록 적극적으로 대비해야 한다.

겉치레를 피하라

말만 하고 실천하지 않는 인간 성향에 혐오감을 느끼는 것이 우리만이 아니다. 하나님도 이런 겉치레를 정말 싫어하신다. 주님은 온 마음과 생각과 힘을 다해 말과 행동으로 온전히 사랑하고 순종할 사람들을 간절히 찾으신다. 요 4:23이 대표적인 예다. *"아버지께 참되게 예배하는 자들은 영과 진리로 예배할 때가 오나니 곧 이 때라 아버지께서는 자기에게 이렇게 예배하는 자들을 찾으시느니라"*

예배하는 자들 앞에 '참되게'라는 작은 단어가 모든 것을 말해준다. 예수님은 '참되게'라는 말을 쓰지 않으시고 그저 *"아버지께 예배하는 자들은 영과 진리로 예배할 때가 오나니 곧 이 때라"*라고 말씀하실 수도 있었다. 하지만 주님은 오늘날에도 여전히 유효한 사실을 이미 아셨다. 사람들이 예배를 쉽게 오해한다는 사실을 말이다. 예수님은 '예배'라는 단어만으로는 충분하지 않다고 생각하셨다. 주님은 우리가 요점을 놓치지 않도록 '참되게'라는 단어를 추가하셨다.

철자 문제

잠깐 짚고 가자. 예배 인도자는 '예배자'라는 단어의 올바른 철자를 알아야 한다. 사실 사람들은 worshiper, worshiping, worshiped에서

'p'를 한 번만 쓰는 것을 두 번 쓰는 것보다 훨씬 더 좋아한다. 다행히도 혼란을 피하는 데 도움을 주는 간단한 문법 규칙이 있다.

Rong-Chang.com은 간단히 설명한다. "영어 단어 마지막 음절에 강세가 없다면 마지막 자음을 두 번 쓰지 않는다." 즉 focus, travel, cancel, worship과 같은 단어에 접미사를 추가할 때 마지막 자음을 두 번 쓸 필요가 없다는 말이다. 맞춤법 검사에서는 이중자음이나 단일 자음을 모두 허용하지만 실제로는 한 번만 써야 한다.

생각해 보자. 미국에서는 혜택을 benefitting이라고 쓰거나 상담을 counselling이라고 쓰지 않는다. 또 듣기를 listenning이나 제공하다를 offerred라고 쓰지 않는다. 왜일까? 접미사와 가장 가까운 음절에는 강세가 없으며 마지막 자음을 두 번 쓰지 않기 때문이다(beginning, acquitting, controlling의 경우 자음을 두 번 쓰는 이유는 접미사와 가장 가까운 음절에 강세가 있기 때문이다).

사실, 예배자라는 단어에서 'p'를 두 번 쓰는 것은 기껏해야 중복이고 최악의 경우 문법적으로 틀렸다. 항상 worshiped, worshiper, worshiping으로 써야 한다. 이렇게 하면 모든 것이 깔끔해 보이고 우리가 모두 같은 기준을 유지할 수 있다.

그러나 이러한 상식이 만족스럽지 않다면(어떤 습관은 정말 고치기 어렵다), 그냥 성경을 펴보라. 요 4:23이나 worshiper 또는 worshiping이라는 단어가 있는 다른 구절을 보면, 'p'가 한 번만 쓰인 것을 볼 수 있다(킹제임스 성경은 예외다. 이후로 언어와 문법이 많이 현대화되었다). 대부분의 현대 저자도 동의한다. 루이 기글리오, 폴 발로쉬, 밥 소르기까지 항상 'p'를 한 번만 쓴다. 이것이 규칙이기 때문이다.

예수님이 예배하는 자들 앞에 '참되게'라는 단어를 추가하신 순간, 그 의미가 정확하고 완전해진다.

첫째, 하나님은 '참됨'을 매우 중요하게 여기신다. 예수님은 요 4:23의 후반부에서 이를 아버지께서 적극적으로 "찾으시는 것"이라고 강조하신다. 참됨은 하나님이 적극적으로 찾으시는 요소로서 모든 자녀의 영적인 건강과 관련이 있는 근본적인 요소다.

둘째, 이 구절은 우리에게 한 가지 이상의 예배자 유형이 존재한다는 사실을 알려준다. 예수님이 아버지께서 참되게 예배하는 자를 찾으신다고 말씀하실 때, 우리는 완전히 다른 예배자가 있다는 사실을 알 수 있다. 어떤 예배자인가? 참되지 않은, 진실하지 않은 거짓 예배자다.

늘 그렇듯 예수님은 결코 쉬운 길을 제시하지 않으신다. 주님은 의도적으로 우리를 불편하게 하신다. 우리는 몸을 움찔하며 생각한다. "설마 우리가 거짓 예배자, 가짜라고 말씀하시는 건 아니겠지? 우리 진실성을 의심하시는 건가?" 이것이 바로 예수님이 하시는 일이다.

어쩌면 주님은 이 말씀을 통해 우리가 자신을 돌아보도록 요청하시는 것일지도 모른다. 사람들이 우리 내면을 들여다보기 시작하면 분노하기 쉽다. 누군가 우리 내면 아래 숨겨진 부분을 파고들면 "누가 당신을 재판관으로 임명했나요?"라고 항의한다.

예수님이 우리의 궁극적인 재판관이시다(요 5:27). 그러나 주님은 재미로 우리를 불편하게 하지 않으신다. 주님은 우리가 이 말씀을 통해 하나님 나라의 성숙한 자녀로 자라도록 돕는 매우 중요한 작업을 하신다.

예수님이 가장 중요하게 여기시는 것은 공적으로든 사적으로든 참된 예배자가 되는 것이다. 이것이 바로 하나님 나라의 가장 기본적인 토대다. 주님은 우리에게서 주일 예배 출석률이나 탁월한 사역뿐만 아니라 24시간 365일 삶에서 모든 말과 생각과 행동으로 하나님이 찾으시는 참된 예배자로 사는지를 중요하게 여기신다. 이런 예배자를 찾아 온 땅을 두루 살피실 정도로 말이다.

안타깝게도 우리는 예배보다 음악을, 왕과의 참된 교제보다 박수갈채를, 하나님 나라보다 무대와 조명과 사람의 칭찬과 인정을 훨씬 더 사랑하는 사람들을 자주 만난다.

하나님이 들으시는 음악

여기 불같은 말씀을 보자. "[21] *내가 너희 절기들을 미워하여 멸시하며 너희 성회들을 기뻐하지 아니하나니* [22] *너희가 내게 번제나 소제를 드릴지라도 내가 받지 아니할 것이요 너희의 살진 희생의 화목제도 내가 돌아보지 아니하리라.*" 여기까지만 보면 정말 전형적인 구약 시대의 모습처럼 보인다. 계속 이어 보자. "[23] *네 노랫소리를 내 앞에서 그칠지어다 네 비파 소리도 내가 듣지 아니하리라.*"(암 5:21~23)

하나님이 우리에게 너무 격하게 말씀하신다고 생각하는가? 이제 몇 가지 어리석은 질문을 해보자. 하나님은 음악이나 찬송, 종교 축제나 엄숙한 집회, 청소년 수련회나 교회 예배, 찬양의 밤, 여성 성경 공부, 캠프파이어 찬양을 싫어하시는가?

물론 하나님은 이런 예배를 싫어하지 않으신다. 엄밀히 말하면 이런 모임을 시작하신 분이 하나님이시다. 그러면 주님은 무엇을 말씀하시는 걸까? 실제로는 찬양을 싫어하지 않으시면서 왜 "*네 노랫 소리를 내 앞에서 그칠지어다*"라고 말씀하신 걸까? 악기 편성이나 음량을 걱정하셨을까? 그럴 리 없다(이 문제는 8장에서 자세히 다룰 것이다). 노래하는 사람들이 음을 너무 많이 틀린 걸까? 그럴 리 없다. 찬송가나 옛 노래를 반대하시는 걸까? 역시 아니다. 그렇다면 왜 하나님은 이 아름다운 찬양과 심지어 찬송가까지 소음이라고 말씀하시는 것일까?

하나님은 우리와 아주 다르게 들으시기 때문이다. 우리가 드리는 주일 예배를 우리와 매우 다르게 들으신다. 음악을 창조하신 하나님은 드럼 연주자의 폭풍 같은 개인기나 기타 연주자의 놀라운 속주에 감동하지 않으신다. 싱어들의 놀라운 보컬 실력과 감미로운 화음에 매료되지 않으신다. 하나님은 실제로 우리 음악이 아닌 우리 마음의 진정성과 정직함과 충실함과 순종을 들으신다.

이제 핵심 질문을 하자. 우리 음악이 주님의 귀에 음악이 아니라 소음처럼 들릴 수 있다면 어떤 음악이 주님이 들으시는 음악인가? 어떤 음악이나 예배가 하나님이 지그시 눈을 감으시고 몸을 뒤로 젖힌 채 기분 좋게 발을 움직이며 크게 미소 짓게 하는 것일까? 아모스 선지자는 분명하게 설명한다. "*오직 정의를 강물처럼 흐르게 하고 의를 시냇물이 마르지 않고 흐르는 것처럼 항상 흐르게 하라.*"(암 5:24, 우리말)

나는 이 말씀을 사랑한다. 정의의 홍수, 공의의 생명의 강, 마치 그림처럼 그려지는 말씀, 삶이 그리는 그림. 삶의 노래.

삶의 노래

만일 우리가 태어난 날로 돌아가 모든 생각과 말과 행동을 음표로 배열해서 하나의 노래로 만든다면 어떨까? 우리 삶이 영적인 '소리'로서 일종의 인생 교향곡이 될 것이다. 우리 삶의 노래는 어떤 소리일까?

음악적으로 표현하면, 아마 상당한 불협화음이 울려 퍼질 것이다. 음표들이 여기저기 날아다니고 어떤 것은 음정이 틀리고, 어떤 것은 박자가 맞지 않는다. 어떤 것은 완전히 틀린 조성이고 심지어 무조성의 음들도 섞여 있다. 여린 음과 강한 음이 뒤섞이고 틀린 박자로 흘러가거나 전혀 어울리지 않는 장르가 충돌하는, 완전한 불협화음의 향연일 것이다.

하지만 이것이 하나님이 들으시는 우리 삶의 소리 아닐까? 우리는 마치 모든 것을 거꾸로 하는 것처럼 하나님이 속삭이시는 것을 외치고, 외치시는 것을 속삭인다. 우리는 노래와 음악에 빠져 있지만, 하나님은 우리 마음의 곡조를 들으신다.

E. M. 바운즈는 말한다. "설교는 한 시간의 공연이 아니다. 설교는 삶의 흘러넘침이다."[1] 이를 "예배 인도는 한 시간의 공연이 아니다. 예배 인도는 삶의 흘러넘침이다"로 바꿀 수 있다. 여기에 핵심이 있다. 예배 인도는 사람들이 모여 구경하고 손뼉 치는 곳에서 개발하는 기술이 아니라, 하나님의 임재 안에 사는 삶에서 솟아 넘쳐흐르는 샘물이다.

확실한 것은 삶에서 흘러나오는 노래가 입술에서 흘러나오는 노래보다 훨씬 더 크게 울린다는 것이다. 따라서 진정한 예배 인도자의 목표는 삶과 노래를 결합하여 입으로 부르는 노래가 삶으로 부르는 노래에서 흘러나오게 하는 것이다.

다윗은 시 51:16~19에서 예배의 "제사"보다 삶의 노래를 우선시하는 것이 중요하다는 점을 잘 짚었다.

> 16 주께서는 제사를 원치 않으십니다. 만일 주께서 원하셨다면 내가 그것을 드
> 렸을 것입니다. 주는 불로 태워 바치는 번제도 기뻐하지 않으십니다. 17 하나님
> 이 원하시는 제사는 상한 심령입니다. 주께서는 겸손하게 뉘우치며 회개하는
> 마음을 업신여기지 않을 것입니다. 18 시온에 주의 은혜를 베풀어 예루살렘 성
> 을 쌓게 하소서. 19 그때는 주께서 의로운 제사와 온전한 번제를 기뻐하실 것이
> 므로 주의 단에 수소를 드려 제사할 것입니다. (시 51:16~19, 현대인)

다윗은 이렇게 말한다. "모르겠어요? 하나님은 종교적 제사(노래, 음악 예배, 다른 제물들)보다 주님께 완전히 굴복한 삶의 겸손과 순종에 더 관심이 있으세요. 우리가 성령님의 능력으로 삶의 노래를 다시 쓸 때, 그때 비로소 하나님은 우리 예배의 노래를 듣고 참으로 기뻐하십니다."

사실, 우리 삶에 정의가 강물처럼, 공의가 큰 물결처럼 흐르고 우리 찬양의 노래가 삶의 노래를 반영할 때가 비로소 예배팀을 시작하기에 가장 좋은 때다.

---

2. E. M. 바운즈, 기도의 능력(CH북스, 2019)

우매한 자들의 제물

솔로몬은 전 5:1에서 말한다. "너는 하나님의 집에 들어갈 때에 네 발을 삼갈지어다 가까이 하여 말씀을 듣는 것이 우매한 자들이 제물 mindless offering 드리는 것보다 나으니 그들은 악을 행하면서도 깨닫지 못함이니라." 성경은 우매한 제물이 있다고 말한다.

우매한 자들이 드리는 제물의 더 직접적인 뜻은 "생각 없이 드리는 제물"이다. 어쩌면 우리도 생각 없이, 관심 없이, 의미 없이 하나님께 예배드리는 것은 아닐까. 예배의 궁극적인 의미를 깊이 생각하지 않은 채 성급하게 노래하는 것은 아닌가? 왕이신 하나님을 추구하기보다는 사람의 전통을 따라 경솔하게 예배드리는 것은 아닌가?

때때로, 우리가 인정하는 것보다 더 자주 그렇다. 예수님이 자기 자녀들에게 가장 안타까워하신 것은 입술로는 주님을 공경하면서 삶으로는 주님을 욕되게 하는 것이다. "[8] 이 백성이 입술로는 나를 공경하되 마음은 내게서 멀도다 [9] 사람의 계명으로 교훈을 삼아 가르치니 나를 헛되이 경배하는도다 하였느니라 하시고"(마 15:8~9).

언젠가 이런 말을 들었다. "기독교인들은 거짓말을 하지 않는다. 대신 거짓말을 노래한다." 무서운 말이다. 우리는 정말 자주 "주님이 나의 전부입니다"나 "주님과 같은 분은 없습니다"라고 노래한다. 하지만 그렇게 노래하는 동안에도 우리는 삶의 작은 악습들이 우리를 만족시켜 주기를 바라며 안주한다.

솔직히 우리도 이스라엘과 크게 다르지 않다. 여러 면에서 이스라엘과 똑같다. 성경에 나오는 이스라엘의 역사와 우상 숭배와 불순종은 우리 이야기이기도 하다. 이스라엘의 모습은 우리가 공감할 수 없는 먼 옛날 불순종하는 민족의 이야기가 아니라 우리 자신과 가족과 친구들이 불순종하는 이야기이다.

이스라엘의 모습은 다시 한번 우리에게 구원자가 절실히 필요하다는 사실을 보여준다. 성경 속 고대 이스라엘 사람들만 구원이 필요한 게 아니라 지금을 사는 우리 모두에게 구원이 필요하다. 하나님이 없으면 우리도 이스라엘처럼 부패하고 불의한 행동을 계속해서 반복할 수밖에 없다. 불순종과 반역에서 우리를 구원해 주실 하나님이 필요하다. 이 말이 너무 가혹하게 들리는가?

이스라엘은 이집트의 가장 지옥 같은 종살이에서 구출 받은 지 단 5분 만에(정확하게는 몇 달 만에) 금 장신구를 녹여 송아지 모양으로 만들어 숭배하며 자신을 구출한 신이라고 선언했다(출 32장 참조).

우리는 가장 좋은 옷을 입고 환한 미소를 지으며 강력한 주일 예배를 드린 후 단 5분 만에 폭식이나 자녀 또는 부모를 향한 죄로 가득한 분노에 휩싸이며 안식일을 지키라는 하나님의 친절한 명령을 무시하는 자신을 발견한다. 과연 우리와 이스라엘이 다를 것이 무엇인가? 시편은 이렇게 말한다.

> 36 그러나 그들이 입으로 그에게 아첨하며 자기 혀로 그에게 거짓을 말하였으니 37 이는 하나님께 향하는 그들의 마음이 정함이 없으며 그의 언약에 성실하지 아니하였음이로다 (시 78:36~37)

루이 기글리오는 "하나님을 향한 열정과 경배"에서 우리가 하는 말이 하나님께 매우 중요하다는 사실을 상기시킨다. "하지만 하나님은 우리의 말로 존귀하게 되는 분이 아니다. 우리와 마찬가지로, 하나님은 우리의 행동으로 입증된 말에 감동하신다. 우리가 말로 하나님을 경배할 때, 무엇을 말하고, 어떻게 말하며, 또 진심으로 말하는지 모두 생각해 보아야 한다. 그리고 우리가 실제 생활에서 말하는 것을 실천에 옮기며, 말로 고백할 때 가장 능력 있는 고백이 된다."[2]

2. 루이 기글리오, 하나님을 향한 열정과 경배, 요단 출판사 2006, 119쪽

예배는 순종이다

순종이 진정성의 본질이며 위선의 반대말이다. 순종은 우리가 하겠다고 말한 것을 실천하는 것이다. 솔직히 순종 외의 다른 것은 하나님이 우리를 그분의 입에서 토하고 싶게 한다. 진정성은 순종으로 증명한다. 하지만 순종이 경건함을 보장하지는 않는다. 순종은 단지 우리 마음이 진정으로 하나님께 드려졌는지 아닌지를 보여줄 뿐이다. 순종은 의로움으로 가는 길이 아니라 믿음을 통한 의로움의 열매다.

이스라엘은 사람이 만든 금송아지 앞에 절하기로 불과 몇 장 전인 출 24:3에서 이렇게 약속했다: "*여호와께서 말씀하신 모든 것을 우리가 준행하리이다*"(개정판). 하지만 이스라엘은 자기 말을 지키지 않았고, 우리도 자주 말한 대로 살지 않는다. 왜 그럴까? 우리 의지는 순종보다는 반역을, 거룩함보다는 죄를, 생명보다는 죽음을, 하나님의 방식보다는 우리 방식을 선택하는 경향이 있기 때문이다.

의심할 여지 없이 우리 힘으로는 하나님이 의도하시는 진정한 예배자가 될 수 없다. 하지만 하나님은 성령님의 초자연적인 능력과 역사를 통해 우리 힘으로 될 수 없는 존재가 될 수 있는 길을 마련하셨다. 하나님은 우리가 어떤 부분을 자주 놓치는지 아신다. 우리가 아름다운 노래를 부른다고 해서 살아내야 할 경건한 삶을 살 수는 없지만, 성령님의 능력 안에서 경건한 삶을 살면 우리가 부를 수 있는 가장 아름다운 노래를 부를 수 있다.

핵심 요약

1. 아무도 가식적인 사람이 되려고 계획하지 않는다. 모든 지도자는 진정성을 원한다. 하지만 많은 사람이 '행위 중심의 영성'에 빠질 위험이 있으며, 이는 도덕적 실패, 영적 탈진, 동료 또는 가족 관계의 심각한 붕괴로 이어질 수 있다. 우리는 세상이 예수님을 거부하는 구실로 삼는 이야기의 주인공이 되지 않도록 경계를 늦추지 말아야 한다.

2. 우리가 주일 아침에 함께 모여 찬양할 때 하나님이 역겨워하며 귀를 막으실지도 모른다고 생각하면 정말 고통스럽다. 하나님은 항상 우리 삶의 필터를 통해 우리 예배를 들으신다는 것을 기억하라.

3. 순종하는 삶의 노래는 교회에서 부르는 찬양보다 항상 더 크게 울린다. 우리가 예배 인도자로서 아무리 뛰어난 재능과 카리스마가 있어도, 하나님은 아름다운 화음이나 능숙한 전환, 창의적 편곡보다 삶의 예배에 더 귀 기울이신다. 교회에서 부르는 찬양은 성령님의 능력으로 사는 삶을 반영해야 한다.

4. 하나님은 입술과 삶 모두에서 나오는 예배를 찾으신다. 마치 일상적인 인간관계처럼 하나님 앞에서도 말과 행동 모두 중요하다. 우리 중 누구도 하나님이 이스라엘에 자주 말씀하신 것처럼 "입술로는 공경하지만, 마음으로는 그렇지 않은 사람들"이라고 불리기를 원하지 않을 것이다.

5. 하나님께 "우매한 자들의 제물, 생각 없는 제물"을 드리지 않도록 항상 주의하라. 우리는 생각보다 매우 쉽게 형식적인 예배에 빠진다. 그리고 어느샌가 회중도 똑같이 형식적인 예배를 드린다. 이 문제는 많은 신자가 겪는 고민이다. 이러한 문제의식이 있을 때, 우리는 예배 중에 계속해서 하나님과의 관계 안에서 깨어 있을 수 있으며 진정한 마음으로 예배할 수 있다.

3장

하나님과의 참된 우정을 더 깊게하는 방법

거짓말 #3:

"예배 인도자는 예배팀과 교회 성도들이 하나님과 함께 보내는 시간에 무엇을 하는지 관여하면 안 된다."

하나님과 함께할 시간을 내기가 쉽지는 않지만 불가능하지도 않다. 유명한 작가 A.W. 토저는 개인적인 부흥을 위한 전략을 정확히 짚어 내면서 이렇게 단언한다: "그것은 단순히 오래되고도 늘 새로운 조언이다: 하나님을 알아가라."[1] 계속해서 "하나님을 아는 것은 세상에서 가장 쉽고도 동시에 가장 어려운 일이다."[2] 마지막으로 이렇게 덧붙인다. "하나님을 갈망하는 영혼에는 하나님을 알아가는 것보다 더 기쁜 일이 없다."[3] 단순하지만 심오한 말이다. 그렇다면 이것을 인도자의 일상에 어떻게 적용하고 실현해야 할까?

내 다른 책 『Awakening Pure Worship』에서 매일 은밀한 처소에서 하늘 아버지와 친밀감을 키우고 더 가까운 우정을 쌓아야 하는 이유와 방법을 자세히 설명했다. 하지만 나는 실제로 하나님과 개인적인 시간을 보내면서 실천하는 방법 - 즉, 내 친구이신 하나님 아버지와 생생한

---

1. A.W 토저, 하나님을 바로 알자 (생명의 말씀사: 2008)
2. 위의 책.
3. 위의 책.

우정을 키우고 유지하는 데 사용하는 방법은 한 번도 공개한 적이 없다.

이제 나는 예배 인도자와 예배팀에 영감의 원천이 될 기본적인 전략을 공개하려고 한다. 물론, 모든 사람이 나와 똑같은 방식으로 하나님과 독대하는 시간을 보낼 필요는 없다. 그저 나는 여러분이 하나님과 함께 하는 시간의 의미를 새롭게 하는 데 도움을 줄 아이디어를 제시하려고 한다.

새로운 일의 시작

2011년 봄, 아버지 같은 존재이자 좋은 친구인 멘토 제임스 골에게서 전화가 왔다. 그는 새 책을 쓰는 중이라고 했다. 제임스는 좋은 책을 많이 썼기 때문에 놀라운 일은 아니었다. 하지만 이번 책은 나를 포함해 비슷한 DNA를 가진 여러 저자를 초대해서 각자 한 장씩 나눠 쓰면 어떨지 생각 중이라고 했다. 와! 이것은 내가 항상 하고 싶은 일이었다. 진짜 출판사에서 진짜 서점에서 찾을 수 있는 진짜 책이 나오다니! 정말 멋지지 않은가?

책 제목은『순수한 예배의 잃어버린 기술』이었는데[4], "순수한 예배"라는 문구가 사람들이 하나님과 더 가까워지도록 돕는 내 열정을 표현하는 단어였기 때문에 나에게는 정말 완벽하게 어울렸다. 이 단어는 내가 2008년부터 시작한 예배 컨퍼런스이자 예배연구소의 이름이기도 했다.

나는 내가 쓸 내용을 "진정한 예배자"로 정하고 집필과 편집 과정을 거친 후 마침내 글을 완성해서 보냈다. 정말 기뻤다. 몇 달 후, 큰 팔레트에 실린 책이 내 현관에 도착했을 때, 이상한 생각이 머릿속을 스쳤다. 나는 아직 이 책을 읽어보지 않았다. 물론 내가 쓴 장은 몇 번이나 읽었지만, 출판사에서 다른 저자가 쓴 부분까지 보여주지는 않았다. 갑자기 궁금했다. '이 책은 정말 진짜에 관한 것일까? 내가 기대한 만큼 좋았으면…' 분명히 제임스 골, 크리스 듀프리, 숀 포이트, 줄리 메이어, 제임스의 딸 레이철 터커와 같은 저자가 있었기에 걱정할 필요는 없었다.

4. 제임스 골 외 지음, 더 깊은 예배: 잃어버린 예배를 찾아서(2013)

나는 책을 읽기 시작했다. 완전히 몰입해서 밑줄을 긋고, 동그라미를 치며 중요한 페이지는 귀퉁이를 접었다. 내가 쓴 장뿐만 아니라 다른 저자가 쓴 장마다, 한 장 한 장 하나님으로 충만해서 설명하기 어려울 정도로 나에게 큰 감동을 주었다.

나는 각 장을 읽을 때마다 의자 끝에 앉아 눈물을 흘리며 계속해서 큰 소리로 '아멘'을 외쳤다. 특히 줄리 마이어가 쓴 3장 "순수한 예배를 위한 기름"은 더욱 그러했다. 3장은 나를 너무나 강렬하게 자극해서 지금까지도 나를 변화시키고 있다(참고: 나는 여러분이 이 책을 주문해서 읽고 흡수하기를 바란다. 줄리 마이어가 쓴 3장만을 위해서라도 충분한 가치가 있다).

더 많은 기름이 필요하다

나는 이미 많은 사람에게 들어서 하나님과 독대하는 시간의 중요성을 잘 알았다. 하지만 줄리 마이어의 글은 내가 생각하지 못한 방식으로 하나님과의 교제를 강조했다. 줄리는 자신이 꾼 꿈을 이야기했다. 꿈에서 그녀는 실시간으로 마 25:1~10의 열 처녀 비유 안에 있었다.

꿈에서 줄리는 수많은 사람이 서로 교제하는 모습을 지켜보았다. 모두가 크기, 모양, 품질, 가치가 다른 등불을 들고 있었다. 그중에서 눈길을 끌 만한 가장 눈에 띄는 등잔을 발견했다. 하지만 그때, 마치 연례 휴가지에서 예상치 못한 새로움을 갑자기 발견한 것처럼 줄리의 시선이 등불 안에 담긴 빛나는 투명한 기름으로 향했다. 흥미롭게도 가장 화려한 등불 중 일부는 가장 적은 기름을 담고 있었다. 그리고 가장 평범한 등불 중 일부는 기름이 넘치도록 가득 차 있었다.

시간이 흘러 모두 잠들었고, 등불은 밤새도록 타올랐다. 고요함이 찾아왔을 때, 갑자기 예고 없이 나타난 신랑에게서 간헐천이 솟아오르듯 큰 소리가 터져 나왔다. 줄리는 그 후에 엄청난 혼란을 보았다. 가장 아름다운 등불 중 많은 것이 기름이 없어 꺼졌고 더 이상 빛을 내지 못했다.

줄리는 하나님의 영으로 등불 안의 기름이 각 개인이 아버지와 독대한 시간임을 깨달았다. 등불 안의 기름은 개인적으로 신실하게 의지를 품거나 혹은 그렇지 않더라도 하나님과의 관계를 키우는 데 보낸 시간을 의미했다. 또한 등불의 겉모습은 각 사람의 공적인 사역을 상징했다.

많은 사람이 큰 노력을 들여 명망 있는 사역을 세웠지만, 동시에 큰 대가를 치렀다. 그들은 기름보다 사역을, 개인적인 삶보다 공적인 삶을 더 소중히 여겼다. 평소에는 이런 사실을 아무도 알아채지 못했지만, 신랑이 온 순간 갑자기 등불 안의 기름이 얼마나 있는지 모든 사람에게 알려졌다. 등불에 기름과 빛이 거의 없거나 전혀 없었다.

줄리의 글을 다 읽었을 때 내 영혼에는 오직 한 마디만이 울리고 있었다. "나는…더 많은…기름이…필요하다."

소진

나는 등불 전문가는 아니지만 한 가지는 확실히 안다. 등불의 기름이 다 떨어지면 불꽃이 꺼진다. 결론적으로 등불이 빛을 내는 이유는 기름을 태우기 때문이다. 우리 역시 오직 은밀한 처소에서만 채울 수 있는 기름이 바닥나면, 보기 좋은 빈 등 껍데기만 남을 뿐이다. 진정한 빛도 없고 따스함도 없으며 진정한 전도의 영향력도 없는 사역의 형태만 남는 것이다. 아마도 이런 상태를 뭐라고 하는지 들어봤을 것이다. 바로 탈진 혹은 소진burnout이라고 한다.

흥미롭게도 많은 사람이 이 단어를 마치 자신에게 일어난 일처럼 사용한다. 다른 사람이 너무 많은 일을 시켜서 바쁘고, 지치고, 과로한 결과라고 생각한다. 잠깐, 소진은 분주함의 결과가 아니라 부르심을 놓친 결과다. 소진은 과로의 결과가 아니라 우선순위가 잘못 정렬된 결과다. 가장 중요한 하나님과의 교제를 제쳐 놓고 다른 것과 사람을 우선시한 결과다.

마 25장의 비유에서 "빈 등불"을 든 처녀들을 향한 예수님의 반응은 충격적이다. 예수님은 단순히 어깨를 으쓱하며 "어리석은 처녀들아. 사역 중독자처럼 살지 않도록 조심하렴, 알겠니?"라고 말씀하며 넘기지 않으시고 다섯 처녀가 필사적으로 들어가게 해달라고 애원하는 동안 아예 문을 잠그신다. 이 문은 의심할 여지 없이 영생으로 들어가는 문이다. 예수님의 말씀이 마치 느린 화면처럼 울려 퍼진다.

> [10] 어리석은 다섯 처녀들은 할 수 없이 기름 장수에게 기름을 사러 갔다. 하지만 그들이 기름을 사러 간 사이에 신랑이 왔다. 그래서 준비하고 있던 슬기로운 다섯 처녀들은 신랑과 함께 결혼 잔치에 들어갔고, 문이 잠겼다. [11] 한참 후에 기름을 사서 돌아온 어리석은 다섯 처녀들이 문밖에 서서 외쳤다. '주님! 주님! 문 좀 열어 주십시오.' [12] 그러나 신랑이 안에서 대답했다. '내가 진정으로 너희에게 말한다. 나는 너희를 알지 못한다.' [13] 그러므로 항상 깨어 있어라. 너희는 인자가 언제 다시 올는지 그 날과 그 시각을 알지 못하지 않느냐?" (마 25:10~13, 쉬운말)

"나는 너희를 알지 못한다." 이 구절은 분명히 관계의 부재를 말한다. 종교 활동은 열심히 했지만, 아버지와 더 깊은 관계 맺지 못한 사람들을 직접적으로 가리킨다. 자기 선택을 통해 하나님과의 교제를 진정으로 갈망하지 않았으며 주님과 가까운 친구가 되기를 진정으로 원하지 않은 사람들을 가리킨다. 그 결과 인상적인 사역을 한 사람도, 아름다운 등불을 가진 사람도, 다른 신자들과 함께 한 사람도 문이 닫혀 들어가지 못했다.

우리 중 많은 사람이, 심지어 지도자와 인도자까지도 기름이 위험할 만큼 부족한 상태로 질주하고 있다. 우리는 하늘의 활동에는 가까워졌지만, 하늘의 왕에게는 가까워지지 않았으면서 "잘하였도다, 착하고 충성된 종아"라는 유명한 말씀을 듣기를 원한다. 하지만 우리 하나님은 히 11:6에 의하면 "자기를 찾는 사람들에게 상을 주시는 분"(새번역)이시다.

사실이다. 하나님과의 일상적인 친밀함이야말로 우리 영혼에 기름을 갑절로 늘릴 유일한 방법이다. 오직 하나님과 함께하는 은밀한 곳에서 말씀을 묵상하고 기도하며 찬양으로 왕이신 주님과 교제해야 한다.

세 겹줄

내가 볼 때, 인도자로서 그리고 그리스도인으로서 매일 하나님과 시간을 보내는 것은 종교적 의무가 아니라 우리 영혼을 위한 관계적 연료의 공급원으로서 매우 당연한 일이다. 성경은 "한 가지 일"의 중요성을 분명히 말한다. 예수님도 자주 이른 아침에 아버지와 시간을 보내셨고 심지어 "밤이 새도록" 하늘 아버지와 깊이 교제하셨다(눅 6:12).

은밀한 곳에서 하나님과 함께하는 교제는 최소한 다음 세 가지를 반드시 포함해야 한다: 말씀 읽기, 기도하기, 노래로 예배하기. 이것은 쉽게 끊을 수 없는 진정한 관계의 세 겹줄이며, 여기에 철저한 의지와 계획성이 필요하다. 하나님과의 독대 시간은 어떤 모습인가? 함께 살펴보자.

기도 생활을 다시 시작하다

기도는 매우 흥미롭다. 모임을 여는 대표 기도를 부탁하면 대담하고 도발적인 기도를 즐기는 "기도 전문가"부터 공개적으로 소리 내어 기도하는 것을 두려워하는 "불안한 기도자"까지 다양한 모습을 본다. 많은 사람이 기도를 형식적으로 여기며 하나님과의 대화가 아니라 다른 사람에게 설교하는 것처럼 대한다. 이런 태도는 기도를 향한 둔한 마음을 더 키워서 하나님을 향한 영적 무감각으로 이어진다.

기억하라, 기도의 목적은 하나님과의 명확히 연결되는 것이다. 이를 통해 하나님과의 개인적인 동행이 더욱 깊어진다. 당연한 이야기지만 기도는 목회 지도자와 예배 인도자가 진정성 있는 영향력을 키우는 데에도 가장 실제적인 방법이다.

이제 내 기도 생활에 활력을 불어넣은 몇 가지 전략을 같이 살펴보면서 기도 생활의 불을 다시 붙여보자.

1. 계획을 세워라. 나는 앞에서 기도 생활은 의지적이어야 한다고 말했다. 이것이 가장 중요하다. 계획적으로 기도하지 않으면 매우 불규칙할 수밖에 없다. 이런 불규칙성은 기도를 완전히 포기하는 것보다 더 나쁘다. 나는 은밀한 처소에서 그리고 일상에서 하나님과 계속 대화하고 싶다. 기도 계획이 없는 삶은 내가 원하는 삶이 아니다.

나는 어릴 때 하나님을 친구요 아버지로 만난 후에 부모님의 영향을 받아 일종의 기도 달력을 만들었다. 월요일은 직계가족의 날로 아내 마사와 아이들인 로만, 에번, 채닝, 클라라를 위해 기도한다. 화요일은 확대가족의 날로 부모님, 자매, 사촌들, 이모와 삼촌들, 조카들을 위해 기도한다. 수요일은 교회의 날로 우리 사역자들과 교회 문화를 위해 기도한다. 목요일은 워십 시티 사역의 날로 내 개인 사역 활동들, 순회 사역, 교육, 설교, 저술, 방송, 예배 인도 등을 위해 기도한다. 금요일은 NCU의 날로 동료 교수들과 학생들, 직원들을 위해 기도한다. 토요일은 기타 사항의 날로 우리나라를 위해 기도하고 내 마음에 있는 다양한 것을 위해 기도한다. 주일은 교회에서 예배 시간에 기도한다.

우리 가족은 함께 잠자리에 들기 전에 대부분 이 기도 달력을 따라 기도한다. 월요일에는 각자가 한 명의 가족을 위해, 화요일에는 한 명의 확대가족을 위해, 수요일에는 한 명의 목사님을 위해, 목요일에는 한 명의 선생님이나 정치인을 위해 기도하는 식이다. 이러한 반복은 기도를 신선하게 유지하는 유연성이 있으면서 강력한 습관을 만든다. 물론 내 가족은 매일 이 계획을 완벽하게 지키지는 못하고 때로는 변경하기도 한다. 예를 들어, 우리 목사님 중 한 분이 월요일에 긴급한 일이 있다면, 우리는 수요일까지 기다리지 않고 월요일에 기도하는 식으로 일정을 조절한다.

2. 감정을 따르지 말라. 어떤 날은 기도하고 싶고 어떤 날은 기도하고 싶지 않을 때가 있다. 솔직히, 반복하는 것은 무엇이든 싫증이 난다. 반복도 중요하지만 기도가 감정에 이끌리지 않도록 주의해야 한다. 좋은 기분일 때도 기도하고, 사막의 모래처럼 메마른 기분일 때도 기도하라. 그저 기도하라. 우리 책임은 기도하고 싶은 느낌이 드는 것이 아니라 단순히 기도로 하나님을 찾고 믿음으로 구하는 것이다. 믿음으로 기도하기 시작할 때 비로소 신선한 기도의 생명력이 우리를 찾아온다.

3. 기도해야 한다는 말에만 만족하지 말라. 우리는 자주 실제 기도하기보다 기도에 관해 말하는 시간이 더 많다. 특히 소그룹일 때 더 그렇다. 사람들과 기도 제목을 나누는 것을 넘어 실제로 기도해야 한다. 또 자신과의 대화를 하나님과의 기도로 혼동하지 말라. 개인적인 삶의 필요를 처리할 때 혼잣말과 기도의 경계가 애매할 수 있다. 자기와 대화하지 말고 하나님과 대화하라. 삶의 문제를 놓고 하나님과 직접 대화하라.

4. 요청으로 시작하지 말라. 성경은 우리에게 이렇게 권면한다: "*아무것도 염려하지 말고 다만 모든 일에 기도와 간구로, 감사함으로 너희 구할 것을 하나님께 아뢰라*"(빌 4:6). 그러므로 하나님께 나아갈 때 요청하기만 하지 말라. 이것이 습관이 되면 앞으로 다가올 세대에서 주님과 나눌 대화가 많지 않을 것이다. 내 아이들이 돈, 차 열쇠, 숙제 도움, 음식 등을 위해서만 나에게 온다면 어떤 기분일까? 진짜 관계를 맺을 수 없다. 아이들이 아무런 숨은 의도 없이 내 무릎에 앉아 애정을 표현할 때, 그때 실제적인 관계가 살아나고 그 결과 내 마음이 자연스럽게 아이들에게 끌려서 필요를 채워주고 싶은 마음이 더 커진다.

5. 소리 내어 기도하라. 하나님께 소리 내어 기도하라. 많은 사람이 소리 내어 기도하기를 불편하게 느끼지만, 성숙한 신자에게는 자연스러운 행동이다. 우리 귀는 하나님과 대화하는 소리를 들어야 한다. 다른

사람도 마찬가지다. 소리 내는 기도는 자신감을 키우고 결단을 강화하며 문제들을 숨기지 않도록 도와주고 팀의 유대 관계를 크게 강화한다. 물론 소리 내어 기도하기가 편안해지는 유일한 방법은 실천뿐이다. 망설이지 말고 큰 소리로 기도하라!

6. 종교적인 말투를 버려라. 매우 중요하다. 우리는 개역 한글판 성경 말투로 기도하기를 멈춰야 한다. 개역 한글판 성경이 있는 이유는 단지 번역할 당시(1961년)의 현대어였기 때문이다. 하나님은 개역 한글판 성경의 말투를 이해하시듯 지금의 일상적인 말투도 이해하신다. 하나님은 우리가 있는 모습 그대로 기도하기를 원하신다. 그러니 기도할 때 가면을 쓰고 엄숙한 목소리와 궁궐에서나 쓸법한 말투를 사용하지 말라. 모세처럼 친구와 이야기하듯이 하나님과 대화하라.

7. 같은 말을 반복하지 말라. 자주 우리는 기도할 때 같은 말을 반복하는 습관에 빠진다. 왠지 반복해야 하나님이 우리 진심을 아실 거라고 믿는 것이다. 마 6:7은 같은 말을 반복하지 말라고 하지만 마 7:7~8은 구하고, 찾고, 두드리면 문이 열릴 것이라고 말한다. 이것은 미묘한 차이다. 나는 하나님께 기도할 때 친구에게 말하는 것처럼 구체적이고 분명하게 말해야 한다고 생각한다. 친구에게 말할 때 같은 말을 반복하지 않는 것처럼, 하나님께 기도할 때도 같은 말을 반복하지 말아야 한다.

또 기도할 때 하나님의 이름을 계속 반복해서 부르는 습관을 깨려고 노력하라. 내 친구가 나와 이런 식으로 대화한다고 상상해 보라: "오, 제프, 당신은 정말 훌륭한 친구예요, 제프. 제프, 당신은 정말 좋은 사람이에요, 제프. 그리고 나는 정말 당신이 쓴 책을 좋아해요, 제프. 제프, 나는 당신의 책을 사서 내가 아는 모든 사람과 나눌 거예요, 제프. 오, 나의 친구, 제프, 당신은 내가 가장 좋아하는 작가예요, 제프!" 뭐가 문제인지 확실하게 이해될 것이다.

8. 하나님의 음성을 들어라. 기도는 대화이므로 기도할 때 하나님의 음성을 들어라. 잠시 시간을 내어 고요히 주님의 음성에 귀 기울여라. 입을 다물고 마음을 고요히 하라. 하나님은 종종 작고 세미한 음성으로 말씀하시기 때문에 바쁜 일상에서 놓치기 쉽다. 또한 기도할 때 자신의 목소리를 들어라. 이유는 소리 내어 기도할 때, 종종 하나님의 영으로 영감받은 것, 주님의 마음에서 직접 나와 내 입을 통해 흘러나오는 말을 하는 경우가 있기 때문이다. 이것은 내가 기도하는 동안에도 하나님께 배우고 성장한다는 의미이다.

9. 하나님의 진리를 자신에게 선포하라. 기도의 한 부분은 자기 삶에 하나님의 말씀을 선포하는 것이다. 나는 "말하면 이루어진다"라는 접근방식을 크게 좋아하지 않는다. 하지만 나 자신과 가족, 다른 이들에게 하나님의 말씀을 선포하는 중요성은 인정한다. 우리가 하나님의 말씀을 소리 내어 선포할 때 부인할 수 없는 일이 일어난다. 나는 종종 "나는 왕의 아들이다", "예수님의 보혈이 내 혈관에 흐른다.", "죄는 더 이상 내게 아무 힘도 없으며, 모든 유혹에는 피할 길이 있다."와 같은 말씀을 선포한다. 또한 빌 4:13을 구체적으로 인용하기 좋아한다. "(당신의 이름)에게 능력 주시는 자 안에서 내가 모든 것을 할 수 있다.", "나는 그리스도께서 강하게 하심으로 내 아내를 사랑과 존중으로 대한다"라고 선포한다.

10. 주기도문을 창의적으로 기도하라. 예수님이 제자들에게 주기도문으로 기도의 본을 보여주신 데는 이유가 있다. 그러나 의심할 여지 없이 매주 주일 아침마다 똑같이 반복하라는 의미가 아니다. 간곡히 부탁한다. 영적인 사람으로 인정받기 위해 주기도문을 기계처럼 반복하지 말라. 주기도문은 기도 생활을 이끌어 주는 안내서와 같아서 기본 틀이나 설계도처럼 주기도문을 바탕으로 우리 기도를 더 풍성하게 발전시킬 수 있다. 나는 매일 주기도문으로 기도하는 것을 적극 추천한다.

나는 단순히 주기도문을 그대로 반복하지 않고, 주기도문에 담긴 예수님의 기도 제목을 시작으로 나만의 구체적인 기도로 발전시킨다(참고: 내가 주기도문으로 기도할 때 사용하는 전략의 자세한 분석은 부록을 참조하라).

기도는 이 세상의 도전과 공격 그리고 종종 더 큰 문제를 일으키는 내면의 공격에 맞서는 매우 강력한 무기다. 우리 기도는 하나님 나라와 자녀들을 대적하는 세력을 향해 전면전을 선포한다. 기도는 하나님을 향한 궁극적인 순종이자 우리 육신과 악한 영적 세력들과 하나님을 격렬하게 대적하는 이 세상에 맞서는 가장 강력한 영적 대응 수단이다.

하나님의 말씀에 무감각함을 깨뜨리기

성경을 읽기 힘든 적이 있었는가? 나도 때때로 그랬다. 성경은 이해하기 어려운 수많은 해야 할 것과 하지 말아야 할 목록으로 가득해서 읽다 보면 졸음이 쏟아진다. 마치 속도위반 과태료 통지서 안내문보다 복잡하다. 우리 시대의 가장 위대한 지성들의 모든 주장과 정면으로 충돌하는 구식 백과사전처럼 보이기도 한다.

실제로 요즘 많은 사람이 성경을 이렇게 느낀다. 그럼에도 이제 새로운 시각으로 하나님의 말씀을 바라보면서, 우리 마음에 하나님의 놀라운 말씀의 능력을 다시 한번 일깨우도록 몇 가지를 권면한다.

1. 하나님의 말씀은 책이 아니다. 하나님의 말씀은 살아있는 인격이다. 잊지 말라. 말씀은 끝없는 페이지에 단어가 강처럼 흐르는 가죽 표지 원고가 아니다. 말씀은 지금까지 쓰여진 다른 어떤 책과도 다르다. 말씀은 물리적인 존재가 아니라 살아 숨 쉬는 영적인 존재다.

> 하나님의 말씀은 살아있고 활력이 있어 좌우에 날 선 어떤 검보다도 예리하여 혼과 영과 및 관절과 골수를 찔러 쪼개기까지 하며 또 마음의 생각과 뜻을 판단하나니 (히 4:12)

> [1]태초에 말씀이 계시니라 이 말씀이 하나님과 함께 계셨으니 이 말씀은 곧 하나님이시니라 [2]그가 태초에 하나님과 함께 계셨고 [3]만물이 그로 말미암아 지은 바 되었으니 지은 것이 하나도 그가 없이는 된 것이 없느니라 (요 1:1~3)

어떤 사람들은 실물 책 자체로서 성경, 즉 박물관 어딘가의 영광스러운 유리 케이스 안에 넣어 보관해야 할 것처럼 물리적인 성경에 매달린다. 마치 가죽과 양피지 자체가 거룩한 것처럼 말이다. 솔직히 성경을 구성하는 물리적 물질은 단지 가죽, 나무, 잉크(그리고 아마도 다른 합성 물질)일 뿐이며 전혀 중요하지 않다. 세련된 커피 테이블 위에 킹제임스 성경을 크게 전시한다고 천국에 가는 유리한 자리를 차지하는 것은 아니다.

성경책 자체는 거룩하지 않지만 거룩하고 아름다우며 초자연적인 내용을 담고 있다. 더 정확히 말하면 초자연적인 존재, 바로 하나님의 아들 예수님을 기록한 말씀의 형태로 담고 있다. 수많은 이야기와 비유, 해야 할 것과 하지 말아야 할 것 사이 깊숙한 곳에, 시련과 기적 안에, 박해와 실망 안에, 승리와 파멸 안에, 자비와 놀라운 은혜 안에 한 분이신 참 하나님의 인격이 담겨 있다. 말씀으로 온 우주를 지으시고 주님의 생명을 우리 안에 불어 넣으신 유일하신 참 하나님의 성품과 본성, 하나님의 생명, 하나님의 임재, 하나님의 DNA가 성경에 담겨 있다. 성경은 아름다움과 소망과 생명으로 가득하다.

2. 성경은 관계의 통로다. 말씀이 인격이라면, 성경은 단순히 읽는 것이 아니라 만남이어야 한다. 하나님의 말씀은 더 위대한 것으로 가는 통로다. 어떤 사람들은 "더 위대한 것"이 진리라고 잘못 생각한다. 예수님이 길이요 진리요 생명이시며 하나님의 말씀이 예수님이고 예수님이 진리라면, 진리가 목표 아닌가? 아니다. 이렇게 생각해 보자; 우리가 진리의 말씀을 추구하는 이유는 단순히 말씀을 더 알기 위해서가 아니라 진리의 말씀에서 발견하는 진리 자체인 하나님을 알기 위해서다.

솔직히 말하면 진리를 아는 것이 중요한 것이 아니라 진리이신 분, 예수님을 아는 것이 더 중요하다. 그리고 이것은 오직 하나님의 진리를 통해 진리인 하나님께 나아갈 때만 가능하다. 세상의 모든 지식을 얻어도 하나님을 모를 수 있다(마귀와 바리새인들을 생각해 보라). 다시 말하면, 우리는 지식을 얻을 수 있지만 여전히 계시(영적 이해)가 없을 수 있다. 계시 없는 지식은 위험하다. 계시 없는 지식은 죽은 것이다. 계시는 도약할 수 있는 발판과 같다. 계시는 하나님의 지식이 하나님의 영과 만나고, 우리의 영과 만나는 곳이다.

3. 하나님의 말씀은 단순히 암송 이상이어야 한다. 주니어 성경 퀴즈(JBQ)는 하나님의 성회가 후원하는 성경 암송 경연 프로그램이다. 웹사이트는 이렇게 설명한다: "JBQ는 아이들이 하나님 말씀의 매우 중요한 진리를 이해하도록 동기를 부여하는 재미있고 흥미진진한 방법을 제공합니다. 아이들은 협동 학습을 통해 함께 성경의 질문과 답변을 배우고 이해합니다. 그 후 협동 경연을 통해 다른 팀과 재미있는 퀴즈 대회를 합니다. 한 경기에는 20개의 질문이 있으며, 두 팀의 퀴즈 참가자들이 먼저 답변할 기회를 얻기 위해 버저buzzer를 누르려고 경쟁합니다."

내 아이들도 이 프로그램에 매우 즐겁게 적극적으로 참여했다. 문제는, 우리가 하나님의 말씀을 외우기 시작할 때 마음의 계시로 이어지지 않고 단순히 머릿속의 지식으로만 쌓일 위험이 있다는 것이다. 그래도 아이들에게 하나님의 말씀을 넣어주지 않는 것보다는 낫지 않을까? 맞다. 나도 그렇게 생각하며 적어도 그러기를 소망한다. 심지어 사 55:11을 인용할 수도 있다: "*내 입에서 나가는 말도 이와 같이 헛되이 내게로 되돌아오지 아니하고 나의 기뻐하는 뜻을 이루며 내가 보낸 일에 형통함이니라.*" 하지만 우리는 어린 참가자들이 단순히 지식만 얻지 않도록 안내해야 한다.

최근에 하나님의 말씀을 외워야 한다고 강조하는 유명한 강사의 말을 들었다. 그녀는 이렇게 말했다: "단순히 외우기 위해서가 아니라 여러분의 마음이 변화되어 그리스도 안에서의 정체성과 일치하는 삶을 살기 위해 말씀을 외워야 합니다." 표면적으로는 좋은 말이다. 하지만 하나님은 우리가 건강한 정체성을 가지라고 말씀을 주신 것이 아니라 하나님께 나아갈 수 있도록 말씀을 주셨다. 우리가 관계 안에서 주님께 나아갈 때 하나님을 알 수 있다. 하나님을 알 때 우리를 향한 하나님의 생각을 알기 시작하고 하나님이 보시는 방식대로 우리 자신을 보기 시작한다. 우리는 먼저 하나님과의 관계를 추구해야 한다. 건강한 정체성은 하나님과의 건강한 관계의 결과 또는 열매다.

4. 하나님의 말씀은 사랑의 편지다. 최근에 내 이모이신 주디는 안타깝게도 가장 친한 친구이자 남편인 이모부 밥을 몇 년간 치매 투병 끝에 잃었다. 이 사건은 정말 가슴 아픈 일이었기 때문에 우리는 이모와 사촌들을 생각하며 마음이 아팠다. 그래서 우리 가족은 함께 편지에 글과 직접 그림을 그려서 작은 선물도 넣은 위로의 선물 상자를 만들었다. 나는 가족을 대표해서 편지에 내가 이모를 얼마나 사랑하는지 전하고 우리가 계속 기도 한다고 상기시켜 드렸다.

몇 주 후 아이들이 잠자리에 들기 전에 하나님의 말씀은 마치 창조주가 보내신 연애편지와 같다는 이야기를 나누다가 이 일이 생각났다. 우리가 이모에게 편지를 쓴 것처럼 하나님도 우리에게 편지를 쓰셨다. 우리가 이모에게 쓴 글들은 단순히 단어를 나열하거나 사실을 전달하는 이상의 의미로 우리와 이모 사이의 관계와 연결성을 나타낸다. 나는 이모가 편지를 읽을 때 그저 종이 위의 글자로 읽지 않고 마치 우리 목소리가 실제로 들리는 것처럼 읽으셨을 거라고 생각한다. 이모는 글자와 글자 사이에 담긴 우리 사랑과 관심을 느끼셨을 것이다.

하나님의 말씀도 마찬가지다. 성경 페이지를 넘길 때 우리는 규칙과 규정, 옳고 그름과 하나님 나라의 '정책'을 넘어서 하나님의 강력하고 사랑스러운 음성에 귀 기울여야 한다. 성경의 모든 이야기와 모험에서, 모든 책망과 기적에서 하나님의 마음을 느껴야 한다. 생각해 보라! 성경을 읽을 때 하나님이 실제로 우리에게 가장 개인적이고 가장 강력하며 가장 예리하게 말씀하신다.

5. 하나님의 말씀은 하나님의 마음을 드러낸다. 성경의 중요한 목적을 이해해야 한다. 성경은 우리가 하나님의 음성과 마음, 그리고 어조를 분별하도록 돕는다. 많은 사람이 하나님의 음성을 들을 수 없다고 불평하지만, 사실은 주님의 음성을 알아차릴 만큼 주님과 충분한 시간을 보내지 않았을 뿐이다. 전혀 모르는 사람이 주디 이모에게 편지를 쓴다면 우리 편지를 읽을 때처럼 이모의 마음에 와닿았을까? 아마 그렇지 않을 것이다. 누군가의 선의는 고맙지만, 편지를 쓴 사람과 받는 사람 사이의 관계적 연결이 없다면 그 의미는 크게 퇴색된다. 하나님은 자신을 성경 전체의 저자로 밝히셨다. 그래서 주님의 말씀은 관계적 통로가 되어 수많은 소리 중에 하나님의 음성을 구별하도록 돕는다.

NBA 챔피언십 경기를 생각해 보자. 동점 상황에서 경기 종료까지 12초밖에 남지 않았다. 수만 명의 팬이 목청껏 응원하는 소란 속에서 각 팀 선수는 어떻게 자기 코치의 목소리를 들을까? 간단하다. 선수들은 바로 이런 순간을 위해 수백 시간 동안 코치의 목소리를 들으면서 훈련했다. 마치 옛날 아날로그 라디오의 다이얼을 돌려 정확한 주파수를 찾듯이, 선수들은 코치의 목소리에 정확히 귀를 맞춘다. 결정적인 순간이 되면 다른 모든 소리는 배경으로 물러나고 가장 중요한 목소리의 "주파수"만이 경기를 승리로 이끌 지시를 듣고 따르기에 충분할 만큼 또렷하고 명확하게 선수들의 귀를 뚫고 들어온다.

6. 하나님의 말씀은 영양분이다. 육체의 생명을 유지하려면 음식이라는 영양분이 필요하듯이, 영혼도 영적 활력을 유지하려면 영양분이 필요하다. 우리는 일주일 내내 굶지 않으면서도 성경은 며칠, 몇 주, 심지어 몇 달 동안 보지 않고 지낸다. 어떤 교인들은 설교자가 익숙한 구절로 설교하면 불만스러워한다. 마치 예전에 그 구절을 들었을 때 영양분을 다 공급받아서 더 이상 받을 게 없다고 생각한다. 그러나 하나님의 말씀은 얼마나 자주 먹든 상관없이 계속해서 우리에게 영양분을 공급한다.

상상해 보라, 당신이 내가 좋아하는 토핑이 가득 들어간 육즙 풍부한 치즈버거를 먹자고 제안했는데, 내가 "고마워요, 하지만 나는 괜찮아요. 전에 먹어봤거든요"라고 말하며 거절한다면 어떨까? 내가 과거에 특정 음식을 한 번 먹어봤다고 현재에 필요한 즐거움과 영양분이 더 이상 필요 없다는 의미는 아니다. 하나님의 말씀도 마찬가지다. 우리가 말씀을 읽을 때마다, 익숙한 구절이든 새로운 구절이든 우리 영혼에 필요한 영양분을 공급한다.

> 주의 말씀을 찾아 제가 먹으니 주의 말씀이 제게 기쁨이었고 제 마음의 즐거움이었습니다. 만군의 하나님 여호와여, 이는 제가 주의 이름으로 불리기 때문입니다. (렘 15:16, 우리말)

7. 하나님의 말씀은 무기다. 에베소서 6장은 하나님의 말씀을 "성령의 검"이라고 부른다. 이 표현은 말씀에 담긴 깊은 진리를 드러낸다. 말씀은 우리 삶의 수많은 전투에서 승리를 얻도록 돕는 무기다. 우리가 하나님의 가장 강력한 대량 파괴 무기인 말씀으로 무장할 때, 믿음과 하나님의 말씀을 통해 성령의 능력 안에서 원수들을 물리칠 수 있다. 이는 우리가 전투에 직면하지 않는다거나, 원수와의 전투에서 패배하지 않는다는 의미가 아니다. 우리가 계속해서 하나님의 말씀 위에 서 있다면 예수 그리스도 안에서 원수와의 전쟁에서 승리할 것이다.

> 너를 치려고 만든 무기는 성능을 다하지 못하고 너를 고소해서 법정에 세우는 혀마다 도리어 패소할 것이다. 이것은 여호와의 종들이 받을 몫이고 내가 그들에게 주는 권리다. 여호와의 말이다. (사 54:17, 우리말)

예수님은 마태복음 4장의 광야에서 오직 하나님의 말씀으로 사탄의 공격을 물리치셨다. 사탄은 오늘날 많은 사람이 하는 것처럼 말씀을 왜곡하여 예수님을 대적하는 무기로 사용했지만, 예수님은 말씀을 무기로 올바르게 사용하여 마귀를 물리치셨다. 우리도 하나님의 말씀 안에 있으면 이렇게 위대한 능력을 누릴 수 있다.

8. 하나님의 말씀은 우리가 어떻게 살아야 하는지 보여준다. 하나님의 법과 지시는 우리를 해치려는 것이 아니라 유익을 위한 것이다. 말씀은 하늘 위에 계신 위대한 분이 즉석에서 떠올린 단순한 규칙이 아니다. 하나님의 모든 법도의 핵심 동기는 단 하나, 사랑이다. 다행히도 우리는 이러한 '사랑에 근거한 계명'을 대체로 불평하지 않고 잘 받아들인다.

우리가 깨닫든 깨닫지 못하든 이 계명은 우리가 자신에게만 예외를 두려고 하기 전까지는 대부분 매우 단순하고 분명하다. '살인하지 말라', '거짓말하지 말라', '간음하지 말라', '도둑질하지 말라' 등 모든 계명은 사랑의 표현이다. 이러한 계명들은 때때로 우리를 불편하게 하지만 그 안에 담긴 의미는 분명하다.

성경이 우리가 어떻게 살아야 하는지 말해주는 것보다 우리가 누구인지 말해주는 것이 훨씬 더 중요하다. 우리가 누구인지 알 때, 어떻게 살아야 하는지 알 수 있기 때문이다. 좋은 소식은 수많은 성경 구절이 우리가 누구인지 더 큰 이해로 인도한다는 점이다. 우리가 누구인지는 결코 감정의 문제가 아니라 사실의 문제다. 이것은 우리를 창조하신 하나님이 정하신 사실이다. 누구도 창조주가 하시는 말씀을 반박할 수 없다. 우리는 100% 하나님이 말씀하시는 대로인 사람들이다.

하나님의 말씀을 따라 우리 정체성을 파악하면서, 매일 말씀을 읽는 데 도움을 주는 몇 가지 사항을 같이 보자.

1. 하나님의 말씀을 얼마나 자주 읽어야 하는가? 간단하다. 매일 하나님의 말씀을 조금이라도 읽을 계획을 세워라. 10구절 일수도 있고 4장일 수도 있다. 분량이 어떻든 각자가 매일 음식을 먹는 것처럼 매일 하나님의 말씀을 일부분이라도 읽어야 한다. 우리 영적 존재는 몸이 음식을 통해 영양분을 섭취하는 것만큼 말씀을 섭취해야 한다. 성경을 매일 얼마나 읽을지는 당신과 성령님께 달려있다. 성경을 읽는 데 도움을 주는 정기적인 습관을 만들어라. 소화할 수 있는 것보다 많이 섭취하는 것도 문제지만 식탁에서 떨어지는 부스러기만 먹는 습관도 피하라.

2. 하나님의 말씀을 읽기 전에 무엇을 해야 하는가? 내가 확립한 습관은 성경을 읽기 전에 짧게 기도하는 것이다. 이 기도는 말씀에 깊이 들어가기 전에 하나님께 다가가서 내가 곧 읽을 내용을 이해하고 적용하도록 도와달라고 구하는 것이다. 많은 구절을 읽고 끝에 가서 무엇을 읽었는지 기억하지 못하거나 내 삶에 어떤 영향을 미칠지 전혀 모르는 것보다 더 나쁜 것은 없다. 우리는 하나님의 말씀을 이해하도록 하나님의 도움을 구해야 한다. 하나님은 우리를 기쁘게 도와주신다.

3. 하나님의 말씀을 어디서부터 읽어야 하는가? 놀랍게도 많은 사람이 어디서부터 읽어야 할지 모르겠다고 말하면서 아예 성경을 읽지 않는다. 솔직히 말해서, 어디부터 시작하는지는 그다지 중요하지 않다. 오히려 시작하는 것 자체가 중요하다. 매일 구약에서 한 장, 신약에서 한 장을 읽으면서 각 장과 각 책을 순서대로 읽을 수 있다. 또는 인생에서 한 시기를 시편과 잠언에 집중할 수 있다. 특히나 시편과 잠언은 반복해서 읽을 수 있는 놀랍도록 실용적인 성경이다.

최근에 우리 가족은 일 년 동안 성경을 연대순으로 통독했다. 이전에는 이렇게 성경을 읽어본 적이 없었기 때문에 성경 66권의 순서가 기록된 연대순이 아니라는 점이 무척 흥미로웠다. 어디서 시작하든, 여러 해가 걸리더라도 전체 성경을 읽는다는 장기적인 목표가 있어야 하며 평생에 걸쳐 여러 번 반복해서 읽어야 한다.

음악 예배를 향한 마음을 다시 불태워라

2018년 여름 아름다운 어느 주일 아침, 우리 교회의 데릭 로스 목사님이 내가 당시에 출간할 책이었던 『Awakening Pure Worship』을 설교해 달라고 요청했다. 나는 온 힘을 다해 설교하면서 여러 중요한 주제를 다루었는데 그중에는 책의 7장 "예배는 하나님을 위한 것이 아니다"라는 굉장히 도전적인 주제도 있었다.

몇 주 후 주일에 한 친구가 내게 와서 "제프, 당신이 내 인생을 바꿨어요!"라고 말했다. 그는 계속해서 자신이 그동안 음악 예배를 영화 시작 전 제작자 목록 정도로 생각했으며 예배 시간에 늦게 들어와서 다소 무관심한 채로 "메인 코스main dish"인 설교만을 기다리곤 했다고 말했다. 그의 아내는 재능 있는 예배 인도자였기에 음악 예배는 아내나 음악가들과 싱어를 위한 것, 예술적인 사람들이 하나님께 재능을 드리는 수단 정도라고 여겼다. 그는 미소를 지으며 예배에 참여했지만, 관중으로 남아 아내가 맡은 일을 잘하면 박수를 보내면서도 설교만을 기다렸다.

그런데 내가 "예배는 하나님을 위한 것이 아니라는 사실을 아십니까?"라고 설교하는 순간 그를 포함한 많은 사람이 깜짝 놀랐다. 이 말은 마치 하나님의 영광을 훔치려는 것처럼 많은 사람에게 이단적으로 들린다. 하지만 그렇지 않다. 두 가지 질문을 해보자. 내가 하나님을 예배할 때 누가 더 변화되는가? 하나님인가 나인가? 하나님의 거룩하심을 선포하고 다시 기억해야 하는 존재가 누구인가? 하나님인가 나인가?

예배는 항상 하나님을 향하고 하나님에 관한 것이지만, 궁극적으로 음악 예배는 하나님이 우리를 위해 주신 선물이다. 우리가 하나님을 예배할 때, 하나님은 우리와의 더 깊은 교제를 얻으시고 우리는 우리에게 필요한 하나님과 더 깊은 교제를 얻는다. 깊은 예배 안에서 하나님은 변함이 없으시지만, 우리는 설명할 수 없을 정도로 변화된다.

친구는 내 설교를 들으면서 깨달았다. "잠깐만, 예배가 나를 위한 것이라면 하나님께 목소리를 높일 기회가 있을 때마다 참여하지 않으면 손해를 보는 건 바로 나잖아!" 친구는 그날 이후로 예배 시간을 결코 전과 같은 방식으로 대하지 않기로 결심했다.

하나님을 어떻게 예배해야 하는가?

좋은 소식이 있다. 음악 예배를 교회에서만 하는 것으로 제한하지 말라. 우리가 집에서 성경을 읽고 직장에서도 기도하는 것처럼 음악 예배를 교회 계단에 남겨두고 가서는 안 된다.

안타깝지만 지금 이 책을 보는 사람 중에도 주일 찬양 연습 외에는 거의 또는 전혀 교회 밖에서 음악으로 하나님을 예배하지 않는 사람이 많다. 심지어 예배 인도자와 교회 지도자도 마찬가지다. 많은 사람이 회중 앞에서 음악으로 하나님을 예배하는 데 많은 시간을 보내면서도, 정작 은밀한 곳에서는 목소리 높여 노래하지 않는다. 결과적으로 많은 교회 지도자가 은밀한 곳에서 진정으로 뿌리내리지 못한 예배로 공개적인 장소에서 회중을 섬기려 한다. 이제 우리는 이런 모습을 바꿔서 스스로 하나님을 만나고 진정성 있게 회중을 인도해야 한다. 어떻게 해야 할까?

1. 하나님께 가까이 가라. 그러면 하나님도 가까이 오신다. 너무나 당연한 말처럼 보이지만 가볍게 넘기면 안 된다. 많은 선의의 예배 인도자와 담임 목회자가 이 진리를 머리로만 알고 친밀한 관계적으로는 모른다.

음악 예배에서 우리 마음을 다시 깨우려 할 때 자신에게 정직해야 한다. 정말로 사역 외에도 하나님과 친밀하게 동행하는가? 매우 중요한 문제다. 자신에게 물어보라. 나는 정말 하나님과의 교제에 만족하는가? 더 나아가 하나님이 나와의 교제에 만족하시는가? 나는 하나님의 음성을 듣는가? 나는 매일 하나님과 대면하여 만난다고 말할 수 있는가?

하나님의 놀라운 관계적 약속이 약 4:8에 있다. "*하나님을 가까이하라 그리하면 너희를 가까이하시리라.*" 이것은 아름다운 확신이자 간절히 붙잡아야 할 약속이다. 하나님이 우리를 사랑하시기 때문에 가까이 다가오셔서 달콤한 교제 안에서 연합할 수 있도록 문을 여셨다. 하나님의 초대는 단순하다: "네가 나와 교제하면, 나도 너와 교제하리라."

동시에 우리는 하나님에게서 그 반대의 경우도 예상할 수 있다. 우리가 하나님과의 일대일 만남을 피하고 외면하면 하나님은 우리에게 강요하지 않으시고 우리가 요구한 대로 멀리하신다. 다행히도 성경은 하나님이 우리가 하나님을 완전히 무시할 때도 우리를 찾으시는 분이라고 말한다. 하나님은 우리를 절대 포기하지 않으신다.

이것은 매우 섬세한 균형이다. 하나님은 계속해서 우리를 더 가까이 이끄시며 포기하지 않으시지만, 오랫동안 일반적인 관계로 남지 않으신다. 우리가 행동으로 하나님과 함께하고 싶지 않다고 표현하면 결국 하나님은 우리가 원하는 것을 허락하신다. 하지만 우리가 아주 조금이라도 하나님을 추구하면 큰 사랑과 애정으로 응답하신다.

2. 음악에만 집중하지 말라. 예배 인도자나 예배팀이라면 음악을 매우 좋아할 가능성이 크다. 나도 그렇다. 나는 음악의 모든 영역을 좋아한다. 특히 작곡과 편곡, 연주와 노래로 예배하는 것을 정말 좋아한다. 그러나 우리가 하나님과의 관계를 음악과의 관계로 착각할 때 문제가 생긴다. 음악은 단지 도구일 뿐이다. 아무리 아름다워도 음악은 우리에게 창

조주 하나님과의 진정한 교제로 가까이 가는 디딤돌일 뿐이다.

나는 음악을 하나님의 가장 위대한 창조물이자 우리가 즐기도록 주신 놀라운 선물이라고 생각한다. 하지만 늘 그렇듯이, 우리가 사랑하는 것이 하나님과의 진정한 연결을 방해할 수 있다. 참으로 역설적이다. 어떻게 이런 일이 일어날까? 사실 노래와 음악의 즐거움에 빠지거나 연주자들의 뛰어난 기술에 매료되기는 매우 쉽다. 그 결과 예배의 중심을 잃고 초점이 흐려질 수 있으므로 매우 위험하다. 주의하지 않으면 의도치 않게 예배에서 하나님을 완전히 제거할지도 모른다. 하나님보다 창조물인 음악을 사랑하느라 하나님을 사랑하지 않는 지경까지 이를 뿐 아니라, 예배 자체를 예배하면 정작 하나님을 예배하는 데 실패할 수 있다.

3. 변화를 줘라. 누군가는 하나님과 홀로 있는 시간에 노래로 교제하는 것이 쉽지 않다. 마치 로켓 공학처럼 어려운 일은 아니지만, 습관적인 예배와 즉흥적인 예배 사이에서 균형을 맞춰야 한다. 이 말은 내가 선택하는 음악과 시간을 얼마나 할애할지에 규칙성과 다양성을 모두 고려해야 한다는 의미다. 나는 주로 느린 노래를 좋아한다. 지하 기도실이나 사무실 바닥에 조용히 앉아서 잠잠히 있는 것을 좋아한다. 하지만 때로는 힐송 영앤프리 같은 팀의 경쾌한 노래를 틀고 내 마음이 기뻐 뛰도록 자신을 도전해야 한다는 사실을 깨달았다. 혼자 있을 때 신나는 노래에 맞춰 즐겁게 춤추지 않으면서 어떻게 교회에서 함께 드리는 예배 때 신나는 노래에 진심을 담아 예배할 수 있는가?

나는 음악으로 예배하는 시간과 순서를 다양하게 바꾼다. 성경 읽기, 찬양, 기도의 순서를 바꾸기도 한다. 때로는 음악으로 시작하고, 음악으로 끝낸다. 때로는 아는 노래와 즉흥적인 노래를 섞어서 부른다. 아는 노래만 부르고 싶은 게 당연하지만 새 노래에 계속 마음을 열어야 한다. 그렇지 않으면 하나님보다 노래를 더 사랑하는 함정에 빠진다.

또한 다양한 장르와 형식으로 예배해야 한다. 처음에는 힘들지만, 다양한 시도가 우리를 그리스도 안에서 평소에는 경험하지 못한 깊은 예배를 체험하게 하고, 싫어하는 음악으로 예배할 때도 진정성 있게 예배하는 능력을 키운다.

4. 즉흥적인 노래를 불러라. 13장에서 즉흥적인 노래를 불러야 하는 이유와 방법을 자세히 다루기 때문에 지금은 종종 오해받지만 매우 아름답고 성경에 근거한 즉흥적인 노래가 왜 중요한지만 나누길 원한다.

먼저 중요한 선언을 한다: **모든 신자는 은밀한 곳에서든 공개적인 장소에서든 정기적으로 즉흥적인 노래를 불러야 한다.** 대본 없이 즉흥적으로 기도해야 할 때를 생각해 보라. 진실로, 즉흥적인 노래는 다른 어떤 것도 할 수 없는 방식으로 하나님께 우리 마음을 연다. 사소해 보이지만 하나님께 드리는 자기만의 노래가 우리 삶의 큰 산을 움직인다.

오해하지 말라. 나도 회중 예배나 개인 예배에서 "일반적인 회중 찬양"을 부르는 것을 좋아한다. 사실, 나는 보통은 내가 아는 노래로 예배를 시작한다. 하지만 종종 미리 쓰여진 가사에만 머무는 것이 어렵다. 마치 더 구체적으로 내 마음과 생각을 집중하기 위해 다른 방향으로 나아가야 하는 것 같다. 나는 오히려 잘 아는 노래를 부를 때 집중하지 못하는 경향이 있다. 특히 익숙하고 잘 알아서 아무 생각 없이 노래를 부를 때는 매우 쉽게 무감각해진다. 아마 여러분도 이런 경험이 있을 것이다.

어떻게 해야 할까? 그럴 때 나는 기존 곡에서 벗어나 나만의 노래를 부르기 시작한다. 내 기도에 음악을 입히는 것이다. 즉흥적인 노래는 특히 입으로는 가사를 부르면서 마음으로는 딴생각하는 것을 피하는 데 도움을 준다. 나만의 노래를 부를 때, 나는 다른 사람의 생각을 되풀이하지 않고 내가 노래하는 내용을 더 많이 생각한다.

5. 예배하고 싶지 않을 때도 예배하라. 아침에 일어나자마자 기도실로 가서 행복하게 음악 예배에 빠지는 날은 드물다. 믿음이 없으면 하기 힘들다. 그래서 나는 권면한다. 하나님을 예배하고 싶은 감정이 들 때까지 기다리지 말라. 특히 주님과 단둘이 보내는 시간은 더욱 그렇다. 우리는 감정 없이도 예배를 계획하고 준비하고 진행할 수 있다는 사실을 안다. 개인적인 예배도 마찬가지다. 하지만 우리가 믿음으로 한 걸음 나아가 입을 열거나 손을 들 때, 내면에서 댐이 터지듯 생수의 강이 터진다. 왜일까? 육신의 욕망과 반대로 믿음으로 하나님을 예배하기로 결단하는 그 순간, 하나님이 우리 영혼에 변화를 일으키시기 때문이다.

물론 예배할 때마다 전율을 느끼는 것은 아니다. 하지만 무감각할 때도 믿음으로 하나님을 구하고 포기하지 않으면, 깊고 진정한 감정이 솟아오르기 시작한다. 중요한 점은, 우리가 진심으로 하나님을 찾을 때 하나님은 종종 초자연적인 방법으로 주님을 향한 우리 영적 감각을 다시 깨우신다는 것이다. 진심으로 하나님을 찾으면 반드시 만날 것이다. 하나님을 만나면 얼마나 놀라운 분인지 깨닫고 압도당할 것이다. 결과적으로 우리는 감정이 아니라 하나님을 추구하게 된다.

전부 실패하더라도

나는 하나님과 매일 홀로 시간을 보내는 훈련을 하면서 간단한 기도를 반복했다. “주님, 제가 전부 실패하더라도 주님을 아는 것만큼은 실패하지 않게 해주세요. 돈을 많이 벌지 못해도, 유튜브 스타가 되지 못해도, 더 보이스에 출연하지 못하거나 세계적으로 유명한 교회의 목사가 되지 못해도, 이 책의 메시지가 절실히 필요한 곳곳에 닿지 못해도, NCU의 교수나 셀레브레이션 교회의 목사로서 실패해도, 작곡가, 예배 인도자, 강사, 또는 작가로서 실패해도 - 제발, 주님과 친밀한 교제를 유지하는 것만큼은 실패하지 않게 해주세요!” 이것이 나의 가장 중요한 기도다.

내가 하나님과의 동행에서 실패하면 다른 모든 영역에서도 실패할 것이다. 하지만 하나님과의 동행에서 "성공"하면 참된 하나님 나라의 의미에서 다른 모든 영역에서도 성공할 것이다. 더 나아가, 내가 좋은 아버지로서 하나님을 찾는다면 효과적인 양육에 대한 하나님의 마음을 더 잘 알 수 있고, 내가 그리스도의 신부로서 하나님을 찾는 시간을 보낸다면 나는 남편으로서 더 성장할 것이다. 매일 하나님과 교제하는 데 성공한다면 나는 더 좋은 친구, 더 좋은 형제, 더 좋은 이웃, 더 가치 있는 직원이 될 것이다. 또한 더 영감을 주는 교사이자 더 기름 부음 받은 작가, 강사, 저자, 예배 인도자가 될 것이다.

그리스도를 대면하여 아는 관계를 우선시할 때, 본질적으로 나는 내 영혼을 위한 기름을 사는 것이다. 기름 부음과 성령님의 능력을 의미하는 이 기름이 내 빛을 계속 타오르게 하면서 하나님이 나를 부르신 모든 일을 성취하도록 돕는다. 그때 비로소 나는 영적으로 메마른 상태가 아닌 하나님의 은혜가 충만한 상태로 일하기 때문에 그리스도의 더 좋은 동역자이며 동시에 주님의 밭에서 더 좋은 일꾼이 될 수 있다.

핵심 요약

1. 좋은 지도자로 성장하려면 하나님과의 개인적인 동행에 솔직해지고, 더 큰 책임감을 위해 다른 사람이 당신을 다듬도록 허용해야 한다. 이러한 영역에서 쉽게 약해질 수 있으므로 하나님과 시간을 보내는 훈련을 놓고 멘토들과 계속 대화하는 것을 최우선 순위로 두어야 한다.
2. 마 25:1~13에 따르면 하나님과의 관계를 위해 "기름을 사는 것"보다 더 중요한 것은 없다. 기름이 삶의 등불을 계속 타오르게 하는 유일한 방법이며, 삶과 사역에서 "소진"되지 않도록 우리 마음을 지킨다.
3. 신자로서 매일 하나님을 위한 경건한 시간은 세 가지로 구성해야 한다: 성경 공부, 기도와 하나님의 음성 듣기, 음악으로 예배하기. 이 세 가지가 예수님을 향한 우리 빛을 밝게 타오르게 한다.
4. 하나님과 시간을 보낼 때 가장 중요한 점은 모든 것을 관계적으로 유지하는 것이다. 하나님과 인격적으로 교제하지 않으면서 말씀을 읽고, 노래로 예배하고, 기도를 쏟아내기가 정말 쉽다. 이러한 훈련을 단순히 의무적인 경건 생활이 아닌 하나님과의 교제를 위한 관계적 통로로 사용하라.
5. 예수님을 위해 더 많은 일을 하기보다, 예수님과 더 많은 시간을 보내라.

4장

교만과 정결함

거짓말 #4

"예수님의 보혈이 우리 불완전함과 부정함을 용납한다."

창의적인 사람들에게는 큰 모순이 있다. 하나님이 주신 창의성으로 상처받은 세상에 생명을 불어넣으라고 만든 예술과 노래와 작품이 오히려 창작자와 창작물을 받아들이는 사람의 마음에 엄청난 부패와 타락을 일으킬 수 있다는 점이다.

전 세계 수많은 재능 있는 예술가와 창작자들이 극도로 불안하거나 반대로 교만에 빠진 모습이 안타깝다. 우리는 교회와 음악계, 연예계, 기업계의 지도자들이 도덕성의 나락으로 떨어지는 모습을 괴로운 마음으로 지켜봤다. 충격적이지만 많은 "신자"가 이런 비극을 외면하고, 심지어 재능은 뛰어나지만, 부도덕한 사람을 옹호하고 칭송한다. 그러나 이번 장의 초점은 실패한 유명인들이 아니라 바로 우리 자신이다.

우리는 대중의 눈앞에 드러난 지도자들의 수많은 도덕적 실패를 보면서 자신은 다르다고 생각한다. 많은 사람이 피하지 못한 함정을 우리는 피할 수 있을까? 실패한 사람들도 한때는 자신이 다르다고 믿었다. 우리는 너무 늦기 전에 이 문제를 깊이 생각하고, 다음 재앙의 주인공이 되기 전에 정결함과 동기, 거룩함을 놓고 자신에게 질문해야 한다.

하나님은 우리를 성령님의 인도를 받으며 교만과 불안에 굴복하지 않고 은사가 충만하며 열정적인 겸손한 종으로 빚으신다. 하나님이 맡기신 은사를 책임감 있고 지혜롭게 관리하는 사람이 되길 원하는가? 그렇다면 이번 장을 같이 시작해 보자.

스스로 정결케 하라

나는 예전에 이런 의문이 있었다. "일의 책임은 하나님께 있을까, 아니면 우리에게 있을까? 새로운 직장을 구하거나 직업을 선택하고, 미래를 준비하며, 심지어 우리 영혼을 정결케 하는 것까지 이런 근본적인 문제의 책임은 누구에게 있을까?" 이것은 정말 좋은 질문이다. 우리 책임은 어느 정도이고 하나님의 책임은 어느 정도일까?

성경에서 하나님을 기쁘시게 하는 것과 관련해서는 하나님이 우리 안에서 더 크게 역사하신다는 것을 잘 안다. "너희 안에서 행하시는 이는 하나님이시니 자기의 기쁘신 뜻을 위하여 너희에게 소원을 두고 행하게 하시나니"(빌 2:13). 단순명료하다. 그런데, 하나님이 대부분의 일을 하신다면 우리 역할은 무엇인가?

빌 2:12에, "그러므로 나의 사랑하는 자들아 너희가 나 있을 때뿐 아니라 더욱 지금 나 없을 때에도 항상 복종하여 두렵고 떨림으로 너희 구원을 이루라". 그렇다면 우리 안에 일하시는 이는 누구인가? 우리는 여기에서 또 하나의 "둘 다/그리고"의 원리를 발견한다.

이 심오한 구절을 함께 보자. "그런즉 사랑하는 자들아 이 약속을 가진 우리는 하나님을 두려워하는 가운데서 거룩함을 온전히 이루어 육과 영의 온갖 더러운 것에서 자신을 깨끗하게 하자"(고후 7:1).

잠시 멈춰서 이 구절을 다시 읽어보자. 이 말씀을 설교에서 자주 듣기 어려운 이유는 사람들에게 정결함을 위해 노력하라고 격려하면 마치 행위 구원론자로 보이거나 그리스도의 십자가 사역을 인간의 노력으로 대체한다고 오해받기 때문이 아닐까. 자기 힘으로 정결케 한다니, 우리는 그런 복음은 원하지 않는다. 그러나 우리 역할이 분명히 있다.

바울은 이 개념을 고전 15:10에서 다시 한번 아주 강력하게 언급한다. *"그러나 내가 나 된 것은 하나님의 은혜로 된 것이니 내게 주신 그의 은혜가 헛되지 아니하여 내가 모든 사도보다* **더 많이 수고하였으나** *내가 한 것이 아니요 오직 나와 함께 하신 하나님의 은혜로라."*

바로 여기에 드러난 역설이 있다. 하나님이 우리를 정결케 하려고 우리 안에 역사하시는 동안 우리도 주님의 은혜의 능력으로 자신을 정결하게 해야 한다. 이것이 중요한 이유는 여러 가지인데 특히 우리 삶이라는 렌즈를 통해 하나님의 변화시키시는 빛이 맑고 깨끗하게 비추기 위해서다. C.S 루이스는 "순전한 기독교"에서 이렇게 말한다.

> "여러분이 하나님을 알고자 할 때, 그 주도권은 하나님께 있습니다. 하나님이 자신을 보여주시지 않는 한 무슨 수를 써도 찾을 수 없습니다. 실제로 하나님이 자신을 더 많이 보여주시는 사람들이 있는데, 그들을 편애하시기 때문이 아닙니다. 마음과 성품이 온통 잘못된 사람에게는 하나님도 자신을 보여주실 수 없습니다. 햇빛이 편애하지 않음에도, 더러운 거울보다 깨끗한 거울에 더 선명하게 비치는 것과 같습니다. 다른 과학에서 사용하는 도구는 여러분의 외부에 있는 것들(현미경이나 망원경처럼)이지만, 하나님을 보는 도구는 당신 자신이라고 할 수 있습니다. 사람의 자아가 깨끗하고 밝지 않으면, 하나님의 모습 또한 더러운 망원경으로 보는 달처럼 흐려집니다. 끔찍한 민족들이 끔찍한 종교를 가진 이유가 있습니다. 그들은 더러운 렌즈로 하나님을 보고 있는 것입니다."[1]

---

1. C. S. 루이스, 순전한 기독교, 홍성사 2013

영적으로 분명하게 보려면 성령님의 능력으로 우리 시야를 깨끗하게 유지해야 한다. 오직 깨끗한 마음만이 분명하게 보고, 깨끗한 마음이 있어야 깨끗하게 살 수 있다. 분명히 예수님이 우리 안에 역사하지 않으시면 우리는 아무것도 할 수 없다. 하지만 우리도 노력하면서 주님의 보혈로 정결케 하시는 능력을 삶에 적용해야 한다. 그러므로 정결함은 예수님 홀로 하시는 일이 아니다. 예수님의 엄청난 도움을 받아 우리도 함께 해야 한다. 예수님은 보혈과 영적인 능력을 주시고 우리는 성령님의 인도하심 아래 믿음을 적용하여 실천한다.

많은 사람이 예수님이 우리와 하나님의 화해를 위한 "모든" 대가를 치르셨다고 믿는다. 놀랍게도 이것은 온전한 사실이 아니다. 좋은 찬양 가사이기는 하지만 "모든"을 어떻게 규정하는가에 달려있다.

예수님이 모든 대가를 치르셨다는 말은 "예수님이 다 하셨기 때문에 우리는 아무것도 할 것이 없다"라는 의미가 아니다. 하지만 "오직 예수님만이 하실 수 있는 대가를 치르셨다"라고 한다면 맞다. 예수님이 십자가에서 대가를 치르셨기 때문에, 이제 우리도 성령님의 능력과 믿음으로 우리가 감당할 대가를 치를 수 있다. 예수님이 먼저 자기 몫을 다하지 않으셨다면 우리는 우리 몫을 할 수 없었을 것이다. 우리는 하나님 나라를 위해 삶을 내려놓으며 감당해야 할 몫이 남아 있다.

오해하지 말라. 우리는 예수님이 하신 일을 할 수 없다. 십자가에서 이루신 그리스도의 구속 사역 없이는 우리에게 정말 필요한 정결함을 얻을 수 없다. 예수님의 십자가 희생은 가장 위대한 사역이다. 예수님의 위대한 희생 없이는 성경이 명령하는 대로 우리 마음을 정결케 할 수 없다. 하지만 예수님이 자기 일을 다 하셨는데도 우리 일을 하지 않으면, 아무리 작은 일이라도 우리가 하지 않은 일이 예수님이 우리를 위해 하신 위대한 일을 무효로 만들 수 있다.

성경은 분명하다. 신자로서, 지도자와 인도자로서 우리는 믿음으로 마음을 정결하게 지키기 위해 노력해야 한다. 우리는 예수님의 십자가 사역이나 우리 삶에 역사하시는 성령님의 사역을 무효로 하지 않도록 정결함을 지키고 의로움과 거룩함으로 살아야 한다. 우리 재능과 은사가 칭찬받을 때조차도 인격이 약해지지 않게 해야 한다.

하나님은 정결함을 중요하게 생각하신다

우리는 이미 정결함이 중요한 것을 알지만 다시 강조해야 한다. 특히 창의적인 사람들을 이끄는 사역자들은 더욱 그렇다. 하나님은 정결함을 매우 중요하게 여기시므로 우리도 중요하게 여겨야 한다. 창의적인 사람들과 예술가들뿐만 아니라 사실상 모든 사람은 반드시 기억해야 한다. 재능이나 외모, 돈, 성공, 업적보다 정결한 마음이 가장 중요하다. 정결한 마음이 없으면 아무리 대단해 보여도 하나님께 아무것도 아니다.

하나님은 인상적인 음악가가 아니라 깨끗한 그릇을 찾으신다. 하나님은 비범한 재능이 있는 연주자가 아니라 비범한 믿음이 있는 사람을 찾아 온 땅을 두루 살펴보신다. 속지 말라. 이 세상은 가장 탁월한 재능을 찾기 위해 엄청난 자원을 쏟아붓지만 하나님은 재능에 감탄하지 않으신다. 생각해 보라. 애초에 하나님이 주신 은사와 재능에 왜 감동하시겠는가? 오히려 하나님은 받은 재능을 겸손하게 다룰 줄 아는 진실한 마음을 찾으신다. 하나님이 중요하게 보시는 요소는 정결함이다.

당연히 하나님은 우리 삶이 조금이라도 오염되면 기뻐하지 않으신다. 우리 마음과 생각의 수정같이 맑은 샘이 작은 교만이나 불안이라는 한 조각으로 더럽혀질 때, 우리 입에 흐르던 맑은 물이 멈추고 짠물이 쏟아져 나올 때, 전체 반죽이 아주 약간의 누룩으로 오염될 때 하나님은 우리를 위해 아파하신다. 우리 말과 행동이 서로 정반대일 때 재능과 은사는 하나님 나라에 도움이 되기보다는 더 큰 해가 된다.

[8] 이 백성이 입술로는 나를 공경하되 마음은 내게서 멀도다 [9] 사람의 계명으로 교훈을 삼아 가르치니 나를 헛되이 경배하는도다 하였느니라 하시고 (마 15:8~9)

하나님은 우리가 삶의 이중성을 무시하기보다는 차라리 주목받는 자리에서 물러나 침묵하기를 원하신다. 하나님은 우리가 완벽하기보다는 겸손히 무릎 꿇고 이중성을 인정하며 방향을 돌이켜 다시 하나님께 의지하면서 주님의 임재를 전하기에 "합당한" 그릇이 되기를 바라신다.

어떻게 하면 합당한 그릇이 될 수 있을까? 오직 예수님만 합당하시다. 우리가 믿음으로 완전히 죽고 예수님을 의로 받아 들일 때 주님의 합당한 그릇이 될 수 있다. 우리가 그리스도와 함께 십자가에 못 박히면 주님이 우리를 대신하여 사신다. 그때 성령님을 통해 우리 마음과 생각이 변화되고, 주님의 의로움에서 흘러나오는 사역을 할 수 있다.

놀랍게도 교만으로 얼룩진 우리 마음은 예수님의 아름다운 피 한 방울로 다시 정결해질 수 있다. 하지만 우리는 주님의 보혈이 역사하는 영적 수혈에 자신을 내어 드려야 한다. 그래야 우리가 완전한 정결함으로 살 수 있다.

하나님은 동기를 중요하게 보신다

동기는 몹시 까다로운 문제다. 동기는 평가하기 어렵다. 사실 누군가를 화나게 하려면 그 사람의 동기를 의심하면 된다.

우리가 동기에 예민하게 반응하는 이유는 표면 아래 숨겨진 것을 암시하기 때문이다. 사람들은 다른 누군가가 자신에게 깊이 파고드는 것을 좋아하지 않는다. 왜 그럴까? 동기는 문제의 핵심인 우리가 그 일을 하는 이유를 정확히 건드리기 때문이다. 옳은 일을 하는 것도 중요하지만 그 일을 하는 이유가 순수한지는 완전히 다른 문제다.

다른 사람의 동기를 파악하는 것도 매우 어렵지만, 자기 동기를 분별하는 것은 거의 불가능에 가까울 정도로 어렵다. 그러나 주님은 모든 것을 아신다. "사람의 행위가 자기 보기에는 모두 깨끗하여도 여호와는 심령을 감찰하시느니라"(잠 16:2). 참 무서운 말씀이지만 한편으로는 속이 시원하기도 하다. 왜냐하면 더 이상 동기를 숨기며 가식적이지 않아도 된다는 의미이기 때문이다. 하나님은 전부 아신다. 주님 앞에 마음을 완전히 열고 겸손하게 살면 큰 자유를 누릴 수 있다.

하나님의 도움 없이 자기 힘으로는 마음 깊은 곳의 진짜 의도와 동기를 알 수 없다. 그러나 전부 아시는 하나님은 우리를 치유하시기 위해 숨은 동기를 빛으로 드러내신다. "[9] 만물보다 거짓되고 심히 부패한 것은 마음이라 누가 능히 이를 알리요마는 [10] 나 여호와는 심장을 살피며 폐부를 시험하고 각각 그의 행위와 그의 행실대로 보응하나니"(렘 17:9~10). "그러므로 때가 이르기 전 곧 주께서 오시기까지 아무것도 판단하지 말라 그가 어둠에 감추인 것들을 드러내고 마음의 뜻을 나타내시리니 그 때에 각 사람에게 하나님으로부터 칭찬이 있으리라"(고전 4:5).

이 말씀이 우리를 조금이라도 두렵게 한다면 정말 다행이다. 이제 우리는 어떻게 해야 하는가? 어차피 숨길 수 없는 마음, 모두 내려놓고 아무렇게나 살거나 반대로 하나님의 은혜만 구하며 기도해야 하는가? 모든 문제를 무시하고 저절로 해결되기를 바라야 할까? 함께 생각해 보자.

내 안에 정결한 마음을 창조하소서

우리 치유는 구약에서 가장 놀랍고 소망 가득한 에스겔의 예언에서 시작한다. "[25] 맑은 물을 너희에게 뿌려서 너희로 정결하게 하되 곧 너희 모든 더러운 것에서와 모든 우상 숭배에서 너희를 정결하게 할 것이며 [26] 또 새 영을 너희 속에 두고 새 마음을 너희에게 주되 너희 육신에서 굳은 마음을 제거하고 부드러운 마음을 줄 것이며 [27] 또 내 영을 너희 속에 두어 너희로 내 율례를 행하게 하리니 너희가 내 규례를 지켜 행할지라"(겔 36:25~27).

나는 이 말씀에 깊이 감동한다. 이 말씀은 율법서와 다른 예언서에서는 볼 수 없는 우리 영혼을 위한 하나님의 영원하고 초자연적인 사랑으로 가득 차 있는 구약 성경의 가장 놀라운 말씀이다.

하나님은 많은 선의의 지도자가 가르치는 것처럼 오래된 균열과 상처를 초자연적인 청 테이프로 임시로 붙여둔 채 덮어두지 않으신다. 하나님은 성경 말씀대로 우리의 낡고 굳어진 완고한 마음을 완전히 제거하고 온전한 순종과 의로움을 위해 하나님의 영으로 예비하신 새 마음을 주신다. 마치 영적인 이식 수술처럼 하나님이 직접 자신의 마음을 우리 마음에 심어주신다. 이것은 놀라운 소식이다.

정결하게 살면서 인내하기

정결하게 사는 것은 어렵지만 불가능하지 않다. 우리 힘으로 하려는 노력을 멈추고 앞서 본 에스겔 36장의 말씀을 단순하게 받아들이기만 하면 된다. 하나님이 성령을 통해 우리에게 주신 에스겔 36장의 새 마음을 키워가며 성장할 수 있는 몇 가지 실용적인 방법을 소개한다.

1. 우리 은사와 재능은 하나님에게서 온다는 것을 인정하라.

기초적으로 보이지만, 이 문제는 창의적인 사람들이 마주하는 가장 큰 걸림돌이다. 어떤 이유에서인지 은사와 재능의 근원 사이에 단절이 있는 것처럼 보인다. 어떻게 아는가? 결과가 증명한다. 뛰어난 은사와 재능이 있는 사람들과 우리를 보면 은사와 재능의 근원을 제대로 이해하지 못한다는 것을 알 수 있다. 우리 은사와 재능이 하나님에게서 왔다면 어떻게 선글라스를 끼고 장식용 강아지를 안고 다니면서 마치 세상이 자기를 중심으로 도는 것처럼 콧대를 높이 들고 다닐 수 있는가?

은사와 재능 있는 사람들은 중요한 것을 놓쳤다. 우리도 마찬가지다. 우리도 필사적으로 그들을 흉내 내면서 같이 사진 한 장이라도 더 찍으려고 눈을 동그랗게 뜨고 부지런히 좇아다닌다.

은사와 재능, 시력과 지능, 튼튼한 성대와 풍부한 폐활량, 겉모습과 재산, 발을 딛고 살아가는 이 넓고 푸른 지구는 우리가 만들지 않았다. 심지어 열심히 노력하고 연습하는 의지도 하나님이 주셨다. 과연 누가 "연습이 완벽을 만든다"라는 기적을 진정으로 이해할 수 있을까? 두 발조차 스스로 만들지 못했는데 어떻게 그 발이 걸어갈 길의 성공을 만들 수 있는가? 자기 힘으로 이루었다는 생각은 성경에 따르면 허상이다.

> 5 너희 뿔을 높이 들지 말며 교만한 목으로 말하지 말지어다 6 무릇 높이는 일이 동쪽에서나 서쪽에서 말미암지 아니하며 남쪽에서도 말미암지 아니하고 7 오직 재판장이신 하나님이 이를 낮추시고 저를 높이시느니라 (시편 75:5~7)

정말 놀랍지 않은가? 확장판 성경은 이렇게 표현한다.

> 5 너희 [공격적인] 뿔을 높이 들지 말며, 교만과 무례한 거만함으로 목을 뻣뻣이 하여 말하지 말라. 6 높임과 승진은 동쪽에서도, 서쪽에서도, 남쪽에서도 오지 아니하나니, 7 오직 하나님이 재판장이시라! 그가 이를 낮추시고 저를 높이시느니라 (시 75:5~7)

우리가 좋든 싫든 하나님은 자기 뜻을 따라 어떤 사람은 높이시고 어떤 사람은 낮추신다. 아무리 많은 자기 계발과 성공 관련 책을 읽었더라도, 아무리 많은 유명한 지도자가 성경과 다르게 말하더라도 하나님은 자기의 뜻을 위해 무대 뒤 눈에 보이지 않는 곳에서 역사하신다. 하나님이 우리에게 사명을 주시고 우리 운명을 주관하신다. "우리가 무슨 일이든지 우리에게서 난 것 같이 스스로 만족할 것이 아니니 우리의 만족은 오직 하나님으로부터 나느니라."(고후 3:5)

미래를 계획하고 성공을 위한 방법을 배우는 것이 가능할까? 물론 가능하다. 하지만 '성공'의 정의에 따라 다르다. 삶의 궁극적인 주권이 하나님께 있기 때문이다. 생명과 죽음도 하나님의 손에 달려있다. 성경을 보면 하나님이 이 세상의 모든 권세자를 그 자리에 세우시고(롬 13:1) 왕들의 마음을 인도하시며(잠 21:1) 뜻을 성취하신다. 세상만사가 하나님의 계획 안에 있으며 하나님의 계획은 언제나 선하고 완전하시다.

기억하라. 하나님은 아브라함과 다윗, 에스더와 마리아, 베드로와 바울 같은 사람들에게 큰 은총을 베푸셨다. 하나님은 우리 일을 위해서가 아니라 하나님의 일을 위해 우리에게 은총 베풀기를 원하신다.

요셉의 성공은 스스로 잘나서가 아니라 하나님이 성공을 주셨기 때문이다. "[2] *여호와께서 요셉과 함께 하시므로 그가 형통한 자가 되어 그의 주인 애굽 사람의 집에 있으니* [3] *그의 주인이 여호와께서 그와 함께 하심을 보며 또 여호와께서 그의 범사에 형통하게 하심을 보았더라*"(창 39:2~3).

사무엘의 말에 권능이 있었던 이유도 하나님이 주셨기 때문이다. "*사무엘이 자라매 여호와께서 그와 함께 계셔서 그의 말이 하나도 땅에 떨어지지 않게 하시니*"(삼상 3:19).

다윗이 이스라엘 사람들의 사랑을 받은 이유도 궁극적으로 하나님이 그렇게 하셨기 때문이다. "*다윗이 그의 모든 일을 지혜롭게 행하니라 여호와께서 그와 함께 계시니라*"(삼상 18:14).

하나님은 심지어 불신자이며 경건하지 않은 지도자들인 느부갓네살, 두로, 고레스같은 이들을 세우시고 하나님의 뜻을 행할 권세를 주셨다. 이것이 진정한 권능이요 진정한 권위다.

우리는 착각하지 말아야 한다. 하나님은 언제, 어디에서, 누구에게 어떤 목적과 방법으로 능력을 주실지 선택하신다. 때로는 축복을 통해 주시고 때로는 시험을 통해 주신다.

하나님이 우리에게 주시는 것이 무엇이든 책임을 져야 한다. 성공이든, 기회든, 축복이든, 생명이든, 돈이든, 영향력이든, 그 무엇이든 간에 말이다. 눅 12:48에 나오는 예수님의 엄중한 말씀을 잊지 말라: "*무릇 많이 받은 자에게는 많이 요구할 것이요 많이 맡은 자에게는 많이 달라할 것이니라.*"

2. 하나님의 성공은 우리가 생각하는 성공과 다르다

하나님의 목표는 우리가 정의하는 성공이 아닐 수도 있다. 하나님의 성공과 세상의 성공은 완전히 다른 목표다. 예배 인도자, 음악가, 목회자, 창작자로서 우리는 현실을 직시하고 성공을 다시 정의해야 한다.

언제나 그렇듯 우리가 '성공'이라는 말을 어떻게 정의하느냐에 달려있다. 하나님은 성공을 어떻게 정의하시는가? 성공을 향한 우리 관점과 하나님의 관점이 어디가 다르고 어디가 같은가? 아니, 과연 같은 부분이 있기는 한 걸까? 하나님은 분명히 우리의 성공을 원하시지만, 과연 우리가 추구하는 성공이 하나님이 원하시는 성공인지는 스스로 돌아봐야 한다.

연단이라는 단어부터 시작해 보자. 연단은 하나님이 보시는 진정한 성공이다. 하나님은 종종 우리의 완고한 의지를 거슬러서라도 우리를 다듬으시기 위해 모든 노력을 다하신다. 하나님께 이렇게 고백할 수 있다면 얼마나 좋을까?

> "하나님, 감사합니다. 저를 더 많이 다듬어 주세요. 아니, 완벽하게 다듬어 주세요. 마치 드립 커피의 마지막 한 방울까지 다 마시고 싶은 것처럼, 저도 하나님의 연단을 마지막 한 방울까지 다 받기 원합니다. 그렇게 해서 정결할 수만 있다면 무엇이든 받겠습니다."

나도 여러분만큼이나 연단을 좋아하지 않지만 그럼에도 기뻐할 큰 이유가 있다.

[6] 그러므로 너희가 이제 여러 가지 시험으로 말미암아 잠깐 근심하게 되지 않
을 수 없으나 오히려 크게 기뻐하는도다 [7] 너희 믿음의 확실함은 불로 연단하
여도 없어질 금보다 더 귀하여 예수 그리스도께서 나타나실 때에 칭찬과 영광
과 존귀를 얻게 할 것이니라 (벧전 1:6~7)

믿음의 시험은 우리 믿음이 진짜인지, 견고한지 확인하는 데 꼭 필요한 연단 과정의 일부다. 시험받지 않고서 어떻게 믿음이 제대로 작동하는지 알 수 있겠는가?

[10] 하나님, 주님께서 우리를 시험하셔서, 은을 달구어 정련하듯 우리를 연단하
셨습니다. [11] 우리를 그물에 걸리게 하시고, 우리의 등에 무거운 짐을 지우시고,
[12] 사람들을 시켜서 우리의 머리를 짓밟게 하시니, 우리가 불 속으로, 우리가 물
속으로 뛰어들었습니다. 그러나 주님께서 우리를 마침내 건지셔서, 모든 것이
풍족한 곳으로 이끌어 주셨습니다. (시 66:10~12, 새번역)

많은 신자가 한 번쯤은 은을 정련하는 과정을 들어서 알겠지만 다시 한번 요약해 보겠다. 은을 정련하려면 압도적인 열로 여러 번 가열해서 은 속의 불순물 찌꺼기가 떠오르면 세공인이 걷어낸다. 열이 뜨거울수록 불순물이 표면으로 떠오를 가능성이 크다. 이 과정을 거칠수록 은이 더 순수해지므로 은의 가치를 결정하는 데 매우 중요하다.

세공인은 은이 언제 준비되었는지 정확히 안다. 정련된 은은 손가락으로 문지르면 소리가 나고 겉에 모습이 비치기 때문이다. "은에서 찌꺼기를 없애라. 그래야 금속 세공업자가 쓸 만한 은그릇을 만들 수 있다"(잠 25:4, 쉬운). 이것이 하나님이 보시는 성공의 개념이다.

연단으로 충분하지 않다면 고난, 시련, 박해와 같은 단어도 있다. 겉보기에는 달갑지 않지만, 성경에 따르면 이런 것이 우리가 성공하기 위한 핵심 전략이다. 베드로는 이렇게 권면한다. "이를 위하여 너희가 부

르심을 받았으니 그리스도도 너희를 위하여 고난을 받으사 너희에게 본을 끼쳐 그 자취를 따라오게 하려 하셨느니라"(벧전 2:21).

보통 우리는 소명을 생각할 때 부정적인 면은 떠올리지 않는다. 하지만 정결함의 원칙에서는 하나님이 생각하시는 성공의 원칙이 우리와 다른 것처럼 완전히 다르다. 베드로는 처음에는 고난의 존재 자체를 외면하려 했다가 나중에는 고난의 삶을 완전히 받아들인 사람이다. 베드로는 고난이 우리 삶을 위한 하나님의 중요한 공식이라고 선언한다.

세상의 눈으로 볼 때는 처참하게 실패한 것처럼 보여도 하나님의 눈으로 볼 때는 크게 성공한 것일 수 있다. 마찬가지로 세상의 눈으로 볼 때는 분명히 성공했더라도 하나님의 눈으로 볼 때는 완전히 실패한 것일 수 있다. 선택은 우리에게 달려 있다.

3. 하나님의 목적 안에 머물기 위해 중요한 희생을 기꺼이 감수하라

리사 비비어는 "타협으로 얻은 것은 계속해서 타협해야만 지킬 수 있다"라고 말했다. 이것은 우리 논의에 매우 적절한 통찰이다. 타협한다는 것은 무슨 의미일까? 이 단어에는 좋은 면과 나쁜 면이 있다. 누군가와의 갈등에서 타협하거나 중간 지점을 찾는 것은 좋은 일이지만 우리 인격을 타협한다면 완전히 다른 이야기다. 영어에서 '타협하다'라는 동사는 바람직한 수준보다 낮은 기준을 받아들인다는 의미다.[2] 신자에게 타협은 하나님이 원하시는 것보다 낮은 기준을 받아들이는 것이다.

내 친구 게이브 헤이건이 들려준 이야기가 있다(게이브는 자기 이름이 알려지는 것을 원하지 않겠지만 그 마음가짐은 널리 알려져야 한다). 2008년경, 내가 NCU의 교수로서 미니애폴리스로 아직 이사하기 전, 게이브는 드럼 연주 전공으로 학사학위를 공부하는 실력 있는 드럼 연주자였다.

2. 옥스퍼드 영어사전, "compromise" 항목, Lexico, https://www.lexico.com/en/definition/compromise.

그때 나는 전국 순회공연을 위해 드럼 연주자를 찾는 중이었고 이 소식이 NCU의 몇몇 친구에게 퍼졌다. 게이브는 이 소식을 듣고 고민에 빠졌다. 얼마 전 지역 음악가와 몇 달 동안 공연하기로 약속했기 때문이다. 그 시기는 내가 드럼 연주자를 구하는 시기와 정확히 일치했다.

게이브의 말에 따르면 지역 공연 기회도 좋았지만 나와 함께하는 전국 순회가 더 좋은 기회였다. 게다가 지역 공연은 기간이 훨씬 짧았지만 내가 진행하는 전국 순회는 훨씬 장기적이고 광범위했다.

우리는 모두 선택의 순간을 맞이한다. 흥미로운 점은, 이런 중요한 선택을 더 좋은 기회가 오기 전에 해야 할 때가 많다는 것이다. 아직 아무것도 보이지 않고, 아무런 기회도 없는 상황에서 결정을 내려야 한다. 왜냐하면 더 좋은 기회가 눈앞에 나타날 때까지 기다린다면, 우리는 결국 타협을 정당화하기 위한 방법을 찾을 것이기 때문이다.

시편 기자는 이렇게 말한다. "[1] 여호와여 주의 장막에 머무를 자 누구오며 주의 성산에 사는 자 누구오니이까 [2] 정직하게 행하며 공의를 실천하며 그의 마음에 진실을 말하며 [3] 그의 혀로 남을 허물하지 아니하고 그의 이웃에게 악을 행하지 아니하며 그의 이웃을 비방하지 아니하며 [4] 그의 눈은 망령된 자를 멸시하며 여호와를 두려워하는 자들을 존대하며 그의 마음에 서원한 것은 해로울지라도 변하지 아니하며"(시 15:1~4). 잠 11:3도 이렇게 말한다: "정직한 사람은 성실하게 살아, 바른길로 가지만, 사기꾼은 속임수를 쓰다가 제 꾀에 빠져 멸망한다"(새번역).

말하기는 쉽지만 실천하기는 어렵다. 다음 문장을 꼭 기억하라. 절대로 타협하지 마라. 절대로. 그래서 게이브는 어떻게 했을까?

게이브는 논리와 씨름하면서도 주님을 구했다. 인생 최대 기회라는 링 위에서 타협의 악마와 정면으로 대결해서 제압하기로 했다. 얼마든지 지역 음악가 친구에게 전화해서 약속을 취소할 수 있었다. 잠 6:1~5

을 보면 이것도 합리적인 선택이다. 하지만 게이브는 믿음이 있었다. 끝까지 승리하기 위해 더 큰 기회보다 먼저 한 약속을 지키기로 선택했다.

우리가 원하는 것이 하나님의 최선이라면 신중해야 한다. 하나님은 종종 우리가 한 가지에 헌신하도록 인도하시고 바로 "더 좋아 보이는" 두 번째 선택지를 제시함으로써 시험하신다. 우리는 이런 일에 익숙해져야 한다. 이것이 하나님의 방식이기 때문이다.

나도 예외가 아니다. 지금도 사역을 위한 순회 일정을 잡고 나면 일주일 정도 후에 같은 날짜에 두 배의 보수와 두 배의 영향력을 제안하는 문의가 들어온다. 아쉽지만 나는 기회 그 자체보다 더 중요한 것이 걸려 있는 것을 알기 때문에 조용히 미소 짓는다. 중요한 것은 기회가 아니라 내 인격을 시험하는 것이다. 이 시험은 다음 세 가지로 이어진다. 하나님을 향한 순종에서 나오는 하나님과의 평화, 사람들과의 관계를 지킨 결과 얻는 호의, 내 진정한 공급자를 신뢰하는 데서 오는 편안한 숙면이다.

주의하라: 게이브의 아름다운 이야기에서 나는 여러분에게 한가지 주의를 주고 싶다. 다른 많은 이야기와 달리 이 이야기는 현실에서 적절한 시기에 적절한 방법으로 완벽한 끝을 맺었다. 하지만 많은 경우에 그렇지 않다. 게이브는 결국 내 순회 사역팀의 드럼 연주자가 될 기회를 포기했다. 그때 게이브는 몰랐다. 내가 2년 후에 NCU의 교수진이 될 것과 친구와의 약속을 깨트리지 않고도 내 순회 사역팀의 드럼 연주자이자 좋은 친구가 되어 전국을 다닐 것이라는 사실을 말이다.

나는 이 놀라운 이야기를 나중에야 알았다. 게이브는 정말 좋은 선택을 했다. 먼 미래를 바라보며 결정을 내리는 사람들이 진정으로 지혜로운 사람들이다. 당장 좋아 보이는 기회라고 무작정 뛰어들지 않고 원칙을 지켜야 한다. 우리는 더 좋은 기회가 생겼다는 이유로 관계를 쉽게 저버리고 상처를 주며 정당화하는 사람들과 달라야 한다.

다윗이 아들 솔로몬에게 남긴 말을 보자.

[9] 내 아들 솔로몬아 너는 네 아버지의 하나님을 알고 온전한 마음과 기쁜 뜻으로 섬길지어다 여호와께서는 모든 마음을 감찰하사 모든 의도를 아시나니 네가 만일 그를 찾으면 만날 것이요 만일 네가 그를 버리면 그가 너를 영원히 버리시리라 [10] 그런즉 이제 너는 삼갈지어다 여호와께서 너를 택하여 성전의 건물을 건축하게 하셨으니 힘써 행할지니라 하니라 (대상 28:9~10)

느부갓네살 효과

창의적인 사람들은 교만이나 그 사촌뻘 되는 불안감이 낯설지 않다. 솔직히 말해서, 이 둘은 함께 다닌다. 한순간에는 사람들의 찬사에 마치 하늘을 나는 것처럼 들떠 있다가 다음 순간에는 사방에서 들려오는 비판적인 말에 좌절하고 깊은 우울의 늪에 빠진다.

성경과 역사는 느부갓네살 2세를 역대 가장 흥미로운 이교도 통치자 중 한 명으로 기록한다. 느부갓네살은 자아도취의 전형으로서 교만을 향한 하나님의 감정을 분명히 보여주며 동시에 교만이 가져온 보기 흉한 결과들을 우리가 피할 수 있도록 강력한 영감을 제공한다.

느부갓네살 2세의 이중적인 모습은 놀라울 정도다. 한순간에는 사드락, 메삭, 아벳느고를 자신이 세운 혐오스러운 신상에 절하지 않았다고 타오르는 풀무 불에 던져 넣었다가 다음 순간에는 지극히 높으신 하나님을 향해 유명한 말을 한다.

[34] 그 기한이 차매 나 느부갓네살이 하늘을 우러러 보았더니 내 총명이 다시 내게로 돌아온지라 이에 내가 지극히 높으신 이에게 감사하며 영생하시는 이를 찬양하고 경배하였나니 그 권세는 영원한 권세요 그 나라는 대대에 이르리로다 [35] 땅의 모든 사람들을 없는 것 같이 여기시며 하늘의 군대에게든지 땅의 사람에게든지 그는 자기 뜻대로 행하시나니 그의 손을 금하든지 혹시 이르기를 네가 무엇

> 을 하느냐고 할 자가 아무도 없도다 [37] 그러므로 지금 나 느부갓네살은 하늘의 왕을 찬양하며 칭송하며 경배하노니 그의 일이 다 진실하고 그의 행하심이 의로우시므로 교만하게 행하는 자를 그가 능히 낮추심이라 (단 4:34~35, 37)

정말 대단하지 않은가? 이 고백은 지어낼 수 없다. 하지만 진짜 궁금한 것은, 무엇이 그의 관점을 이렇게 극적으로 바꾸었는가이다.

하나님은 교만한 사람을 낮추신다

느부갓네살 2세는 고대 바벨론 제국에서 가장 강한 왕으로 기원전 605~562년까지 43년 동안 통치했다. 바벨론은 쉬지 않고 노골적으로 하나님께 반항한 이스라엘을 징계하도록 지정하신 적국 중 하나였다.

기원전 587~586년 사이, 느부갓네살 2세는 예루살렘을 최종 침공하여 이스라엘 사람 상당수를 포로로 잡아갔다. 그때 끌려간 다니엘은 느부갓네살이 소중히 여기는 신하였다. 다니엘서 4장에는 왕이 꾼 꿈을 다니엘(바벨론식 이름으로 벨드사살)에게 이야기하는 장면이 나온다.

> [10] 내가 잠자리에 누워서 본 환상은 이렇다 내가 보니 땅의 중앙에 큰 나무 하나가 있었다. [11] 그 나무는 점점 크게 자라서 그 끝이 하늘에 닿아 세상의 모든 사람들이 볼 수 있을 정도였다. [12] 그 잎사귀는 아름답고 그 가지에는 온 세상 사람들이 다 먹을 수 있을 만큼 많은 과일이 주렁주렁 달렸으며 들짐승이 그 그늘에서 쉬고 공중의 새들이 그 가지에 깃들이며 온 세상 사람들이 그 과일을 먹었다. [13] 내가 또 잠자리에 누워 환상 가운데 보니 하늘에서 한 천사가 내려와 [14] 큰소리로 이렇게 외쳤다. '그 나무를 베고 가지를 찍고 잎사귀를 떨며 그 열매를 흩어 버리고 짐승들을 그 나무 아래서 몰아내고 새들을 그 가지에서 쫓아내어라. [15] 그러나 그루터기는 땅에 남겨 두고 철과 놋줄로 잡아맨 채 풀밭에 그대로 두어라. 이 사람이 하늘의 이슬을 맞고 땅의 식물 가운에서 짐승과 함께 살게 하라. [16] 그가 7년 동안 사람의 마음을 갖지 않고 짐승의 마음을 갖게

> 될 것이다. 17 이것은 순찰하는 천사들이 선언한 것이요 거룩한 자들이 명령한
> 것이니 가장 높으신 하나님이 인간 나라를 다스리시고 자기 뜻대로 누구에게
> 든지 나라를 주시며 그가 원하시면 가장 천한 자도 왕위에 앉힌다는 사실을 온
> 세상 사람들이 알게 하기 위해서이다.' 18 이것이 나 느부갓네살왕이 꾼 꿈이다.
> 벨드사살아, 이제 너는 이 꿈을 해몽하라. 이 나라의 모든 박사들이 이 꿈을 해
> 몽하지 못했지만 너에게는 거룩한 신들의 영이 있으니 너는 이 꿈을 풀어낼 수
> 가 있다. (단 4:10~18, 현대인)

다니엘은 24절부터 이 신비한 꿈을 해석한다.

> 24 왕이시여, 그 해석은 이렇습니다. 이것은 가장 높으신 하나님이 왕에게 일어
> 날 일을 선언하신 것입니다. 25 대왕께서는 인간 사회에서 쫓겨나 들짐승과 함께
> 살게 될 것이며 7년 동안 소처럼 풀을 먹고 이슬에 젖을 것입니다. 그때 왕은 가
> 장 높으신 하나님이 인간 나라를 다스리시며 누구에게든지 그가 원하는 자에게
> 나라를 준다는 사실을 알게 될 것입니다. 26 또 천사들이 그 그루터기는 남겨 두
> 라고 명령하였는데 이것은 하나님이 온 세상을 다스리신다는 사실을 왕이 인정
> 할 때 대왕께서 나라를 되찾게 될 것을 뜻합니다. (단 4:24~26, 현대인)

다니엘은 여기에 진심 어린 경고를 덧붙인다: *"그러므로 왕이시여, 제 말을 들으십시오. 지금부터라도 죄를 버리고 옳은 일을 행하며 가난한 자에게 자비를 베푸십시오. 그러면 왕이 계속 번영을 누리실 것입니다"*(단 4:27, 현대인).

하지만 독선적인 왕은 교만의 유혹을 이기지 못했다. 단 4:28~33에 의하면 1년 후 느부갓네살은 궁전 옥상을 거닐며 자기 업적을 큰 소리로 자랑하다가 갑자기 이렇게 선언했다: *"나 왕이 말하여 이르되 이 큰 바벨론은 내가 능력과 권세로 건설하여 나의 도성으로 삼고 이것으로 내 위엄의 영광을 나타낸 것이 아니냐 하였더니."*(단 4:30)

이 말이 느부갓네살의 입에서 떨어지기도 전에 하늘에서 한 음성이 내려와 왕이 즉시 바벨론 왕위에서 7년 동안 쫓겨나며, "지극히 높으신 이가 사람의 나라를 다스리시며 자기의 뜻대로 그것을 누구에게든지 주시는 줄을 알기까지"(단 4:32) 꿈에서 본 모든 일이 그대로 일어날 것이라고 말했다. 교만은 정말 파괴적이다. 교만은 죽음을 부르고 모든 것을 파괴한다. 하나님은 교만한 사람들을 빠르고 쉽게 낮추신다.

느부갓네살 왕은 7년 동안 소처럼 풀을 먹은 후 마침내 교만을 버리고 겸손을 택했지만, 우리는 그런 길을 택할 필요가 없다. 왜 지금 당장 많은 지도자를 괴롭힌 수치스러운 교만의 함정을 피하려고 조처하지 않는가? 나일강이 자기 것(겔 29:3)이라고 주장한 바로(그 결과 하나님이 이집트를 세상에서 가장 낮은 나라 중 하나로 만들겠다고 약속하셨다.)와 하나님께 영광을 돌리지 않고 사람들의 숭배를 독차지하다 벌레에게 먹혀 죽은 헤롯 아그립바처럼 말이다(행 12:20~23).

교만을 멀리할 수 있는 중요한 실천 사항을 같이 보자:

- 우리는 하나님 손에 있는 도구일 뿐이며 그 이상도 이하도 아니다. 망치가 혼자서 못을 박거나 테이블과 의자를 만들 수 없다. 마찬가지로 우리도 하나님 없이는 아무것도 할 수 없다(요 15:5 참조).
- 하나님은 목적을 이루시는 데 우리가 필요하지 않으시다. 이 말이 무척 실망스러울 수 있지만, 원수의 진리 왜곡을 막아야 한다. 우리가 섬기는 하나님은 우리 도움이 필요한 연약한 하나님이 아니다. 하지만 감사하게도 하나님은 우리와 함께하기를 원하신다.
- 우리는 자신의 은사를 창조하지 않았으며 스스로 위대해지지 않았다. "세상의 성공"을 경험하는 사람들은 대부분 매우 겸손한 시작에서 출발했다. 이 사실을 기억하는 것은 현재나 미래에 경험할 어떤 성공에도 감사하는 마음을 유지하는 데 도움을 준다.

- “온갖 좋은 은사와 온전한 선물”은 다 하나님에게서 온다(약 1:17). 앞서 이야기했지만, 하나님 나라의 겸손한 지도자가 되는 것 자체가 인간의 본성과는 반대되는 일이다.
- 누군가에게 칭찬받으면 항상 하나님께 영광을 돌려라. 행 12장에서 헤롯 아그립바는 사람들의 과도한 칭찬을 받았을 때 이렇게 하지 않았다. 오해하지 말라. 누군가가 우리를 칭찬할 때 가장 좋은 반응은 여전히 “감사합니다”이다. 다만 궁극적인 영광을 누구에게 돌려야 하는지를 잊은 채 칭찬받지 않도록 주의하라. 따라서 우리 태도는 항상 시 115:1과 같아야 한다. *“여호와여 영광을 우리에게 돌리지 마옵소서 우리에게 돌리지 마옵소서 오직 주는 인자하시고 진실하시므로 주의 이름에만 영광을 돌리소서.”*
- 오직 주님의 말씀만 믿어라. 악마는 항상 양면으로 역사한다. 신자를 교만으로 이끌 수 없으면 거짓 겸손으로 이끈다. 사람의 눈에 성공했든 그렇지 않든, 하나님이 요구하시는 전부는 우리를 향한 하나님의 완전한 생각을 절대적으로 붙드는 것이다. 우리는 왕의 자녀라는 지식이 올바른 길에서 벗어나지 않게 지켜줄 것이다.
- 하나님보다 사람을 더 두려워하지 말라. 이것은 사울 왕이 몰락한 큰 이유였다. 삼상 15:24에 사울이 자신의 불순종을 변명한 말에서 잘 드러난다. *“내가 백성을 두려워하여 그들의 말을 청종하였음이니이다.”*

교만은 교회의 가장 큰 원수다. 창의적인 사람들과 예배 인도자들은 계속해서 어린 양의 피와 증언하는 말씀과 죽기까지 자기 생명을 아끼지 않는 믿음으로 참소자를 이긴다는 진리(계 12:11)를 기억하며 사탄의 전략을 잘 분별하고 경계해야 한다.

핵심 요약

1. 성경은 정결함이 하나님께 매우 중요하다는 점을 분명히 말한다. 정결함은 많은 창의적인 사람과 인도자가 공통으로 어려움을 겪는 영역이다. 예수님의 보혈이 우리 영혼을 깨끗게 하는 궁극적인 해답이지만, 신자는 성령님의 능력을 힘입어 "자신을 깨끗게 해야 한다"(고후 7:1). 하나님이 우리 안에 깊이 역사하셔서 영혼을 거룩하게 하시고 정결케 하시는 과정에 우리도 적극적으로 참여해야 한다.
2. 바울은 정결함의 영역에서 우리가 독특한 균형을 잡아야 한다고 말한다. 어떤 이들은 예수님이 우리가 하나님과 함께 정결한 삶을 사는 데 필요한 모든 것을 이미 다 하셨다고 믿지만, 바울은 하나님이 우리를 정결케 하시는 데 우리도 동참해야 한다고 말한다. 마치 여리고 성벽이 무너지기 위해 하나님의 권능에 이스라엘 백성의 함성이 함께 필요했던 것처럼 말이다.
3. 하나님은 우리 마음을 완전히 새것으로 바꾸기를 원하신다. 하나님은 상한 마음을 테이프로 덕지덕지 붙이는 임시방편이 아니라 죄로 가득한 돌 같은 마음을 완전히 제거하시고 성령님이 주시는 완전히 새로운 마음으로 바꾸시길 원하신다.
4. 하나님이 보시는 성공은 우리가 생각하는 성공과 다른 경우가 많다. 그러므로 우리는 다른 사람과 비교하지 말아야 하며 세상의 성공을 얻으려는 유혹에 빠져 중요한 결정을 내려서도 안 된다. 하나님 나라의 성공은 당장 사람들의 인정을 받지 못할 수 있지만, 결국에는 더 큰 상급으로 이어질 것이다.

5장

예배의 궁극적 표현

거짓말 #5

"예수님이 십자가를 지셨으니 내 인생은 내가 원하는 대로 살아도 된다. 나는 더 이상 고통스러운 십자가를 지지 않아도 된다."

딕 브로그덴은 친구이자 영감을 주는 탁월한 사람이다. 그의 설교를 들을 때마다 감동과 도전을 받고 감사하지만, 한편으로는 내 안의 육신적인 본성을 정면으로 반박하기 때문에 불편함도 느낀다. 2016년 가을, NCU 채플에서 그가 전한 말씀이 나를 흔들었다.

"생명을 전하는 그리스도인이 되고 싶다면, 죽는 것부터 시작하십시오."

자, 더 진행하기 전에 이 짧은 문장부터 생각해 보자. 이 말이 우리 예배에 어떤 영향을 미치는가? 사역자, 예배 인도자, 음악가, 그리스도를 믿는 신자로서 우리는 정말로 생명을 전하는 그리스도인이 되어야 한다. 하지만, 이 말이 무슨 의미인지 모를 때가 더 많다. 우리는 정말 죽을 준비가 되어 있는가? 삶을 내려놓을 준비를 했는가? 세속적인 욕망을 포기할 준비를 했는가? 아니면 이런 생각만 해도 겁이 나는가?

친구는 계속해서 말씀을 전했다.

"물리적 세계에서는 먼저 살고 그 후에 죽습니다. 영적 세계에서는 먼저 죽고 그 후에 삽니다. 세상의 잃어버린 영혼에게 십자가에 못 박히지 않은 부패한 자아는 필요 없습니다. 복음을 듣지 못한 사람들에게는 여러분의 독재적인 본성대로 사는 삶의 방식은 필요하지 않습니다. 세상의 잃어버린 영혼에게 필요한 것은 겸손한 의지, 상한 마음, 통회하는 마음에서 나오는 향기입니다. 주님은 십자가에 못 박힌 사람들과 아주 가까이 계십니다. 주님도 십자가에 못 박히셨기 때문입니다. 그러나 주님은 스스로 만든 왕좌에 앉아 있는 사람들과는 아주 멀리 계십니다."[1]

잠시 멈춰서 깊이 생각하고 묵상해 보자. 이 말씀은 어떤 면에서 잠 14:12을 생각나게 한다. "*어떤 길은 사람이 보기에 바르나 필경은 사망의 길이니라.*" 사람이 자기 방식대로 만든, 보기 좋은 길로 갈 때 그 끝이 보이는가? 좋게 끝나지 않는다. 역설적으로 하나님 나라에서는 처음에 으스러지고 깨어지고 고난과 고통으로 시작하는 길의 끝은 좋다.

내가 지금 선택하는 길이 이 땅에서 내 삶을 결정한다. 내가 내 길을 선택하면 금방 잊혀질 몇 번의 순간, 몇 년 안 되는 짧은 시간 동안 당장은 내가 원하는 대로 살 기회를 얻을지도 모르지만, 그 후에는 모든 사람처럼 결국 죽는다. 이 땅에서는 "삶"이 먼저 오고 그 후에 영원한 죽음이 온다. 하지만 내가 이 땅의 방식이 아니라 하나님의 길을 받아들이면 정반대의 결과를 경험한다. 이 땅에서의 짧은 삶 동안 자기 욕망을 부인하며 살아갈 때, 겉으로 보기에는 세상의 많은 것을 놓치는 것처럼 보이겠지만, 그 결과는 놀랍다. 우리는 하나님과 함께 영원한 시간을 보내며 주님이 주시는 영광스러운 것을 전부 누릴 것이다. 이것이야말로 진정한 삶, 가장 풍성하고 영원한 삶이다.

---

1. 딕 브로그덴, 노스 센트럴 대학교 채플 설교, 미네소타주 미니애폴리스, 2016년

하나님은 우리에게 두 가지 선택권을 주셨다. 이 세상의 모든 쾌락을 아주 짧은 시간 동안 누리다 영원한 죽음으로 끝나거나, 잠시 세상 쾌락에 죽지만 하나님이 주시는 영원한 기쁨과 놀라운 축복을 끝없이 누리는 것이다. 우리가 잠시 세상 쾌락에 죽으면 수정 같은 유리 바다에 도착하기 전 이 땅에서도 가장 풍성하고 행복한 삶을 누릴 수 있다.

인생은 짧다

얼마 전 인생에 관한 흥미로운 익명 글을 보았다. 옳고 그름, 선과 악을 분별하도록 돕는 인도자로서 그 글은 내 마음에 깊은 슬픔을 주었다.

> "시간이 얼마나 빨리 흐르는지 나이가 들어 흔적이 보일 때까지 전혀 알아차리지 못합니다. 그러니 좋은 그릇을 쓰고, 가보고 싶은 여행을 떠나고, 먹고 싶은 케이크도 먹고, 보고 싶은 영화는 늦어도 보고, 읽고 싶었던 책도 읽고, 인생의 기회를 잡으세요. 지금이 바로 그때입니다. 내일이 반드시 올 거라는 보장은 없습니다."

흠, 거의 완벽하고 굉장한 영감을 주는 것 같다. 하지만 다시 한번 자세히 보면 핵심은 "당신의 인생은 당신 것입니다. 인생은 짧으니 가서 당신의 꿈을 사세요"이다. 좋은 내용이 나열되어 있지만, 대부분은 이미 우리가 하는 것이고, 솔직히 말하면 덜 해야 할 것들 천지다. 케이크를 먹으라고? 역사상 가장 비만한 세대에게 이런 조언이 과연 옳을까? 이미 이 세대는 과도할 정도로 충분히 먹고 즐기고 있다. 영화를 보라고? 넷플릭스 몰아보기라는 용어를 만든 세대에게 도움을 주는 글이 맞는가?

이 글의 의도는 칭찬할 만하다. 아마도 일에만 매달린 일 중독자workaholic나 두려움 때문에 주저하는 사람들을 겨냥한 글 같다. 인생을 최대한 활용하기 위해 항상 하고 싶었지만, 시간을 내지 못한 일들을 하도록 동기를 부여하는 글이다. 하지만 마 7:13 말씀을 통해 생각을 걸러보면 훨씬 더 나은 글을 쓸 수 있을 것 같다: "좁은 문으로 들어가라 멸망으로 인도하는 문은 크고 그 길이 넓어 그리로 들어가는 자가 많고" 이렇게 다시 쓰면 훨씬 더 하나님 나라 지향적이지 않을까.

> "시간이 얼마나 빨리 흐르는지 나이가 들어 흔적이 보일 때까지 전혀 알아차리지 못합니다. 그러니 사랑하는 사람들에게 예수님을 전하고, 지금이라도 선교여행을 떠나세요. 금식하고 기도하는 시간을 보내세요. 딸의 연극과 아들의 야구 경기에 참석하세요. 아내와 즐겁게 지내세요. 신학 강좌를 등록하세요. 주저하지 말고 길 건너 무슬림 가정에 다가가세요. 인생의 기회를 잡으세요. 지금이 바로 그때입니다. 내일이 반드시 올 거라는 보장은 없습니다."

불편하겠지만 이것이 진실이다. "인생은 짧다"라는 글의 의도는 좋지만, 우리는 위험하고 불완전한 반쪽짜리 진리를 퍼트릴 여유가 없다. 특히 요즘처럼 많은 사람이 하나님의 존재를 모르는 시대에는 더욱 그렇다. '행복을 추구하라'라는 식의 낡은 생각은 그만 퍼뜨려야 한다.

이제 담대히 말한다. 이 글을 처음 읽었을 때 아무 문제도 발견하지 못했다면 세계관을 다시 검토해야 한다. 의도했든 아니든 하나님의 진정한 방식에 무감각해졌는지 자신에게 물어보라. 점차 주님의 음성에 둔감해진 것은 아닌지, 하나님의 진리를 편리한 방식대로 본래의 의미와 다르게 이해한 것은 아닌지 돌아보라. 당신이 교회 지도자라 할지라도, 특히 교회 지도라면 훨씬 더 예리하게 분별해야 한다.

무엇을 위해 사는가? 그저 게임처럼 사는 것은 아닌지, 예배를 노래하고 춤추는 형식으로만 드리는 것은 아닌지 돌아보라. 단순히 겉모습만 신자인 척하지 말고, 전부를 주님께 드려야 한다. 숨 쉬는 매 순간, 하루의 모든 순간이 주님께 드리는 진정한 예배여야 한다. 이것이 바로 우리 삶을 왕 되신 주님 앞에 아름다운 향기로 드리는 삶이다.

두 개의 단순한 단어

우리의 전부를 주님께 드리는 삶을 더 자세히 살펴보자. 예배의 궁극적 표현expression은 정확히 무엇일까? 탁월함, 진정성, 올바른 신학, 성경적 교리, 노래, 춤, 가난한 사람과 굶주린 사람들을 돕기, 사회 정의, 예언, 선한 행실, 영과 진리 안에서 살기, 다윗의 장막, 기도, 기적, 예배의 깃발, 소외된 자들을 위해 목소리 내기, 과연 어떤 것이 예배의 궁극적 표현인가?

먼저 예배의 궁극적 행위act의 의미를 정의하자. 성경은 예배에서 우리의 가장 높은 추구가 관계임을 분명히 한다. 예배의 궁극적 행위는 하늘 아버지와의 교제다. 연결됨, 친밀함, 우정이 예배의 궁극적 표현이자 가장 위대한 예배 행위이며, 여기에서 자연스럽게 선한 행실이 흘러나와 '예비 그리스도인'이라고 부르는 세상 사람들을 섬길 수 있다.

하지만 예배의 궁극적 표현은 궁극적 행위와 완전히 다른 차원이다. 예배, 아버지와의 교제에 헌신하는 삶의 궁극적 표현은 두 개의 단순한 단어로 살아내는 삶이다: "자아의 죽음."

> 내가 그리스도와 함께 십자가에 못 박혔나니 그런즉 이제는 내가 사는 것이 아니요 오직 내 안에 그리스도께서 사시는 것이라 이제 내가 육체 가운데 사는 것은 나를 사랑하사 나를 위하여 자기 자신을 버리신 하나님의 아들을 믿는 믿음 안에서 사는 것이라 (갈 2:20)

이런 삶을 산 제사나 자기 부인, 자기 십자가를 지는 것 등 어떻게 부르든지 상관없다. 하지만 이것만은 기억하라: 우리가 무엇이라 부르든 하나님 나라를 위해 자기 삶과 생명을 내려놓는 것이 우리가 하나님께 드릴 수 있는 가장 향기로운 예배의 표현이자 가장 높은 형태의 찬양이며 가장 달콤한 노래다.

십자가를 짊어지다

예수님은 제자들에게 이렇게 말씀하셨다.

> [24] 이에 예수께서 제자들에게 이르시되 누구든지 나를 따라오려거든 자기를 부
> 인하고 자기 십자가를 지고 나를 따를 것이니라 [25] 누구든지 제 목숨을 구원하
> 고자 하면 잃을 것이요 누구든지 나를 위하여 제 목숨을 잃으면 찾으리라 [26] 사
> 람이 만일 온 천하를 얻고도 제 목숨을 잃으면 무엇이 유익하리요 사람이 무엇
> 을 주고 제 목숨과 바꾸겠느냐 (마 16:24~26)

하나님의 궁극적 목표는 우리 영혼을 구원하는 것이다. 영혼 구원이 하나님의 가장 큰 소원인 이유는 우리가 구원받지 못하면 하나님이 원하시는 것을 드릴 수 없고, 우리에게 가장 필요한 하나님과의 관계도 맺을 수 없기 때문이다. 나는 이 말씀의 의미를 깊이 생각해 보았다. 개인으로서, 그리스도의 제자로서, 교회의 지체로서, 지도자로서, 음악가로서, 창작자로서 십자가를 진다는 의미는 무엇일까?

예수님은 이 주제에 탁월한 본보기를 보여주시며 우리를 초청하신다. 주님의 지도력은 우리 방식과 매우 달랐다. 예수님은 늘 관습을 깨셨다. 당시에 서로 대화하면 안 된다고 여겼던 사마리아 여인과 대화하시고, 어울리면 안 되는 죄인 취급 받던 삭개오의 집에 방문하셨으며, 모든 사람이 정죄한 간음한 여인을 용서하셨다. 또 제자들의 발을 씻기는 섬김을 보여주셨고, 안식일에 병자를 고치셨으며, 다른 이들이 정치적으로 올바른 척할 때 성전에서 상을 엎으시는 과감한 행동을 하셨다.

이뿐만이 아니다. 예수님은 "죽은 자들로 자기 죽은 자들을 장사하게 하라"는 말씀으로 사람들의 고정관념을 깨뜨리셨고, 나귀 새끼를 타고 예루살렘에 입성하심으로 세상의 방식을 거부하셨으며, 나병환자들과 같이 사회가 외면한 이들을 치유하셨다.

이러한 예수님의 행적에는 예배 인도자와 음악가들을 포함한 모든 사람을 위한 중요한 교훈이 담겨 있다. 십자가를 지는 것은 단순히 종교적인 태도뿐만이 아니며 우리 삶의 모든 영역에 영향을 미쳐야 한다.

예수님이 말씀하신 십자가를 지는 것은 문자 그대로의 의미가 아니다. 그렇다면 비유적으로 어떤 의미일까? 몇 가지 예시가 있다:

- 연세 드신 이웃의 잔디를 깎아주거나 잠시 대화 나누기
- 매일 커피 한 잔을 포기하고 후원 아동을 더 지원하기
- 말씀을 더 깊이 묵상하기 위해 SNS 앱을 지우기
- 흥미 위주의 영상 대신 자녀들과 의미 있는 설교 보고 대화하기
- 크리스마스 선물을 줄여 위탁가정 아이들에게 선물하기
- 부모님께 잘못이 있더라도 자신을 낮추고 먼저 사과하기
- 암으로 죽어가는 완고한 친척의 손을 먼저 잡아주기
- 지하실 리모델링을 미루고 이웃과 성경 공부를 시작하기
- 은밀한 기도의 자리에서 춤추며 외치기 전에는 강단에서 춤추며 외치는 찬양을 인도하지 않기
- 성도 한 명씩 기도하며 사랑하는 마음이 생기기 전에는 강단에 서지 않기
- 더 유명한 예배 인도자와 비교하며 질투한 죄 고백하기

이것이 그리스도를 따르기 위해 십자가를 진다는 정확한 의미다. 이 예시가 하나님이 우리 마음과 강단, 예배팀, 교회 성도들, 목회자들, 장로, 자원봉사자에게 듣기 원하시는 삶의 노래다. 이것이 죽었으나 동시에 매우 살아 있다는 의미이며, 성령으로 불타오르는 삶의 의미다.

주목하라. 예배의 궁극적 표현은 더 많은 일을 하는 것이 아니라 옳은 일을 하는 것이다. 과연 삶을 어떻게 바꿔야 할까? 쉽지 않다.

산 자로서 죽은 자와 죽은 자로써 산 자

그리스도를 위해 헌신한 지도자와 제자로서, 하나님이 부르신 사람이 되기 위해 어떻게 마음을 바꿔야 하는가? 자기 왕국을 세우려는 자연스러운 욕망과 자기 삶을 지나치게 사랑하는 마음과 특히 이런 인간적인 마음을 열정적인 사역으로 위장하려는 덫에서 벗어나야 한다.

너무나 유명해서 거의 그 의미에 무감각해진 롬 12:1의 말씀을 다시 살펴보자. *"그러므로 형제들아 내가 하나님의 모든 자비하심으로 너희를 권하노니 너희 몸을 하나님이 기뻐하시는 거룩한 산 제물로 드리라 이는 너희가 드릴 영적 예배니라"*

이스라엘 백성은 죄에서 정결해지기 위해 주님께 계속해서 짐승 제물을 가져와야 했다. 하지만 예수님은 모든 사람을 위한 한 사람으로, 모든 이를 위한 한 어린양으로, 최후의 제물로써 영원한 한 번의 제사로 이 모든 것을 끝내셨다. 예수님은 우리가 영적인 생명을 얻도록 육체적 죽임을 당하셨다. 이제 우리는 예수님이 주시는 생명을 받기 위해 육신이 원하는 삶에 죽도록 초청받았다. 우리의 압도적인 이득을 위해 이 땅에는 완전히 죽고 하나님 나라 일에는 완전히 살아있는 자로서 이 땅을 걸어라!

우리가 죽은 자로 살 때…

- 주님이 우리 정체성이기 때문에 정체성의 위기를 겪지 않는다.
- 정욕이 힘을 잃었기 때문에 정욕의 문제가 없다.
- 죽은 자는 영광을 얻을 수 없으므로 영광 때문에 고민하지 않는다.

우리가 죽은 자로 살 때…

- 예수님 중심으로 결정하기 때문에 예수님이 삶의 중심 되신다.
- 진정한 기쁨은 좋은 때와 나쁜 때를 초월하기 때문에 환경에 따라 좌우되지 않는다.

- 우리는 두려움에 죽었고, 두려움도 우리에게 죽었기 때문에 두려움이 우리를 막을 수 없다.

우리가 죽은 자로 살 때…

- 과거가 사라졌기 때문에 더 이상 추한 과거에 얽매이지 않는다.
- 하나님이 우리를 원하시는 곳에 두셨음을 알기 때문에 현재 상황에 더 이상 실망하지 않는다.
- 하나님이 미래를 주관하시기 때문에 우리 미래에는 소망이 있다.

우리가 죽은 자로 살 때…

- 그리스도가 우리 안에 살아계신다.
- 그리스도가 우리를 위해 우리 삶을 사신다.
- 그리스도의 관점으로 본다.
- 그리스도와 함께 본다.

우리가 죽은 자로 살 때…

- 그리스도의 마음을 가진다.
- 그리스도의 생각을 가진다.
- 그리스도의 성품을 가진다.
- 우리는 완전히, 전적으로, 100퍼센트 죽었고 이제 온전히 살아 있다!

'좋아요'로 쓰여진 내 이름

물론 이 모든 것은 우리 본성적 욕망과 완전히 반대다. 베드로도 이런 고민을 했다. "왜 나는 요한처럼 영향력 있고 오래가는 사역을 할 수 없을까? 왜 요한은 그렇게 좋은 것을 얻을까?"(요 21:18~23 참조). 나도 고민했다. 왜 소닉플러드 때처럼 영향력이 없을까? 왜 나는 브라이언과

젠 존슨, 또는 브라이언과 케이티 토월트처럼 베델이나 지저스컬쳐와 연결될 수 없을까? 왜 나는 전 세계 교회에서 불리는 노래를 쓸 수 없을까? 왜 나는 다른 남자들처럼 머리숱이 풍성하지 않은 걸까?(농담이다..)

내 왕국과 하나님 나라는 공존할 수 없다. 하지만 나는 성공과 영향력을 너무 갈망하며 모든 사람에게 주목받고 인정받기를 열망한다. 나는 내 이름이 드러나기를 원하며 내 이름이 '좋아요' 숫자로 빛나기를 원한다.

효과적인 하나님 나라 지도자가 되고 싶은가? "당신의 삶을 살아라. 당신의 꿈을 꿔라. 더 열심히 일해서 비판자들의 입을 막아라. 인생은 한 번뿐이다. 도전해라!"라고 말하는 사기꾼들의 말을 듣지 말라.

사람들이 진정한 승리와 겸손, 진정한 열정과 신실함, 진정한 순복과 거룩함으로 하나님과 동행하도록 힘을 실어주고 싶은가? 당신의 삶을 내어주라. 사람들이 좋아하지는 않지만, 이것이 하나님이 예배팀과 회중에 심기 원하시는 문화다.

믿기 어렵지만 많은 사람이 예수님이 인기 있는 지상 사역을 하셨다고 설교한다. "모든 사람이 예수님을 좋아하고 늘 곁에 있기를 원했습니다. 부자든 가난한 자든, 유대인이든 이방인이든 모든 사람이 그랬습니다. 우리도 주님처럼 되어야 합니다!"라고 말이다. 정말 그럴까?

그들은 성경에서 *"예수는 지혜와 키가 자라가며 하나님과 사람에게 더욱 사랑스러워 가시더라"*(눅 2:52)라는 예수님 사역의 초기 부분만 보기 때문에 군중이 주님을 따르며 모든 말씀을 귀담아듣고, 주님을 만지고 배우기를 원하며, 주님과 같은 장소에 있기를 원했다고 생각한다.

하지만 이것은 예수님이 사람들에게 "하나님 나라"를 선포하시기 전의 사역이었다. *"내가 진실로 너희에게 이르노니 아브라함이 나기 전부터 내가 있느니라!"*(요 8:58)라든지, *"내가 진실로 진실로 너희에게 이르노니 인자의 살을 먹지 아니하고 인자의 피를 마시지 아니하면 너희 속에 생명이*

없느니라"(요 6:53), 또는 "나와 아버지는 하나이니라"(요 10:30, 이 말씀은 유대 지도자들의 극심한 분노를 일으켰다)와 같은 말씀을 하시기 전이었다.

친근한 모습이 사람들에게 훨씬 더 쉽게 받아들여지기 때문에 예수님 사역의 전반부만 모방하고 싶은 유혹을 받는 것은 당연하다. 생각해 보라. 예수님 사역의 영광스러운 전반부만 설교하고 힘들었던 후반부를 제외해도 여전히 성경을 설교한다고 말할 수 있다. 그러나 이런 태도와 관점은 예수님의 공생애 전체에서 실제로 일어난 일을 진정으로 보여주지 않음으로써 사람들을 잘못된 길로 인도하는 것이다.

예수님의 영광스러운 시절, 수많은 사람이 주님을 따르고 모든 사람이 치유받던 그때, 제자들이 친구처럼 지내고 평화로웠던 때를 나누는 것은 즐겁다. 하지만 이스라엘 백성과 유대 지도자들, 제자들, 심지어 형제들까지 모든 사람이 예수님을 버렸을 때는 어떤가? 더 놀라운 것은 얼마 전까지 자기 가족이 예수님께 치유받는 기적을 목격한 사람들이 돌변하여 예수님의 죽음을 외쳤다는 사실이다. 이는 실로 믿기 힘든 일이다. 아직도 예배 인도자가 되고 싶은가? 아직도 예수님처럼 되고 싶은가?

달의 뒷면

예수님은 결코 세상의 왕국이 아니라 오직 아버지 나라, 영적인 나라를 세우려 하셨다. 그리고 이것이 무슨 의미인지 정확히 아셨다. 아버지 나라를 세우는 것은 곧 다른 누군가의 계획과 심지어 예수님 자신의 계획도 완전히 내려놓고 오직 아버지의 뜻대로 세우는 것을 의미했다.

많은 사람이 처음에는 예수님을 열정적으로 따르다가도 어려움이 닥치면 쉽게 떠난다. 얕은 토양에 심긴 씨앗이 어려운 시기를 견디지 못해 실패하는 것처럼(마 13:21~22) 예수님의 치유 기적을 보고 따랐던 많은 사람이 결국 자기 죄는 회개하지 않았다(마 11:20).

히 11장의 저자는 흥미진진한 이야기로 우리 덧없는 삶에 하나님 나라의 관점을 다시 한번 제시한다.

> 32 내가 무슨 말을 더 하리요 기드온, 바락, 삼손, 입다, 다윗 및 사무엘과 선지
> 자들의 일을 말하려면 내게 시간이 부족하리로다 33 그들은 믿음으로 나라들을
> 이기기도 하며 의를 행하기도 하며 약속을 받기도 하며 사자들의 입을 막기도
> 하며 34 불의 세력을 멸하기도 하며 칼날을 피하기도 하며 연약한 가운데서 강
> 하게 되기도 하며 전쟁에 용감하게 되어 이방 사람들의 진을 물리치기도 하며
> 35 여자들은 자기의 죽은 자들을 부활로 받아들이기도 하며 또 어떤 이들은 더
> 좋은 부활을 얻고자 하여 심한 고문을 받되 구차히 풀려나기를 원하지 아니하
> 였으며 (히 11:32~35)

할렐루야! 하지만 이것은 이야기의 절반일 뿐이다. 2016년 12월 18일 내 친구 제프 그레넬은 아름답고 사랑스러운 아내 제인을 암으로 잃었다. 2016년 1월 24일 놀라울 정도로 경건하고 건강했던 내 친구 저스틴 번스는 서른 살의 나이에 친구 집에서 갑자기 쓰러져 죽었다. 조시아와 엘리자베스 얼럽은 어린 아들 토비가 백혈병 진단을 받았다. 전 세계 학생들이 간절히 치유를 위해 기도한 내 친구 조엘 스톡스틸은 몇 년 전 아내를 암으로 잃었다. 내 친구이자 멘토인 제임스 골은 암과 싸워 이긴 후에 아내이자 동역자인 미칼 앤 골을 암으로 잃었다. 2019년 3월 모잠비크 친구들의 목사님은 잠자는 동안 열대성 폭풍으로 집이 갑자기 무너져 목숨을 잃었다.

삶에서 고통과 고난과 박해를 견뎌낸 수많은 신자가 있다. 오늘날에도 신앙 때문에 죽임을 당하는 사람들이 있다. 우리는 이런 비극적인 이야기들을 그저 무시해야 하는가? 어떤 이들은 그들이 스스로 고난을 자초했다고 생각하고 어떤 이들은 사탄 때문이라고 생각한다. 아니면 이 세상에 내린 저주 때문일까?

우리는 하나님의 자녀요 지도자로서 이런 비극적인 일들을 어떻게 받아들여야 하며 불공평해 보이는 고난을 비웃는 불신자들에게 어떻게 답해야 하는가? 하나님이 자기 양 떼를 돌보지 않는다고 조롱하는 사람들에게 어떻게 답해야 하는가? 인생이 처참하게 잘못될 때 초자연적인 평안과 힘을 주는 성경 구절이 있을까? 히브리서 저자는 이렇게 말한다.

> 35 여자들은 자기의 죽은 자들을 부활로 받아들이기도 하며 또 어떤 이들은 더 좋은 부활을 얻고자 하여 심한 고문을 받되 구차히 풀려나기를 원하지 아니하였으며 36 또 어떤 이들은 조롱과 채찍질뿐 아니라 결박과 옥에 갇히는 시련도 받았으며 37 돌로 치는 것과 톱으로 켜는 것과 시험과 칼로 죽임을 당하고 양과 염소의 가죽을 입고 유리하여 궁핍과 환난과 학대를 받았으니 38 (이런 사람은 세상이 감당하지 못하느니라) 그들이 광야와 산과 동굴과 토굴에 유리하였느니라 (히 11:35~38)

나는 종종 궁금하다. 제자들이 오늘날 살아있다면 그들도 교회에서 이방인 취급을 받았을까? 현대의 "교회주의"에 빠진 우리도 이런 문화적으로 맞지 않는 버림받은 사람들을 멸시했을까? 구약의 많은 선지자 사역은 박해와 살인과 추방으로 끝났다. 세례 요한은 감옥에서 참수당했다. 사도들 대부분의 사역은 감옥과 매질과 순교로 끝났다. 예수님은 십자가에서 홀로 거절당하고 버림받고 배신당하고 완전한 수치를 당하셨다. 이야기에는 항상 양면이 있다. 이제 뒷면의 이야기도 보자.

> 39 이 사람들은 모두 자신들의 믿음으로 인해 하나님께 인정을 받았지만, 그들 중 누구도 약속된 것을 이 세상에서는 받지 못했습니다. 40 그 까닭은, 하나님께서는 오늘날 우리 성도들을 위해 더 좋은 것을 마련해 두셨으므로, 그들도 우리와 함께 최종적인 온전함에 이를 수 있도록 미리 작정하셨기 때문입니다. (히 11:39~40, 쉬운말)

요점은 이것이다. 지도자로서 일이 잘되고 있다면 겸손을 유지하고 성공이 오직 하나님에게서 온다는 것을 기억하라(고후 3:5). 당신이 사역에서 거절과 배신, 고난을 경험하는 많은 지도자 중 한 사람이라면, 절망하지 말고, 자신을 돌아보며 하나님께 어떻게 해야 할지 구하라.

우리는 히 11장 후반부에 나오는, 마치 달의 뒷면에 사는 것처럼 느껴지는 고통스러운 시기를 겪고 있지만 곧 돌파구가 다가올 수도 있다. 견뎌라. 포기하지 말라! 온 마음과 힘을 다해 하나님을 계속 추구하라. 하나님 나라의 상급이 다가오고 있다. 비록 지금이 아니라도, 사람들의 박수갈채와 멋진 찬사가 없어도, 평생을 구석에서 숨어 있는 것처럼 아무도 우리를 모른다 해도 하나님의 상급이 우리를 기다린다.

하나님이 우리를 보시며 신비한 방식으로 역사하신다. 다음 세대에 올 영원한 기쁨은 우리가 지금 겪는 가장 큰 슬픔과 실망이라도 인생이라는 레이더 화면의 아주 작은 점처럼 보이게 할 것이다.

아름다운 종 됨

바울을 보자. 현대에는 구식으로 여겨지는 과거의 생각을 보라. 바울은 담대하게 선포한다. "[19] 너희 몸은 너희가 하나님께로부터 받은 바 너희 가운데 계신 성령의 전인 줄을 알지 못하느냐 너희는 너희 자신의 것이 아니라 [20] 값으로 산 것이 되었으니 그런즉 너희 몸으로 하나님께 영광을 돌리라"(고전 6:19~20). 또 이렇게 선포한다. "[22] 주 안에서 부르심을 받은 자는 종이라도 주께 속한 자유인이요 또 그와 같이 자유인으로 있을 때에 부르심을 받은 자는 그리스도의 종이니라 [23] 너희는 값으로 사신 것이니 사람들의 종이 되지 말라"(고전 7:22~23).

그리스도의 종? 하나님께 사신 바 되었다? 이것이 아름다운 종 됨이다. 오직 하나님만이 온 세상의 소유권을 주장할 수 있다. 오직 주님만이 우리에게 논란의 여지 없이 "너는 내 것이다"라고 말씀하신다.

시편 기자는 말한다. "땅과 거기에 충만한 것과 세계와 그 가운데에 사는 자들은 다 여호와의 것이로다"(시 24:1). 바울도 고전 10:26에서 이 구절을 인용한다. 어떤 사람들은 자기 소유권을 위해 맹목적으로 싸우느라 우리를 창조하신 하나님께 순복할 때 생기는 신비한 자유를 놓친다. 그렇다 순복은 우리 본성을 거스르는 일이지만 기꺼이 해야 한다.

하나님이 친히 그 손으로 우리를 빚으셨다면, 하나님께 순복하고 주님의 완전하고 절대적인 통치권을 인정하지 않는 것은 비논리적일 뿐만 아니라 분명히 교만하다. 특히 우리가 자주 회중과 함께 순종의 노래를 부를 때는 더욱 그렇다.

많은 사람이 하나님의 순복 "요구"를 원시적인 노예 제도와 같다고 생각한다. 하지만 하나님의 종이 되는 것은 이 세상 역사의 얼룩진 과거에 있었던 노예 제도가 아니다. 하나님의 종이 되는 것은 궁극적인 자유이며 우울증과 불안, 두려움에 묶인 속박과 권세에서 벗어난다는 의미이다. 사망과 지옥과 무덤으로부터의 자유다.

지금 우리는 새로운 종류의 '벗어날 수 없음'을 이야기하고 있다. 하나님께 순복하고 주님의 종이 될 때, 하나님의 선하심과 친절하심과 의로움과 진정한 자유에서 벗어날 수 없다. 이런 종류의 '벗어날 수 없음'을 누가 거부하겠는가? 삶의 모든 선한 것에서 '벗어날 수 없는 상태'가 된다는 것이야말로 진정한 자유다! 이제 하나님의 종이 되든지 아니면 하나님 아닌 모든 것의 종이 되든지 오직 두 가지 가능성만 존재한다.

> 16 너희 자신을 종으로 내주어 누구에게 순종하든지 그 순종함을 받는 자의 종이 되는 줄을 너희가 알지 못하느냐 혹은 죄의 종으로 사망에 이르고 혹은 순종의 종으로 의에 이르느니라 17 하나님께 감사하리로다 너희가 본래 죄의 종이더니 너희에게 전하여 준 바 교훈의 본을 마음으로 순종하여 (롬 6:16~17)

의로운 삶을 사는 종이 있다. 하나님의 거절할 수 없는 사랑의 권위에 저항하고 계속 세상의 노예로 남든지, 아니면 기쁘고 자발적으로 하나님의 방식을 받아들이고 풍성한 삶의 종이 될 수도 있다. 중간 지대는 없다. 얼마나 아름다운 속박인가!

일반적인 자유는 삶을 자기 것이라고 여기면서 멋대로 산다. 사실 누구나 그렇게 살 수 있다. 그러나 진정한 자유의 핵심은 하나님께 완전히 항복하고 주님의 방식이 전적으로 선하고 옳으며, 아름다움을 인정하는 능력, 하나님께 순종하는 능력, 하나님이 기뻐하시는 대로 사는 능력이다. 죄성은 거부하고 새롭고, 향상되고, 고양되고, 개선된 영적 본성에는 예라고 말하는 능력이다.

이상하게 들릴지 모르겠지만, 우리가 진정으로 자유로운지를 아는 방법은 옛 자아에는 죽고 하나님이 우리 안에 만드신 새로운 피조물로 살아가는 것이다.

이것이 우리가 초대받은 역설이다. 우리 자신과 가족과 회중을 위한 유일한 질문은 우리가 그렇게 할 것인가이다. 오직 하나님이 지으신 소수만이 갔던 그곳으로 담대히 갈 것인가? 그리고 "나는 내 것이 아닙니다. 내 의지는 온전히 죽었습니다. 나는 온전히, 그리고 전적으로 하나님께 속했습니다"라고 자랑스럽게 고백할 수 있어야 한다.

자아의 죽음과 순종이 아버지의 얼굴이 우리를 비추어 예배팀을 활성화하면서 진정한 하나님 나라 문화에 불을 붙이는 촉매제이며 교회 안의 모든 사람의 마음에 하나님 나라 DNA를 심는 출발점이다. 우리가 스스로 자유로운 것이 아니라 그리스도를 향한 아름다운 종 됨의 결과로 영광스럽게 자유에 매이는 것이다.

핵심 요약

1. 십자가를 지고 자아를 죽이는 것은 그리스도를 진실로 믿는 신자들의 기본적인 특징이다. 딕 브로그덴이 말했듯이, "물리적 세계에서는 먼저 살다 죽지만, 영적 세계에서는 먼저 죽고 나서 삽니다." 모든 것이 대중의 눈앞에서 시작하고 끝나는 것처럼 보이는 예배 사역에서 우리는 "그리스도와 함께 십자가에 못 박혔다는 사실"을 잊지 말고 인도해야 한다.

2. 예수님은 언제나 당시의 문화와 관습을 거스르셨다. 주님은 영향력 있는 사람들에게 인정받고 칭찬받는 대신, 오히려 사람들이 싫어하는 방식으로 사역하셨다. 그러므로 우리는 계속해서 자신을 돌아보아야 한다. 우리가 정말 예수님의 방식을 따라 사역하는지, 아니면 그저 세상의 성공한 지도자들의 방식을 따르는지를 늘 점검해야 한다.

3. 우리가 죽은 자로 사는 것은 그리스도께서 우리 삶을 이끌어가시도록 맡기는 것이다. 이렇게 함으로써 불안과 비교 의식과 두려움 같은 옛 모습은 버리고 하나님과 깊은 교제와 다른 사람들을 세워주는 일과 하나님 나라를 확장하는 일에 새로운 열정으로 살 수 있다.

4. 만일 삶에서 큰 고통과 실망과 시련을 겪는 하나님의 사랑받는 자녀라면, 포기하지 말라. 하나님은 우리의 모든 고난 속에 위대한 목적이 있으시다. 제자들처럼 우리도 연약함에서 비롯된 주님의 큰 능력으로 더욱 주님을 찬양하고 다른 이들도 그렇게 하도록 이끌 수 있다.

SPARK

2부

순수한 예배 인도를 위한 팀 활성화하기

6장

함께 하든지, 함께하지 않든지 (연합을 키우기)

거짓말 #6

"나는 결코 진정한 연합을 이루는 인도자가 될 수 없어."

주의 사항: 많은 선한 인도자가 실용적인 사역 전략을 얻기 위해 앞부분을 건너뛰고 바로 이번 장부터 읽고 싶을 것이다. 하지만 간곡히 부탁한다. 그러지 말고, 돌아가서 처음부터 시작하라. 최고의 부모는 자녀보다 부부간의 관계를 우선시하는 것처럼 최고의 인도자는 첫사랑이신 하나님을 먼저 사랑하는 법을 배우는 사람이다.

누가 처음 만든 말인지는 모르지만, 이 문구를 참 좋아한다. "함께 하든지, 아니면 전혀 하지 않든지." 하지만 나는 아쉽게도 늘 이 마음으로 팀을 이끌지는 못했다. 올바른 인도자는 자기 계획을 이루는 것보다 눈앞에 있는 사람들을 사랑하는 것이 더 중요하다는 것을 잘 알지만, 솔직히 말하면 과거에도 그렇고 현재에도 종종 나는 이 귀중한 진리를 잊어버리곤 한다. 특히 하나님이 주신 임무에 너무 집중하면 자신도 모르게 팀을 함께 살고, 호흡하고, 세워가는 친구이자 동역자로 보기보다는 임무를 완수하기 위한 기계의 부품처럼 보기 시작한다.

나는 열정적으로 전투에 돌진하지만, 하나님이 보내주신 아름다운 팀과 함께 연합하여 문제를 해결하고 어려움과 싸워나가는 과정 대신,

영적 할 일 목록의 박스를 체크하는 데 급급할 때가 많다. 혹시나 여러분이 나와 비슷하다면, 팀원들은 힘을 얻고 격려받고 함께 달리기보다는 짓밟히고 심지어는 이용당하고 학대받았다고 느낄지도 모른다. 전혀 건강하지 않지만 정작 자신은 잘 모를 가능성이 크다. 더 나쁜 것은 이런 일이 재능 있는 사역자들 사이에 매우 흔하다는 점이다.

안타깝게도 많은 인도자가 사역지를 옮겨 다니면서 계속 사람들을 짓밟는다. 이는 대부분 무지와 불안감, 혹은 두 가지 이유 모두가 지도력 방식으로 굳어진 결과다. 이것이 우리가 이 책의 앞부분으로 돌아가야 하는 이유다. 이 영역에서 우리 부족함을 분별하는 유일한 방법은 성령님께 직접 듣는 것이기 때문이다. 물론 이것은 우리가 하나님과 가까이 교제할 때 가능하다.

최근 우리 셀레브레이션 교회 학생부에서는 '함께 하든지, 아니면 전혀 하지 않든지'라는 구호를 통해 놀라운 연합을 이루고 있다. 나는 27년 넘게 청소년 자원봉사 인도자로 섬겼다. 이제 하나님과 사람을 진정으로 사랑하고 섬기는 이런 사역에 봉사할 수 있어서 정말 감사하다. 여기서 '모든 사람'이라고 할 때, 이는 모든 이의 생활 방식이나 개인적 선택이 다 옳다고 인정한다는 뜻은 아니다. 다만 하나님이 모든 인간을 동등한 가치로 귀하게 창조하셨다는 사실을 인정한다는 의미다.

함께 하든지

내가 보기에 대부분의 예배 인도자는 비슷한 고민을 한다. 혼자 다 해내려고 하는 것이다. 이기심이나 불안감 때문일 수도 있고, 두려움이나 자기애 때문일 수도 있다. 이유가 무엇이든 우리 안에 심각한 갈등을 일으킨다. 나를 포함한 사람들 대부분은 혼자 해내고 싶어 한다. 그래서 주변에 도움을 요청하기 싫어한다. 왜 그럴까? 간단하다. '제대로 하고 싶으면 직접 해야 한다'라는 흔한 말을 믿기 때문이다.

이 말이 맞을 수도 있다. 하지만 과연 최선일까? 답은 단기적으로 볼지, 장기적으로 볼지에 따라 다르다. 예를 들어, 혼자 일하다가 새 직원을 한 명 더 고용하면 처음에는 오히려 일이 더 복잡하고 어려워지는 것처럼 보인다. 이는 마치 단식 테니스 선수 한 명에게 동기를 부여하는 것보다 미식축구팀 선수 53명이 하나의 목표를 향해 움직이도록 동기를 부여하는 것과 같다. 당연히 후자가 훨씬 더 어렵다.

새로운 사람을 팀에 처음 합류시키면 좋은 성과를 내기까지 서로 적응하고 맞춰가는 어색한 시기를 반드시 겪기 때문에 오히려 업무량이 늘어날 수 있다. 이런 초기의 어려움 때문에 많은 사람이 아예 팀 접근을 피한다. 단기적으로는 혼자 일하는 것이 가장 좋고 쉬워 보이지만, 초기의 어려움에도 불구하고 장기적으로 볼 때 팀과 함께 일하는 것이 효율성과 결과를 배가시킨다.

나는 하나님이 이것을 의도적으로 계획하셨다고 확신한다. 하나님이 우리를 협력하도록 이끄시는 이유는 일을 더 어렵게 하려는 것이 아니라, 우리가 혼자만의 세계에 갇히는 것을 막고 혼자서는 결코 이룰 수 없는 더 풍성한 열매를 맺게 하려는 것이다.

하나님은 이것을 증명하기 위해 서로 협력해야만 살아갈 수 있는 방식으로 세상을 만드셨다. 마치 누군가 혼자 모든 것을 다 하려고 할 때마다 자동으로 실패하는 것처럼 말이다. 예배 인도자의 경우를 보면 더 분명하다. 우리는 매일 예배 밴드라는 완벽한 팀워크의 현장에서 일한다. 밴드 팀은 각자가 서로에게 의존하면서 하나의 아름다운 화음을 만든다. 혼자서는 절대로 할 수 없는 일이다.

예배팀 중 한 명이 빠졌을 때 우리가 얼마나 힘들게 진행하는지 생각해 보라. 함께 음악을 만들 때 느끼는 압도적인 성취감을 생각해 보라. 서로를 다듬고 영감을 주며 사랑하면서 서로를 세우고 힘을 실어준다.

피아노/기타와 보컬만으로도 효과적일 수 있다. 하지만 누구나 인정하듯이, 실력 있는 연주자들이 밴드에서 서로를 의지하고 배우며 보완할 때 그 영향력은 몇 배나 커지는 것이 사실이다. 팀의 중요성은 누구나 쉽게 이해할 수 있다. 천사들부터 제자들, 교회, 가정에 이르기까지 하나님은 각자에게 역할과 목적을 주셔서 함께 일하도록 이끄신다.

나는 새로운 큰 계획을 세우고 혼자서 추진할 때마다 마지막 단계에서 큰 어려움에 부딪히는 경험을 자주 한다. 이것은 우연이 아니며 하나님이 의도적으로 나를 가로막으셔서 혼자서 일을 완성하지 못하게 하시고, 다른 사람의 도움을 구하게 하시는 것이라고 확신한다.

생각해 보라. 하나님이 우리 각자에게 혼자서 주님의 뜻을 이룰 수 있는 능력을 주셨다면, 함께 무엇을 성취할지 발견하려 하지 않았을 것이다. 그저 섬에 혼자 사는 것처럼 고립된 채 유대감, 교제, 협력의 아름다움을 놓쳐버렸을 것이다. 도움을 구하거나 다른 관점을 얻거나, 약점에 직면해 다른 사람의 강점을 받아들일 필요도 없었을 것이다. 당연히 함께 일하는 두려움이나 혼자 하려는 본성을 넘어설 이유도 없었을 것이다.

함께하지 않든지

'함께 하든지, 아니면 전혀 하지 않든지'라는 말은 과한 표현 같아 보인다. 특히 '전혀 하지 않든지'라는 부분이 그렇다. 실제로 절대 혼자 하면 안 된다는 식의 주장은 너무 야심 찬 목표라는 점을 인정한다. 하지만 이런 의도적인 과한 표현은 혼자 행동하려는 우리 내면의 부정적인 성향을 막고 팀의 본질적 가치를 더 잘 이해하는 데 도움을 준다.

'혼자 가는 것' 대신 의도적으로 다른 사람들과 협력하는 것은 마치 카누를 타고 폭포를 거슬러 노를 젓는 것처럼 힘겹게 느껴지지만, 모든 사람의 이익을 위해 더 큰 사랑과 창의성을 키우는 데 큰 도움을 준다.

맞다. 함께 가는 것이 결국 더 좋다. 하지만 그 과정의 어려움도 인정해야 한다. 사실 사람들은 지도력에서 가장 어려운 부분이 사람들과 함께 일하는 것이라고 동의한다. 자신을 속이지 말라. 예배 사역에서 가장 큰 도전이 음악이라고 생각한다면, 금세 사실이 아님을 발견할 것이다. 사실 사람들과 함께 일하는 것에 비하면 음악은 쉬운 부분이다. 동료 연주자들이나 회중이 문제의 원인은 아니지만, 하나님은 우리 앞에 특별하고 도전적인 과제를 두셨다. 아름다운 팀 사역을 하고 싶다면 각 사람이 문제의 일부가 될 수도, 해결책의 일부가 될 수도 있다는 점을 인정해야 한다.

내가 NCU 강의실에서 미래의 예배 인도자들을 가르칠 때도, 기본적인 예배 인도 방법들; 악보를 그리고 읽기, 음향 체크하기, 예배 계획 프로그램 다루기, 심지어 회중 인도 방법을 가르치는 것도 매우 쉽다. 하지만 사역에서 사람들과 겪는 '실시간' 씨름은 강의실이라는 통제된 환경에서 재현하기는 어렵다. 실제 교회 사역에서 겪는 진정한 인간관계의 어려움과 복잡성, 그 결과만큼 특별한 것은 없다.

효과적인 예배팀 철학

스캇 헤이건은 저서 『영향력과 개인적 권위의 언어』에서 이렇게 말한다. "지도자는 두 종류가 있다. 권력을 사랑하는 사람과 사람을 사랑하는 사람이다."[1] 우리는 의도하지 않게 사람 돌보는 일을 사역 목록의 맨 끝으로 미루기 쉽다. 회중을 사랑하는 데 집중하면서, 정작 팀원들을 돌보는 데에는 소홀하다. 다행인 것은 우리가 지금이라도 가장 가까운 팀원들을 먼저 사랑하기 시작하면 그 진정성이 자연스럽게 회중에게도 흘러간다는 점이다.

예배팀의 우선순위를 지키기 위한 여섯 가지 중요한 전략을 제시한다.

1. 스캇 헤이건, 영향력과 개인적 권위의 언어 (미네소타주 미니애폴리스: KPT 퍼블리싱, 2019)

1. 영적 성장을 우선시하라. 모임의 가장 중요한 목표는 영적 성장이지만 우리는 가장 중요한 목표를 자주 놓친다. 이를 바꾸려면 악기를 내려놓고 둘러앉아, 짧지만 의도적인 묵상 시간을 가져야 한다. 가능하면 연습 맨 처음에 하는 것이 좋다. 혹은 간단한 라인 체크 직후나 도착 즉시 해도 좋다(다음 장에서 자세히 논의하겠다).

나는 음악적 탁월함도 성경이 강조하는 중요한 가치이며, 결국 '하나님과 사람을 사랑하는' 비전을 이루기 위한 것이라고 믿는다. 하지만 솔직히 말하면, 많은 교회 시스템이 영적 성장보다 기술적 완벽함을 지나치게 강조한다. "여러분, 우리가 하나님의 임재 안에서 너무 많은 시간을 보내는 바람에 음악의 질이 떨어지기 시작했어요"라고 걱정하는 인도자는 거의 없다. 팀의 총연습 시간과 영성 훈련 시간을 비교하면 분명해진다.

연습 시간과 영성 훈련 시간이 똑같아야 한다는 의미는 아니다. 하지만 연습을 위해 모이는 시간의 '십일조'를 떼어 하나님께 드려보라. 예배팀이 함께하는 시간이 120분이라면 그중에 10%, 최소 12분은 하나님을 찾는 데 쓴다면 큰 변화가 일어날 것이다. 또 예배팀과 단상에 오르기 전에 함께 하나님을 예배하는 습관을 들이기 전까지는 단상 위에서 하나님을 예배하지 않기로 합의해 보라(1장 '우물 파기'를 기억하는가? 우물을 파는 것이 개인의 진정성을 기르는 데 중요한 것처럼 예배팀의 진정성을 기르는 데도 필수적이다).

"하지만 연습 시간이 부족해요. 모든 곡을 한번 훑어보기도 힘든데, 매번 연습 때마다 성경 공부까지 할 시간은 없어요!" 나도 이 문제를 잘 안다. 나도 수많은 연습을 했고, 그중에는 시간이 길어지는 경우가 많았다. 하지만 문제의 원인은 시간 부족이 아니라 우리가 시간을 잘못 활용하기 때문이라고 생각한다. 먼저 예배팀이 함께 주님을 찾는 시간을 마련한다면(시작 후 10~15분 정도), 전체 연습의 효율성이 좋아질 것이다.

연습 전에 다른 팀원에게 짧은 묵상을 인도하게 하거나, 몇 곡을 함께 예배하거나, 기도 제목을 나누고 서로를 위해 기도하면서 팀 연합을 높인다면 연습을 최대한 활용할 가능성이 더 커진다. 팀을 영적으로 세움으로써 실제로 영적인 영역뿐만 아니라 관계적으로, 음악적으로 예배팀을 발전시킬 수 있다. 예배팀이 모일 때 영적인 성장을 위한 시간을 잠깐이라도 가진다면 대부분의 팀 문제인 태도, 경쟁, 비꼼, 불안, 반항, 우월감이 상당히 사라질 것이다.

2. 비전과 계획을 전달하라. 음악을 연주하기 전에 모이는 두 번째 이유는 연습 계획을 간단하게 전달하고 '교회'의 비전을 강조하기 위해서다. 이를 통해 팀원들은 하나님이 세우라고 말씀하신 하나님 나라의 가치와 문화에 더 깊이 동참한다. 알려진 대로 사람은 반복과 명확한 소통을 통해 배운다. 따라서 목회자의 비전을 반복해서 나눔으로써 팀원과 인도자가 명확하게 이해하고 다시 전달할 수 있어야 한다. 연습전 묵상 후 몇 분 정도 할애해서 이 비전을 다시 한번 창의적으로 전달하라.

비전 나눔이 끝나면 큰 그림에서 세부 사항으로 넘어가서 이번 연습의 비전을 나눈다(적절하지 않은 때에 '즉흥 연주를 하지 않는' 등 서로를 존중하는 것과 같은 구체적인 연습 문화가 이미 확립되어 있을 경우다). 이번 주 연습 목표를 미리 전달하면 계획을 달성할 가능성이 크게 높아진다. 또한 계획 없이 연습에 오는 인도자만큼 최악인 것도 없기에, 연습 목표 나눔은 팀의 기쁨을 크게 더한다. 이런 경험을 해본 적이 있는가? 한 곡에 영원히 갇혀 있거나, 브리지의 마디가 12개인지 17개인지 기억하지 못하거나, 참고할 유튜브 영상의 코드가 예배팀 악보와 다르다는 것을 뒤늦게 발견해서 예배팀 전체의 시간을 낭비한 경험 말이다.

해결책은 간단하다. 연습 시작 시 계획을 전달하는 시간을 정하면, 인도자 스스로 더 체계적으로 준비하게 된다. 왜냐하면 계획을 효과적으로 전달하는 유일한 방법은 실제로 계획을 아는 것이기 때문이다. 이는 책임감을 높이고 연습을 능률화한다.

3. 관계를 강조하라. 기억하자. 어떤 문제도 우정을 잃어야 할 만큼 중요하지 않다. 논쟁이든, 음악적 차이든, 권력 다툼이든, 누가 솔로를 부르냐는 문제든. 우리는 서로 싸워야 할 적이 아니다. 하지만 이 단순한 진리를 너무나 쉽게 잊어버린다. 특히 우리가 가족일 때는 더욱 그렇다. NCU와 셀레브레이션 교회에서 예배팀을 이끌 때, 나는 계속해서 우리가 더 이상 혈과 육을 상대로 싸우지 않는다는 것을 상기시킨다(엡 6:12).

사람은 적이 아니다. 심지어 못된 사람들조차도 적이 아니다. 마귀는 자신이 진짜 적이라는 사실을 숨기고 끊임없이 우리가 형제자매들과 싸우게 유혹한다. 마귀는 교묘하게 우리를 속여서, 마치 상대편이 마귀인 것처럼 믿게 만든다. 하지만 진실은 마귀가 자기 이익만 추구하면서 우리 둘 다를 파괴한다는 것이다. 마귀의 궁극적인 목적은 우리를 죽이고, 빼앗고, 멸망시키는 것이다.

마귀와 하늘의 악한 영적 세력이 진짜 적이다. 마귀는 팀 앞에서 인도자를 무시하는 팀원을 예배 인도자만큼이나 미워한다. 인도자가 팀원을 공격하기 시작하면 팀의 화합을 무너뜨릴 뿐만 아니라 마귀에게 큰 힘을 실어준다. 반대로 인도자가 문제 있는 팀원을 사랑으로 대하고 마귀와 싸우면 까다로운 팀원의 마음을 얻는 놀라운 진전을 이룬다.

내 예배 인도자 친구는 연습 중 영적 성장 시간에 불만이 있는 거만한 팀원을 만났다. 그는 비아냥거리며 말했다. “목사님처럼 굴면서 부흥회라도 할 작정인가요?” 이런 순간이야말로 성령님의 인도하심으로 팀 안에 연합의 문화를 일으켜야 할 때다. 가장 문제 있는 팀원에게 사랑과 인내를 보일 때 나머지 팀이 변화한다. 물론 팀에게 서로 사랑하라고 말하려면 먼저 인도자부터 팀원들을 사랑하는 법을 배워야 한다.

4. 인격을 높이 평가하라. 4~5장에서 논의했듯이, 모든 인도자는 음악가의 인격을 반복해서 강조해야 한다. 인격, 성품의 중요성은 아무리 강조해도 지나치지 않다. 재능 있는 음악가들에게는 박수갈채가 넘치지만 인격 강화는 부족한 상황에서, 우리는 그 균형을 맞추는 데 더 힘써야 한다. 분명 힘든 싸움이지만, 나쁜 인격을 경계하는 것만큼이나 좋은 인격을 장려하는 데 똑같이 헌신하는 문화를 강조해야 한다.

안타깝게도 음악가들과 싱어들은 자신의 가치가 그리스도 안에서의 정체성이 아닌 재능에서 나온다고 잘못 믿는 경우가 많다. 많은 교회가 무의식적으로, 하지만 이기적이고 무책임한 태도로 성실성 문제가 제기될 때마다 모른 척함으로써 잘못된 인식을 더 강화한다. 결과적으로 교회는 음악가들의 인격 발전은 경시한 채, 그들의 재능만 이용한다. 교회에서 절대 있어서는 안 될 일이다.

나는 내슈빌에서 17년 동안 이런 현상을 반복해서 보았다. 순진하게도 나는 가수든 연주자든 기독교 행사 무대에 오르는 모든 사람이 자신이 부르는 노래의 가사대로 담대하게 살 것으로 생각했다. 하지만 무대 뒤에서 함께 모일 때면, 너무나 자주 정반대의 모습이 드러났다. 도브상이나 그래미 후보에는 인격상이 없어서 팀원들에게 인격의 중요성을 강조하기가 더욱 어렵다. 교회에서도 마찬가지다. 조용히 이른 아침을 하나님의 임재 안에서 보내는 기타 연주자들을 위한 큰 상은 없지만 완벽한 톤과 분위기로 연주하면 열렬한 박수갈채를 받는다.

인도자로서 우리는 인격을 먼저 높이 평가할 방법을 부지런히 찾아야 한다. 팀원들이 연습이나 예배를 마치고 돌아가면서 자신이 사랑받는 이유가 재능과 기술 때문이라고 믿어서는 안 된다. 이를 통해 예배팀이 거룩하게 살면서 다른 영역에서도 서로를 성장시키는 문화가 세워진다. 경건한 삶을 진지하게 추구하고 서로 격려하는 문화를 세워갈 때,

음악적 탁월함을 향한 열정도 자연스럽게 피어난다. 는 영성과 음악성 모두를 성장시키는 일거양득이다.

5. 싸울 것과 싸우지 않을 것을 구분하라. 갈등에 맞서는 것을 즐기는 사람은 거의 없다. 하지만 음향 엔지니어에게 목소리에 리버브(반향음)를 '뿌려달라고' 요청했고 그가 동의했지만, 예배 중에 몰래 효과를 제거했다면 어떻게 해야 할까? 이런 상황에서는 성령님의 도우심이 특별히 더 필요하다. '오늘 연습 후에 잠깐 이야기 좀 할까요?'라는 부담스러운 문자를 보내거나 받는 것을 즐기는 사람은 아무도 없다. 하지만 인도자로서 우리는 이런 상황을 피하지 말고, 담대함과 진실한 사랑으로 직면해야 한다. 갈등 해결에 관한 몇 가지 방법을 제안한다.

- **전체 팀 앞에서 고집 센 팀원을 바로잡으려는 유혹을 물리쳐라.** 공개적으로 지적받을 때 받아들이는 사람은 거의 없다. 심각한 반항이 아니라면 나중에 따로 불러 이야기하라.

- **절대로 '난 당신의 상관이야'라는 식의 상하 관계로 접근하지 마라.** 인도자가 된다는 것은 단순히 다른 사람보다 높은 직함을 얻는 것이 아니라, 주님이 맡기신 섬김의 자리에 서서 다른 이들을 도와 함께 성장한다는 의미이다. 내가 누구인가가 아니라 내 안에 계신 주님의 권위에 기초해서 겸손히 팀을 이끌어라.

[2] 여러분은 하나님이 맡겨 주신 양 떼를 잘 돌보십시오. 억지로 하지 말고 하나님의 뜻에 따라 기쁜 마음으로 하십시오. 단순히 봉급을 받을 생각으로 해서는 안 되며 진심으로 양 떼를 보살펴야 합니다. [3] 맡겨진 양 떼를 지배하려 들지 말고 그들의 모범이 되십시오. [4] 그러면 목자장이신 그리스도께서 다시 오실 때 시들지 않는 영광의 면류관을 받게 될 것입니다. (벧전 5:2~4, 현대인)

- **자주 기도하라.** 팀을 이끄는 모든 영역에서 하나님의 도우심을 구하라. 바른말을 하고 은혜롭게 대하며, 침착함을 유지하고 불안감을 떨쳐내며, 언제 말하고 언제 침묵할지 알 수 있도록 기도하라. "내 사랑하는 형제들아 너희가 알지니 사람마다 듣기는 속히 하고 말하기는 더디 하며 성내기도 더디 하라."(약 1:19)
- **말투에 주의하라.** 잠 15:1의 말씀을 따르기를 강력히 권한다: "부드러운 대답은 분노를 가라앉히지만, 거친 말은 화를 돋운다."(새번역) 부드럽게 말하면 분노에 빠지지 않을 뿐 아니라 성숙함과 절제력도 보여줄 수 있다. 부드러운 태도로 대화할 때 상대방의 마음을 열고 다른 팀원의 존경도 얻는다.
- **자신감 있게 이끌어라.** 많은 사람이 말했듯이 "우유부단한 지도자는 좋은 지도자가 될 수 없다." 어려운 결정을 내려야 할 때 주님께 구하고 선택 사항을 저울질하여 경건한 결정을 내려라. 좋아하는 결정과 '옳은' 결정 중에서 선택할 때는 언제나 옳은 것을 선택하라. 하나님은 우리를 시험하시려고 계속해서 이런 선택의 상황을 우리 앞에 두신다. 우리가 성실하게 옳은 것을 선택할 때 하나님은 기뻐하시고 인정하신다. 결단력이 있다는 것은 팀의 부정적인 사람들을 다루는 것을 너무 오래 미루지 않는다는 의미이기도 하다. 이런 문제를 해결하는 적절한 시기를 잘 판단하면 가장 충실한 팀원들이 좌절하지 않게 된다.
- **매우 중요한 것: 모든 아이디어가 인도자에게서 나와야 한다고 생각하지 마라.** 사실 이런 생각은 인도자의 지도력을 즉시 무너뜨린다. 인도자의 역할은 팀원의 아이디어가 나오도록 돕는 것이다. 팀원 안에 숨겨진 창의성이라는 보물을 찾아내서 가장 좋은 방향을 찾아가는 것이 인도자가 누리는 특별한 기쁨이다.

- **두려워하지 마라.** 팀의 모든 문제를 다 다룰 필요는 없다. 성령님의 음성을 듣고 싸움을 현명하게 선택하라. 어떤 문제는 저절로 해결되고 다른 문제는 각기 다른 정도의 주의가 필요하다. 작은 일을 크게 만들지 말고, 큰일을 작게 만들지 마라. 타인의 장점을 찾아 격려하고 자신의 선호에 너무 얽매이지 마라. 하나님 나라의 일을 긴급하게 여기되 자신을 너무 엄숙하게 생각하지는 마라.

6. 힘을 실어주고 격려하는 사람이 돼라. 나는 값비싼 대가를 치르며 이 교훈을 배웠다. 지도자와 인도자로서 격려가 얼마나 중요한지 잘 몰랐다. 당시 나는 항상 좋은 점보다는 부정적이고 부족한 점만 찾아내곤 했다. 팀원들을 칭찬하면 교만해지거나 고쳐야 할 다른 문제에는 관심을 덜 기울일까 봐 걱정했다. 안타깝게도 한때 나는 "미스터 그 표정"으로 유명했다. 음악 예배 중에 예배팀의 작은 음악적 실수를 고치도록 격려하겠다는 잘못된 희망으로 밴드를 향해 경멸적인 눈길을 보내곤 했다. 이런 태도가 얼마나 잘못인지 깨닫고 변화하기까지 약간의 상실과 아픔을 겪었다. 뒤늦게 격려가 중요하다는 사실을 깨달았다. 존 맥스웰의 책 『리더십의 법칙 2.0』은 내 삶과 관점을 완전히 바꾸어 놓았다.

'격려의 말'이 내 마음 깊은 곳에서 자연스럽게 나오기까지는 시간이 걸렸지만, 두려움이 아닌 사랑으로 사람들에게 동기를 부여 하는 지도력을 꾸준히 받아들였다. 나는 내 돌봄 아래 있는 사람들의 멘토이자 아버지 같은 존재가 되고 싶은 강한 열망이 있었지만, 그것이 정확히 어떤 모습인지는 몰랐다. 사실 처음에는 '아버지'라는 용어가 부담스러웠다. 내가 그럴 자격이 있는지도 의문이었고, 더 이상 현장의 선수가 아닌 코치가 되는 것이라고 생각했다. 나는 선수에서 코치로 이동하는 것은 승진이 아닌 강등이라고 믿었다. 다른 사람이 성장하도록 돕는 것이 내 능력이나 영향력을 잃는 것이 아니라는 사실을 그때는 이해하지 못했다.

스캇 헤이건의 용기를 주는 말이 나에게 큰 도움을 주었다. "다른 사람의 성공이 당신의 가능성을 빼앗지 않습니다. 항구에는 여러 배가 함께 항해할 수 있을 만큼 충분한 바람이 붑니다."[2] 이 말이 나를 자유롭게 했다. 불필요한 걱정과 성공의 사다리를 오르려는 경쟁심을 내려놓을 수 있었다. 이제는 재능 있는 사람이나 약자를 담대하게 옹호할 수 있게 되었다. 놀랍게도 자신이 모르는 가능성을 발견하도록 도와주고 격려하다 보면 그들이 우리 예상을 뛰어넘는 모습을 보여준다. 하나님이 종종 가장 가능성 없어 보이는 사람을 사용하시는 이유는 그들이 모든 영광을 하나님께 돌릴 가능성이 가장 크기 때문이다.

사랑이 다스린다

팀을 이끄는 전략은 셀 수 없이 많지만 절대 잊지 말아야 할 한 가지는 사랑이 모든 것을 이긴다는 사실이다. 사랑은 우리가 실행하는 모든 정책과 아이디어, 전략의 기초여야 한다. 사랑은 모든 계획과 말과 프로젝트의 동기이자 기준이어야 한다.

사랑이 어려움 속에서도 함께 일하게 한다. 사랑이 위험한 타협의 유혹에도 불구하고 우선순위를 바로잡는다. 육적 성품과 교만 앞에서도 사랑이 궁극적으로 창의성과 연합을 낳는다. 사랑이 다스린다.

물론 지도력과 예배 인도에서 사랑에 대한 많은 오해가 있다. 특히 점점 더 특권의식이 강해지는 세대에서는 더욱 그렇다. 마귀는 늘 그랬듯이 하나님의 진리를 왜곡한다. 특히 요즘은 '사랑'이라는 주제를 교묘하게 비트는 데 성공하고 있다. 많은 사람이 사랑은 하나님이 의도하신 모습이 아닌 현재 모습 그대로를 인정하는 것이라고 착각한다. 또 사랑은 상대방의 잘못을 지적하지 않고 바로잡지 않으며, 죄에 맞서 싸우기보다는 그냥 눈감아주는 것이라고 여긴다.

---

2. 스캇 헤이건, *영향력과 개인적 권위의 언어* (미네소타주 미니애폴리스: KPT 퍼블리싱, 2019)

심지어 많은 사람이 사랑을 관계적인 것이 아니라 먼저 성적인 것으로 여긴다. 사랑이란 무엇인가?

> [12] 내 계명은 이것이다. 내가 너희를 사랑한 것과 같이, 너희도 서로 사랑하여라. [13] 사람이 자기 친구를 위하여 자기 목숨을 내놓는 것보다 더 큰 사랑은 없다. (요 15:12~13, 새번역)

진정한 사랑은 자신의 계획을 내려놓는다. 진정한 사랑은 자신의 권리를 내려놓는다. 진정한 사랑은 우월해지고 싶은 욕구를 내려놓는다. 진정한 사랑은 때로 팀의 장기적인 건강을 위해 '외형적인' 사역을 뒤로 미루기도 한다.

사랑은 우리를 겸손하게 하며 명목상의 사역 목표를 위해 사람을 밟고 지나가려는 경향을 피하게 돕는다. 종종 잊혀지는 진리, "사람이 목표"라는 것을 다시 기억하게 한다. 결국 우리가 팀 내부를 먼저 돌볼 때 외부를 향한 사역의 효과가 훨씬 더 커진다.

하나님 나라의 사랑이 인도자가 내리는 모든 결정의 불씨여야 한다. 하나님 나라의 사랑이 예배팀의 비전과 사명 선언문, 연습과 음향 체크, 예배 순서와 곡 목록, 일정과 모임에 스며들어야 한다.

사랑이 모든 계획을 다스려야 한다.

사랑이 공동체를 다스려야 한다.

사랑이 모든 순간을 다스려야 한다.

그리고 이 모든 사랑은 언제나 하나님과의 관계, 그리고 사람들과의 관계에서 시작한다.

핵심 요약

1. 인도자는 팀의 영적 성장을 우선시하도록 자신을 훈련해야 한다. 이는 신자로서 인도자와 팀 모두에게 매우 중요하며 이를 통해 우리가 상상할 수 있는 최고의 팀 연합과 창의성이 나타난다.
2. 훌륭한 인도자는 팀과 잘 소통한다. 교회의 비전, 예배 사역의 핵심 가치, 그리고 팀 연습에서 추구하는 문화를 반복해서 강조한다.
3. 사역에서 가장 중요한 초점은 사람이다. 영적 성장 다음으로 중요한 것은 팀원 한 사람 한 사람을 사랑하고 양육하며 바로잡고 함께 걸어가는 것이다.
4. 예배 사역에서 재능과 기술의 발전이 성경적으로 중요하지만, 인격에 소홀하면 아무리 뛰어난 음악 노력도 헛되다. 음악가들의 경건함이 성장할 때, 음악 실력도 자연스럽게 따라온다.
5. 팀의 연합을 이루는 과정에서 끝없는 도전이 있다. 어떤 싸움에 맞서고 어떤 것은 내려놓을지 항상 성령님의 분별하심을 구하라.
6. 팀과 회중에게 힘을 실어주기 위해 의도적이고 풍성하게 격려하라. 격려는 가장 낙심하거나 환멸을 느낀 팀원조차도 일으켜 세우는 데 큰 힘을 줄 것이다. 격려는 가장 강력한 도구다.

7장

팀이 만날 때 (연습과 팀 모임)

거짓말 #7

"창의적인 예술가들은 체계와 조직이 필요한 일에는 약하기 때문에, 예배팀을 건강하고 평안하게 운영하는 것은 불가능하다."

팀은 사랑의 관계에서 시작한다. 우리가 모이는 다양한 자리는 함께 성장하기 좋은 곳이다. 음향 체크, 연습, 예배, 팀 모임, 식사, 친교 등 이러한 모임은 싱어, 연주자, 음향 기술자, 조명 감독, 카메라 담당자, 자막 담당자, 성가대원, 프로듀서 등 팀의 모든 구성원과 관계를 쌓는 좋은 기회다. 문제는 우리가 이런 기회를 충분히 활용하는가이다.

음향 체크

내 친구이자 재능 있는 베이스 연주자 이안 앨리슨이 몇 년 전 퓨어 워십 인스티튜트에서 연습과 음향 체크 수업을 열자고 제안했다. 나는 예배 인도를 주로 영적인 관점에서만 보았기 때문에 처음에는 별로 관심이 없었다. 하지만, 이안은 끈질겼다. 내가 음향 체크와 연습에 대한 자기 생각을 크게 바꿔놓았다고 말했다. 사실 나는 그저 주어진 일을 잘하려고 했을 뿐이었는데, 이안은 내가 다른 밴드들과는 다른 효율적인 방식을 개발했기 때문에 다른 사람들과 나눠야 한다고 확신했다.

간략한 역사

음향 체크 방식은 세월이 흐르면서 크게 바뀌었다. 소닉플러드와 함께 투어를 다닐 때 거의 모든 공연에서 전문 음향 엔지니어들과 함께 일했고, 48채널 아날로그 객석 콘솔(FOH), 사이드 스테이지의 24~32채널 모니터 보드, 그리고 무선 인이어 모니터 시스템 등을 사용했다. 하지만 그 시절 대부분의 교회는 이런 전문 장비를 갖추지 못했다. 오히려 많은 교회가 16~24채널 아날로그 믹서에 모니터 믹스 4개와 무대 바닥에 놓인 웨지 모니터 2~3개 정도만 있어도 충분하다고 생각했다.

하지만 시간이 흐르면서 기술은 발전하고 가격은 낮아져서 일반 교회도 디지털 믹싱 콘솔을 갖출 수 있었다. 그리고 다음으로 디지털 모니터링 시스템이 나왔는데, 가장 잘 알려진 것이 아비옴aviom이다. 디지털 모니터링 시스템의 등장은 음향 체크에 혁신을 일으켰다. 더 이상 음향 기술자에게 '이것 좀 더 크게', '저것 좀 더 작게' 해달라고 요청한 후 뻘쭘하게 서서 기다릴 필요 없이, 연주자가 각자 원하는 대로 자기 모니터를 조절할 수 있었다. 이러한 변화는 모두가 인이어 모니터를 사용할 수 있는 시대를 열었다. 덕분에 무대 음량을 크게 줄여서 연주자들의 청력을 보호했으며, 객석의 음향도 더 좋아졌다. 게다가 무대 바닥을 차지하던 큰 모니터 스피커들도 없앨 수 있어서 무대가 한결 깔끔해졌다(이 부분은 8장에서 더 자세히 설명하겠다).

물론 이 책을 읽는 독자 중에는 아직도 작은 아날로그 믹서와 바닥 모니터 스피커를 사용하는 분들이 있다. 전혀 문제없다. 하지만 요즘 교회들이 어떻게 음향 시스템을 현대화하고 있는지는 알아두면 좋겠다. 다행히 이제는 기술이 예전보다 훨씬 덜 부담스럽고 비용도 저렴하다.

자, 이제 우리가 어떤 기술이나 음향 장비를 사용하든 상관없이 도움을 주는 기본적인 음향 체크 원칙 몇 가지를 살펴보자.

1. **음향 체크는 연습이 아니다.** 열정적인 연주자와 싱어들은 교회의 큰 음향 시스템에 자기 악기나 마이크를 연결하는 순간 이를 잊어버린다. 내 친구 더그 굴드는 밴드와 음향 기술자 사이의 좋은 분위기 조성을 위해 이렇게 꼭 강조해달라고 부탁했다. "연습은 밴드를 위한 시간이지만 음향 체크는 엔지니어를 위한 시간이다." 이렇게 기본적이면서도 중요한 구분을 이해하면 팀의 모든 구성원이 음향 체크를 원하는 만큼 길거나 짧게 할 수 있다는 점을 기억하게 될 것이다.

2. **음향 체크 전에 라인 체크가 먼저다.** 라인 체크란 소리를 믹스하기 전에 각 악기와 마이크에서 콘솔을 거쳐 스피커까지 깨끗한 신호 흐름이 이어지는지 확인하는 중요한 작업이다. 회중과 밴드 모두에게 좋고 명확한 소리를 제공하려면 모든 연결이 제대로 되어야 한다. 이 작업 중 상당 부분은 밴드가 도착하기 전에 미리 해둘 수 있어서 문제 해결에 너무 많은 시간을 낭비하지 않을 수 있다. 음향 체크 전에 반드시 라인 체크를 완료해야 한다. 일반적으로 음향 기술자는 각 싱어와 연주자에게 간단히 연주나 노래를 부탁하여 모든 케이블 연결과 작동을 확인하고 입력 게인 레벨을 설정한다.

3. **미리 전부 준비해 오기.** 때로는 밴드 환경에서 누가 무엇을 가져와야 하는지 혼란스러울 때가 있다. 악기 케이블, 다이렉트 박스, 조율기, 피크, 스틱, 건전지, 인이어 등을 누가 준비할지 미리 팀원들과 소통해야 한다. 또한 응급 상황을 위해 여분을 준비하도록 격려하라. 일반적으로 키보드 연주자와 기타 연주자는 자기 케이블을 준비하고, 교회나 행사장은 다이렉트 박스부터 콘솔까지 모든 것을 제공한다. 모든 사람이 자기 인이어를 준비하고, 교회나 행사장은 무선 인이어 팩이나 유선 디지털 모니터링 시스템을 제공한다. 일부 교회는 필요한 팀원들을 위해 범용 인이어 모니터를 제공하기도 한다.

4. **음악 감독(MD) 임명하기.** 전통적으로 음악 감독[MUSIC DIRECTOR]은 연주자들을 감독하고, 추가 연습을 담당하며 예배 인도자가 원하는 사운드와 톤을 달성하도록 돕는 역할이었다. 음향 기술자와 밴드 사이의 중간 역할도 했다. 이는 예배 인도자가 책임을 위임하면서 또 다른 리더를 세우는 좋은 방법이다. 최근에는 MD 개념이 발전하여 밴드의 인이어로만 들리는 마이크로 팀에게 추가 지시나 알림을 전달하는 역할도 포함한다. 예를 들어, MD는 회중이 듣지 못하는 마이크로 밴드에게 곧 있을 큰 음악적 효과(정지, 드럼만 등)를 미리 알리거나, 즉흥적인 예배 순간에 코드 변경과 예상치 못한 다이내믹 변화를 제공하여 흐름을 도울 수 있다. **주의 사항**: MD를 과도하게 사용하지 말라. 모든 세부 사항을 전달하면 팀에게 방해가 되고 결과적으로 회중에게도 방해가 된다. 또 팀이 자기 연주 실력보다 MD의 지시에 과도하게 의존하여 전반적인 연주 실력이 떨어질 수 있다. 신중하게, 절약적으로 활용하라.

5. **음향 체크 전용곡을 활용하라.** 이 방법은 엄청난 시간을 절약해 준다. 오랜 음향 체크 경험을 통해 반드시 피해야 할 한 가지를 발견했다. 모든 사람이 믹스를 조정하는 동안 한 곡을 처음부터 끝까지 연주하는 것이다. 이 방법이 효과적이지 않은 이유는 각 곡에 일부 악기가 부드럽게 연주하거나 아예 연주하지 않는 부분이 있기 때문이다. 예를 들면 기타 연주자가 부드럽게 연주하거나 키보드 연주자가 연주하지 않는 동안 믹스를 조정하다가 곡의 다른 부분에서 갑자기 큰 소리가 터져 나와 귀를 다치기도 한다. 해결책은 간단하다. 밴드가 트랙과 루프와 함께 한 곡의 가장 소리가 큰 부분(보통 마지막 후렴)을 계속 반복 연주하면서 모든 사람이 인이어 믹스를 조정하는 것이다. 이 방법은 더 나은 믹스를 보장한다.

6. **실제 예배 때 낼 수 있는 가장 큰 소리로 연주하고 노래하라.** 예배 중에 음향 기술자가 믹스를 바꿨다고 밴드가 강하게 항의하는 모습을 본 적이 있는가? 음향 기술자는 분명 바꾸지 않았다고 하는데, 팀원들은 불만을 터뜨린다. 사실 대부분 음향 기술자의 말이 옳다. 이런 일이 생기는 가장 흔한 이유는 밴드가 음향 체크 때보다 실제 예배 때 더 크게 연주하기 때문이다. 보통 싱어들은 예배 때 더 크게 노래하고, 연주자들도 더 강하게 연주한다. 이런 차이가 전체적인 소리의 균형을 깨뜨린다. 여기에 두 가지 해결책이 있다.

   - 첫째, 예배팀 각자가 예배 중에 과도하게 크게 부르거나 연주하지 않도록 절제해야 한다. 과도한 연주는 장기적으로 목소리를 해치고 기타, 베이스, 드럼의 음정과 음색에도 문제를 일으킨다.
   - 둘째, 음향 체크 때 예배 중에 낼 가장 큰 소리로 연주하고 노래하라. 한편으로는 귀찮지만, 나쁜 믹스보다는 훨씬 낫다.

7. **곡 목록에 있는 스타일/장르로 연주하라.** 엔지니어가 연주나 노래를 부탁하면, 일부 연주자가 좋은 의도로(하지만 약간의 불안감 때문에) 목록에 없는 곡을 즉흥적으로 연주하는 경우가 많다. 이런 즉흥연주가 때로는 영감을 주지만 시간을 낭비하고 엔지니어나 다른 팀원에게도 거의 도움이 되지 않는다. 예를 들어, 예배 때는 강한 신시사이저 소리를 사용할 계획인데 음향 체크 때 부드러운 재즈 피아노 소리로 연주한다면 음향 체크에 의미가 없다. 엔지니어는 실제로 사용하지도 않을 소리를 조절하느라 시간을 낭비하고, 중요한 전체 믹스를 위한 시간이 줄어든다. 여기서 한 가지 짚고 넘어갈 것이 있다. 연주자들은 연주하지 말아야 할 때 연주하고 싶은 충동을 참아야 한다. 불필요한 연주는 다른 팀원들을 짜증 나게 할 뿐만 아니라, 연습 시간도 길어지고 전체적인 효율도 떨어진다.

8. 좋은 인이어 믹스 만드는 법을 배우라. 인이어 모니터를 통해 듣는 소리의 균형을 잘 맞추는 것은 정말 어렵다. 특히 당신이나 팀이 인이어를 사용한다면 더욱 그렇다. 내가 가장 먼저 추천하는 것은 '어떤 소리를 줄여야 할까?'라고 자문하는 것이다. 당연히 일반적으로는 소리를 점점 더 크게 올리려고 하지만, 오히려 전체적인 소리가 뒤섞이고 귀도 피로해진다. 종종 한두 개의 악기 소리만 줄여도 전체 소리가 훨씬 더 선명해지는 경우가 많다.

몇 가지 추가 팁을 소개한다:

- **전체 볼륨 설정** - 팩의 볼륨을 7이나 8 정도로 유지하라. 이렇게 하면 예배 중에 필요에 따라 전체 볼륨을 조절할 여유가 생긴다.
- **청력 보호** - 인이어 모니터의 가장 큰 장점은 자기 소리를 직접 제어할 수 있다는 점이다. 장기적으로 볼 때 인이어는 상상할 수 없을 정도로 당신의 청력을 보호한다. 나는 젊었을 때 이것을 소홀히 했고, 지금은 미세한 청력 손실이라는 대가를 치르고 있다. 지금부터라도 낮은 볼륨으로 모니터링 하는 습관을 들여라. 처음에는 어렵지만, 앞으로 오랫동안 음악을 즐길 수 있는 건강한 습관이 될 것이다.
- **패닝**panning - 스테레오 인이어 믹스에서는 악기와 보컬을 왼쪽과 오른쪽 귀 사이 어디든 배치할 수 있다. 이는 믹스의 선명도를 크게 높여준다. 드럼과 키보드를 먼저 조절하라. 탐과 심벌즈는 실제 드럼을 연주할 때 듣는 것처럼 조절하고, 키보드는 각 스테레오 패치를 왼쪽과 오른쪽 끝으로 조절해야 한다. 두 개의 모노 일렉트릭 기타가 있다면 왼쪽과 오른쪽으로 조절할 수 있고(10시와 2시 방향), 싱어들도 단상 위치에 따라 조절할 수 있다. 좌우로 패닝을 실험하면서 자신에게 가장 잘 맞는 방법을 찾아보라.

- **모든 소리를 조금씩 키워라** - 보통 우리는 자기 악기나 목소리를 잘 듣기 위해 다른 소리보다 더 크게 설정한다. 어떤 사람들은 모든 소리를 녹음된 것처럼 믹스하기를 좋아하고, 어떤 사람들은 특정 악기를 강조하거나 아예 끄기도 한다. **주의**: 코드 악기 연주자들은 코드 변화를 놓치지 않기 위해 항상 모든 소리를 조금씩이라도 믹스에 넣어야 한다. 또한 리드 보컬, MD, 스피커로 나가는 마이크는 의사소통을 위해 적절한 수준으로 유지해야 한다.
- **공간감**ambience**과 반향 효과**reverb - 특히 싱어들은 건조하거나 "죽은 듯한" 믹스 때문에 영감을 받지 못하고 회중과 단절된 느낌을 자주 호소한다. 이럴 때 한쪽 인이어 모니터를 빼고 싶은 유혹이 매우 크다(나도 자주 씨름한다). 하지만 음향 기술자가 이미 수천 번 말했듯이, 한쪽 인이어를 빼는 것은 시간이 지나면서 청력에 심각한 손상을 준다. 이를 보완할 방법을 소개한다.
  - ▶ 인이어에 공간감 조절 포트가 있다면 더 열어서 회중 소리를 더 많이 듣는다.
  - ▶ 음향 기술자가 공간감 있는 회중 마이크를 추가하면 팀이 회중을 더 많이 믹스할 수 있다. 또한 드럼 오버헤드나 보컬 마이크를 조금 더 믹스해서 회중 소리나 공간감을 더할 수 있다.
  - ▶ 개인 인이어 시스템에 내장 이펙트가 있다면 취향에 맞게 리버브(반향음)나 딜레이(지연)를 추가할 수 있다. 하지만 신중하게 사용해야 한다. 이펙트는 잘못된 자신감을 줘서 실제보다 자기 소리가 더 좋게 들리고 음정이 잘 맞다고 믿을 수 있다. 나는 개인적으로 이펙트를 사용하지 않는다. 건조한 믹스에서 음정이 맞다면 공간감 있는 곳에서는 더 좋게 들릴 것이기 때문이다.

- **클릭** - 밴드가 가장 크게 연주할 때도 들을 수 있도록 충분한 볼륨을 유지해야 한다. 조용한 부분에서는 클릭이 원하는 것보다 더 크게 들리기 때문에 까다로운 부분이다. **주의:** 조용한 순간에 한쪽 인이어를 빼지 않도록 조심하라. 열린 인이어를 통해 클릭 소리가 마이크로 새어 나가 회중이 들을 수 있다(클릭 사용의 철학과 목적은 8장을 참조하라).

9. **소통을 위해 수신호 활용하라.** 소통을 강화하기 위해 수신호를 개발해야 하는 두 가지 주요 이유가 있다.

- 첫째는 개인 모니터 장비(Aviom, MyMix 등)를 사용하지 않는 사람들을 위해서다. 예배 중에 엔지니어에게 믹스 변경을 요청할 때를 위해 각 악기의 기본적인 수신호를 개발해야 한다. 예를 들어, 검지와 엄지를 튕기고 다른 손으로 위를 가리키면 클릭 소리를 키워달라는 의미가 된다. 마찬가지로 가볍게 두드리는 동작을 하고 아래를 가리키면 킥 드럼을 줄여달라는 의미다. (**중요**: 악기 소리를 키워달라는 의미로 엄지척 신호는 피하라. 엄지척은 '모든 소리가 좋다'라는 의미로도 쓰인다. 대신 검지나 드럼 스틱으로 위나 아래를 가리키고, 믹스 후 '오케이' 사인으로 잘 들린다는 것을 표현하라.)
- 수신호를 개발해야 하는 더 중요한 이유는 특히 즉흥적인 순간에 팀에게 방향 변화나 알림을 전달하기 위해서다. 나는 팀에게 스트레스를 주지 않기 위해 수신호를 매우 단순화했다. 또한 회중의 주의를 분산하지 않기 위해 옆구리 쪽 낮은 위치에서 수신호를 한다(물론 악기를 연주하면서 인도한다면 발, 몸, 또는 악기로 할 수 있는 신호를 고안해야 하는데, 이것 역시 매우 중요하다).

중요: 신호와 함께 몸짓과 목소리 강도의 변화도 활용하라. 예를 들어, 밴드가 볼륨을 키우길 원할 때는 '볼륨 증가' 수신호와 함

께 목소리 톤과 몸의 움직임도 커져야 한다. 이는 곡의 흐름을 팀과 가사 담당자, 회중에게 전달하는 능력을 향상한다. 음성 신호도 신중하게 사용할 수 있다(예: "후렴을 한 번 더 부르겠습니다").

다음은 내가 단순화해서 사용하는 몇 가지 신호들이다:

▶ **주먹** - 이는 '곡이 곧 끝난다'라는 전통적인 신호다.

▶ **손바닥을 위로 향하고 위쪽으로 흔들기** - 밴드에게 볼륨이나 강도를 높이라는 신호다. 더 크고 빠른 고조를 원할 때는 손을 더 빠르게 흔든다.

▶ **팔을 쭉 뻗어 천천히 아래로 내리기** - 밴드에게 볼륨이나 강도를 낮추라는 신호다. **중요**: 밴드에 볼륨을 10에서 2로 급격하게 떨어뜨리지 않도록 최소 세 단계의 볼륨 레벨을 사용하도록 요청하라. 두 번째 신호를 주면 10에서 6으로, 다시 6에서 2로 갈 수 있어야 한다. 6의 볼륨에서는 모든 사람이 여전히 연주하지만 중간 볼륨으로 연주한다.

▶ **손/팔뚝을 원형으로 돌리기** - 밴드에게 현재 구간을 계속 '반복'하라는 신호다. 밴드가 반복할지 다음으로 넘어갈지 확신이 없을 때, 현재 구간을 계속하라는 확실한 지시다. 회중의 주의를 끌지 않도록 자연스러워야 한다.

▶ **검지로 아래를 가리키기** - '다음'을 의미하며, 내가 사용하는 가장 중요한 신호다. 두 가지 방식으로 사용하며, 세 가지 신호를 하나로 합친 것이라 후렴을 의미하는 전통적인 'C' 사인이나 현재 '절'과 '브리지'를 위해 사용하는 다른 신호가 필요 없다.

- 첫째, '다음 곡'을 의미한다. 트랙/클릭 담당자에게 적절한 시점에 다음 곡을 시작하도록 알려준다. 주먹 신호가 나간 후, 곡의 끝이나 끝부분이 가까울 때만 '다음 곡'을 의미한다.

■ 둘째, '다음 구간'을 의미하기도 한다. 클릭이 진행 중이고 곡의 끝이 아닐 때, 밴드에게 다음 구간(후렴이나 브리지 같은)으로 넘어가라는 의미다. 이는 매우 유용하다. 더 이상 절, 후렴, 브리지를 위한 세 가지 다른 신호가 필요 없기 때문이다. 보통 우리는 후렴과 브리지 사이에서만 자유롭게 이동하며, 정상적으로 연주한 후 절로 돌아가는 경우는 거의 없다. 따라서 현재 후렴에서 브리지로 가고 싶으면 간단히 '다음 구간' 신호를 주면 된다. 마찬가지로 브리지에서 후렴으로 가고 싶을 때도 같은 신호를 사용한다. 이는 앞서 설명한 '손/팔뚝을 원형으로 돌리기' 신호와 완벽하게 연계되어, 후렴을 반복할지 브리지로 갈지 쉽게 전달할 수 있다. 이를 통해 이 두 구간에서 원하는 만큼 시간을 보내며 볼륨을 높이고 낮추고 즉흥적으로 노래해도 음악이 진부해지지 않는다(또한 경험이 적은 연주자들이 정해진 곡 편곡에서 언제 구간을 바꿀지 기억하는 데도 도움이 된다).

▶ **드럼 연주자를 가리키기** - 선율 악기 연주자들에게 잠시 멈추고 드럼 연주자와 싱어들이 이어받을 준비를 하라는 신호다. '드럼만' 연주하는 순간을 활용하는 것은 매우 영감을 주는데, 이는 회중이 드럼의 에너지를 느끼면서 동시에 자기 목소리를 듣게 하기 때문이다. 그리고 밴드가 다시 합류할 때 조 바꿈과 비슷한 '상승감'이 생긴다. **참고:** 밴드에 '드럼만' 연주하는 순간이 시작되는 마디의 첫 박자까지는 밴드 전체가 연주하라고 요청하라. 다운비트를 확실히 치고 나서 함께 멈추면 이 순간의 효과가 증가한다. 회중의 반응이 보통 압도적이므로 평소보다 긴 '드럼만' 순간을 포함하는 것을 권장한다. 그

린 다음 적절한 순간에 "손바닥을 위로 향하고 위쪽으로 흔들기" 신호로 밴드를 다시 합류시킨다.

10. 악보와 가사 모니터에 시선 고정하지 않기

- **보고 읽을 것인가 말 것인가** - 예배팀이 악보를 읽는 것은 효과적인 예배 인도를 방해한다. 하지만 많은 사람이 오랫동안 이렇게 해왔다. 그러나 기름 부음 받은 예배팀들을 생각해 보라. 보면대를 사용하는 모습을 본 적이 있는가? 오직 큰 밴드나 오케스트라에서만 이런 모습을 볼 수 있다. 당신이 좋아하는 인디 밴드가 악보를 보면서 연주하는 모습을 상상해 보라. 기타 연주자가 악보에 코를 박고 눈을 찌푸리며 솔로를 한 음씩 연주하는 모습을. 생기가 사라진다. 왜일까? 연주자가 음악을 느끼는 대신 생각하고 있고, 동시에 무대와 객석 사이에 거대한 장벽을 세우기 때문이다. 물론 예배에서 '주목받는 것'이 문제가 아니다. 문제는 관계다. 아이패드나 악보가 올려진 보면대는 장벽이 되어 인도자나 예배팀이 회중과 연결하지 못하도록 막는다.

  더 나쁜 것은 악보를 사용하면 필요 이상으로 보게 된다는 점이다. 실제로는 첫 줄이나 처음 몇 개의 코드만 알면 되는데, 악보가 있기 때문에 곡 전체를 멍하니 악보만 보게 된다. 안타깝게도 예배팀이 보면대를 보는 순간 회중은 단절을 느끼고, 이는 공동체와 하나님과의 단절감을 높인다. 해결책은 연습이다. 연습은 음악가로 성장하는 데 도움을 주면서 밴드와 회중 사이에 거대한 장벽을 막는다. 음악을 외우는 것이 불가능하거나 더 긴 예배를 인도해야 한다면, 주요 가사와 코드가 적힌 목록을 바닥에 두는 것이 낫다. 필요할 때만 아래를 힐끗 보면서 하나님을 사랑하고 회중을 섬기는 데 집중하라.

- **컨피던스 모니터** - 친구들이여, 우리는 최근 몇 년 동안 이 괴물들과 씨름해 왔다. 가사를 보여주는 시스템을 개발한 것은 좋지만 제대로 사용해야 한다. 우선, 누가 컨피던스(자신감) 모니터라고 이름 지었을까? 자신감? 우리에게 가장 필요하지 않은 것은 가사라는 안전 담요를 꽉 움켜쥐면서 자신감 부족을 조장하는 것이다. 나는 예배 인도자들이 예배실 뒷벽만 응시하면서 회중을 인도하는 모습에 지쳤다. 예배 인도자는 회중이 자기 눈을 볼 수 없다고 생각하지만 회중은 다 본다(기억하라, 인도자에게는 밝은 조명이 비치고 있다). 게다가 뒷벽을 응시하는 것은 악보에 코를 박는 것과 같다. 여러분 중 일부는 절대 그렇게 하지 않겠지만, 컨피던스 모니터를 응시하는 것도 같은 효과를 낸다. 회중과의 단절을 가져온다. 또한 준비가 부족해 보이게 해서 예배 인도를 방해한다. 나는 단순히 회중을 앞에서 뒤로, 좌우로 살펴보도록 훈련했다. 가사를 참고해야 할 때는 교회 가족들과 완전히 교감을 유지하면서 뒷벽을 빠르게 힐끗 보며 한쪽에서 다른 쪽으로 시선을 옮긴다.

주간 연습

아마도 여러분은 수천 번 연습했을 것이다. 그래도 내가 제시하는 연습 구조를 최소한 훑어보기를 권한다. 기억하라, 잘못된 연습 문화는 항상 부정적인 예배팀 문화를 만든다. 다음은 현재 여러분의 연습 문화를 점검할 핵심 질문이다. 시간을 내어 자세히 답하고 토론해 보라:

- 언제, 어디서, 얼마나 자주 만나는가?
- 정시에 시작하고 끝내는가?
- 연습에 총 얼마의 시간을 쓰는가? 준비, 라인 체크, 토론, 영적 성장, 정리 등에는 각각 얼마나 시간을 쓰는가?

- 누구의 참석이 필수인가? 어떤 예외를 허용하는가?
- 곡을 연습할 때의 전략과 순서는 무엇인가?
- 연습에서 보통 어떤 부분을 특별히 강조하는가?
- 팀에서 누가 두각을 나타내는가(좋은 면에서든 나쁜 면에서든)? 팀에서 한발 물러나서 더 많이 이바지할 수 있는 사람은 누구인가?
- 주간 연습에서 팀원들의 관계는 어떠한가? 비꼬는가, 진지한가?
- 주간 연습의 음악적 수준은 어떠한가? 허술한가, 완벽주의인가?
- 보통 계획한 모든 것을 달성하는가?

연습 전 준비 사항

예배팀 일정 관리 프로그램인 플래닝 센터(Planning Center Online, 이하 PCO)가 없었을 때 우리는 예배 계획을 팀에게 어떻게 전달했을까? "잠깐, 플래닝 센터가 뭔가요?"라고 묻는다면, 이는 정말 큰 문제다(플래닝 센터 온라인의 더 자세한 정보는 8장을 참고하라).

PCO는 인도자와 팀 사이의 모든 소통을 위한 원스톱 플랫폼이다. 예전에는 인도자 혼자 했던 조직의 모든 일을 이제는 PCO로 할 수 있다. 예배 인도자는 PCO를 통해 예정한 연습보다 훨씬 전에 상세한 예배 계획을 모으고, 수정하고, 조직하고, 소통한다. 우리는 모두 다음 주 계획을 팀에 제때 전달하는 것이 얼마나 중요한지 알고 있기에, PCO는 실수나 불참, 소통 오류를 피하는 데 매우 유용하다. 몇 년 전, 내가 NCU 예배 인도 수업에서 PCO를 사용하는 학생이 얼마나 되는지 조사했을 때는 15% 정도만 손을 들었다. 지금은 쉽게 95~100%에 달한다. 분명히 예배 공동체에는 이런 유용한 도구가 필요했다(참고로 worshipteam.com 같은 비슷한 사이트들도 있지만, PCO만큼 널리 사용되는 것은 없다).

PCO를 사용하든 하지 않든, 연습 전에 해야 할 필수 단계들이 있다:

1. **밴드 구성원 확정하기.** 충분히 미리, 가능하면 10주 정도 앞서서 준비해야 한다. PCO는 이런 일에 탁월하지만 어떤 방식을 쓰든 모든 팀원의 일정을 관리해야 한다. 매주 5명의 밴드를 꾸리든, 100명이 넘는 연주자를 관리하든, 누가 언제 연주할지 정하는 체계적인 시스템이 필요하다. 매주 밴드를 선택하는 일에는 누가 어떤 역할을 할지 정하는 것도 포함한다. 누가 리드를 맡고 누가 리듬을 맡을지, 누가 소프라노를 부르고 누가 알토를 부를지 등이다. 어떤 경우든 팀원의 일정이 바쁜 일로 채워지기 전에 일찍(최소 3주 전) 소통해야 한다.

2. **연습 일정 전달하기.** 정기적인 연습 일정이 있더라도 새로 들어온 팀원들은 우리 연습 문화를 모를 수 있다. 언제, 얼마나 오래 연습하는지, 정확히 언제까지 연주 준비를 마쳐야 하는지 모두에게 알려주어야 한다. PCO에 표시된 시작 시각에 모두가 그 시각에 도착해야 하는지, 아니면 장비가 많은 팀원은 더 일찍 와야 하는지 구분하는 것이 중요하다(연습 시간과 길이에 대한 구체적인 아이디어는 계속 읽어보라).

3. **곡 선택하기.** 곡 선택은 매우 중요하다. 주일이나 수요일 곡 목록을 만들 때는 설교 주제, 교회 일정, 중요한 절기 등 모든 요소를 인지해야 한다. 인도자와 담임 목회자가 적절하다고 판단하는 만큼 이러한 요소가 곡 선택에 영향을 미쳐야 한다. 물론 새로운 곡, 오래된 찬송가와 예배 곡, 회중에게 가장 잘 맞는 곡, 싱어와 팀에게 가장 잘 맞는 곡, 자연스럽게 이어지는 곡, 부르기 쉬운 곡들도 고려해야 한다. 하지만 곡 선택 때문에 머리를 쥐어뜯지는 말라. 모든 설교 주제와 완벽하게 맞추려고 하는 것보다는 사람들이 하나님을 마음껏 예배하도록 돕는 곡을 선택하는 것이 더 중요하다. 신학적으로 올바르게 잘 쓰여진 곡으로 인도하는 것도 중요하지만, 진정성 있는 마음과 성령님의 기름 부음으로 인도하는 것이 더욱 중요하다.

4. **최적의 키 선택하기.** 만일 당신이 교회의 유일한 "리드 싱어"라면 목소리를 다치지 않도록 자신의 음역에 편안히 맞는 키를 선택해야 한다. 자신이 낼 수 있는 가장 높은 음을 알고 각 곡의 가장 높은 음을 파악해야 한다. 나는 가운데 도(middle C) 위의 미(E)보다 높게 부르는 것을 좋아하지 않는다. 따라서 어떤 곡의 가장 높은 음이 음계의 5음이라면, 그 곡을 라(A) 키로 정한다(라 음계의 5음이 미다). 가장 높은 음이 음계의 1음이라면 E 키로 정하는 식이다. 또한 회중이 최대한 편하게 부를 수 있도록 회중도 고려해야 한다. 아침에는 보통 목소리가 더 낮게 나온다는 것도 잊지 말자. 여러 싱어가 곡을 나눠 부른다면, 최소 2~3주 전에 연락해서 각자에게 맞는 최적의 키를 정해야 한다. 또한 낮은 우선순위 항목으로, 곡의 키가 서로 자연스럽게 이어지는지도 고려해야 한다.

5. **곡 목록 공유하기.** 곡 선택은 3~4주 전에 하는 것이 좋으며 특별한 행사나 절기 등을 고려하면 때로는 더 일찍 해야 한다. 곡 목록 공유에는 곡의 순서, 키, 누가 어떤 곡을 부를지 등을 포함해야 한다. 밴드가 인도할 주일의 최소 월요일까지는(보통은 그보다 훨씬 일찍) 반드시 곡 목록을 받아야 한다.

6. **악보 제공하기.** 요즘 대부분의 예배팀은 예배 인도자가 직접 만들거나 온라인(주로 CCLI.com)에서 찾은 코드 악보를 사용한다. 각 곡의 정확한 키와 코드로 된 악보를 제공하는 것이 가장 중요하다. 여러 버전이 있을 수 있으니, 출처를 꼭 확인하라. 일부 교회는 음표만 읽을 수 있는 연주자와 싱어들을 위해 여전히 오선 악보를 제공하고, 또 어떤 교회는 전통적인 문자 코드 대신 숫자 코드(내슈빌 넘버 시스템)를 사용하도록 팀을 훈련한다. 팀에게 가장 잘 맞는 방식을 사용하되, 점진적으로 음악적 성장을 독려하라.

7. **곡 버전 명시하기.** 인기 있는 예배 곡은 다양한 녹음 버전이 있으므로 팀이 어떤 버전을 연습할지 악보에 표시해야 한다. 여기에는 곡의 구성(각 부분의 순서, 절과 후렴, 브리지의 수)도 포함된다. 물론 팀원들에게 참고할 특정 유튜브 영상이나 MP3를 알려주는 것이 가장 좋다.

연습 시간 정하기

전 세계 여러 교회에서 섬기면서 다양한 방식의 연습 시간을 보았다. 요일도 다르고, 시간도 다르고, 길이도 다르다. 하지만 다른 이들의 방식에서 많은 것을 배울 수 있다. 연습 시간의 길이는 다양한 요소에 따라 달라진다. 원하는 음악 수준, 곡 수, 주간 연습 일수, 그리고 팀의 전반적인 경험과 전문성이다. 어떤 교회는 60분이면 충분하지만, 다른 교회는 더 높은 수준의 탁월함과 창의성을 추구하여 120분 이상이 필요하다.

준비가 잘 되어 있으면 예배 중에 더 자유롭고, 성령님의 음성에 더 집중할 수 있으며, 회중과의 공동체 의식 강화 등 여러 중요한 이점이 있다는 것을 기억하라. 동시에 아이패드만 들여다보지 않아도 된다. 일반적으로 연습 요일을 선택할 때 세 가지 주요 옵션이 있다.

1. **주일만 하는 경우** - 일부 교회는 주일 이른 아침에 90분에서 150분 정도 길게 연습한다. 아침 예배가 몇 번이고 얼마나 일찍 시작하는지에 따라 이 방식이 좋을 수 있다(교회에 주일 아침 예배가 다섯 번이라면 새벽 3시에 연습을 시작해야 하므로 이 방식은 피하는 것이 좋다!). 좋은 점은 팀원들에게 따로 저녁 시간을 내라고 요청하지 않아도 된다는 것이다. 나쁜 점은 연습이 적기 때문에 팀원들을 더 많이 신뢰해야 하고 인도자가 더 의지적으로 준비해야 한다는 것이다. 주일에만 연습하기로 했다면 인도자는 팀원에게 다음과 같은 사항을 꼭 미리 알려주어야 한다.

- 주일 훨씬 전에 예배 세부 사항(곡, 곡 버전, 키, 흐름, 음악적 변화, 누가 무엇을 부르고 연주할지 등)을 전달해야 한다.
- 주중에 집에서 곡을 열심히 연습해서 100% 준비된 상태로 와야 한다.
- 질문이 있으면 주일 아침 전에 연락해야 한다.

2. **주일 + 한 번 더** - 많은 예배 담당자는 팀 발전을 위해 하루 더 오라고 요청하는 것을 꺼린다. 결국 어떤 예배 문화를 만들고 싶은지에 달려 있다. 주일 아침 연습으로 2시간 이상을 요구하기는 어렵지만, 연습을 이틀로 나누면 전체적으로 팀에게서 더 많은 것을 끌어낼 수 있다. 일반적인 방식은 목요일과 주일이다(토요일 저녁 예배가 있는 교회는 토요일 오후와 주일 아침에 연습하기도 한다). 각각 90분씩 두 번 연습하거나, 목요일에 120분 동안 강도 높게 하고 주일에 60분 복습한다. 화요일이나 금요일도 가능하지만, 목요일이 가장 좋다. 팀이 준비할 시간이 충분하면서도 주일 전에 밴드가 발전할 시간도 있기 때문이다.

3. **주일 + 수요일** - 셀레브레이션 교회에서 시행하는 덜 일반적인 방식이다. 우리는 주일 아침과 수요일(주중 성인, 청소년, 어린이 예배 시간)에 연습한다. 수요일 저녁에 교회에 오는 사람들에게 또 다른 날 오라고 요청하지 않아도 된다는 아이디어에서 시작됐다. 가족이 함께 와서 각자에게 맞는 프로그램에 참여할 수 있어 좋지만, 약간 복잡해질 수 있다. 먼저 연습을 위해 성인 주중 예배를 대예배실이 아닌 다른 곳으로 옮겨야 했다. 주일 아침에 인도하는 곳과 다른 곳에서 연습하는 것은 도움보다 방해가 된다. 다행히 우리 교회는 성인 예배를 드리기에 좋은 다른 공간이 있다. 그 외에는 다음과 같은 중요한 사항만 알아두면 비교적 간단하다.

   - 이 연습 방식은 예배 팀원들이 주중 예배에 참여하기 어렵다는 단점이 있다.

- 미디어팀(조명, 음향, 자막 등)에 추가적인 요구가 생긴다. 이 때문에 주중 예배의 미디어 필요 사항을 충족하면서 연습을 효과적으로 진행할 수 있도록 적절한 순환 체계를 유지하려 노력한다.
- 일부 예배 팀원이 다른 주중 예배의 예배 인도자를 겸하는 경우가 많다. 그래서 연습을 주중 예배보다 15~20분 늦게 시작한다. 성인 예배가 오후 6:45부터 8:00까지이므로, 예배팀 연습은 7:00부터 8:30까지 한다. 이렇게 하면 예배 인도자들이 다른 예배에서 10~15분 정도 인도하고도 연습에 늦지 않게 참석할 수 있다. 물론 필요한 경우 일찍 와서 대예배실에 장비를 세팅하도록 요청하여, 연습 시간이 되면 바로 시작할 수 있게 한다. 30분 늦게 끝나는 것은 어차피 많은 가정이 예배 후에 교제하기 때문에 문제가 되지 않는다. 솔직히 나도 이 방식을 아직 확신하지 못하고 있다. 어떤 면에서는 잘 작동하지만, 분명히 단점도 있다.

연습의 기본 규칙

연습 시기를 정했다면 이제 어떻게 연습할지 계획을 실행해야 한다. 6장에서 언급했듯이, 팀이 모여 연습을 시작할 때 영적 성장을 위한 활동을 먼저 하는 것을 강력히 권장한다. 그 후 모두가 잠시 둘러서서 연습 계획을 전달하거나 재확인한다. 팀원이 질문할 기회를 주고, 그 후 연습한다. 무엇보다 명확하고 간결하게 전달하는 것이 중요하다. 사람들은 보통 무엇을 해야 할지 알 때 더 자신감 있게 반응한다.

연습은 당연히 정시 시작을 목표로 하며, 나는 보통 팀원들에게 연습 시작 전에 세팅과 라인 체크를 마치도록 요청한다. 예를 들어, 연습이 오후 7시부터 8시 30분까지라면 일찍 와서 세팅해야 하는 사람들은 그에 맞춰 계획을 세워야 한다. 늘 그렇듯이 일과 즐거움 사이에 건강한 균형을 유지해야 한다. 어느 한쪽으로 치우치는 것은 팀에 해가 된다.

무엇을 연습할 것인가?

실제 연습 과정을 시작하기 전에, 가장 중요한 연습 요소들을 빠르게 짚어보자. 이것을 미리 파악하면 귀중한 시간을 낭비하지 않고 팀의 사기를 크게 높일 수 있다.

1. **어려운 부분 다듬기** - 여러분도 알다시피, 이런 까다로운 음악적 순간들은 보통 다른 부분보다 더 어렵다. 속도 변화나 조 변화, 차용화음이나 드럼 멈춤 구간일 수도 있다. 어떤 것이든 어려운 부분을 완벽하게 한 번 연주할 때까지 계속 연습하고 싶은 유혹이 있다. 하지만 이렇게 하면 안 된다. 팀이 예배 중에 정확하고 자신 있게 연주하도록 어려운 부분만 3~4번 정도 반복해서 제대로 연습하는 것이 좋다. 어려운 부분의 앞뒤 4마디만 연습하면 되므로 한 부분당 3~4분이면 충분하다.

2. **역동성**[dynamics] **활용하기** - 이것은 음악에서 가장 중요하면서도 자주 놓치는 요소 중 하나다. 영화를 예로 들면, 줄거리가 오랫동안 정체되면 사람들이 졸기 시작한다. 음악도 마찬가지다. 역동성은 사람들에게 감동을 주고 참여를 이끄는 매우 중요한 역할을 한다. 팀이 함께 역동성을 연습하면 팀의 영향력이 크게 배가되고, 믿기 어렵겠지만 회중의 참여 의지도 높아진다.

   여기에 몇 가지 참고 사항이 있다.

   - 역동성의 미묘한 변화가 큰 차이를 만든다. 이런 뉘앙스를 연습하면 효과가 높아지고 팀의 음악 만들기 과정이 더 즐거워진다.
   - 크게와 작게의 두 가지 역동성만 사용하지 말라. 최소한 하나의 적절한 중간 크기(메조 포르테)도 포함하고, 모든 수준 사이를 갑작스럽거나 점진적인 상승과 하강으로 다양하게 오가라.

- 조용한 순간을 혼자 채우는 건반 연주자나 다른 연주자들이 주의할 점이 있다. 밴드가 크게 연주하다 소리가 갑자기 작아지거나 멈추면, 일반적으로 함께 작아진다. 안타깝게도 이는 음량의 극단적인 공백을 만들어 음악적 추진력이 사라진다. 덧셈과 뺄셈보다는 곱셈과 나눗셈을 생각하라. 예를 들어, 각 연주자가 10단계 중 9의 볼륨으로 크게 연주하다가 갑자기 2로 떨어지면 전체 음량이 너무 많이 줄어 회중이 움츠러든다. 이런 경우 남은 연주자(대부분 건반 연주자)는 5나 6 정도로만 소리를 줄여도 상당히 훌륭한 역동성의 변화가 생긴다. 나머지 밴드가 멈춘 후에 지나치게 작게 연주하려는 유혹을 이겨내라. 조용한 순간에도 어느 정도의 에너지를 유지하면 회중을 갑자기 멈추게 하지 않으면서도 원하는 역동성의 변화를 일으킬 수 있다.

3. **연주하지 않을 때를 알기** - 다른 연주자를 위해 음악의 공간을 남기도록 밴드를 가르치면 훌륭한 "적을수록 좋다" 사고방식을 형성한다. 어떤 이들에게는 연주하지 않는다는 개념이 생소해서 각별히 연습해야 한다. 일부 밴드는 순진하게도 더 많은 음표가 더 좋은 음악이라고 생각하지만, 실제로는 더 적지만 의도적인 음을 연주하면 더 생생한 소리를 만든다. 드럼 연주자의 경우, 심벌즈와 필 인을 과도하게 사용하면 이러한 소중한 요소들이 가치를 잃는다는 것을 이해시켜야 한다. 필 인이나 심벌즈를 너무 많이 사용하면 사람들이 아예 의식하지 못하게 된다. 한동안 필 인을 절제했다가 전략적으로 사용하면 청중의 관심을 높일 수 있다.

4. **다른 음역에서 연주하기** - 팀원들이 다른 음역에서 연주하는 개념을 이해하도록 지도해야 한다. 예를 들어, 건반 연주자가 낮은/중간 음역(가운데 도 주변이나 그 아래)을 연주할 때, 기타 연주자는 기타 넥

의 위쪽에서 높은 전위 코드를 연주하는 것이 좋다. 마찬가지로 건반 연주자에게 왼손으로 풀 옥타브를 연주하는 대신 단일 베이스 음만 연주하도록(가운데 도 바로 아래에서) 요청하면 베이스 기타를 위한 저음역에 더 많은 공간과 선명함이 생긴다. 물론 낮은 옥타브 건반의 힘이 베이스 기타와 함께 필요할 때도 있고, 건반 연주자에게 오른손만으로 주로 가운데 도 위에서 연주하도록 요청할 때도 있다.

5. **곡 편곡 새롭게 하기** - 8장에서 창의성의 목적을 더 자세히 다루겠지만, 예배팀 연습 때 자주 연주하는 곡에 독특하고 의도적인 변화를 개발하는 시간을 항상 포함해야 한다. 부분적으로는 회중이 지루해하는 것을 막기 위해서이며, 동시에 예배팀이 '노래방 밴드'가 되는 것을 막기 위해서다. 먼저 팀에게 각 곡의 기본 버전을 준비하도록 하고, 그 후(미리 또는 연습 중에) 함께 새로운 변화를 위한 아이디어를 내보라. 이는 밴드에 흥미와 주인의식을 제공하고, 회중이 '이미 다 해봤어'라고 생각을 갖지 않게 하며, 무의식적으로 모든 곡이 어떻게 진행될지 이미 안다는 고정관념을 깨트린다. 믿어라, 우리가 원곡과 다르게 연주한다고 '예배 경찰'이 와서 잡아가지 않는다.

6. **즉흥적인 예배에서 탁월해지기** - 지금은 간단히 말하면, 즉흥적인 예배에서 팀이 능숙하게 흐름을 타는 능력은 즉흥적인 예배를 연습하는 헌신도와 직접적인 관련이 있다. 즉흥적인 예배에서 효과적이라는 의미는 숙련되고 기름 부음 받았다는 뜻이다. 이렇게 되려면 즉흥성을 연습해야 한다. 모순된 말처럼 들리는가? 정말 즉흥적으로 되는 것을 연습해야 할까? 더 나아가 즉흥적으로 되는 것을 어떻게 연습할 수 있을까? 좋은 질문이다. 13장에서 이러한 질문들과 더 많은 내용을 다룬다.

7. **결단의 시간을 위한 준비** - 의문의 여지 없이 결단의 시간은 예배에서 가장 영향력 있는 순간이다. 문제는 미리 결단의 시간에 사용할 음악을 연습하지 않고 뒤늦게 생각하는 것이다. 한번은 우리 팀이 결단의 시간에 어떤 곡을 어떻게 시작할지만 논의하고 어떻게 끝낼지는 정하지 않았다. 별일 아닐 거라고 생각했지만 불행히도 다른 곡처럼 쉽게 끝낼 수 있는 출구가 없었고, 우리는 끝없이 반복하다가 어색하게 난간을 뚫고 절벽으로 떨어지듯 급하게 끝내야 했다. 설교 후 연주할 곡의 순간을 토론하고 연습하는 것은 매우 중요하다. 긴 결단의 시간을 위해 정한 곡에서 같은 조/속도로 자연스럽게 이어지는 진행과 구간을 선택하라. 이렇게 하면 8개의 다른 곡들을 시작했다가 멈추거나 더 나쁘게는 한 곡을 죽도록 반복하지 않고도 최대의 효과를 얻을 수 있다. 11장에서 이 부분을 더 자세히 다루겠다.
8. **곡 전환을 마스터하라** - 곡과 곡 사이를 자연스럽게 이어주는 전환구는 자주 소홀히 다뤄지지만 매우 중요하다. 지금부터 이 부분을 자세히 다루려고 한다(참고: 절대 건너뛰지 말 것!).

곡과 곡 사이의 좁은 길 탐색하기

모든 예배팀이 가장 많이 놓치는 연습 요소는 전환구다. 곡과 곡 사이의 어색한 공간에는 조 변경, 박자 변경, 건반 음색 변경, 효과 변경, 의상 변경이 가득하다…(잠깐, 마지막 것은 빼자.)

상황을 설정해 보자. 우리가 좋아하는 엘리베이션 곡 중 하나를 멋지게 연주하고 있었는데 갑자기 끝이 다가왔다. 곡 자체는 완벽하게 흘러갔고, 마지막 후렴 전의 극적인 멈춤까지 완벽하게 해냈지만, 다른 곡을 연습하느라 바빠서 곡 마무리 3마디를 남겨두고서야 새롭게 편곡한 지저스 컬처의 곡으로 어떻게 넘어갈지 세부 사항을 준비하지 않았다는 것을 깨달았다. 이럴 때 밴드가 서로 수신호라도 알면 얼마나 좋을까.

때로 전환구는 마치 그랜드 캐니언의 반대편을 매끄럽게 이어 붙이려는 시도와 같다. 한 곡의 끝에서 달려 뛰어내려 필사적으로 행글라이더를 타거나, 낙하산을 쓰거나, 줄타기하거나, 심지어 포물선을 그리며 다음 곡으로 가려 한다. 안타깝게도 솔직히 말하면, 우리는 많은 경우 줄을 제대로 매지 않거나 낙하산을 챙기지 않은 채 무턱대고 뛰어내린다.

곡의 끝이 다가오면 밴드 팀원 사이에 눈길이 급하게 오간다. 패드는 너무 일찍 사라지고 드럼 연주자는 긴장하여 다음 곡으로 넘어가려다 잘못된 박자를 시작했다가 멈춘다. 예배 인도자는 그 공백을 메우려 판에 박힌 말을 늘어놓는다. 회중은 고개를 숙이고 마치 그 자리에 없는 척한다. 단상 위의 모두가 눈을 감고 2분 후의 미래로 시간 여행이라도 하기를 바란다. 숨 막히는 침묵이 단상을 감싸고 핀 하나 떨어져도 들릴 것 같은 정적 속에 마이크의 불편한 울림만 공간을 채운다.

마치 37분이 흐른 것 같은 시간 후에야 다음 곡을 시작하고, 그 어색한 순간이 지나갔다는 안도감 속에 찬양이 울려 퍼진다. 이제 모든 게 제자리로 돌아온 것 같다. 모든 것을 용서받고 잊혀진 것만 같다. 어느 정도 재앙은 피했다. 그 순간 우리는 다짐한다. "다시는 이런 실수를 반복하지 말자." 하지만, 이 결심은 다음 곡의 마지막 세 마디가 다가올 때까지만 유효하다. 그러다 다음 주에도 똑같은 상황이 반복된다.

이제 곡과 곡 사이의 어색한 순간들을 자연스럽고 멋진 전환으로 바꿀 수 있는 유용한 방법들을 살펴보자.

1. **전환구 연습하기.** 뻔한 얘기 같지만, 핵심은 전환을 매끄럽게 만드는 것이다. 이는 "멋져 보이기" 위해서가 아니라 흐름을 유지하기 위해서다. 좋은 흐름은 모든 사람이 하나님께 집중하도록 돕는다. 흐름이 좋으면 마치 두 물줄기가 하나로 합쳐지듯 각 곡이 다음 곡으로 자연스럽게 이어진다. 이를 위해서는 연습이 필요하다.

2. **전환구에 자신감을 가지기.** 예배팀이 전환구를 불안해하면 회중도 불안감을 느낀다. 이는 당연히 예배팀이 제대로 준비하지 않았을 때 일어나며, 높은 예배 고도를 비행할 때 불필요한 난기류를 만든다. 예배팀의 망설임이나 우유부단함이 승객(회중)들에게 전달되는데, 이는 고도 1만 미터 상공의 여객기에서 낮잠을 자는 중에 안전벨트 안내 방송만큼이나 적절하지 않으며 회중이 하나님과 깊어지는 순간을 방해한다. 예배팀의 준비 부족과 어색한 순간이 큰 죄는 아니지만, 좋은 예배 순항 고도를 유지하기 위해서는 난기류가 적을수록 좋다.

3. **전환구를 과소평가하지 않기.** 같은 조에 약간의 박자 변화만 있는 곡은 잘 어울린다. 하지만 이런 단순한 전환구가 오히려 우리를 방심하게 한다. 쉬워 보여서 대충 넘어가기 쉽지만, 팀원들과 제대로 의논하지 않으면 간단한 전환에도 실수가 생긴다. 가장 단순한 전환이라도 작은 차이까지 간결하게 논의하면, 팀의 일치를 키우는 데 큰 도움이 되고 하나님의 임재 안에서 진정한 교제를 유지할 수 있다.

4. **말이나 노래로 전환구를 부드럽게 만들기.** 종종 연주만으로도 완벽한 전환이 가능하다. 하지만 때로는 기도나 성경 구절, 격려의 말을 넣어 박자와 조 변경 문제를 해결할 수 있다. 예배 인도자가 빠지기 쉬운 함정은 전환 시의 어색함을 감추거나 분위기를 띄우기 위해 교회에서 흔히 쓰는 상투적인 표현이나 진정성 없는 할렐루야를 남발하는 것이다(다음 부분에서 자세히 설명하겠다). 예배 인도자의 주된 목적은 회중의 초점을 하나님께 두고 까다로운 음악적 전환에서 벗어나게 하는 것이다. 많은 예배 인도자가 하는 실수는 다음 곡을 시작한 후, 즉 전환이 끝난 후에야 노래하거나 말하기 시작하는 것이다. 가장 좋은 접근법은 한 곡이 끝나기 직전, 마지막 심벌이나 코드 중에 말하거나 노래하거나 성경을 읽는 것이다. 두 곡을 매끄럽게 연결하려면 인

도자가 전환구에서 시작해서 다음 곡의 도입부가 끝날 때까지 자연스럽게 연결해야 한다. 곡 사이에 말해야 한다면, 왜 어색한 전환이 끝날 때까지 기다렸다가 말하는가? 곡을 전환하는 동안 자연스럽게 격려의 말이나 성경 구절을 말하면 된다. 이렇게 하면 회중이 곡 전환의 어색한 순간을 신경 쓰지 않고 계속해서 하나님께 집중할 수 있다.

5. **전환구에서 진정성을 유지하기.** 모든 곡 사이마다 말할 필요는 없다. 빠른 곡 사이에는 연주 전환구를 더 많이 준비하라. 말할 때는 인위적으로 꾸미지 말고 간결하고 기름 부음이 있으며 진심이 담긴 말을 하라. 곡 사이의 기계적인 격려는 오히려 의도와 다른 결과를 낳는다. 어떤 말을 하기 원하시는지 성령님께 기도하고 진실하게 흘러나오게 하라. 어떤 예배 인도자들은 두서없이 말하지 않기 위해 하고 싶은 말을 적어서 외운다. 전환 시점에 잠시 멈추고 곡 끝의 음악이 전환의 첫 부분을 이끌도록 한 후, 성령님을 의지해 담대하고 겸손하게 회중에게(또는 주님께) 말하라. 흔한 기독교 용어의 남발은 피하라. 진정성에 도움을 주는 "우물 파기" 전략은 1장을 참고하라.

6. **전환구에서도 예배하도록 회중을 가르치기.** 매우 중요하다. 예배 인도자가 직면한 과제 중 하나는 밴드가 곡을 전환할 때도 회중이 예배를 멈추지 않는 문화를 세우는 것이다. 대부분의 회중은 밴드가 곡 사이에서 무엇을 하든 상관없이, 심지어 전환이 완전히 실패하더라도 계속해서 하나님과 교제해야 한다는 개념을 모른다. 이 중요한 사실을 회중이 이해하도록 우리가 가르쳐 주어야 한다. 회중에게 곡과 곡 사이에서 구경꾼으로 남지 말고 자기만의 고백과 선율로 즉흥적으로 노래하고 기도하도록 격려하면, 전환구의 어려움을 쉽게 해결할 수 있다. 이렇게 하면 곡이 바뀔 때마다 회중이 하나님의 임재에서 들어갔다 나왔다 하지 않고 흔들림이 없이 예배할 수 있다.

7. **전환구를 창의적으로 만들기.** 하나님은 우리를 주님의 형상대로 지으셨다. 주님은 매우 창의적이므로 우리도 창의적이어야 한다. 성령님의 인도하심에 따라 창의적인 전환구를 만들어 보자. 새로운 멜로디와 리듬을 더하고, 음량의 점진적인 증가를 활용하면서 박자와 키, 곡의 분위기를 자연스럽게 바꾸어 보라. 가장 까다로운 전환구도 잘 다룰 수 있는 실제적인 방법을 살펴보자.

- **C 키에서 B 키로 가는 것처럼 어려운 키 변경이 있을 때**. 첫 번째 곡의 후렴을 무반주로 몇 번 부르면 강력한 효과가 있으며 회중의 적극적인 찬양을 끌어낸다. 무반주 후렴의 마지막 단어가 끝날 때 민감하게 잠시 멈추었다가 새로운 키로 패드나 건반의 소리를 점점 키우면 된다. 짜잔! 코드 악기들을 제거하면 회중의 주의를 키 변경에서 벗어나게 하고 밴드가 다음 곡으로 영리하게 이동할 수 있다. 또 다른 창의적인 기술은 다음 곡을 드럼 그루브로 시작하는 것이다. 예를 들어, A 키로 곡을 끝낼 때(다음 곡이 B♭인 경우), A 키의 소리를 점점 키웠다가 완전히 사라지기 전에 다음 곡의 박자를 알려주고, 드럼연주자가 4마디 동안 리듬을 이끌며 다음 곡 시작 부분으로 자연스럽게 연결한다. 밴드는 드럼의 3~4번째 마디쯤에 A 키의 소리를 서서히 줄여 두 곡 사이에 약간의 빈 음향 공간을 남긴다. 드럼의 리듬만 남겨두면 회중이 흐름 안에 머물 수 있게 영감을 주는 전환 역할을 한다.
- **같은 코드를 가진 다른 키의 곡으로 이동할 때.** 두 곡이 공유하는 코드(주로 4도나 5도 코드)로 끝내보자. 새로운 키의 중심인 1 코드를 확립할 수 있다. 예를 들어, C 키에서 F 키로 갈 때는 C 키의 4도 코드이면서 F 키의 1도 코드인 F코드로 끝내면서 점진적으로 소리를 키워 보라. C 키에서 G 키로 갈 때는 C 키의 5도 코드이자

G 키의 1도 코드인 G를 사용할 수 있다. 의도성이 중요하다.

- **중간 박자의 곡에서 느린 곡으로 갈 때.** 혹은 느린 곡에서 다른 느린 곡으로 갈 때도 분명한 "끝맺음"을 만드는 것이 좋다. 악기 소리를 은은하게 조절하여 곡이 끝나간다는 것을 회중에게 알리라. 예배팀은 회중이 계속해서 단서를 찾는다는 사실을 알아야 한다. 회중은 무의식적으로 후렴을 다시 부를지 브리지로 돌아갈지 궁금해한다. 부드럽게 소리를 조절하고 약간 속도를 늦추면 변화가 일어난다고 알려주게 된다. 키보드만 연주하는 상황이라도 마지막 화음에서는 심벌즈, 기타, 베이스 등도 함께 들어와서 조심스럽게 소리를 키워야 한다.
- **다른 키의 빠른 곡에서 또 다른 빠른 곡으로 갈 때.** 의도적인 공백이 아니라면 곡 사이에 공간을 두지 않는 것이 가장 좋다. 첫 번째 곡 끝에서 과감하게 크래시 심벌로 마무리하고 바로 다른 키로 전환하여 다음 곡으로 넘어가라. 첫 번째 곡의 크래시 아웃이 완전히 끝나기 전에 드럼 연주자가 두 번째 곡의 클릭을 시작하고 박자를 세면 함께 따라가라. 두 번째 곡의 첫 박자를 확실하게 연주하는 것은 자신감을 보여주고 연속성을 보장한다. 이런 방식으로 어떤 키나 박자도 변경할 수 있다.
- **신나고 빠른 곡에서 느린 곡으로 갈 때.** 지나치게 갑작스러운 전환을 피해야 한다. 효과적인 방법은 빠른 곡의 후렴을 더 느린 박자로 키보드와 기타만 사용해서 한두 번 더 부르는 것이다. 이렇게 하면 빠른 곡의 강도를 낮추면서 곧 일어날 분위기 전환을 예고할 수 있다. 이런 방식으로 방금 부른 곡의 가사를 부를 곡의 음악적 분위기와 자연스럽게 섞을 수 있다. 이 방법은 정말 멋진 전환을 만들어 낸다.

재미있는 이야기: 2019년 9월, NCU 예배 라이브 팀이 Alive라는 곡과 It Is Well을 이어가려 했는데, 한 곡은 매우 크게 끝나고 다른 곡은 매우 조용하게 시작해서 어색한 순간이 생겼다. 나는 예배팀에게 It Is Well의 도입부를 바꾸고 밴드 전체가 함께 웅장한 연주(7/4 부분)로 시작한 후 평소처럼 첫 절로 들어가라고 격려했다. 예배팀은 내 제안을 시도하고 좋아했다! 나는 그들에게 각 곡을 개별로 생각하지 말고 전체 세트를 하나로 보며, 흐름을 유지하기 위해 곡과 곡 사이에 어떤 창의적인 음악적 수정이 필요한지 분별하라고 도전했다. 이런 방식은 예배의 흐름을 끊지 않고 회중이 계속해서 하나님의 임재를 경험하게 하면서 오래된 곡을 덜 예측 가능하게 만들어 새롭게 살릴 수 있다.

- **빠른 곡을 끝낼 때**. 더 긴 크래시 아웃 마무리를 활용하라. 회중은 힘 있는 선포적 찬양에 열정적으로 반응하고 싶어 하지만, 곡을 3초 만에 끝내고 바로 다음 곡으로 넘어가면 그럴 기회를 가질 수 없다. 곡의 마무리를 크래시 아웃으로 좀 더 길게 하면 밴드가 페달을 바꾸거나 기타 카포를 추가할 시간을 주며, 더 중요하게는 회중이 밴드 소리가 작아질 때 혼자만 큰 소리로 찬양하거나 기쁨의 함성을 지르는 어색한 상황 없이 더 자유롭게 기뻐할 기회를 준다. 마지막을 조금 더 길게 15초에서 20초 정도로 연주하면, 회중은 마음을 자유롭게 풀어놓고 더 오랫동안 더 큰 소리로 하나님을 찬양해도 안전하다는 사실을 배우게 된다.

전환구의 중요성을 설명하다 보면, 어떤 사람들은 기술적인 부분들을 너무 강조하다가 하나님의 자연스럽고 생생한 임재를 놓치지 않을까 걱정한다. 솔직히 말하면, 그 반대다. 전환구가 완벽하지 않아도 사람들은 괜찮을 것이다.

음악적 실수를 하거나 곡 전환을 망쳐도 교회가 무너지지는 않는다. 우리는 형식과 기술은 높이 날면서 기름 부음과 진정성에서는 추락하면 안 된다. 이 둘을 다 가지려고 노력할 수는 없을까? 하나님이 예배 인도자와 팀에게 놀라운 음악적 창의력을 주신 것은 주의 자녀들을 사랑과 탁월함과 진실함과 특별한 방식으로 섬기라는 뜻이다. 신자가 집을 짓거나, 비행기를 조종하거나, 수술할 때 온 마음과 정성을 다하듯이 자연스러운 곡 전환은 섬기는 예술가들이 기술을 능숙하고 세심하게 다루어 회중이 기술적인 문제에 신경 쓰지 않고 주님의 임재 안에서 방해받지 않고 편안히 예배를 드릴 수 있다. 이 또한 영적인 섬김이다!

연습 진행하기

이제 언제 연습할지와 무엇을 연습할지를 살펴봤으니, 실제 연습을 최대한 효과적으로 만드는 구체적인 방법으로 들어가자.

1. **가장 익숙하지 않은 곡으로 시작하기.** 물론 새로운 곡이나 덜 알려진 곡을 정기적으로 곡 목록에 포함할 수 있다(3~4주에 한 곡 이상은 도입하지 않는 것이 좋다). 연습을 시작할 때 단순히 목록의 첫 곡부터 시작하는 대신 가장 새로운 곡을 연습하면 그 곡에 필요한 관심을 확실히 기울일 수 있고, 팀이 이미 아는 곡을 지나치게 강조하다가 시간이 부족해지는 위험도 피할 수 있다.

2. **추가 요소들 연습하기.** 앞에서 다룬 "무엇을 연습할지" 목록을 다시 한번 살펴보자. 곡 사이의 전환구마다 계획을 명확히 하고 각각을 연습하라. 즉흥적인 순간의 가능성과 알고 있는 어려운 부분들, 역동성, 즉석에서 변경할 수 있는 편곡들, 그리고 결단의 시간에 부를 곡들을 자세히 점검하라. 이렇게 하면 연습에서 중요한 요소를 놓치는 실수를 예방할 수 있다.

3. **전체 곡 목록을 처음부터 끝까지 연주하기.** 모든 추가 요소를 다루고 팀의 질문에 답하며 함께 창의적으로 작업한 후에는 모든 팀원이 연습에 오기 전에 곡들을 개인적으로 연습했다는 가정하에 전체 세트를 연주한다. 예배 시작과 말씀 순서도 잊지 말고 실전처럼 해보라. 환영 인사, 성경 구절, 기도, 또는 가르침의 순간 같은 것들 말이다. 말씀과 기도 순서를 미리 준비해 놓으면, 연습할 때는 '말씀 시간입니다' 또는 '기도 시간입니다'라고만 짧게 표시해도 충분하다. 단, 교회에서 각 순서의 정확한 시간 배분을 중요하게 여긴다면 실제 예배 때 할 말을 그대로 연습해야 한다. 그런 다음 세트를 진행하면서 필요한 수정 부분을 짚되, 최대한 흐름을 유지하도록 노력한다.

4. **남은 문제를 다시 살펴보기.** 시간이 남으면 아직 남아있는 문제들을 반드시 다루도록 한다. 시간이 없으면 전환구 같은 문제를 두 번째 연습에서 다루고, 연습을 한 번만 한다면 단상에 오르기 전에 이야기할 수 있다. 시간이 남으면 전환구들을 다시 연주해 보는 것을 추천한다. 첫 곡의 처음 8~16마디를 연주하고 멈춘 뒤 그 곡의 마지막 8~16마디로 넘어가는 식으로 빠르게 진행할 수 있다. 정해진 전환구를 함께 연주하고 다음 곡의 처음 8~16마디를 연주하는 식으로 계속한다. 이렇게 하면 3~5개의 전환구를 모두 3~4분 안에 연주할 수 있으므로 모든 팀원의 자신감을 높여줄 것이다.

5. **정시에 끝내기.** 연습을 정시에 시작하고 정시에 끝내는 존중의 문화를 정착시키는 것이 매우 중요하다. 내 경험으로 보면, 이것은 특히 주중 연습일 때 어려울 수 있다. 정시에 끝내는 것이 얼마나 어려운지! 하지만 나중에 또 연습할 기회가 있다는 것을 기억하고 이 과정을 신뢰하면서 다음으로 미룰 수 있어야 한다. 주일 연습이라면 선택의 여지가 없다. 예배 시간은 기다려 주지 않기 때문이다.

6. **다시 모이기.** 두 번의 연습 중 첫 번째라면, 연습이 끝날 때 모든 사람을 다시 모아 주일까지 각자 연습할 부분을 안내하고 진심 어린 격려와 감사의 말로 마무리하고 기도로 마친다. 주일 아침 연습이라면 예배 전에 단상 뒤에서 모든 사람을 모아 전체 순서를 다시 점검한다.

7. **전체 예배 순서 점검하기.** 우리 교회는 예배 40분 전에 6~7분 정도 전체 봉사자가 모인다. 이때가 연습의 절대적인 종료 시점이며 모든 사람에게 에너지를 불어넣는 시간이다. 이후 예배 총괄 담당자와 함께 크리에이티브 팀이 모두 모여 전체 순서를 빠르게 점검한다. 세부 사항을 확인하고 마지막 순간의 질문이나 명확히 할 사항을 처리한다.

8. **함께 기도하기.** 예배 시작 전 남은 5~10분 동안 모여 주님께 마음을 집중한다. 이는 긴장을 가라앉히고, 연합을 키우며, 우리가 왜 이 일을 하는지 잊지 않도록 돕는다. 나는 종종 팀원 몇 명에게 기도를 인도해달라고 부탁한다. 시간이 허락하면 짧은 말씀 묵상을 해도 좋다.

기억하라: 연습에서는 항상 완벽함이 아닌 탁월함을 추구하는 문화를 세워가라. 나 자신도 완벽주의에서 회복 중이다. 모든 사람이 자기 악기와 악보를 준비해 오도록 상기시켜라. 비슷한 역할을 맡은 팀원끼리 연습 외에도 소통하여 누가 무엇을 연주하고 부를지 알 수 있게 격려하라. 무엇보다 매 순간에 연합과 영적 성장을 키워라. 각자의 역할이 하나님 나라와 팀에 모두 중요하다는 것을 기억하도록 격려하라.

관점을 잡고 팀이 교만과 불안에 빠지지 않도록, 나는 우리 은사와 노래가 어린아이의 도시락과 같다고 상기시킨다(요 6:9 참조). 보잘것없지만, 주님의 손에는 귀중하고 유용하다. 사람들의 큰 굶주림에 비하면 우리 빵과 물고기는 충분하지 않다. 하지만 주님 손에 맡겨지면 우리 작은 노래와 화음의 헌신이 배가되어 굶주린 영혼들을 채우기에 충분하다.

새로운 팀원 오디션

팀의 아름다운 점은 팀이 건강할 때 성장한다는 것이다. 새로운 사람들을 팀에 맞이하는 것은 정말 신나는 일이다. 하지만 예배팀에 새 멤버를 추가하는 것은 여러 가지 도전과 상당한 행정적 업무를 수반한다. 새로운 멤버를 효율적으로 추가하는 몇 가지 아이디어를 소개한다:

1. **소식 전하기.** 많은 교회가 연주자들을 거절하지 않는다. 사실 대부분은 더 많은 연주자가 절실한 상황이다. 그래서 예배팀을 위해 홍보하는 법을 배워야 한다. 여러 방법이 있지만 다음을 추천한다: 담임 목회자의 허락을 받아 주일 예배 때 분기별로 간단한 광고하기(영상 활용), 매력적인 소셜 미디어 게시물 활용하기, 교회 웹사이트에 연결 포털이나 이메일 위젯 만들기, 그리고 잠재적 팀원들을 초대하기 위한 정기적인 예배팀 모임 개최하기 등이 있다.

2. **온라인 오디션 만들기.** 솔직히, 예배 사역에 참여하고 싶어 하는 모든 사람이 역할에 맞는 능력을 갖춘 것은 아니다. 숨겨진 보석을 발견하는 동시에 아직 준비되지 않은 사람들을 판별하는 한 가지 방법은 온라인 오디션 시스템을 만드는 것이다. 이는 원하는 만큼 복잡하거나 단순할 수 있다. 예비 팀원들에게 노래하거나 연주하는 영상이나 음성 파일을 이메일로 보내달라고 하는 정도로 단순할 수도 있고, 웹사이트에 온라인 제출 시스템을 설계하는 것처럼 복잡할 수도 있다.

3. **연례 또는 반기별 오디션 계획하기.** 우리 교회는 새로운 팀원을 발굴하고 현재 팀원들의 성장을 점검하기 위해 전체 팀 오디션을 계획한다. 이를 실행하는 방법은 많지만, 주일 예배 후 점심을 제공하고 이어서 2시간 정도 오디션을 진행하는 것을 추천한다. 오디션에 참여하는 모든 사람은 미리 한두 곡을 배워와서 서로 다른 밴드 멤버

와 돌아가며 연주하면서 어떻게 협력하는지 볼 수 있다. 현재 팀원 모두를 오디션에 참여시킬지, 아니면 새로운 사람들이 현재 팀원과 함께 연주하게 할지는 결정하면 된다. 어떤 방식이든 새로운 재능을 발견하고 공동체를 강화하는 재미있는 방법이다.

4. **젊고 떠오르는 연주자들 멘토링하기.** 정말 중요한 부분이다! 많은 교회가 청년 예배팀을 대학 졸업 때까지 무시하는 실수를 한다. 미래를 위해 젊은 세대를 준비시키고 세우기 위해 계속해서 투자하라. 지금 학생들과 관계를 맺고 그들의 실력을 키우면 시간이 지나서 놀라운 열매를 맺는다. 일부 예배 인도자들은 학생들이 아직 준비되기 전에 주일 예배나 주중 예배에 참여할 기회를 준다. 다소 이례적으로 보이지만 이런 방식으로 미래의 팀원이 더 빨리 성장할 수 있다. 만일 필요하면 그들의 소리를 믹스에서 약간 낮게 유지하면서 같이 예배하는 귀중한 경험을 제공하라. 팀 모임이나 공식적인 팀 오디션에도 초대해서 함께하라.

5. **교제 모임 계획하기.** 예배팀 참여를 망설이는 잠재적 팀원이나 아직 확신이 없는 사람이 있다면, 그들과 점심이나 커피 약속을 잡아보라. 이런 종류의 만남은 당신에게 필요한 통찰을 제공하고 그들에게 필요한 격려를 줄 수 있다.

6. **검증된 연주자를 연습에 초대하기.** 팀에 빨리 데려오고 싶은 연주자가 있다면 주일 예배에 바로 부르는 대신 정기 연습에 초대하라. 일찍 와서 팀원들을 만나고 연습 전 미팅에 참여하여 앞자리에서 지켜보게 하라. 이를 통해 그들은 팀의 문화를 미리 경험하고, 우리는 그들이 어떻게 행동하는지 볼 수 있다. 한 단계 더 나아가고 싶다면 미리 한 곡을 배워오게 해서 기존 팀원 대신 한두 번 팀과 함께 연주하게 할 수도 있다.

7. **연주자들에게 사례비 지급 고려하기.** 이 문제는 정말 오래된 질문이다. 사례비를 줄 것인가 말 것인가? 여기에는 심각한 문화적 문제가 있다. 교회 대부분이 돈 문제를 다음 두 가지 선택지로만 접근한다. 1) 재능이 있든 없든 헌신할 자원봉사자를 모집하거나, 2) 주일 외에는 헌신도가 낮은 재능 있는 '고용 연주자'들에게 사례비를 지급하는 것이다. 의외일지 모르지만, 성경적인 세 번째 선택지가 있다.

구약의 찬양대와 연주자들은 레위 지파 소속이었으며 이스라엘 사람들을 대신해 성전에서 주님을 섬기는 것이 본업이었다. 레위인과 그 가족은 다른 열두 지파가 가져오는 제물과 헌물로 살았다(민 18:21). 우리도 뛰어난 연주자들을 세상에 빼앗기지 않고 시스템을 바꿀 수 있다. 싱어뿐 아니라 연주자에게도 가족을 부양할 수 있을 정도의 사례비를 지급하되(처음에는 시간제로 시작할 수 있다), '고용 연주자'가 아닌 교회 직원으로 채용하여 더 높은 수준의 헌신을 기대하는 것이다. 그러면 다른 사역자들과 같은 수준의 책임과 의무를 부여할 수 있다. 분명 재정적으로 큰 변화가 필요하지만, 한두 명의 연주자부터 시작해서 점진적으로 늘릴 수 있다.

이러한 투자는 분명 열매를 맺는다. 음악 예배의 질이 좋아지고 기름 부음이 있으면 자연스럽게 출석률도 증가하고, 이는 더 많은 자원으로 이어져 지속적인 투자도 가능하다. 물론 연주자들을 록스타처럼 대우하는 것이 아니라, 그들도 교회 회의에 참석하고 그래픽 디자인이나 교회 관리 등 교회의 다른 일도 함께해야 한다.

팀원을 추가할 때는 깊이 기도하며 결정하라. 너무 일찍 영입하거나 너무 오래 주변에 두면 극복하기 어려운 문제를 일으킨다. 늘 그렇듯이 영적 성숙과 음악적 성장을 추진하면서 동시에 인격 개발을 강조해야 한다. 지역 교회를 향한 헌신과 배울 수 있는 종의 마음이 가장 중요하다.

예배팀 모임

많은 목회자와 예배 인도자가 주간 연습만으로는 기름 부음 있는 예배팀으로 성장하는 문화를 세우기 어렵다는 사실을 발견했고 이를 보완하기 위해 일부가 '예배팀 모임'이라는 격월 또는 분기별 모임을 시작했다. 예배팀 모임은 주간 연습에서 일어나는 일을 기반으로 더 발전할 기회를 준다. 이 모임은 하나님과 더 깊은 관계를 맺고 팀원들과 풍성한 교제를 나누며 음악적으로 실제적인 성장을 이루는 구체적인 목표가 있다.

중요한 점은 이 모임이 주일 예배 준비라는 부담 없이 예배 사역에 많은 유익을 준다는 것이다. 또한 교회와 예배 사역의 전반적인 비전을 다시 한번 강조할 기회이기도 하다. 나는 90~120분 정도의 분기별 금요일 저녁 모임을 추천한다. 당연히 이런 모임에는 항상 식사를 함께해야 하며 각 분기 모임마다 다른 네 가지 중점 사항 중 하나를 정하는 것이 좋다. 분기별 모임의 예시는 다음과 같다:

1. **2월 / 영적 성장** - 새해를 시작하는 좋은 방법은 예배팀이 함께 모여 식사하고 교제하면서 영적으로 함께 성장하는 시간을 보내는 것이다. 2월은 연말연시와 1월의 기도와 금식 기간이 끝난 후 다시 시작하기 좋은 달이다. 이 모임에는 긴 음악 예배 시간과 예배 인도자나 다른 목회자의 말씀 시간을 포함해야 한다(11장에서 논의한 계시와 반응의 개념을 강조하기 위해 설교 후 음악 예배 순서로 할 수도 있다). 팀원들도 예배에만 집중하도록 다른 교회의 예배 인도자를 초청해 어쿠스틱 기타만으로 간단하게 예배를 인도 하는 것도 좋다. 또 다른 방법으로는 음악 예배 시간에 유튜브 재생 목록을 활용하는 것이다. 이것이 영감을 주기에 부족해 보이지만, 생각보다 더 좋은 반응을 얻을 것이다. '청중' 없이 함께 모여 찬양으로 예배하는 단순한 행위는 다른 어떤 것도 할 수 없는 방식으로 예배팀을 변화시킨다.

2. **5월 / 음악 훈련** - 예배팀 모두 한 가지씩 음식을 준비해 나누거나 치킨을 주문해서 먹는 식사와 교제 시간 후 작곡 비결, 회중을 참여시키는 팁, 또는 밴드로서 함께 연주하는 전략 등 실용적인 음악 교육 시간을 가진다. 이는 팀원들이 음악가로서 성장하도록 돕는 동시에 그들에게 보답하는 방법이다. 배움은 자신감을 키우고 자신감과 노력은 탁월함이라는 열매를 맺는다. 팀의 각 영역/악기별로 4~5명의 워크숍 진행자를 초청해서 한 시간 정도 만나게 하는 것도 좋다. 보컬, 드럼, 베이스, 기타, 키보드 클리닉이나 필요에 따라 믹싱, 조명, 슬라이드 제작, 무대 디자인, 디지털 음악 작업 도구, 또는 카메라 작업 등의 교육도 가능하다. 이는 모든 사람이 자신의 관심 분야에서 성장하도록 돕는다. 참고로, 관심 있는 팀원들을 위한 별도의 주간 작곡 협업 모임을 시작해도 좋다. 이는 교회의 첫 EP 녹음을 준비하면서 공동체에서 직접 태어난 노래들을 만드는 좋은 방법이다.

3. **8월 / 교제와 격려** - 공원이나 해변에서 소풍이나 바비큐 파티를 한다. 공놀이나 게임을 즐긴 후 모닥불 주변이나 물가에서 함께 노래를 부른다. 하나님이 팀원들 안에서 그리고 그들을 통해 이루시는 긍정적인 일들을 격려한다. 인도자는 팀원들이 현재의 자신과 앞으로 될 수 있는 자신을 이해하도록 돕는 사명이 있다. 육신의 눈에는 보이지 않더라도 이것을 말로 선포하는 것이 당신의 역할이다. 팀원들은 결국 당신이 말하는 그 사람이 된다. 또한 팀원들이 서로를 격려하거나 기도 제목을 공유할 기회를 준다. 모임을 마무리하며 개인과 다른 사역자들과 교회 안에 영적인 열정이 더 커지도록 함께 기도한다.

4. **11월 / 지도력 이해** - 이달에는 팀원이 직접 디저트를 요리해서 나눠 먹을 수 있도록 준비한다. 담임 목사님이나 다른 지역의 예배 인도자를 초청해 지도력에 관해 팀에게 가르치는 시간을 갖는다. 팀 규모가

작다면 집에서 모여도 좋다. 이런 친밀한 모임은 다소 서먹한 팀원들과의 관계를 크게 개선할 수 있다. 팀원들이 성경적 지도력을 이해하는 것이 매우 중요하다. 때로는 팀원들이 "나는 책임자가 아니기 때문에 단상 위와 아래에서 하는 일은 중요하지 않다"라는 잘못된 생각에 빠질 수 있다. 예배팀은 모두가 인도자라는 진실을 깨닫게 해야 한다. 사람들은 항상 예배팀을 지켜보고 있으며, 더 중요하게는 하나님이 직위와 상관없이 주님의 자녀들을 섬기도록 예배팀을 은혜로 부르셨다는 점을 깨달아야 한다. 예배팀은 좋든 싫든 언제나 인도자들이다. 팀원들이 성령님의 능력 안에서 섬기는 인도자로 일어나게 하라.

이런 모임을 더 자주 가질 수도 있고, 팀의 활력을 위해 매주 45분 정도 줌 회의로 모일 수도 있다. 또한 이 책의 내용을 여러 달에 걸쳐 함께 나누는 것도 팀 성장을 위한 좋은 방법이다.

다양한 방식으로 모이는 것은 팀 전체의 건강을 위해 무엇보다 중요하다. 이를 통해 서로를 더 깊이 알아가고 삶의 여정을 함께 한다. 팀은 단순히 함께 음악하는 것을 넘어 서로 웃고 울 수 있는 공동체로서 친밀한 소그룹과 비슷하게 기능해야 한다.

쉬운 일인가? 아니다. 솔직히 관계를 만드는 것보다 음악의 완성도에 집중하는 편이 적어도 단기적으로는 훨씬 쉽다. 분명히 말하지만, 과정이 순탄하지만은 않을 것이다. 때로는 정말 힘든 순간도 있을 것이다. 많은 시간과 눈물이 필요하다. 하지만 성령님의 도움으로 끝까지 가면, 아름다운 공동체를 세우는 일에 동참하게 되고, 이는 교회를 변화시키며 모든 문화와 세대의 삶에 영향을 미칠 것이다.

핵심 요약

1. 음향 체크는 단순한 연주 시간이 아니라 엔지니어가 모든 음향 시스템을 완벽하게 준비하는 시간이다. 모든 팀원은 제한된 시간 안에 최대한 효율적으로 작업을 진행하기 위해 자기 역할을 다해야 한다.
2. 연습 시작 시 연습 계획을 명확하게 전달하는 것은 팀원들의 집중도를 높이고 정시에 마치는 데 큰 도움을 준다. 이는 건강한 팀 문화를 만드는 데 매우 중요하다.
3. 특히 곡과 곡 사이 전환 부분을 포함해 예배에 필요한 모든 요소를 꼼꼼히 연습해야 한다. 각 곡의 연주가 아무리 잘 되더라도, 하나님의 임재 흐름을 방해할 가능성이 가장 높은 순간은 바로 곡과 곡 사이의 전환 지점이다.
4. 많은 예배 사역팀이 팀원 오디션을 무작위로 진행한다. 그러나 젊은 세대부터 노년층까지, 경험자부터 초보자까지 계속해서 새로운 인재를 유입할 수 있는 의도적이고 체계적인 전략 개발에 진지하게 시간을 투자할 것을 강력히 추천한다.
5. 주간 연습과는 별도로 월간 또는 분기별로 팀 모임을 하면 팀의 연합을 세우는 데 다른 어떤 활동보다 더 큰 효과가 있다.

8장

현대 예배의 외줄타기 (창의성, 탁월함, 기술)

거짓말 #8

"기술은 이미 우리 사역의 필수 요소이므로

기술 없이는 제대로 된 사역을 하기 어렵다."

줄타기 곡예사[funambulist]라는 단어를 들어본 적 있는가? 이는 라틴어로 줄 위를 걷는 사람을 의미한다(funis는 "줄", ambulare는 "걷다"에서 유래했다). 현대적 예배 접근법에서 우리는 마치 줄타기 곡예사처럼 미묘한 균형을 유지하면서 줄 위를 아슬아슬하게 걷는 것 같다.

음악 예배에서 기술은 축복일까 저주일까? 탁월함은 중요할까 진정성을 방해할까? 음악 편곡에 창의성을 더하면 좋을까? 하나님과 연결하려는 사람들의 집중을 흩트릴 위험이 있을까? 이런 요소들은 방해물일까 아니면 진정한 예배로 나아가는 발판일까? 좋은 질문이다.

상상해 보자. 한 신자가 뛰어난 재능이 있는 예배팀이 연주하는 큰 음향과 자동 조명, 안개 효과로 가득한 예배에 참석했다. 하지만 거기에는 거만하고 공연에만 집중된 분위기가 감돈다. 결과는? 명백하다. 이 신자는 그 팀의 기술과 실력을 교만과 자기과시와 동일시한다. 또 다른 신자는 기술과 음악적 탁월함이 최고 수준인 삶을 변화시키는 예배에 참석한다. 이번에는 예배팀이 놀랍도록 겸손하고 강력한 기름 부음을 받은 모습이다. 이 신자는 뛰어난 실력이 있는 싱어와 연주자들이 없으면 하나님의 임재를 예배에서 경험할 수 없다고 배울 것이다.

둘 다 극단적이다. 우리가 쉽게 극단으로 치닫는 이유는 대부분 개인적 경험 때문이다. 이런 일회성 경험이 우리 전체 관점을 왜곡시킨다. 우리 대부분은 예배 음악을 창의성, 탁월함, 기술과 함께하는 것이 최고이거나 아예 음악 없이 하는 것이 최고라고 본다. 마치 음악이라는 요소가 가장 큰 도움이거나 최악의 적인 것처럼 생각한다.

잠시 멈춰보자. 사실 창의성, 탁월함, 기술은 다른 도구들처럼 모두 도덕적으로 중립적이다. 본질적으로 선하지도 악하지도 않다. 무해하다. 분명 선한 목적으로 사용할 수도 있지만 큰 해악을 끼치는 데도 사용할 수 있다. 기술, 창의성, 탁월함이 우리 예배의 만병통치약은 아니다. 하지만 가장 큰 적도 아니다. 모든 것은 접근 방식에 달려 있다.

창의성

7장에서 간단히 언급했듯이 예배에서 창의성을 활용해야 하는 설득력 있는 이유가 많다. 가장 분명한 이유는 우리가 하나님의 형상대로 지음받았다는 것이다. 창의성은 하나님의 근본적인 속성이다. 이는 주님이 우주를 창조하신 방식, 자녀들을 인도하시는 방식, 원수에 맞서 전략을 세우시는 방식에서 드러난다. 하나님은 늘 "새 일"을 행하신다.

하나님과의 관계에서 현실에 안주한 적이 있는가? 주일 아침 예배 때 기계적으로 예배하는 자신을 발견한 적이 있는가? 인도자로서 같은 곡을 계속 반복하다 보니 열정을 잃은 적이 있는가? 물론 있을 것이다.

이런 문제들은 우리가 모두 직면하는 실제적인 싸움이다. 특히 인도자들은 더욱 그렇다. 하지만 감사하게도 우리 자신과 회중을 위해 이런 무관심을 향한 자연스러운 성향에서 벗어날 방법이 있다.

창의성은 우리에게 주어진 가장 유용하고 실용적인 자원이다. 창의성에는 세 가지 목적이 있다:

- 하나님께 영광을 돌리고
- 삶에 기쁨을 더하며
- 다른 이들이 하나님을 추구하는 여정을 섬기는 것이다.

하나님께 영광을

우리가 창의적으로 행동할 때 우리 안에 있는 하나님의 형상이 드러난다. 이것이 바로 하나님이 원하시는 것이다. 창의성은 우리가 하나님 나라를 위해 더욱 효과적으로 쓰임 받게 함으로써 주님께 영광을 돌린다.

어떤 사람들은 하나님의 창의성이 창조 여섯째 날이 끝나는 순간 완전히 사라졌다고 생각한다. 마치 하나님이 세상을 움직이게 한 다음 영원히 관여하지 않으신 채로 앉아계신다고 생각한다. 하지만 이는 진실과 거리가 멀다. 하나님이 안식일에 쉬셨다는 사실은 오히려 여전히 해야 할 일이 있었음을 의미한다. 그렇지 않았다면 하나님은 여덟째, 아홉째, 열째 날에도 계속 쉬셨을 것이다. 하지만 그렇지 않았다.

늦어도 여덟째 날부터 시작하여 하나님은 쉼에서 벗어나 다시 일하기 시작하셨다(요 5:17 참조). 오늘날까지도 하나님은 계속해서 창조하시고 새롭게 하시며 다시 만드시고 소생시키신다. 주님은 끊임없이 세우시고 양육하시며 만드시고 빚으신다. 그리고 우리도 일주일에 여섯 날 동안 같은 일을 하도록 부르신다.

성경은 세상이 창조된 후 오랫동안 계속되는 하나님의 창조적 관여를 지지한다. 이사야는 창조하시는 하나님의 끊임없는 열정을 보여준다: *"보라 내가 새 일을 행하리니 이제 나타낼 것이라 너희가 그것을 알지 못하겠느냐 반드시 내가 광야에 길을 사막에 강을 내리니"*(사 43:19).

지루함을 거부하시는 하나님

하나님이 예배에서 창의성을 활용하도록 우리를 초대하시는 또 다른 이유는 인도자 자신과 팀과 회중을 위해 예배를 새롭게 하고 삶에 기쁨을 더하기 위해서다! 이것이 영적이지 않게 들릴 수 있지만 그렇지 않다. 창의성은 충성스러운 종의 섬김이며 사랑이다.

인정하기는 어렵지만 우리는 모두 한 번쯤 예배 인도자들이 의례적인 종교적 습관에서 나온 특정 문구, 노래, 구조, 기도를 과도하게 사용할 때 적어도 마음속으로는 눈살을 찌푸린 적이 있다. 우리는 같은 노래를 같은 방식으로 반복해서 부르는 데 지쳤다. 이제는 너무 익숙해서 심지어 잠들어서도 모든 고조와 다이내믹의 변화, 곡 끝의 박수까지 예측할 수 있을 정도다. 이런 예배는 하나님이 원하시는 모습이 아니다.

하나님이 지으신 세상을 보라. 끊임없이 움직이고 변화한다. 하나님이 지으신 사람을 보라. 매일 새롭고 놀라운 것을 경험하도록 하셨다. 성경을 보라. 층층의 흥미로운 내용과 줄줄이 이어진 숨겨진 의미들, 우리 삶의 가장 평범한 부분까지도 다루는 이야기들이 쓰여 있다.

한 가지는 확실하다. 하나님은 우리가 평생 살아도 다 발견할 수 없을 만큼 놀라운 세상을 지으셨다. 하나님은 우리가 매일, 평생, 영원토록 새로운 것을 발견하는 기쁨을 누리기를 원하신다. 이 모든 바탕에는 우리를 향한 하나님의 사랑이 있다. 우리 교회들은 종종 지루함을 용납하지만, 감사하게도 하나님은 지루함을 강하게 거부하신다.

> [6]너는 내 예언이 이루어진 것을 보고 들었으나 그 사실을 인정하려고 하지 않는다. 이제부터 내가 너에게 알려지지 않은 새로운 일을 말하겠다. [7]이것은 전에 있었던 일이 아닌 새로운 일이며 네가 지금까지 들어보지 못한 일이다. 그래서 너는 그 일을 알고 있었다고 말할 수가 없다. (사 48:6~7, 현대인의 성경)

하나님이 우리를 정말 정확히 아시지 않는가? 재미있지 않은가? 그런데도 우리는 하나님이 우리를 얼마나 잘 아시는지 알게 될 때마다 놀란다. 하나님은 우리가 "이미 다 해봤다"라는 위험한 사고방식에 빠지지 않도록 초자연적인 창의성을 우리 안에 불어넣으셨다. 얼마나 큰 축복인가! 우리도 분명 예배팀과 회중을 위해 창의적이어야 한다.

회중을 섬기는 일

나는 별명을 그다지 좋아하지 않지만, 최근에 내 옛 제자가 마음에 드는 별명을 지어주었다. 나는 항상 예배 인도자들에게 우리 일은 회중에게 새로운 계시를 전하는 것이 아니라 재확인 시켜주는 것이라고 상기시킨다. 즉, 회중이 한 번도 들어보지 못한 관점을 전달하는 것이 아니라 그들이 이미 알고 있는 진리를 설득력 있게 재확립하는 것이다. 뛰어난 인도자는 창의적인 방법으로 하나님을 향해 무감각해진 회중을 각성시킨다.

이스라엘을 향한 가장 흔한 안타까움은 "그들이 잊었다"라는 것이다(삿 3:7). 이스라엘은 하나님의 방법과 사랑과 자비와 공급하심과 치유하심을 잊었다. 또한 하나님이 주신 목적과 정체성과 기쁨을 잊었다. 심지어 우리처럼 하나님의 존재 자체도 자주 잊었다.

그래서 제자들은 나를 "셰프 디오"라고 불렀다. 내가 수프 냄비에서 배운 예배 인도 전략을 자주 이야기했기 때문이다. 나는 요리를 잘하지 못하지만, 어머니가 가르쳐주신 덕분에 불이 약할 때 수프를 저어주지 않으면 막이 생기고, 불이 강할 때 저어주지 않으면 바닥이 탄다는 것을 안다.

한번 생각해 보자. 예배 인도의 상당 부분은 단순히 기본적인 것들을 매일, 매주 저어주는 역할이다. 우리는 회중에게 하나님의 모든 놀라운 기적과 우리가 주님을 예배하는 이유를 다시 기억하게 한다. 과거에 하나님이 우리를 어떻게 돌보셨는지, 미래에도 우리를 돌보실 것을 어떻게 신뢰할 수 있는지 기억하게 한다.

놀랍게도 인도자의 노력이 성공하는지 실패하는지는 하나님의 진리를 전하는 방식에서 얼마나 창의적인가에 직접적으로 달려 있다. 곡 배열, 구간 편곡, 역동성 사용 방식, 전환구를 처리 방식 모두에서 말이다. 계속해서 같은 곡과 편곡, 예배 순서를 반복하면 우리가 원하는 것과는 반대로 영적 무감각만 키운다. 감사하게도 하나님은 성령님을 통해 영적 무감각을 깨뜨릴 수 있는 창의성을 우리에게 주셨다.

노래방 밴드

2015년 덴버 브롱코스의 슈퍼볼 경기에서, 선수 안토니오 스미스는 16경기 시즌 동안 팀이 어떻게 안주하지 않을 수 있었는지 질문받았다. 그는 이렇게 대답했다: "말하기는 쉬워 보이지만, 현상 유지는 실제로 일어납니다. 모든 사람이 등을 두드려 주고 좋은 기분이 들 때, '아, 이렇게 편안하고 좋은데, 이대로 즐기자'라는 생각이 듭니다. 하지만 우리는 그렇게 내버려두지 않습니다."[1] 안타깝지만 이런 일이 교회에서 매주 일어난다. 우리가 인정하고 싶은 것보다 훨씬 더 자주 말이다.

유명한 기독교 밴드에서 활동하던 한 친구의 이야기다. 오랫동안 꿈꿔온 전업 순회공연을 하게 되었지만 어느샌가 지루함에 빠져 시간을 보내기 위해 관중석에 빨간 셔츠를 입은 사람들을 세고 있었다. 왜 그럴까? 백 개의 도시에서 매일 밤 같은 곡 목록을 같은 방식으로 연주하다 보니 매력을 잃었기 때문이다. 의미를 잃고, 연주하는 기쁨과 열정도 잃었다.

인도자로서 우리는 이런 모순된 상황에 직면한다. 사람들은 대체로 똑같은 것에 냉소적이면서도 동시에 변화에 적대적이다. 심지어 예배팀원조차도 항상 같은 방식으로 예배를 진행하면 흥미를 잃는다. 같은 방식의 연주, 같은 방식으로 부르는 노래, 같은 멘트 속에서 우리는 영적으로, 감정적으로, 관계적으로 마치 혼수상태에 빠진다.

---

1. 안토니오 스미스, DenverBroncos.com 영상, 2015년.

나는 몇몇 인도자가 현명하게 이제는 지역 교회 예배팀이 유명 예배 밴드가 녹음한 창법이나 기타 솔로까지 그대로 따라 하는 노래방 밴드 방식을 그만해야 한다고 촉구하는 것을 들었다.

다른 영향력 있는 예배 밴드의 결과를 똑같이 따라 하는 노래방 밴드 방식이 똑똑한 방법 같아 보이지만 그렇지 않다. 우리가 따라 하는 밴드들은 다른 밴드를 따라 하지 않았다. 그들은 회중, 영적 가족을 위해 성령님의 도움과 인도하심으로 새로운 것을 시도했다.

모방은 항상 역효과를 낳는다. 하나님은 우리가 새로운 것을 만들지 않고 그저 베끼기만 하는 것을 원치 않으신다. 맹목적인 복제는 하나님이 우리를 위해 설계하신 풍성한 삶을 빠르게 침식시킬 뿐이다.

"다른 성공한 예배 밴드가 이미 만든 것을 어떻게 포장하고 다시 배포할 수 있을까?"라는 질문은 틀렸다. 바른 질문은 "주님, 우리 교회에 어떻게 역사하기를 원하십니까? 우리 성도들에게 무엇을 말씀하기를 원하십니까? 이 순간, 이 시간에 필요한 것이 무엇입니까?" 이다.

다른 밴드에게 배우지 말아야 한다는 뜻이 아니다. 하나님은 모든 사람 안에 창의적인 영을 불어넣으셨다. 이것을 무시하고 단순히 다른 밴드가 한 것을 그대로 따라 할 때, 하나님 나라의 전진에 역효과를 가져온다.

틀에 박힌 예배를 거부하시는 하나님

우리는 모든 것을 공식화하려는 열정이 있다. 반면 예수님은 우리가 그렇게 하지 않도록 하시려는 열정이 있다. 우리가 영적인 것들을 공식화하도록 내버려두면 결국 하나님의 영이 말씀하시는 음성 듣기를 멈추고 우리가 만든 공식으로 자족할 수 있다고 맹목적으로 믿을 때까지 갈 것이기 때문이다. 자동조종 장치를 켜고 그저 '성공'을 향해 순항하는 상태 말이다.

하나님은 우리를 보호하시기 위해 이런 일이 일어나지 않게 하신다. 솔직히 말하면 우리의 설교, 기도, 곡 목록, 예배 순서가 뻔해질 때 우리는 하나님의 영을 따르지 않고 있다. 믿기 어렵겠지만, 우리가 '이제 다 안다'라고 생각하는 순간이 바로 무의식중에 교회를 우리 마음대로 만들기 시작하는 순간이다. 자기 의존은 성령님의 음성에 귀 기울이기보다 사람들의 감정을 조작하려는 쪽으로 기울게 한다.

예수님이 의도적으로 병 치유를 공식화하지 않으신 것을 보라. 어떤 때에는 흙과 침을 섞어 눈먼 사람의 눈꺼풀에 바르셨다. 다음에는 옷자락에서 치유의 능력이 흐르게 하셨다. 때로는 걷지 못하는 사람을 말씀으로 치유하셨고, 다음에는 멀리 있는 백부장의 종을 고치셨다. 죽은 자에게 일어나라고 명령하셨고, 다른 이들은 귀신을 쫓아내어 치유하셨다. 어떤 나병환자들은 예수님 곁을 떠나기 전까지 치유받지 못했다.

하나님이 우리를 사랑으로 보호하기 위해 초자연적인 치유를 공식화하지 못하게 하시는 것이 보이는가? 하나님은 의도적으로 매번 다른 방식으로 사람들을 치유하셨다. 첫째, 각각의 상황이 독특했기 때문에 창의적이고 초자연적인 접근이 필요했다. 둘째, 우리가 치유의 과정에서 하나님을 배제하지 못하도록 막으시기 위해서다.

안타깝게도, 하나님 나라의 일을 섬길 때 우리의 자연스러운 성향 세 가지가 있다: 발견하고, 재생산하며, 무심히 대중에게 배포하는 것이다. 우리는 하나님과 함께 걷는 과정의 중요성은 생각지도 않은 채 그저 배워서 기계적으로 되풀이하려 한다.

감사하게도 하나님은 우리가 모든 만남과 모든 예배에서 씨름하고 질문하며 듣고 반응하면서 주님과 함께 창의적으로 참여하도록 초대하신다. 하나님과 함께하는 이러한 창의적 참여는 하나님 나라를 위해서도 좋고, 우리에게는 더없이 좋다.

힐송 경찰

새로운 음악적 시도는 예배 인도자와 예배팀, 회중 모두에게 좋다. 느린 곡을 빠르게 연주하거나 빠른 곡을 느리게 연주하는 등의 간단한 전략은 새로운 관점을 주고 좀비 같은 예배자들을 잠에서 깨운다. 가끔 예배를 전형적인 빠른 곡이 아닌 느린 곡으로 시작하는 것만으로도 사람들이 무감각에서 벗어나는 효과가 있다. 세상에나! 느린 곡으로 예배를 시작한다고? 사람들이 불편해하지 않을까? 매우 불편할 수 있다. 하지만 결국 이 방법은 관행을 깨면서 우리가 찾는 생동감 있고 깨어있으며 살아있는 그리스도의 제자들을 불러일으킨다.

믿어라, 우리가 힐송의 노래를 조금 다르게 연주한다고 해서 힐송 경찰이 나타나지는 않는다. 어쩌면 힐송은 우리 노력을 칭찬하는 특별 감사 편지를 보낼지도 모른다. 그렇지 않더라도 우리 예배 밴드와 회중은 분명 감사할 것이다. 힐송이 앨범에서 한 가지 방식으로 녹음했다고 해서 그들도 교회에서 정확히 같은 방식으로만 인도한다는 의미는 아니다.

"하지만 에이블톤이나 멀티트랙을 사용하면 원본의 고정된 형태에 갇히는 거 아닌가요?" 아니다. 에이블톤에서도 트랙을 편집할 수 있다. 이는 두 가지 장점이 있다. 원하는 순서대로 창의적으로 잘라내고 붙일 수 있으며 후렴 대신 브리지로 시작하는 것 같은 과감한 시도도 가능하다. 또는 브리지 전의 간주를 원하는 만큼 반복할 수도 있다. 끝에 후렴을 추가하거나 여러 곡을 이어 메들리로 만들 수도 있다.

좋아하는 예배 곡에 추가 마디나 '드럼만 연주하는' 순간이 있으면 좋겠다고 생각한 적이 있는가? 그러면 그렇게 편집하라. 하나님의 영이 우리에게 창의적인 아이디어를 주시며 새로운 시도를 하라고 촉구하신다. 우리가 천편일률적인 예배와 편곡으로 회중을 깊은 잠에 빠뜨렸지만, 하나님은 창의성을 통해 회중을 깨우신다.

사람들은 본능적으로 편한 길을 선택한다. 그래서 우리가 창의적으로 예배를 인도하는 것이 매우 중요하다. 창의성이 생동감 있고 진정성 있는 예배 문화를 만든다. 이 문화는 회중이 생각 없이 기계적으로 드리는 예배에서 벗어나 자유를 얻으며 억압적인 종교 체계가 아닌 하나님과의 관계로 이끈다.

"하지만 우리가 멋진 소리를 내는 것이나 창의성 자체에만 집중하면 어떻게 하죠?"라고 질문한다면 나는 이렇게 대답하겠다. "그만하세요." 나는 스티븐 밀러의 말을 좋아한다. "창의성은 예배의 훌륭한 종이지만, 끔찍한 주인이다."

그러므로 주의하라. 예배팀에게 창의성은 그저 회중이 하나님을 예배하고 더 사랑하도록 돕는 도구일 뿐임을 계속해서 상기시켜라. 창의적인 예배는 즐겁다. 이것만으로도 창의성을 강조할 충분한 이유다. 그러나 창의성은 예배 인도자와 예배팀이 하나님의 영의 창의적인 인도하심을 따라 교회가 깨어나도록 돕는 더 큰 목적이 있다.

탁월함

몇 년 전 만난 유명한 예배 인도자가 단호하게 말했다. "예배에서 기술은 걱정하지 않아도 됩니다. 성경 어디에도 기술을 강조하는 부분이 없어요." 과연 나와 같은 성경을 읽는 것이 맞는지 의문이 들었다.

걱정하지 말라. 앞으로 우리는 예배에서 탁월함을 추구해야 하는 성경의 근거를 자세히 살펴볼 것이다. 하지만 먼저 다른 질문을 고민해 보자. 도대체 무엇이 사람들에게 탁월함, 재능, 또는 기술이 참된 예배의 적이라는 거짓말을 믿게 하는 것일까?

늘 그렇듯이 이 답은 얼핏 보면 관련이 있어 보이지만 사실은 전혀 관련 없는 상황에서 찾을 수 있다. 재능이 뛰어난 연주자가 자기를 드러내려고 기술을 과시하는 경우를 본 것이다. 분명히 그 연주자의 모든 솔로는 자신에게 초점이 맞춰져 있었고, 관심을 자기에게 돌리려는 시도였다. 그 초고속 연주는 음악적 예배의 유일한 참된 목적인 유일하신 하나님께 존귀와 영광을 드리는 것에서 회중의 눈을 돌리는 커다란 방해물이었다.[2]

하지만 핵심을 놓치는 것은 우리가 아닐까? 진짜 문제는 기타 연주자가 교만한 마음으로 솔로 연주를 했는가가 아니라, 연주자의 기술 자체가 문제의 원인이냐는 것이다. 앞서 창의성을 논의했던 것처럼 기술 자체의 본질을 봐야 한다. 기술 자체가 나쁜가, 아니면 단순히 희생양인가? 누군가가 예배 중에 자기 연주를 과시할 때 탁월함이 문제의 근원인가? 만일 그렇다면 음악뿐만 아니라 모든 일에서 탁월함을 영원히 추방해야 한다. 탁월함이 교만의 근본 원인이라면 교회 예배에서 탁월함을 추방하는 것만으로도 교만을 없앨 수 있어야 한다.

하지만 이는 전혀 논리적이지 않다. 본인들은 모르지만, 우리는 재능이 부족하면서도 교만으로 가득 찬 사람들을 안다. 반면 뛰어난 재능과 은사가 있으면서도 완전히 겸손한 복된 사람들도 분명히 있다. 교회 예배에서 탁월함을 제거하는 것은 분명히 해답이 아니다. 오히려 우리는 교회에서 기술을 줄이는 것이 아니라 더 높은 기술을 요구하는 많은 비판의 목소리를 더 많이 들어왔다. 대체 무엇이 문제일까?

마음과 기술

마음이 기술보다 더 영적이라는 생각을 멈추고 성경의 진리대로 다윗처럼 둘 다 영적이라고 받아들이자. "그러자 다윗은 순전한 마음으로 그들을 잘 길렀고, 능숙한 솜씨로 그들을 잘 인도하였습니다"(시 78:72, 쉬운 성경). 그렇다! 이 주제에 관해 이보다 더 간결한 성경 구절은 없다.

2. 참고로 이런 상황의 우스꽝스러운 예시를 보려면 유튜브에서 "Over the Top Piano Player 'Amazing Grace'"를 찾아보라.

이 구절은 기술과 마음 중 어느 하나가 아니라 둘 다 강조하면서 두 가지 요소가 모두 영적이며 함께 작용해야 함을 보여준다. 실제로 예배에서 능숙한 인도는 진정성 있는 인도의 핵심 요소이다. 진짜 문제는 기술이 너무 뛰어난 것이 아니라 우리에게 기술을 주신 하나님께 영광 돌리기를 거부하는 데 있다.

몇 년 전 예배에서의 기량 문제를 논의하는 토론에 참석했다. 불행히도 토론이 꽤 격렬했다. 일부 사람들은 어떤 연주자들이 기술을 강조하는 것에 분노했고, 심지어 예배팀 오디션에서 한 사람을 뽑고 다른 사람을 떨어뜨리는 과정에서 생기는 "경쟁의식"도 문제 삼았다. 충분히 이해한다. 이것은 실제적인 우려다.

그때 누군가가 말했다. "제가 자란 가정교회에는 몇 명이 열정적으로 찬양했습니다. 음정도 맞지 않고 기술도 부족했지만 제가 경험한 예배 중의 최고였습니다. 요즘은 너무 완벽하게 연주하려고 애쓰는 것 같아요. 오히려 가공하지 않은 날것 그대로가 더 진정성 있잖아요."

설득력이 있었다! 하지만 "날것 그대로"가 정말 더 진정성이 있을까? 이것은 앞서 우리가 논의한 것과 같은 맥락이다. "날것 그대로"는 하나님이 선호하시는 방식이 아니라 단지 일부 사람들이 좋아하는 스타일일 뿐이다. 우리는 "날것 그대로"의 음악을 하는 사람들도 교만으로 넘쳐나는 것을 보았다. 반대로 세련되고 잘 다듬어진 음악을 하는 사람들이 겸손하게 섬기는 것도 보았다. 음악에도 다른 분야와 마찬가지로 탁월함을 추구해야 할 경건한 목적이 있다.

2장에서 우리는 하나님의 귀에 소음으로 들리는 음악을 살펴보았다. 아모스 5장에서 하나님이 화려하거나 장식된 음악을 거부하신다고 말씀하셨는가? 물론 아니다. 복잡한 음악을 싫어하신다고 하셨는가? 아니다. 하나님은 우리 삶의 방식과 일치하지 않는 노래와 가사를 거부하신다.

이렇게 생각해 보자. 만약 날것만이 진정성 있고, 정교한 것이 죄악이라면 우리는 모든 음악 훈련을 중단해야 한다. 농담이 아니다. 내가 NCU 교수로서 강의실에 들어가 "진정성 있는 예배자가 되고 싶다면 절대로 탁월해지지 마십시오. 특히 연습하지 마세요. 여러분의 뛰어난 기술이 다른 예배자들에게 걸림돌이 됩니다"라고 말해야 할까?

문제의 핵심은 우리가 지나치게 많은 기술을 가졌다는 것이 아니라 주어진 기술을 어떻게 사용하느냐에 있다. 진짜 문제는 재능이 아닌 마음에 있다. 기술을 버린다고 진정성이 생기지 않는 것처럼 "날것 그대로"를 추구한다고 저절로 경건해지지 않는다. 음정도 못 맞추면서 하루 종일 노래 하는 사람도 상상할 수 없는 재능을 가진 사람만큼이나 영적으로 타락하고 교만할 수 있다. 하지만 내 말만 믿지 말고 성경을 보자.

기술은 성경적이다

앞서 시 78:72를 읽었지만, 다른 구절들도 간단히 살펴보자.

- **하나님의 은사를 잘 관리하라.** 우리가 소유한 것 중 우리 것은 없으며, 은사와 재능도 마찬가지다. 사실 이 진리를 실천하기만 해도 많은 문제가 즉시 해결된다. 우리 스스로 생명과 재능과 기술을 얻지 않았다. 심지어 연습하려는 마음이나 반복으로 기술이 향상되는 원리도 우리가 만들지 않았다. 우리는 하나님이 주신 것을 어떻게 사용했는지 답해야 한다. 재능은 하나님의 것이다. 우리는 받은 재능을 주님의 영광을 위해 사용할 책임이 있다. 그렇지 않으면 하나님이 재능을 거두어 가실 수 있다. "가진 것을 잘 활용하는 사람은 더 많이 받아서 더 풍족하게 될 것이고, 가진 것을 활용할 줄 모르는 사람은 가지고 있는 것마저도 빼앗길 것이다"(마 25:29, 쉬운말).

- **훈련받고 숙련된 음악가가 되어라.** 예배에서의 기술에 관해 내가 가장 좋아하는 구절은 역대상 25:6~8에 있다. 주변 구절도 함께 보자: "[6] 이들이 다 그들의 아버지의 지휘 아래 제금과 비파와 수금을 잡아 여호와의 전에서 노래하여 하나님의 전을 섬겼으며 아삽과 여두둔과 헤만은 왕의 지휘 아래 있었으니 [7] 그들과 모든 형제 곧 여호와 찬송하기를 **배워 익숙한**TRAINED AND SKILLED 자의 수효가 이백팔십팔 명이라 [8] 이 무리의 큰 자나 작은 자나 스승이나 제자를 막론하고 다같이 제비 뽑아 직임을 얻었으니"

  이것은 하나님이 정하신 방식이다. 하나님은 아무 음악가나 "성전"에서 섬기게 하지 않으셨으며 훈련받아 숙련된 음악가들을 원하셨다. 하나님은 기름 부음과 탁월함으로 주님의 일을 하도록 부르심과 은사를 받은 특별한 사람들을 원하셨다. 이것을 놓치면 안 된다. 여전히 하나님의 계획이기 때문이다. 하나님은 진정성과 기술을 겸비한 사람들을 세워 주님의 교회를 섬기게 하신다.

- **기술로 주님을 섬겨라.** "[21] 예루살렘에 모인 이스라엘 자손이 크게 즐거워하며 칠 일 동안 무교절을 지켰고 레위 사람들과 제사장들은 날마다 여호와를 칭송하며 큰 소리 나는 악기를 울려 여호와를 찬양하였으며 [22] 히스기야는 여호와를 섬기는 일에 능숙한 모든 레위 사람들을 위로하였더라 이와 같이 절기 칠 일 동안에 무리가 먹으며 화목제를 드리고 그의 조상들의 하나님 여호와께 감사하였더라(대하 30:21~22)" 히스기야는 레위인들이 큰 소리 나는 악기로 여호와를 찬양할 때 기술 사용을 막지 않았으며 오히려 공개적으로 능숙하게 섬기도록 격려했다. 대상 15:22을 보면 "레위 사람의 우두머리인 그나냐는 노래를 잘했고 또 음악에 조예가 깊었으므로, 찬양대를 맡아 지휘하게 했다(쉬운말)"라고 기록한다.

물론 성경에 기록된 모든 것이 하나님의 승인을 의미하는 것은 아니다. 그러나 음악에서 기술의 중요성을 확증하는 많은 성경 구절을 보면, 다윗이 그나냐를 레위인의 지도자로 선택한 결정이 하나님의 승인 아래 이루어졌다고 볼 수 있다. 시 33:1~3은 이렇게 기록한다. "[1] 너희 의인들아 여호와를 즐거워하라 찬송은 정직한 자들이 마땅히 할 바로다 [2] 수금으로 여호와께 감사하고 열 줄 비파로 찬송할지어다 [3] 새 노래로 그를 노래하며 즐거운 소리로 아름답게 연주할지어다."

궂은일 Dirty Jobs

우리가 지나치게 많은 기술을 가진 것이 문제가 아니라 받은 기술을 어떻게 다루는가가 문제다. 인생의 역할을 선택하는 것이 아니라 발견하는 것이라는 말을 들으면 어떤 기분인가? 이것은 요즘 민감한 주제다. 안타깝게도 사람들은, 심지어 목회자와 기독교 지도자들도 꿈꾸는 것은 무엇이든 할 수 있다고 가르친다.

하지만 성경은 그렇게 가르치지 않는다. 하나님은 매우 분명하게 말씀하신다. "[4] 우리가 한 몸에 많은 지체를 가졌으나 이 지체들이 다 같은 기능을 가진 것은 아닙니다. [5] 이와 같이 우리 많은 사람들이 그리스도 안에서 한 몸이 되어 서로서로 지체가 되었습니다. [6] 그래서 우리에게 주신 은혜에 따라 우리가 받은 선물이 각각 다릅니다. 우리는 이것을 분수에 맞게 사용해야 합니다(롬 12:4~6a, 현대인)"

하나님은 우리가 태어나기 전에 어떤 재능과 기술을 나누어 줄지 결정하셨으며 우리가 그것을 발견하고 발전시키며 사용하는 기회와 기쁨을 주신다. 이것이 아메리칸 아이돌 같은 경연 프로그램에서 많은 지망생이 공개적으로 실패하고 허우적대는 정확한 이유일지도 모른다. 너무 많은 사람이 자신이 하도록 설계되지 않은 일을 하려고 시도한다.

어떤 능력은 제한하시면서 우리를 창조하신 목적에 맞는 능력에는 기회를 활짝 여시는 하나님께 불편한 마음을 가진 적이 있는가?

그러나 하나님은 우리 각자를 독특하게 만드시고 서로 다른 기술과 성향과 취향을 주셔서 이 땅에서 하나님이 우리를 통해 이루시려는 모든 다양하고 특별한 일들을 탁월하게 감당하게 하신다. 하나님은 우리 안에 특정한 기술과 연결된 재능의 씨앗을 심으시고 우리가 주님의 과업을 이루기 위한 기술을 기르도록 초대하신다. 어떤 면에서 하나님은 우리 각자에게 특별한 일을 주시며, 동시에 모든 사람이 같은 일만 하려다가 수많은 일이 방치되는 문제를 피하신다.

마이크 로우가 진행하는 '더티 잡스Dirty Jobs'라는 프로그램은 미국 전역을 돌면서 힘들고 더럽고 고된 직업을 조명한다. 하나님이 주신 각자의 타고난 기술과 선호도가 없다면 누구도 힘든 일을 하려 하지 않을 것이다. 누가 지렁이 분변 농부나 도로 사체 청소부가 되려 하겠는가? 지하철의 껌을 제거하거나 공원의 비둘기 배설물을 치우는 일(실제로 있는 직업이다)에 아무도 지원하지 않을 것이다. 굴뚝 청소부, 굴 채취자, 지붕 수리 전문가, 환경미화원, 연료 탱크 청소부, 또는 화가가 되려는 사람도 없을 것이다. 화가? 그렇다, 화가 말이다.

내가 화가 이야기를 꺼낸 이유는 최근 아내 마사가 페인트칠을 좋아한다는 것을 알았기 때문이다. 그림이나 예술 작품이 아닌 벽 칠하기 말이다. 최근 사람들이 아내에게 부엌과 욕실, 더 나아가 집 전체 내부 페인트칠을 맡기기 시작했다. 마사는 벽, 천장, 몰딩까지 칠해서 집을 전체적으로 새롭고 산뜻한 모습으로 바꾸고 벽의 구멍도 메워준다.

가장 좋은 점은? 마사가 이 일을 잘한다는 것이다. 나는 벽에 칠하고 싶은 마음이 전혀 없다. 8분만 지나도 다른 사람에게 맡기고 싶다. 하지만 아내는 나와 달리 끔찍한 자국을 남기지 않고 칠하는 능력이 있다.

하나님이 마사에게 페인트칠을 즐기고 잘하는 자연스러운, 혹은 초자연적인 성향을 주셨다. 동시에 다른 기술은 주지 않으셨다. 마사는 페인트칠이라는 특정한 역할을 맡아 잘 해내도록 설계되어 실제로 은사 받은 일을 하며 성취감을 느낀다. 음악가도 마찬가지다. 특정한 은사를 받아 하나님의 자녀들을 진정성과 탁월함으로 섬기도록 부르심 받았으며, 다른 전문직처럼 은사나 전문성이 없으면 음악 분야에서 일할 수 없다.

솔직히 이 외에 다른 논리적인 결론을 내릴 수 없다. 논란이 있겠지만 감히 말하자면, 음악적 훈련과 은사가 부족한 사람들은 다른 이들을 음악으로 정기적으로 인도하는 하나님의 부르심을 받지 않은 것이다.

이런 판단이 쉽지는 않다. 어떤 사람들은 창의적인 영역에서 기술을 강조하면 영적이지 않다고 여기지만 하나님은 그렇게 보지 않으신다. 하나님은 각 사람이 하나님 나라에서 맡은 특정한 역할을 기술과 탁월함으로 잘 감당하도록 창조하셨다.

장점들

교회에서 능숙한 예배 인도자, 싱어, 연주자를 기르는 문화가 주는 놀라운 장점들을 살펴보자.

- **능숙함은 하나님께 영광을 돌린다.** 하나님이 하시는 모든 일은 탁월하다. 하나님이 주신 은사와 부르심 안에서 일하기를 거부하면 하나님께 영광을 돌릴 수 없다. 시스티나 성당 천장에 미켈란젤로의 걸작 대신 막대기 사람 그림이 있다고 상상해 보라. 어떻게 하나님께 영광을 돌리겠는가? "마음만은 진심이었다"라고 변명하는 것으로는 부족하다. 우리는 모두 발전 과정에 있지만, 우리가 하는 일이 탁월하지 못하다면 그것은 게으르거나 부르심의 영역에서 벗어났기 때문이다.

- **능숙함은 하나님의 자녀를 섬긴다.** 숙련된 사람은 방해가 아닌 영감을 주는 존재다. 말을 자주 더듬고, 잘못된 해석을 하거나, 이해할 수 없는 요점을 말하는 설교자를 생각해 보라. 장기적으로 누가 그런 교회에 참석 하겠는가? 마찬가지로 학자들만 이해할 수 있는 단어를 사용하며 회중의 수준을 넘어서는 말씀을 전하는 설교자도 핵심을 놓치고 있다. 결국 올바르게 균형 잡힌 숙련된 예배는 하나님의 자녀를 섬기고 감동을 주는 길을 연다.
- **능숙함은 성령 안에서 흐름을 타는 데 도움을 준다.** 기술을 키우고 흐름을 타려면 연습이 필요하다. 예배 인도자 린델 쿨리는 단상 위에서 덜 생각하기 위해 단상 밖에서 연습하고 또 연습해야 한다고 말했다. 2015년 퓨어 워십 인스티튜드에서 밥 소르기는 "잘 준비한 재능이 배에서 나와 강물로 들어갈 용기를 준다"라고 말했다. 그의 책 「주님의 임재의 강으로 뛰어들라」에서 "준비는 준비한 것을 뛰어넘을 힘을 주며 구속이 아닌 자유를 준다"라고 덧붙였다.[3] 사실이다. 예배에서 능숙하게 연주하고 노래하며 인도하는 것은 다른 모든 영역처럼 상당한 연습이 필요하다. 많은 연습은 더 자신감 있고 덜 산만한 음악가를 만든다. 이런 음악가는 곡과 가사에 얽매이지 않고 성령의 흐름에 집중할 수 있다.
- **능숙함은 팀의 연합을 강화하고 드러낸다.** 전문 빅밴드가 틀린 음을 계속 연주하며 음악을 더듬으면 분명 연습하지 않았거나 함께 연주한 시간이 매우 짧다고 생각할 것이다. 어쩌면 둘 다일 수도 있다. 숙련된 예배 음악가 그룹도 마찬가지다. 우리는 그들의 헌신과 하나의 팀으로 기능하는 능력에서 영감을 받는다. 이는 뛰어난 선수를 영입하는 스포츠팀과 같다. 팀 안에 뛰어난 선수가 들어오면 긍정적인 압박이 생겨서 팀의 모든 사람의 수준이

3. 밥 소르기, 주님의 임재의 강으로 뛰어들라, 벧엘북스 2024

높아지고 함께 발전한다. 밀물이 배를 띄우듯이 각 팀원의 기술이 향상되면서 공동체와 영향력도 함께 성장한다.

음악 예배에서 팀이 기술과 능숙함을 강조하면 위험이 따른다. 교만해질 수도 있고 하나님의 임재보다 프로그램에 더 집중할지도 모른다. 조심해야 한다. 하지만 두려워서 기술을 포기하면 안 된다. 기술이 문제가 아니라 인간의 욕망, 교만, 불안, 이기심이 문제다. 기술을 없앤다고 문제가 해결되지는 않는다. 하나님의 임재 안에서 더 많은 시간을 보내며 책임감, 멘토링, 교정을 받아들일 때 기술과 은사가 성장하면서도 겸손을 지킬 수 있다.

하나님은 부르신 사람을 준비시키신다

"하나님은 준비된 사람을 부르지 않으시고, 부르신 사람을 준비시키신다"라는 말이 있다. 좋은 말이다. 하지만 놓치지 말아야 할 점이 있다. 하나님은 부르신 사람을 반드시 준비시키신다. 그렇다면 준비되지 않았다는 것은 아마도 부르심을 받지 않았을 가능성이 크다는 뜻일 것이다.

14살짜리 미숙한 사람이 부르심을 받지 않았다는 말이 아니다. 어린 나이는 하나의 과정이다. 하지만 하나님이 우리에게 어떤 일을 맡기셨는데 우리가 실패한다면, 하나님은 단순히 우리 등을 두드리며 "그래도 노력했구나. 네 마음은 알겠다"라고 말씀하지 않으신다. 하나님은 우리가 털어내고 일어나 다시 도전하기를 기대하신다. 하나님의 영광을 위해 우리에게 맡겨진 임무를 탁월하게 완수하는 것이 최종 목표여야 한다.

우리 목표는 하나님을 위해 하는 모든 일을 뛰어난 기술로 해내는 것이다. 어쩌면 그래서 예수님도 서른 살이 될 때까지 기다리신 것이 아닐까? 굳이 기다리실 필요는 없었겠지만, 우리가 생각하는 것보다 더 많은 시간을 준비에 투자해야 한다는 본보기를 보여주신 것일지도 모른다.

진정성은 매우 중요하다. 그래서 이 책의 처음 다섯 장에서 진정성을 자세히 살펴보았다. 하지만 예배 인도는 진정성만으로는 부족하다. 하나님은 마음과 기술 모두를 요구하신다. 이것이 하나님이 우리에게 주신 성경적 모범이며, 이를 통해 하나님 나라가 효과적으로 세워지고 하나님이 우리 안에서, 우리를 통해 하시는 모든 일에 영광을 받으신다.

기술

폭풍이 몰아치던 어느 날 밤, 펜실베이니아주 피닉스빌의 밸리 포지 대학교에서 우리 밴드는 특별한 예배의 밤을 위한 음향 체크를 막 마쳤다. 무대에 오르기 전 기도하기 위해 모였을 때까지는 모든 게 순조로웠다. 첫 곡을 시작하고 두 번째 후렴을 부르기 시작했을 때 모든 조명이 완전히 꺼졌다. 그리고 전원이 나갔다. 앰프, 키보드, 마이크, 음향 시스템이 모두 꺼졌다. 그리고 수백 명의 놀란 사람들만 남았다.

내가 스태프 중 한 명에게 손짓하자, 그는 폭풍 때문에 건물 전체의 전원이 꺼졌다고 알려주었다. 전기가 곧 들어올 것 같지도 않았다. 그래서 나는 그에게 어쿠스틱 기타를 찾아달라고 했고(우리는 전자 악기만 있었다), 그는 잠시 후 기타 하나를 들고 왔다. 음향 장비와 조명 없이 함께 목소리를 높이기 시작했다. 솔직히 음악적으로는 우리가 바라던 만큼 충만하지 않았다. 하지만 영적으로는 압도적이었다. 하나님의 영이 모든 참석자를 만지시자 손이 올라가고 하모니가 방 전체에 울려 퍼졌다.

인정하건대, 그날 밤은 내가 계획한 대로 흘러가지 않았다. 이후로 모든 음향 시스템과 전자 기타를 버리기로 결심했다고 말할 수는 없지만, 기술이 결코 주된 초점이 되면 안 된다는 의미 있는 관점을 얻었다. 기술은 중립적이다. 기술은 적이 아니지만 해결책도 아니다. 우리는 거대한 음향과 조명, 영상 시스템을 갖춘 대형 교회에서든, 작은 키보드 하나뿐인 소그룹에서든 성령으로 충만한 예배를 인도할 수 있어야 한다.

변화의 물결

지난 20년간 예배 밴드에는 엄청난 변화가 있었다. 좋은 변화도 있고 나쁜 변화도 있었다. 사실 이 책이 나온 지 1년 후에 읽는다면, 내가 이 책을 쓸 때는 없었던 기술이나 장비를 사용하고 있을 가능성이 높다. 그럼에도 기술은 이제 지역 교회에서 전례 없는 중요한 역할을 하고 있으며, 우리는 기술이 사라지지 않는다는 사실을 받아들여야 한다.

2000년대에는 대형 교회를 제외하고는 클릭이나 인이어 모니터를 사용하는 교회가 거의 없었고, 트랙과 루프를 사용하는 곳은 전혀 없었다. 플래닝 센터 온라인이나 멀티트랙닷컴 같은 사이트도 없었고 로직이나 에이블톤 같은 프로그램들은 대부분 지역 교회 예배 인도자들이 접근하기 어려웠다.

그럼에도 1999~2000년 내가 소닉플러드에 있을 때 이미 이런 귀중한 도구들을 사용했다. 우리는 클릭과 인이어 모니터를 사용했고, 딜리리어스와 힐송 같은 다른 순회 예배 밴드처럼 많은 곡에 루프와 프로그래밍을 적극적으로 도입했다. 당시 우리는 매번 같은 방식으로 곡을 연주하는 것에 만족하지 않았기에 성령님의 인도를 따라 즉석에서 바꿀 수 있도록 로직에서 트랙과 루프를 편집했다. 지금은 급속한 발전과 훨씬 낮아진 가격으로 거의 모든 사람이 이 기술을 사용할 수 있다.

앞서 언급한 창의성과 탁월함에 관한 원칙들을 쉽게 적용할 수 있다. 우리는 미지근한 예배나 공연 중심의 예배 모델의 책임을 기술에 돌려서는 안 된다. 자기중심적인 예배팀의 문제는 기술이 들어와서 장악하기 훨씬 전부터 존재했다. 음악가들은 늘 하나님이 아닌 장비에 집중하려는 유혹과 싸워왔다. 다른 도구들처럼 우리는 하나님 나라의 유익을 위해 기술을 어떻게 다룰지 배워야 하며, 동시에 기술이 예배를 장악하도록 두려는 유혹에 맞서야 한다.

다양한 가능성 탐구

그렇다면 현대 예배 환경에서 하나님 나라를 세우기 위해 기술을 활용할 수 있는 몇 가지 실제적인 방법을 새롭게 살펴보자.

1. **플래닝 센터 온라인** - 2006년 당시, 한 지역 교회의 인도자들이 예배 순서를 관리할 수 있는 시스템이 절실히 필요하다는 사실을 깨달았다. 여러분처럼 그들도 수십 명의 자원봉사자와 수천 개의 곡, 계속 바뀌는 주일 예배 일정 등 관리할 자료가 산더미처럼 쌓여 있었다. 그래서 일을 더 쉽게 하려고 지금의 PCO라는 소프트웨어를 설계했다. 얼마 지나지 않아 전 세계 교회도 비슷한 필요가 있다는 사실을 깨닫고, 이 새로운 기술 서비스를 누구에게나 제공하기 시작했다. 2021년 현재 PCO는 교회들이 음악뿐만 아니라 예배의 모든 영역을 관리하는 데 사용하는 중요한 도구 중 하나다:
    - 앱으로 다운로드할 수 있어서 팀원들이 휴대폰이나 태블릿으로 교회의 예정된 예배에 쉽게 참여할 수 있다.
    - 예배에 관한 모든 것을 체계적으로 관리한다. 모든 자원봉사자 연락처, 예배 일정, 소통 내용, 악보, 곡 등을 추적 관리한다.
    - 각 팀원의 세부 정보를 추적할 수 있는 개인 프로필을 제공한다.
    - 모든 자원봉사자에게 이메일을 보내 봉사 일정을 관리할 수 있다. 며칠 또는 몇 달 전에 미리 이메일 업데이트를 보내거나 특정 봉사자를 매주 초대하도록 설정할 수 있다.
    - 봉사자들이 원클릭으로 초대를 수락하거나 거절할 수 있고, 중요 일정에 불참 날짜를 저장할 수 있다. 각 예배에 관련된 모든 사람이 누가 참석하는지 명확히 볼 수 있다. 이로써 예배팀 구성이 매우 빠르고 쉬워진다.

- MP3, 유튜브 비디오, 모든 곡의 악보를 첨부하고 연결하는 원스톱 솔루션이다. 더 이상 팀원들이 어떤 곡이나 버전을 연주할지 추측하지 않아도 된다. 곡 순서 안에 악보(CCLI를 통해)와 유튜브 링크를 추가하면 앱에서 각각 접근할 수 있다. PCO는 악보의 키와 미리 녹음된 곡의 키도 변경할 수 있다. 예를 들어, 베델이 A 키로 부르는 곡을 C# 키로 매우 쉽게 바꿀 수 있다.
- 각 곡의 배열이나 진행 순서를 상세히 보여주어 팀원들이 각 곡의 절, 후렴, 브리지가 정확히 몇 개인지 알 수 있다. 이는 좋은 출발점을 제공하면서 악보를 벗어나 곡을 자신만의 것으로 만들기 훨씬 쉽게 해준다.
- 목회자나 예배 기획자와 함께 예배 전 음악부터 헌아식, 설교 노트, 헌신 찬양까지 예배의 모든 부분을 개요 형식으로 구성할 수 있다. 각 순서의 시간을 입력하고, 각 곡이나 순서를 인도할 사람을 기록하며, 필요한 만큼 메모를 추가할 수 있다. 그리고 이 양식을 복사해서 다음 주를 위해 수정하기만 하면 된다.

2. **인이어 모니터** - 아직 인이어 모니터에 확신이 없다면 걱정하지 말라. 몇 가지 유용한 조언을 하겠다. 기본적으로 인이어 모니터는 귀 안에 꽂는 고급형 미니 헤드폰으로 무대 모니터floor monitor를 사용하지 않아도 되며, 더 중요한 것은 각각의 악기와 보컬 음량을 자기 선호도에 따라 정확하게 조절할 수 있다는 점이다. 어떤 사람들은 저렴한 기성품 인이어 모니터(50~250달러 범위)를 구매하며, 다른 사람들은 AlClair(alclair.com)와 같은 회사에서 250~1,500달러 사이의 맞춤형 인이어를 구매하기도 한다. 놀랍게도 1999년에 구매한 내 첫 맞춤형 인이어 모니터는 3,500달러가 넘었다. 다행히도 지금은 제품의 품질을 심각하게 해치지 않으면서 가격은 크게 내려갔다.

- 다시 말하지만, 맞춤형 인이어는 오직 당신의 귀에만 맞도록 특별히 제작된 고급 인이어 모니터다. 외부 소음을 차단하고 모니터링 경험의 질을 높여준다. AlClair와 같은 회사들은 인이어의 외관을 개인 취향에 따라 맞춤 설정할 수 있게 해주며(반짝이, 로고, 선명한 색상 등), 동시에 선명도와 품질을 크게 향상하는 다양한 종류의 드라이버(미니 스피커)를 선택할 수 있다.
- 좋은 인이어 믹스를 만드는 방법의 자세한 정보는 7장의 "사운드 체크" 부분을 참고하라.
- 무대 모니터에서 인이어 모니터로 전환하는 것이 부담스러울 수 있지만, 전환했을 때 놀라운 이점이 있다.
  - ▶ **먼저 당신의 귀가 고마워할 것이다.** 이제 각각의 악기와 전체 음량의 균형을 완벽하게 제어할 수 있기 때문이다. 더 이상 자기 소리를 듣기 위해 옆의 연주자들과 싸우지 않아도 된다. 이는 더 만족스러운 모니터링 경험을 제공하고 청력을 더 오래 보존하게 한다.
  - ▶ **음향 엔지니어가 고마워할 것이다.** 단상의 공간을 많이 차지하고 무대 음량을 크게 하는 무거운 무대 모니터를 치울 수 있기 때문이다. 무대 음량이 클 때는 엔지니어가 무대에서 나오는 크고 뭉개진 악기 소리 때문에 좋은 믹스를 만들기가 매우 어렵다.
  - ▶ **팀원들이 고마워할 것이다.** 인이어 모니터를 사용하면 모두가 더 잘 들을 수 있고, 이는 모두가 더 잘 연주할 수 있다는 뜻이다. 스트레스가 줄고 팀원들이 하나님을 예배하는 데 더 집중할 수 있다. 이것이 핵심이다(또한 클릭[곧 다룰 내용]과 MD[곧 다룰 내용]를 사용하여 밴드의 효율성을 높일 수 있다).

- ▶ **회중이 고마워할 것이다.** 성가신 무대 모니터를 없애면 밴드가 더 잘 연주할 수 있고 회중이 훨씬 깨끗하고 선명한 소리를 들을 수 있기 때문이다. 인이어를 쓰면 모두에게 이득이다.

- 중요한 주의 사항:
    - ▶ 처음 인이어 모니터를 사용할 때는 마치 물속에 있는 것처럼 먹먹하게 느껴진다. 또한 밴드와 회중에게서 단절된 것처럼, 마치 거품 속에 갇힌 것처럼 느껴진다. 하지만 이는 실제가 아니며 이런 느낌은 오래가지 않는다. 연습과 인내만 필요할 뿐이다. 무엇을 하든 첫 시도 후에 포기하지 말라. 위에서 언급한 모든 이점을 생각하고 계속 전진하라!
    - ▶ 기술을 사용할 때는 항상 실패할 가능성이 있다. 배터리나 다른 문제로 인이어 팩이 고장 나면 일시적으로 소리를 들을 수 없어서 모니터를 빼내고 뒷벽에서 반사되는 메인 스피커 소리를 들으며 최선을 다해 계속해야 한다.
    - ▶ 인이어 모니터가 청력 손실 가능성을 1,000퍼센트 줄여주지만, 자제력이 없으면 음량을 너무 크게 켜서 오히려 귀에 더 많은 손상을 입힐 수 있다. 허리의 팩(또는 자기 근처의 메인 기기)에 마스터 볼륨이 있어 쉽게 모니터링 할 수 있다.

3. **클릭** - 클릭 사용에 아직 많은 논쟁이 있다. 클릭은 기본적으로 밴드가 정확한 박자에 맞춰 연주할 수 있도록 컴퓨터로 만든 메트로놈 소리를 인이어에 넣는 것이다. 최근에 나는 한 교회에서 주일 예배를 함께 인도하기 위한 준비로 토요일에 예배팀과 함께 세션과 워크숍을 진행했다. 그들은 인이어 모니터는 사용하지만, 클릭은 한 번도 사용한 적이 없었다. 솔직히 말해서 그들은 이 변화에 매우 긴장했다(일부는 약간 당황했다). 하지만 상황을 평가한 후 나는 그들이 준비

가 되었다고 판단했다. 쉽지는 않았고 주말 동안 몇 번의 아슬아슬한 순간도 있었다. 하지만 감히 말하자면, 압도적으로 다수의 팀원이 그 경험에 긍정적이었기 때문에 현실로 받아들이기로 결심했다.

클릭의 목적:

- 클릭을 사용하면 일종의 속임수가 되고 음악가로서의 수준이 낮아진다고 생각하는 사람들이 있다. 전혀 사실이 아니다. 일부 전문 밴드는 클릭을 사용하지 않지만, 기독교를 포함한 거의 모든 프로 팝/록 밴드가 사용한다. 컴퓨터 기반 클릭에 맞춰 연주하는 기술을 기르는 것 자체가 하나의 재능이다. 클릭을 사용하기 시작하면 클릭 없이는 역동성이 커질 때 빨라지고 작아질 때 느려지는 등 박자가 얼마나 흔들리는지 알 수 있다. 클릭을 정기적으로 사용하면 서두르지 않고 더 잘 어우러져 연주할 수 있다.
- 많은 사람이 귀에서 계속 울리는 클릭 소리 때문에 정신이 마비될까 두려워한다. 하지만 모든 사람이 가장 크게 연주할 때보다 약간 더 큰 적절한 볼륨만 유지한다면 뇌는 클릭 소리를 무시하는 놀라운 능력이 있다. 데블스 레이크 교회의 친구들도 이런 현상을 경험했고, 클릭에서 벗어났을 때만 클릭 소리를 인식했다고 말했다.
- 에이블톤 같은 프로그램과 함께 클릭을 사용하면 팀에게 다음과 같은 많은 실용적인 부가 기능을 제공한다.
  - ▶ 자신 있게 함께 시작할 수 있는 시작 신호
  - ▶ 다가오는 음악적 변화를 알려주는 음성 안내
  - ▶ 프로그래밍한 박자 변화
  - ▶ 프로그래밍한 신시사이저나 타악기 트랙과 함께 연주하는 기능
  - ▶ 베이스 연주자가 주일 아침 배탈이 났을 때 미리 녹음한 악기(베이스 기타 등)와 함께 연주하는 기능

4. **음향과 음량** - 음향을 간단히 알아보자. 최신 증폭 기술이 아니라 "음량 전쟁"에 관한 이야기다. 교회 음악의 전체 음량 때문에 갈등을 겪는 교회들이 있다. 이런 경험이 있는가? 문제는 음악을 강하게 느끼길 원하는 사람들과 부드러운 소리를 선호하는 사람 중 누구에게 맞출 것인가이다. 어느 쪽을 선택하던 모든 사람을 만족시킬 수는 없다. 고려할 사항들은 다음과 같다.

- **데시벨(dB) 이해하기** - 데시벨 측정기[dB meters]는 공간의 전체 음량을 측정하는 장치다. 음악에는 인간의 귀가 가장 민감하게 반응하는 주파수(2~4kHz)를 측정하는 A-가중 척도가 선호된다. 다만 음악처럼 고음압이 필요한 경우 C-가중 척도를 사용하기도 한다. OSHA 기준에 따르면 8시간 동안 90dB의 지속적 노출에서 청력 손실이 시작된다. 이 척도는 5dB 증가할 때마다 시간이 반으로 줄어든다(95dB은 4시간, 100dB은 2시간, 105dB은 1시간 등).
- **슬라이딩 척도** A-가중 슬라이딩 척도의 특성상 음량을 100dB에서 50dB로 줄이면 절반으로 소리가 주는 것이 아니라 사실상 소리를 끄는 것과 같다. 인간의 귀는 약 2~3dB마다 음량 변화를 감지한다. 100dB에서 90dB로 음량을 낮추면 사람들은 거의 절반으로 줄어들었다고 느낀다.
- **오케스트라의 큰 음량** - 30명의 성가대가 마이크나 증폭 없이도 좋은 음량으로 노래할 때 쉽게 95~100dB에 도달한다. 흥미롭게도 많은 사람이 단순한 음악 스타일의 선호도 차이를 음량 문제로 잘못 인식한다. 심포니 오케스트라, 뮤지컬, 오페라가 저녁 공연 중 여러 차례 쉽게 105dB을 넘을 수 있다는 점을 이해하면 분명해진다. 따라서 악기의 음량 자체보다는 다양한 음색과 스타일이 주는 차이가 불만의 원인인 경우가 많다.

- **안전한 음량 수준** - 교회에 가장 적합한 dB을 결정하는 문제는 복잡하지만, 음량을 안전한 수준으로 유지하기는 비교적 쉽다. 대부분의 교회 예배는 15~45분 정도이며, 그 시간 동안 일정한 음량을 유지하지는 않는다. 일반적으로 예배 중 음량은 85~100dB 사이에서 계속 바뀐다. 청력 손상은 95dB에 4시간 동안 지속해서 노출해야 발생하므로, 이 시간 동안 평균 95dB을 유지하면 매우 안전하며 청력에 거의 손상이 없다. 물론 교회 지도부가 원한다면 이보다 더 낮은 평균 음량을 유지해도 괜찮다.
- **사랑과 귀마개** - 우리는 전체 회중의 필요에 계속 민감해야 한다. 한 그룹만 배려하고 다른 그룹을 무시하면 안 된다. 나는 가슴을 울리는 저음을 정말 좋아하지만, 어떤 사람들은 이런 저음에 실제 고통을 느낀다. NCU의 전 총장이자 내 친구의 선교적 태도를 높이 산다. 그는 개인적으로 큰 소리를 좋아하지 않지만, 합리적인 선에서 학생들의 선호도를 우선해야 한다는 점을 인정했다. 목회자와 함께 안전한 음량 수준을 교육하면서도 합리적인 중간 지점을 찾길 바란다. 음량을 들쭉날쭉 조절하는 것(헌금을 많이 하는 사람의 의견에 따라) 외에도 다른 방법이 있다. 귀마개가 필요한 사람들에게 제공하는 것이 적절하고 환영받는 해결책이 될 수 있다.

5. 에이블톤 라이브, 로직, 메인스테이지

- 에이블톤 라이브는 2001년에 등장한 디지털 오디오 워크스테이션(Digital Audio Workstation, 이하 DAW)이자 소프트웨어 시퀀서다. 많은 아티스트와 예배팀이 20년 이상 라이브 공연과 교회 예배에서 트랙을 제작하고 실행했다. 에이블톤 라이브는 주로 라이브 공연과 곡 리믹스를 위해 설계되었지만, 음악 녹음, 조명과 시각 효과 자동화, 가사 진행 등에도 사용할 수 있다.

- 많은 예배팀이 에이블톤 라이브를 사용하는 이유는 라이브로 재현하기 어려운 소프트 신시사이저와 샘플 퍼커션 사운드로 현대적인 음향 환경을 만들 수 있기 때문이다. 무대에 키보디스트 2~3명을 고용하는 대신, 에이블톤에서 음악을 녹음하고 클릭 트랙에 동기화하여 아날로그 밴드 악기(드럼, 베이스, 피아노, 기타)와 함께 연주한다. 1999년 소닉플러드도 이렇게 했다. 녹음할 때 다양하고 독특한 드럼과 키보드 사운드를 만들었는데, 5명뿐인 투어 밴드로는 라이브에서 이 사운드를 재현하기 어려워서 '트랙'이나 '스템'을 로직이라는 프로그램을 사용했다. 어떤 밴드들은 기타, 리드와 백그라운드 보컬, 심지어 베이스까지 풀 트랙으로 재생하기도 한다. 우리는 라이브로 재현할 수 없는 악기만 트랙으로 사용하고, 실제 연주 가능한 악기는 직접 연주했다. 이렇게 라이브 연주와 프로그래밍을 독특하게 조합하여 전체 분위기를 높일 수 있다.
- 메인스테이지는 2013년 로직과 함께 출시한 소프트웨어로, 사용자가 사운드를 영역별로 배치하여 라이브를 위해 볼륨, 필터, 패닝, 효과 등을 그룹화할 수 있다. 다양한 사운드와 효과가 제공되며 라이브 공연을 위해 컨트롤러 키보드나 드럼 패드와 연결하도록 설계되었다. 이런 프로그램을 더 쉽게 사용하게 되면서 많은 밴드가 라이브 DAW 시스템을 도입하여 다양한 시도를 하고 있다.
- 팀의 라이브 예배에서 DAW를 사용할 때 가장 큰 오해는 성령님의 인도하심을 따르기 어렵다는 것이다. 소닉플러드 시절부터 로직으로 각 부분(A=절, B=후렴, C=브리지)을 자유롭게 반복하고 이동할 수 있게 했다. 덕분에 성령의 인도하심을 따라 매일 밤 다르게 예배할 수 있었다. 이제 예배 인도자들이 트랙을 가져와 마커를 추가하거나 편집해서 즉석에서 새롭게 편곡하여 연주할 수 있다.

6. **iOS 앱/트랙 (멀티트랙닷컴과 루프 커뮤니티)** - 많은 지역 교회 예배 밴드가 멀티트랙닷컴이나 루프 커뮤니티 같은 회사의 구독 서비스를 통해 음향에 생동감을 더하고 있다. 이 회사들은 좋은 예배 곡들의 전체 트랙과 개별 트랙을 모아서 두 가지 목적으로 제공한다. 1) 팀이 "그 곡의 사운드"를 더 잘 재현하도록 돕고 2) 작은 교회에서 팀원이 아프거나 부재 시 그 역할을 채우도록 돕기 위해서다. 예전에는 아티스트가 자기 웹페이지에서 불규칙하게 트랙을 제공했지만, 이제 이 회사들이 모든 아티스트의 트랙을 한곳에서 구할 수 있도록 정리했다. 구독하거나 개별 구매해서 에이블톤이나 로직 같은 DAW로 가져올 수 있다. 멀티트랙닷컴은 사용하기 쉬운 자체 DAW 플레이백을, 루프 커뮤니티는 프라임을 제공한다. 둘 다 구매한 트랙 전용으로 설계되었다. 가져온 트랙은 원하지 않는 악기를 음소거하고 원하는 악기와 연주하는 식으로 부분적이거나 전체적으로 사용할 수 있다. 앞서 언급했듯이, 리듬 기타 연주자가 없을 때 미리 녹음된 리듬 기타 부분을 믹스에 추가할 수 있다. 멀티트랙닷컴은 연습용 트랙도 대여해서 팀원들이 특정 악기를 솔로로 들으며 정확한 연주법을 더 명확하게 들을 수 있다. 참고: 트랙과 함께 연주할 때도 양쪽의 장점을 누릴 수 있다. 섹션 배열(맵)은 플레이백, 프라임, 로직, 에이블톤에서 자유롭게 변경할 수 있어 즉흥적이고 창의적인 흐름을 유지할 수 있다.

7. **예배 패드 앱** - 예배 패드Worship Pad는 예배 음악에서 사용하는 지속적이고 부드러운 배경 소리를 의미한다. 많은 예배 밴드가 에이블톤, 로직, 메인스테이지 같은 프로그램이 제공하는 예배 패드로 끝없는 가능성을 탐구하는 반면, 믹스에 키보드 패드를 추가할 때는 더 단순한 방법을 선호하는 팀도 있다. 전체 밴드용이든 솔로 어쿠스틱 예배를 보강하기 위해서든 앰비언트 패드 같은 앱은 무료이며 사운드를 증강

한다. 누구나 쉽게 키보드 같은 지속하는 소리로 공간을 채우고 "분위기"를 만들 수 있다. 특히 "차분한" 순간이나 곡과 곡 사이에 효과적이다. 단순히 키를 선택하고 시작 버튼을 누르면 키보드 연주자가 라이브로 연주하는 것처럼 풍부한 키보드 사운드가 자동으로 생성된다. 일반적으로 이 사운드는 코드의 근음과 5음을 중심으로 하여 어떤 곡에도 완벽한 미적 요소를 더한다. 다음 곡을 위해 원하는 키를 터치하기만 하면 앱이 그 키로 부드럽게 바뀌어 곡과 곡 사이에 어색한 상황을 피할 수 있다. 또는 패드 라이브나 소프트 패드, 프라임 같은 앱을 내려받아 기타 스카이, 오르간 드론, 오케스트라 스트링, 브라이트 웨이브 등의 아름다운 사운드 모음을 구매해서 한 단계 끌어올릴 수도 있다. 이런 앱은 휴대전화에서 직접 실행하거나 DAW와 연동해서 사용할 수 있다.

8. **다른 유용한 앱** - 기타 튜너 앱부터 메트로놈까지, 모바일 기기 스토어에는 수없이 많은 예배 보조 앱이 있다. 플래닝 센터 온라인(PCO)이 마음에 들지 않으면 워십팀닷컴worshipteam.com을 사용할 수 있다. 스마트 코드smart chord는 팀이 밴드 연주 방법과 이유, 내용을 이해하도록 돕고, 샤잠shazam은 곡을 찾고 이름을 알려주는 개인 비서 역할을 한다. 애니튠 프로anytune pro는 빠르기와 피치를 조절해 곡을 느리게 만들어 악보 작성과 연주를 학습하는 데 도움을 주며, 카포 터치capo touch는 귀로 듣는 능력 향상에 도움을 준다. 온송onsong은 방대한 악보 라이브러리 관리와 접근을 돕고, 프로즌 에이프frozen ape는 빠르기와 피치 관리 앱을 제작했다. 유지션yousician은 개인 음악 교사가 되고, 워십 리더 월드와이드worship leader worldwide는 여러 언어로 된 곡과 악보에 접근할 수 있다. 지금은 용감한 새로운 세상이다. 특정 필요에 맞는 앱을 찾을 수 없다면 직접 개발할 수도 있다.

9. **조명과 헤이저** - 조명에 관해 몇 가지만 짚어보자. 먼저, 나는 음악 예배 중에 조명 감독에게 분위기를 만들어달라고 요청하지 않는다. 그의 역할은 그 순간에 적절한 색상과 움직임으로 하나님의 영이 하시는 일을 돋보이게 하는 것이다. 축제 같은 음악 표현에 맞춘 번쩍이는 빛과 움직임이 있을 수 있고, 더 부드럽고 고요한 순간에는 달콤하고 장엄한 시각 효과가 있을 수 있다. 조명은 도구이며 도움이 될 수도, 방해가 될 수도 있다. 하지만 조명 감독도 다른 팀원들처럼 자기 기술로 주님을 예배할 수 있어야 한다. 헤이저(무대를 안개 같은 연무로 채우는 기계)를 사용해 무대의 빛을 미묘하게 강조하면 하나님의 아름다움을 가리키는 또 다른 창의적 요소를 더할 수 있다. 다만 조명이 주된 초점이 될 정도로 과하게 사용하지 않도록 주의해야 한다.

10. **가사와 영상** - 오랫동안 우리는 교인들이 예배 곡의 가사를 따라 부를 수 있도록 돕는 도구들을 사용했다. 찬송가 책에서 오버헤드 프로젝터를 거쳐 이제는 대형 고화질 프로젝터 그리고 LED 스크린까지 계속 발전하고 있다. 화면을 활용하는 방법에는 여러 가지가 있다. 어떤 교회는 검은 화면에 흰색 가사를 단순하게 보여주고, 어떤 교회는 음악에 맞춰 아름답게 디자인한 멋진 영상과 모션 그래픽을 사용한다. 어떤 스타일을 선택하든 조명에서 언급한 것과 비슷한 접근법을 제안한다. 즉, 우리의 창의적인 도구가 유일한 초점이 되어서는 안 된다. 전반적으로 화면은 피조물이 아닌 창조주를 계속 가리켜야 한다. 나는 자막 운영자들이 한 슬라이드에 두세 줄 이상의 가사를 표시하지 않고, 이전 슬라이드의 마지막 단어를 부르는 순간에 맞춰 다음 슬라이드로 전환하도록 장려한다.

무엇을 하든 기술 사용에 압박감을 느끼거나 한 번에 너무 많은 변화를 주지 말라. 예산과 지식이 허락하는 대로 한 단계씩 진행하라. 창의성과 탁월함, 그리고 기술은 단순히 사람들을 하나님과 더 깊은 연결로 이끄는 조력자일 뿐임을 기억하라. 우리가 모든 초점을 창조주께 맞추는 한, 이러한 도구들과 함께하는 기름 부음과 사랑은 하나님의 임재 안에서 더 높은 차원으로 나아갈 수 있게 도와줄 것이다.

핵심 요약

1. 팀의 창의성을 더 높은 수준으로 끌어올리면 음악인들에게 큰 기쁨을 준다. 이를 통해 음악인들의 참여도를 높이고 시간이 지남에 따라 음악적 성장을 돕는다. 또한 창의성을 발휘하면 회중이 "이미 해봤고, 다 알고 있다"라는 위험한 사고방식에 빠지지 않도록 돕는다. 다만 음악이 예배 섬김의 도구가 되도록 하며 예배의 주된 초점이 되지 않도록 주의해야 한다.
2. 음악적 탁월함과 연습은 성경적으로 강력한 근거가 있으며, 회중을 섬기고 하나님의 영이 운행할 수 있는 더 많은 공간을 만들고 팀의 연합을 세우는 데 크게 이바지한다.
3. 우리는 기술이 있든 없든 열정적이고 진정성 있게 예배할 수 있다. 따라서 현대 예배의 시대로 나아가면서 최신 기술과 도구들을 우리 예배 분위기를 인위적으로 조성하기보다는 풍성하게 하는 데 활용하자.

9장

하나님은 우리 몸을 원하신다 (롬 12:1~2)

거짓말 #9

"나는 예배 중에 신체적 표현이 없는 교회에서 자랐으니 이제 와서 바꿀 필요 없어."

내가 자란 교회에서는 손을 들거나 춤추는 사람들을 "괴짜"처럼 여겼다. 무슨 말인지 알 것이다. 항상 그런 사람이 한 명쯤은 있었다. 지나치게 표현하는 예배로 모든 사람의 주의를 산만하게 하는 여성 말이다. 그럼에도 인생 후반기에 이르러 나는 성경의 상당 부분과 우리가 부르는 찬양의 내용이 예배할 때 우리 몸으로 온전히 참여하는 놀라운 축복을 말하고 있음을 깨달았다. 나 자신에게 질문을 던졌다. 진정한 "괴짜"는 누구인가? 과감하고 열정적으로 예배하는 사람인가, 아니면 그런 예배자를 손가락질하는 사람인가?

나는 최근에 가까운 예배 인도자 친구와 대화하면서 그의 교회 인도자들이 회중을 위해 "산만하지 않은" 예배 환경을 제공하기로 했다는 말을 들었다. 듣기 좋은 말이다(그들은 음악적 탁월함을 높이려 한다고 말했지만, 동시에 단상과 회중의 신체적 표현을 제한하려는 의도도 있었다).

이 문제는 충분히 대화할 가치가 있다. 육신적이거나 자신에게 관심을 끌기 위한 예배 방식은 자제해야 하기 때문이다. 그러나 서구 교회 예배자들 대부분이 극도로 수동적이고 미지근한 예배 접근법을 채택한 시대에 이 문제는 분별하기 어렵다. 예배자를 억제해야 할지, 아니면 나머지 교회 공동체가 영적 무감각에서 깨어나야 할지를 누가 판단하는가?

친구와 대화하면서 많은 교회 지도자가 수동적인 예배자들을 무관심에서 깨우기보다는 "산만함"에서 보호하는 데 더 헌신하는 것처럼 보였다. 사실, 열정적인 예배자 때문에 산만하다고 말하는 많은 사람이 단순히 자신이 행동하지 않는 것을 정당화하는 핑계로 사용할 뿐이다.

예배에서 진짜 산만함은 매우 드물다. 따라서 열정적인 예배자에게서 양들을 지키는 데 힘을 쏟기보다는 성경에 나타난 열정적인 예배의 중요성을 불신자와 신자 모두에게 가르치는 데 집중해야 한다.

의심스럽다면 성경에서 예수님이 사람들의 "산만해 보이는 행동"을 어떻게 격려하고 인정하셨는지 살펴보라. 그러고 나서도 열정적인 예배자들 때문에 우리 자신이 "산만해졌다고" 느낀다면, 제발 그들을 억제하지 말고 세상의 구원자이신 예수님께 시선을 고정하고 그들과 함께 열정적으로 예배하라. 그렇지 않으면 우리는 결국 예수님의 발에 값비싼 향유를 부은 여인을 비난한 사람들과 같은 처지가 될 것이다.

하나님께 몸을 드려라

화내지 말고, 그저 마음을 열어라. 예배 인도자가 팀과 회중을 성경적 예배로 인도하려면 자기 내면을 정직하게 들여다보며 몸을 포함한 우리의 모든 존재로 하나님을 예배할 것인지 아닌지를 결정해야 한다.

롬 12:1은 호소한다. "그러므로 형제들아 내가 하나님의 모든 자비하심으로 너희를 권하노니 너희 몸을 하나님이 기뻐하시는 거룩한 산 제물로 드리라" 그리스도를 따르는 사람, 즉 예배자로서 나는 삶의 모든 영역과 모든 존재, 마음과 영혼과 생각과 몸으로 하나님께 영광 돌리기를 원한다.

나는 예배를 교회에서만 하고 직장에서는 하지 않거나, "묵상 시간"에만 하고 친구들과 있을 때는 하지 않는 것으로 구분하고 싶지 않다. 또 마음이나 영혼으로만 예배하고 몸으로는 예배하지 않는 식으로 하나님을 예배하고 싶지 않다. 나는 내 모든 존재를 하나님께 드리고 싶다.

당신도 마찬가지일 것이다. 그럼에도 많은 사람이 몸으로 하나님을 예배한다는 개념을 맹목적으로 거부한다. 그러면 어떻게 해야 하는가? 우리는 춤추고 외치며 하나님을 예배해야 하는가? 신약성경에 노래에 관한 언급이 몇 번밖에 없는데도 노래하는 것이 정말 그렇게 중요한가? 무릎 꿇거나 엎드리는 행위 역시 중요하다. 손을 드는 것도 분명한 영적 의미가 있다. 이러한 행동들은 21세기 교회에 여전히 중요하다.

솔직히 20년 전에 이런 질문들을 받았다면 나는 상당히 거부감을 보였을 것이다. 왜냐하면 나는 아무도 일어서지 않고 소리 내지도 않으며 손도 들지도 않는, 조용히 마음으로 노래 몇 곡을 부를 뿐 감히 다른 소리를 내지 않는 보수적이지만 좋은 교회에서 자랐기 때문이다.

나도 시 95:6의 주 앞에 무릎 꿇기나 시 63:4의 하나님께 손들기와 같은 성경 구절을 편의에 따라 모른 척했다. 시 150:4의 춤으로 주님을 찬양하기나 시 98:4의 하나님께 소리 높여 찬양하는 구절들이 나에게는 적용되지 않는다고 생각했다. 외적 표현으로 하나님께 드리는 예배는 문화적으로 내게 부자연스러웠기 때문에 쉽게 무시할 수 있었다. 솔직히 몸으로 드리는 예배라는 개념 자체가 불편했다.

그러나 하나님이 때때로 사람들에게 불편한 일을 요구하시는 것으로 알려진 것을 어렴풋이 알았다. 그래서 주저하면서도 시편의 명백한 구절들을 넘어 조금 더 깊이 성경을 살펴보기 시작했다. 바로 그때 주님은 내가 무시하고 지나쳐 왔던 강력한 예배의 원칙들을 드러내 보이기 시작하셨다.

1. **몸은 우리 것이 아니다.** 바울은 고전 6:19~20은 이렇게 말한다. "[19] 너희 몸은 너희가 하나님께로부터 받은 바 너희 가운데 계신 성령의 전인 줄을 알지 못하느냐 너희는 너희 자신의 것이 아니라 [20] 값으로 산 것이 되었으니 그런즉 너희 몸으로 하나님께 영광을 돌리라." 내 몸이 내 것이 아니라면 결국 몸으로 무엇을 할지 내가 결정할 수 없으며 성경을 따라 순복해야 한다. 또한 고전 6:13에서 이렇게 말한다. "몸은 음란을 위하여 있지 않고 오직 주를 위하여 있으며 주는 몸을 위하여 계시느니라." 또 고전 6:14~15a에서 이렇게 썼다. "[14] 하나님이 주님을 다시 살리셨으니 우리도 그분의 능력으로 다시 살리실 것입니다. [15] 여러분의 몸이 그리스도의 지체라는 것을 모르십니까?"(현대인의 성경). 나는 이전에 이런 생각을 해본 적이 없었다. 몸은 주를 위해 만들어졌으며, 실제로 그리스도의 지체다!

2. **우리 몸으로 무엇을 하든 하지 않든 심판을 받는다.** 고후 5:10은 한 단계 더 나아가 이렇게 말한다. "이는 우리가 다 반드시 그리스도의 심판대 앞에 나타나게 되어 각각 선악 간에 그 몸으로 행한 것을 따라 받으려 함이라." 단순하다. 내가 누군가의 차를 빌려 망가뜨리면 책임을 져야 한다. 마찬가지로 내가 하나님이 주신 몸을 망가뜨리거나 주님이 의도하지 않으신 방식으로 사용하면 책임을 져야 한다. 내 몸은 나를 위한 것이 아니라 하나님에 의해, 하나님을 위해 창조되었다. 내 몸은 내 일을 위해서가 아니라 하나님의 일을 위해 창조되었다. 나는 단순히 하나님의 소유인 내 몸을 관리하는 청지기로 부름 받았을 뿐이다. 주인이신 하나님이 내 "몸"에 무엇이 가장 좋은지 아신다.

3. **온전한 마음으로 하나님을 예배하는 것만으로는 충분하지 않다.** 하나님은 우리를 전 존재로 예배하도록 창조하셨다. 예배는 단순히 마음만, 혹은 생각만, 혹은 몸만으로 드리지 않으며 전부를 드려야 한

다. "네 마음을 다하고 목숨을 다하고 뜻을 다하고 힘을 다하여 주 너의 하나님을 사랑하라 하신 것이요"(막 12:30). 온전한 마음으로 하나님을 예배하는 것이 매우 중요하지만, 그것만으로는 충분하지 않다. 하나님은 우리에게 전 존재로 예배하기를 요구하신다. 마음과 생각으로는 예배하면서 몸으로는 예배하지 않을 때, 우리 몸이 다른 부분과 대립하여 내면의 갈등을 일으킨다. 궁극적으로 우리 전 존재가 겸손이든 기쁨이든, 슬픔이든 경외심이든 예배의 표현에서 완전히 하나가 되는 것이 진정한 목표다.

4. **전 존재로 하나님을 예배하는 법을 배우려면 훈련과 규율이 필요하다.** 앞서 말했듯이, 나는 어린 시절에 하나님께 몸으로 표현하며 예배하는 법을 배우지 못했다. 그러나 성경적이고 전 존재적인 그리스도의 제자가 되기로 결심하면서, 어린 시절에 배운 많은 전통을 뛰어넘어 바뀌어야 함을 깨달았다. 그 결과, 성령님의 도움으로 바울이 그리스도를 본받았듯이 나도 모든 면에서 그리스도를 본받으려 노력했다. 보수적인 환경에서 자라서 처음에는 몸으로 표현하는 예배가 어색했지만, 이제 나는 이렇게 고백한다. "[26] 그러므로 나는 목표 없이 달리는 사람처럼 달리지 않고 허공을 치는 권투 선수처럼 싸우지 않습니다. [27] 내가 내 몸을 쳐서 복종시키는 것은 내가 남에게 전도한 후에 오히려 나 자신이 버림을 당할까 두렵기 때문입니다"(고전 9:26~27 현대인).

5. **내 타고난 성격이 예배의 표현 수준을 결정하면 안 된다**. 하나님 나라에 내 성격과 잘 어울리는 것이 있을까? 자아를 죽이고 십자가를 지는 삶, 원수를 사랑하기, 십일조나 금식이 과연 내 성격과 잘 어울릴까? 그런데 왜 예배만은 다를 것이라고 기대하는가? 하나님 나라의 일들은 언제나 우리를 안전지대에서 벗어나도록 초대하지만, 이것은 손해가 아니라 더 많은 것을 얻게 하시는 하나님의 초대다.

롬 12:1을 기억하는가? "그러므로 형제들아 내가 하나님의 모든 자비하심으로 너희를 권하노니 너희 몸을 하나님이 기뻐하시는 거룩한 산 제물로 드리라 이는 너희가 드릴 영적 예배니라." 산 제물로 제단에 올라가는 것은 절대 편안한 일이 아니다. 다행히도 하나님은 우리에게 예수님처럼 십자가에 몸을 맡기라고 요구하지 않으신다. 대신 우리 전 존재(마음과 영혼과 생각과 몸)를 내려놓고 삶과 예배에서 우리가 "익숙한" 것에서 죽기를 원하신다.

롬 12:1이 오직 몸으로만 하나님을 예배하라는 의미일까? 아니다. 하나님이 모든 사람에게 똑같은 방식으로 찬양하라고 요구하시며 예배 표현의 다양성을 없애시는 것일까? 아니다. 하나님은 우리에게 한계를 넘어 더 깊은 영적 차원으로 나아가기를 요구하신다. 삶과 예배에서 자연적인 표현에서 초자연적인 표현으로 전환하도록 이끄신다. 왜 그럴까? 그것이 풍성한 삶을 사는 데 필수적이기 때문이다.

6. **예수님은 자기 몸으로 우리를 향한 위대한 사랑을 전달하셨다.** 다행히도 예수님은 자신이 기꺼이 하지 않은 어떤 것도 우리에게 요구하지 않으신다. 예수님의 사랑을 가장 강력하게 표현한 것은 말씀이나 기적이나 영광이 아니라 갈보리 언덕에서 온몸으로 십자가를 지신 것이었다. 행동은 말보다 더 큰 힘을 발휘한다.

이는 내게, 특히 지도자로서 엄청난 깨달음을 준다. 예수님은 자기 몸으로 십자가를 지는 것이 하나님의 사랑을 전달하는 가장 강력한 방법임을 완벽하게 아셨다. 만일 예수님이 단순히 하늘 보좌에서 말씀만 하셨다면 우리에게 이토록 깊은 감동을 줄 수 없었을 것이다.

하나님은 우리가 하나님을 향한 사랑을 다양한 방식으로 표현하도록 계획하셨으므로 몸의 표현을 제외하는 것은 예수님이 우리를 사랑하신 방식과 직접적으로 충돌한다. 예수님은 자신의 전 존재로 말씀과 행동을 통해 사랑을 실천하셨다. 모든 것을 우리에게 내어주신 예수님처럼, 우리도 모든 것을 하나님께 내어드려야 한다.

핑계는 그만두자

우리가 전 존재로 하나님을 예배할 때 흔히 하는 몇 가지 핑계를 뿌리 뽑아 보자.

1. **내가 몸으로 예배하면 사람들이 이상하게 생각할 거야.** 아마도 그럴 것이다. 하지만 고전 1:18~29은 하나님이 종종 자신을 현명하다고 여기는 사람들을 당혹스럽게 하려고 의도적으로 "어리석은" 지침을 주신다고 한다. 눈에 보이지 않는 하나님을 예배하기 위해 우리 몸을 사용하는 것보다 더 "어리석은" 행동이 있을까? 그럼에도 하나님을 예배하는 것보다 이 세상의 신을 높이기 위해 우리 몸을 사용하는 것이 분명 더 어리석다. 물론 예배 중 단순히 어리석게 행동한다고 해서 경건하다는 의미는 아니지만, 나는 예배에서의 신체적 표현에 다윗의 말을 인용한다. "*그렇다, 나는 이보다 더 바보스럽게 보이는 것을 기꺼이 감수하겠고, 심지어 내 눈에도 비천하게 보일지라도 마다하지 않겠다!*"(삼하 6:21 NLT 성경 직역)

2. **나는 그렇게 자라지 않았어.** 부모님이 우리를 더 절제되고 경건한 방식으로 하나님을 예배하도록 키웠을 수도 있다. 좋다. 하지만 우리는 이제 새로운 가족인 하나님 나라의 영적 가족에 속했다. 새로운 하늘 아버지와 함께하는 이 가족에서는 만일 충돌이 있다면, 하나님의 말씀에 있는 진리가 우리가 자란 환경보다 항상 우선한다. 영적인 가족의 일원이 된 것을 환영한다.

3. **나는 춤 실력을 타고나지 않았어.** 좋다. 하지만 나는 단순히 이렇게 질문하고 싶다. "무엇이든 연습하기 전부터 잘했던 적이 있었나요?"

4. **나는 몸으로 예배를 표현하기 힘들어.** 무릎을 구부리거나 춤을 출 때 통증이 있을 수 있다. 이런 상황을 충분히 이해하며, 각자 현명한 선택이 필요하다. 하지만 솔직히 말하면, 가장 아름다운 예배는 종종 놀라운 신체적 희생을 통해 나타난다.

5. **하나님은 무질서의 하나님이 아니야.** 어떤 사람들은 "몸으로 표현하는 예배가 지나치면 혼란과 이기적 야망을 승인하는 것 아닌가?"라고 질문한다. 물론 그럴 수 있다. 하지만 우리는 일어나지 않은 일을 향한 두려움을 근거로 하나님을 따르는 방식을 결정하면 안 된다. 우리는 단순히 하나님의 말씀 위에 서서 그에 따라 행동할 뿐이다. 어떠한 논리적 반대에도, 두려움에도, 지나치게 받아들이는 사람들이 있을지라도, 우리가 자란 환경이나 편안함과 상관없이 말이다.

   참고: 고전 14:29~33은 성경에서 가장 많이 왜곡된 구절이다. "*하나님은 무질서의 하나님이 아니시요 오직 화평의 하나님이시니라*"라는 말씀은 단순히 예배에서 예언은 두세 번 하되 예언자가 차례로 말하라는 의미이지 격렬한 성령님의 예배를 피하라는 경고가 아니다. 오히려 이 구절은 교회에서 성령님의 역사에 완전히 순복하도록 권면한다. 흥미롭게도 이런 불평은 다윗의 아내 미갈이 자신의 교만과 불안을 감추려던 비판과 비슷하다(삼하 6:16,20).

6. **좋다. 몸으로 드리는 예배가 신자들을 위한 것이라면 불신자들은 어떻게 해야 하는가?** " 우리 격렬한 예배 때문에 불안정한 구도자들이 놀라면 안 되지 않을까?" 물론 그렇다. 하지만 동시에 그래야 할 수도 있다. 궁극적으로 불신자들을 놀라게 하는 것은 격렬하게 춤추는 사람들이나 깃발을 흔드는 사람들이 아니라 십자가 그 자체다. 나무 조각과 피, 자아의 죽음, 지옥과 악마, 죄와 거룩함, 그리고 원수를 사랑하라는 말씀이 예배보다 훨씬 더 불신자를 놀라게 한다.

생각해 보라. 사람들을 불편하게 하는 성경의 모든 내용을 제거할 계획인가? 좋든 싫든 참된 복음은 현대 교회 예배처럼 세련되고 완벽하게 포장할 수 없다. 왜일까? 불신자들이 놀라지 않도록 복음을 감미롭게 포장할 때, 오히려 그들에게 해를 끼치기 때문이다. 나는 예비 기독교인들이 자기 몸으로 할 수 있는 경건한 일을 필사적으로 찾고 있다고 확신한다. 물론 많은 사람이 경건하지 않은 수많은 활동에 참여하지만, 대부분은 자기 몸에 참되고 경건한 목적이 있다는 사실을 발견하면 기뻐할 것이다. 솔직히, 우리가 말해주지 않았기 때문에 많은 사람이 자기 몸이 주님을 위해, 주님을 예배하고 높이기 위해 지음받았다는 사실을 알지 못한다.

하나님 나라의 유익이 있는 예배

다행히도 하나님은 예배에서 신체적 표현을 "그냥 내가 말했으니까"라는 식으로 강요하지 않으신다. 예배는 결국 우리를 위한 것이다. 우리가 하나님의 방식대로 예배할 때 하나님은 영광을 받으시고 우리는 변화한다. 하나님의 방식으로 예배하는 사람들이 누리는 놀랍고 실제적인 축복이 있다. 반대로 하나님의 방식으로 예배하지 않을 때는 이런 축복을 놓치게 된다. 이제 하나님께 우리 몸을 완전히 내어드리는 예배에 나타나는 네 가지 아름다운 축복을 알아보자.

1. 몸으로 드리는 예배는 우리가 순종할 수 있도록 마음을 부드럽게 한다.

우리가 전 존재로 예배할 때, 다른 사람의 시선이나 기대에 얽매이지 않고 하나님과 계명에 순종하는 데 더 집중한다는 사실을 자신과 주변 사람들에게 분명히 보여준다. 이를 통해 하나님께 마음이 무감각해지는 것을 막고 하나님이 원하시는 것을 향해 민감하고 열정적인 마음으로 살아가게 한다.

2. **몸으로 드리는 예배는 우리 마음과 영혼, 생각을 하나님께 집중하게 한다.** 예배에서 몸이 나머지 부분과 진정으로 연합하면 다른 쾌락이 우리를 산만하게 하거나 유혹할 가능성이 훨씬 줄어든다. 잠을 자고 싶거나 먹고 싶거나 성적 쾌락을 원하는 욕구가 있더라도, 몸이 예배에 온전히 참여하면 이런 유혹에서 벗어날 수 있다. 우리 몸을 마음, 생각, 영혼과 함께 예배에 참여하게 하면 음악 예배에 집중하여 하나님께 초점을 맞출 수 있다.

3. **몸으로 드리는 예배는 육체를 십자가에 못 박는 데 도움을 준다.** 겸손한 예배자들은 육체의 요구를 죽이기 위해 무엇이든 추구한다. 몸으로 드리는 예배는 우리를 안전 지대 너머로 계속 이끌기 때문에 궁극적으로 교만을 제거한다. 또한 우리가 몸으로 드리는 예배를 향한 하나님의 지시에 순종할 때, 육체는 더 이상 우리를 지배하지 못하므로 어린아이처럼 완전히 포기하고 하나님께 나아가기가 훨씬 쉬워진다(마 18:3 참조).

4. **몸으로 드리는 예배는 육체의 죄를 피하는 데 도움을 준다.** 간단히 말해서, 우리가 몸으로 하나님을 예배하는 동안에는 몸으로 죄를 지을 가능성이 훨씬 줄어든다. "하지만 이런 예배는 진정성 없는 형식적인 행위가 되는 것 아닌가?" 아니다. 우리는 몸으로 드리는 예배를 마음과 영혼, 생각의 예배보다 높이는 것이 아니다. 우리는 단순히 몸과 마음, 영혼, 생각의 예배를 모두 똑같이 중요하게 여길 뿐이다.

찬양을 의미하는 히브리어 단어에 감춰진 의미

2016년 퓨어 워십 인스티튜트에서 크리스 듀프리는 이렇게 말했다. "예배는 하나님의 관심을 얻기 위한 공연이나 노력이 아닙니다. 예배는 응답입니다. 우리는 하나님의 인정을 받기 위해 춤추는 것이 아니라, 이미 인정받았기에 춤을 춥니다! 하나님의 관심을 끌기 위해 노래하거나 외치는 것이 아니라, 이미 관심받고 있기에 노래하고 외치며 예배합니다! 하나님이 우리를 알아봐 주시길 바라며 엎드리거나 무릎 꿇는 것이 아니라, 이미 하나님이 우리를 보고 계시기 때문입니다!"

단어는 중요하다. 단어는 관점을 새롭게 한다. 독특하게 조합된 단어는 퍼즐과 같아서 다양한 방식으로 배열하면 선명한 그림을 그리고 사람들의 마음을 자유롭게 하는 독특한 메시지를 전달할 수 있다. 히브리어를 영어로 번역하는 것처럼, 한 언어를 다른 언어로 번역하는 것은 큰 도전이다. 완벽하게 전달되지 않는 미묘한 의미들이 있기 때문이다.

그리스어에는 사랑을 나타내는 단어로 아가페, 필레오, 스토르게, 에로스가 있다. 그런데 영어에는 사랑을 나타내는 주요 단어가 하나뿐이다. 예를 들어 형제 사랑을 의미하는 필레오의 핵심을 전달하려면 더 많은 수식어가 필요하다. 마찬가지로 하나님을 향한 사랑인 아가페를 그저 '사랑'이라는 단어로만 표현하면 쉽게 오해할 수 있다. 누군가는 이를 성적 사랑을 뜻하는 에로스로 오해할 수도 있다.

"찬양"을 의미하는 영어 단어도 비슷한 문제가 있다. 히브리어에는 찬양을 뜻하는 여러 단어가 있지만, 각각의 히브리 단어를 하나의 영어 단어에 억지로 담으려다 보니 결국 번역의 한계에 부딪힌다.

회중에게 "주님을 찬양합시다"라고 말하면 어떻게 반응할까? 어떤 사람은 노래하거나 외치거나 마음속으로 기도하고 또 어떤 사람은 손뼉을 치고 손을 들거나 가난한 사람을 도울 것이다. 핵심은 사람마다 찬양을 다르게 이해하기 때문에 각자 원하는 대로 행동한다는 점이다.

사실 찬양이라는 단어에는 우리가 아는 것보다 훨씬 더 깊은 의미가 있다. 우리는 성경 원문의 메시지를 제대로 이해하지 못해서 성경이 말하는 성경적 찬양을 실천하지 못하고 있다.

다행히 히브리어 찬양 단어에 많은 사람이 모르는 숨겨진 보물 같은 이해가 있다. 이것은 우리 삶을 바꿀 수 있고, 찬양의 풍성한 성경적 의미를 밝혀준다. 이제 하나하나 자세히 살펴보자.

1. 자마르(Zâmar) (자우-마르, 스트롱 코드 H2167) - "악기로 드리는 예배, 악기로 찬양하는 것. 현을 튕기는 것(악기로 예언하는 행위를 포함한다), 예언적 악기 연주를 풀어놓는 것."

이 책에서 내가 예배 인도자라고 할 때는 음악 예배를 이끄는 모든 사람을 의미한다. 단순히 인도자나 마이크를 든 싱어만이 아니라 베이스, 드럼, 건반, 기타, 심지어 탬파니 연주자까지 해당한다. 여기에는 자막, 조명, 카메라, 음향 엔지니어도 포함한다. 예배 팀의 모든 사람이 음악으로 드리는 예배로 회중이 하나님과 깊이 만나도록 돕는 귀중한 역할을 감당한다.

싱어들은 종종 자기가 가장 중요하다고 생각하고, 악기 연주자들은 반대로 자신을 가장 중요하지 않다고 여긴다. 이런 인식 차이로 연주자들은 싱어 뒤에서 소극적으로 참여하며 예배 인도자이자 레위인으로서의 진정한 부르심을 회피한다.

히브리어 자마르가 좋은 이유는 예외가 없다는 것이다. 예배팀 모두가 예배 인도자이며, 각자가 사람들을 섬기는 중요한 역할을 한다는 사실을 일깨운다. 자마르는 악기 연주자들이 자기 역할에 집중하게 한다. 이제 더 이상 연주자들을 싱어들의 '반주자'로 여기면 안 된다.

자마르를 통해 우리는 연주자들도 노래한다는 사실을 깨닫는다. 연주자들은 악기로 노래한다! 연주자들이 악기를 연주할 때, 그들만의 예배 '언어'를 풀어놓는 것이다. 그들의 연주는 좋든 나쁘든 싱어의 목소리만큼이나 크게 울려 퍼진다.

나는 소닉플러드에서 악기 연주자들에게 항상 노래하라고 부탁했다. 그때는 자마르를 몰랐다. 악기 연주자들이 노래하도록 격려하는 것도 좋지만, 중요한 것은 그들이 이미 악기로 노래하고 있다는 사실이다. 연주자들은 악기로 예언하고 어둠을 물리치며 견고한 진을 무너뜨린다.

싱어처럼 악기 연주자들도 하나님께 영광을 돌리거나 자신이 취할 수 있다. 이런 깨달음은 링컨 브루스터의 멋진 예배 곡을 연주하는 방식을 완전히 바꿔놓을 것이다. 우리 교회의 기타 연주자가 최선을 다해도 링컨의 솔로 연주를 완벽히 재현하지는 못한다. 솔직히 링컨 같은 실력을 갖춘 연주자를 찾기는 어렵다. 우리는 틀린 음이 들릴 때 어색하게 웃거나, 자기 실력을 과도하게 뽐내는 기타 연주자 때문에 당황하곤 했다. 이런 순간들이 얼마나 어색한지 아는가?

킹제임스 성경 시 108:1은 이렇게 말한다. "*오 하나님이여, 내 마음이 확정되었사오니 내가 노래하고 내 영광으로 찬양(자마르)을 드리리이다.*" 목소리로 부르는 찬양과 자마르의 찬양이 다르다는 점에 주목하라. 다윗의 기름 부음 받은 능숙한 하프 연주가 사울 왕을 괴롭히는 악한 영을 쫓아낸 것을 기억하라(삼상 16:23). 바로 이것이 자마르다!

악기 연주자들이 이 개념을 깨달으면 놀라운 일이 일어날 것이다. 악기 연주자들도 기름 부음 받은 연주로 포로를 자유롭게 하고 눈먼 자를 고칠 수 있다는 성경적 진리를 예배 인도자들이 믿고 격려한다면 예배는 더욱 강력해진다. 회중도 이 사실을 알면 예배는 더욱 깊어진다. 회중은 악기 연주자가 자마르를 시작할 때 테힐라로 응답할 수 있다는 사실을 깨닫는다. 자마르와 테힐라는 완벽한 조합이다.

2. 테힐라(Tehillâh) (테-힐-라, H8416) - "노래와 찬송으로 찬양하는 것. 영의 찬송. 주님의 노래. 주님께 드리는 자발적인 노래."

우리는 무대(단상) 중심적인 교회 예배 문화에서 재능 있는 작곡가들이 쓴 회중 찬양을 찬송가 책이나 화면을 통해 부르는 데 익숙하다. 좋은 일이다. 하지만 중요한 것을 놓치고 있다. 더 이상 모른 척하면 안 된다.

크리스 톰린, 제레미 리들, 스티븐 퍼틱, 젠 존슨, 챈들러 무어처럼 재능 있는 사람들이 만든 찬양을 부르는 것은 분명 좋은 일이다. 하지만 성경적으로 보면 우리는 하나님을 향한 각자의 개인적이고 친밀한 노래를 부르는 법을 배워야 한다. 이것이 바로 테힐라다.

노래를 잘 못 하는 사람은 테힐라가 부담스러울 수 있다. 하지만 하나님은 우리 각자가 자발적인 노래로 주님을 찬양하도록 초대하신다. 13장에서 더 자세히 살펴보겠지만 이런 자발적인 테힐라는 다른 방법으로는 경험할 수 없는 하나님과의 더 깊은 연결과 자유를 열어준다.

놀랍게도 시 22:3을 새로운 관점으로 읽으면 전혀 다른 의미로 다가온다. *"이스라엘의 찬송(테힐라) 중에 계시는 주여, 주는 거룩하시니이다."* 이 말씀을 통해 우리는 중요한 진리를 발견한다. 하나님은 단순히 아무 찬양 위에나 임재하시는 것이 아니라 자기 자녀들의 즉흥적이고 자발적인 테힐라에 오셔서 머무시며, 좌정하신다. 참으로 놀라운 진리다. 지금까지 우리는 이 깊은 의미를 제대로 이해하지 못했다.

하나님은 특별한 목적으로 우리를 테힐라로 초대하신다. 하나님은 우리가 테힐라를 통해 하나님께 더욱 개인적으로 자신을 표현하는 법을 배울 뿐만 아니라, 각자의 언어와 고백으로 예배하기를 원하신다. 예배 인도자들은 회중이 테힐라를 통해 하나님 앞에서 자신을 표현하는 능력이 자라는 모습을 보며 깊은 보람을 느낄 것이다. 우리는 지금이라도 개인적인 예배와 공동체 예배에서 테힐라의 찬양을 시작해야 한다.

3. 바락(Bârak) (바우-라크, H1288) - "무릎 꿇다, 예배하며 절하다. 엎드리다, 쓰러지다(종종 '축복하다'로 번역한다), 군사적 의미에서 경례로 경의를 표현한다는 뜻도 있다."

바락은 주님 앞에 엎드려 절하는 찬양으로, 적어도 개념적으로는 우리에게 익숙하다. 하지만 시 72:15에 "… 사람들이 그를 위하여 항상 기도하고 종일 찬송(바락)하리로다"라고 할 때, 여기서 찬양이 실제로 몸을 굽혀 절하는 것을 의미한다고는 전혀 짐작하지 못했을 것이다.

영어 흠정역에서는 이 구절 끝부분이 약간 다르다. "그가 날마다 찬양(바락)을 받으리이다." 바락은 편하게 의자에 앉아 커피를 마시며 드리는 일반적인 찬양이 아니라, 만왕의 왕께 '항복'을 외치며 무릎 꿇는 깊은 찬양을 의미한다는 점에서 매우 중요하다. 이 둘은 전혀 다르다.

안타깝게도 요즘은 주님 앞에 엎드려 절하는 사람들을 찾기가 드물다. 왜 그럴까? 육체적으로 불편해서? 단상 위 예배팀 중 누구도 그렇게 하지 않아서? 아니면 우리가 하나님을 향한 경외감을 너무 많이 잃어버려서 우주의 창조자 앞에 엎드릴 필요성을 느끼지 못해서일까?

바락은 이 모든 것을 바꾼다. 우리를 경외의 찬양으로 담대히 부르면서 주님을 향한 진정한 경외감을 회복시킨다(참고: 일곱 번째 히브리어 찬양 단어 뒤에 나오는 한 젊은 여성의 바락 체험 이야기를 꼭 읽어보라).

4. 야다(YÂDÂH) (야우-다, H3034) - "손으로 예배하는 것(손을 감싸 쥐거나, 뻗거나, 흔드는 것)."

교회는 지난 20~25년 동안 손을 사용하는 예배에 많이 익숙해졌다. 요즘은 보수적인 시골 교회에서도 찬양 중에 조용히 손을 들어 예배하는 성도들의 모습을 볼 수 있다. 어쩌면 그들도 히브리어 찬양의 일곱 단어를 배우면서, 이런 아름다운 예배 표현이 감정적인 모습이 아닌 모든 신자에게 성경적으로 중요하다는 사실을 발견했을지도 모른다.

시 67:5은 "하나님이여 민족들이 주를 찬송(야다)하게 하시며 모든 민족으로 주를 찬송(야다)하게 하소서"라고 말한다. 우리가 이 구절의 숨은 의미를 모른다면 그저 평범하게 '주님을 찬양합니다'라고 읽고 넘어갔을 것이다. 하지만 시편 기자는 여기서 매우 구체적인 찬양을 말하면서 우리를 특별한 찬양의 형태, 손을 사용하는 찬양으로 초대한다. 손을 사용하는 예배는 은사주의 신자만을 위한 것이 아니라 모든 민족, 모든 사람을 위한 찬양 표현이다.

시 9:1을 포함한 여러 성경 구절이 같은 의미를 담고 있다. "내가 전심으로 여호와께 감사(야다)하오며 주의 모든 기이한 일들을 전하리이다."

흥미롭게도 성경에서 야다가 처음 등장한 것은 레아가 네 번째 아들 유다를 낳았을 때다. 창 29:35은 "레아가 또 임신하여 아들을 낳았다. 레아가 말했다. 이제 나는 주를 찬양(야다)하리라. 그러면서 레아는 아기의 이름을 '유다'라 지었다. 그 뒤부터 레아에게 더는 아기가 생기지 않았다(쉬운말)"라고 기록한다. 오랜 세월 임신하지 못하다가 기적적으로 네 아들을 낳은 후, 레아는 말로만이 아니라 손을 들어 주님을 찬양했다.

하나님은 찬양이 메말랐던 우리에게 새로운 찬양을 주기를 원하신다. 손을 들어 감사와 찬송을 드리는 야다는 특별한 사람들만이 아닌 모든 신자가 함께할 수 있는 은혜로운 예배 표현이다.

5. 토우다(Tôwdâh) (토-다, H8426) - "하나님이 하실 일을 향한 감사와 찬양의 고백. 다가올 일들을 위해 손을 들어 찬양하는 것. 찬양의 제사, 예배자들의 행렬(찬양대)."

놀랍게도 시편 100편 제목에서 볼 수 있는 이 단어는 보통 "감사(찬양)의 시편(토우다)"로 번역하지만, 그 이상의 의미가 있다. 토우다는 야다처럼 손으로 드리는 찬양이지만 한 차원 더 높다. 토우다는 오래 기다린 기적의 응답을 받기도 전에, 마치 이미 일어난 것처럼 믿음으로 하나님께 감사하며 손을 드는 것이다.

상상해 보라. 당신의 자매가 신장 이식이 필요한데 맞는 신장이 없다. 어느 날 밤 믿음으로 딱 맞는 신장이 오고 있다는 소식을 들은 것처럼 하나님께 손을 들어 찬양한다. 이것이 토우다다. 아직 응답이 보이지 않아도 하나님을 온전히 신뢰하며 응답이 오고 있음을 믿는다는 고백이다.

크리스 톰린과 대런 화이트헤드가 공저한 '거룩한 함성holy roar'에서 토우다의 의미를 깊은 질문으로 풀어낸다. "여러분은 상처받은 결혼 생활, 고단한 직장, 방황하는 자녀를 위해 손을 들어 찬양한 적이 있습니까? 간절히 필요한 인도하심을 믿으며 손을 들어보셨습니까? 치유를 위해 하나님께 토우다의 찬양을 드려보셨습니까?"[1]

이것은 실제적인 질문이다. 교회 안에는 자포자기한 사람들, 소망을 잃은 사람들이 있다. 이제 그들에게 토우다를 알려주어 성경이 가르치는 대로 믿음으로 손을 들어 하나님을 찬양하게 하라. 그러면 그들은 블레셋 사람들에게 붙잡혔을 때도 즉시 찬양했던 다윗처럼 찬양할 것이다. 시 56:11~12에서 다윗은 믿음으로 노래했다. "[11] 내가 하나님을 의지하였은즉 두려워하지 아니하리니 사람이 내게 어찌하리이까 [12] 하나님이여 내가 주께 서원함이 있사온즉 내가 감사제(토우다)를 주께 드리리니."

다윗은 구출되기 전, 결말을 알기 전에 믿음으로 손을 들어 구원의 하나님을 찬양했다. 이것이 바로 토우다의 진정한 찬양이다.

6. 샤바흐(Shâbach) (샤우-바흐, H7623) - "명령하다, 승리하다, 하나님 앞에서 찬양으로 함성을 외치다."

여리고 성벽 이야기를 기억하는가? 나는 이 이야기가 하나님의 기적에서 우리가 맡는 종종 터무니없어 보이는 역할을 잘 보여주기 때문에 정말 좋아한다. 기드온과 토기 항아리 이야기, 여호사밧과 찬양하는 군사들, 엘리야와 물에 흠뻑 젖은 제단도 마찬가지다.

여리고 성벽 이야기에서 하나님은 이스라엘 사람들에게 기막힌 계획을 주신다. 적의 성을 하루에 한 번씩 엿새 동안 돌고, 일곱째 날에는 일

1. 크리스 톰린, *Holy Roar* (Nashville, TN: Thomas Nelson, 2017), page 62.

곱 번 돌라고 명령하시면서 나팔 소리가 울리면 큰 소리로 외치라고 하신다. 그러면 그 거대한 성벽이 무너지는 것을 볼 것이라고 말씀하신다.

나는 이 장면을 상상하면 베지테일즈[veggietales]라는 어린이 애니메이션이 떠오른다. 여리고 성벽 위 사람들이 이스라엘 백성을 조롱하며 음료수를 던지는 장면이다. "우리 성벽이 얼마나 강한지 똑똑히 보여줬잖아, 뜨거운 태양 아래서 빙글빙글 돌다니 정신이 나간 거 아니야?"[2]

물론 이런 상상과 달리 성경은 여리고 사람들이 이스라엘을 크게 두려워했다고 기록한다. 하지만 성 주위를 돌기만 하는 이스라엘의 이상한 전투 방식을 보며 의아하지 않았을까? 정말 이상한 전투 방식이다!

그러나 우리는 함성에 담긴 하나님의 초자연적인 능력을 종종 알아차리지 못한다. 이는 누구도 상상할 수 없을 만큼 큰 능력이다. 사실 성경은 이스라엘이 '큰 함성'을 외쳤다고 기록하는데, 이는 '위대한 함성'으로도 번역할 수 있다. 이것은 우리에게 특별한 공식을 보여준다. "이스라엘의 함성과 하나님의 함성이 난공불락의 거대한 성벽을 무너뜨린다"라는 것이다. 여리고의 함성은 우리가 하나님께 찬양의 함성을 외칠 때 원수의 견고한 진도 같은 방식으로 무너질 수 있음을 보여준다.

시 63:3에서 다윗은 큰 소리로 외친다. *"주의 인자하심이 생명보다 나으므로 내 입술이 주를 찬양(샤바흐)할 것이라!"*

"하지만 제프, 우리는 조용한 예배자인데요?" 알겠다. 자신에게 물어보라. "하나님이 여호수아에게 모든 이스라엘이 외치라고 하셨을 때 나는 어떻게 했을까? 소심하게 손을 들고 '저는 빠져도 될까요'라고 물었을까? 아니면 용기를 내어 영혼 깊은 곳에서, 타고난 성격을 넘어 초자연적 성품으로 가장 크고 깊고 힘찬 함성을 외쳤을까?"

다니엘은 이렇게 고백했다. *"내 조상들의 하나님이시여, 내가 주께 감*

2. 조쉬와 큰 성벽!, 베지테일 위키, www.veggietales.fandom.com/wiki/Josh_and_the_Big_Wall!.)

사하고 주를 찬양(샤바흐)합니다. 주께서는 나에게 지혜와 능력을 주시고 우리의 기도에 응답하셔서 왕의 꿈에 대한 비밀을 알게 하셨습니다"(단 2:23 현대인). 의심의 여지 없이, 하나님이 우리를 위해 하신 모든 일을 생각할 때 우리도 똑같이 열정적으로 응답해야 한다. 하지만 우리 대부분은 감동하지 못한 채 기껏해야 형식적인 골프 박수 정도만 치고 있다.

장담하건대, 다니엘의 찬양은 강력하고도 자발적으로 터져 나온 샤바흐였다. 느부갓네살 왕이 다니엘과 세 친구에게 아침까지 꿈을 해석하지 못하면 죽이겠다고 협박한 상황에서 하나님이 응답하셔서 다니엘에게 절실히 필요한 해석을 주셨기 때문이다. 하나님이 우리 가족과 사랑하는 사람들을 위해 상상할 수 없는 방법으로 역사하셨을 때 우리는 어떻게 반응할 것인가? 아마도 가장 깊은 곳에서부터 찬양의 함성이 터져 나왔을 것이다. 이것이 바로 찬양의 함성, 샤바흐의 진정한 의미다.

7. 할랄(Hâlal) (하우-랄, H1984) - "빛나다, 자랑하다, 축하하다, 노래하다, 떠들썩하고 어리석게 행동하다."

밥 소르기에 따르면, 예배할 때 왜 춤추냐는 질문에 스페인의 한 형제가 답했다. '우리는 날 수 없어서 춤을 춥니다.'[3]

이것은 관점의 문제다. 서구 예배에서 춤을 배제하려고 치열하게 싸우는 모습이 놀랍지 않은가? 다른 문화권은 자연스럽게 받아들이는 춤을 서구 사회는 좋은 점까지 모두 거부한다. 왜 그럴까? 아마도 너무 많은 육적인 춤을 보았기 때문일 것이다. 하지만 하나님은 춤을 통해 영광과 존귀를 받으신다. 그런데 우리는 춤을 잘못 사용하거나 불신자들을 놀라게 할까 봐 춤을 완전히 거부하고, 결국 악마가 승리한다.

우리가 찬양 속에 숨어있는 할랄이라는 단어를 발견하면 변화가 일어날 것이다. 할랄은 할렐루야의 어근이다. 시편의 마지막, 특히 잘 알

---

3. 밥 소르기, *Exploring Worship third edition* (Kansas City, MO: Oasis House, 2018)

려진 시 150:6을 새로운 눈으로 보자. "호흡이 있는 자마다 여호와를 찬양(할랄)할지어다! 할렐루야!" 호흡이 있는 모든 피조물은 하나님을 찬양하라. 우리는 모두 할랄의 찬양을 부르도록 부르심 받았다.

시 22:23은 우리에게 중요한 가르침을 준다. "여호와를 두려워하는 너희여 그를 찬송(할랄)할지어다." 할랄의 찬양은 예수님을 따르는 제자들이 갖추어야 할 중요한 특징이다.

우리는 삼하 6장에 다윗 왕이 주님 앞에서 벌거벗고 춤춘 이야기를 안다(물론 나는 벗은 몸으로 춤추는 것을 권하지 않는다). 하지만 다윗은 벌거벗고 춤춘 것이 아니라 더 놀라운 일을 했다. 블레셋에서 언약궤를 되찾은 후, 축하 행렬의 선두에 서서 온 이스라엘을 이끌며 "하나님의 임재"가 있어야 할 예루살렘으로 향하는 거대한 예배 행진을 이끌었다.

예루살렘으로 가는 길에 다윗은 당시 관습에서 영감받아 의미 있는 일을 했다. 그 시대에는 전쟁에서 이긴 나라가 포로로 잡은 적국의 왕을 승리의 행진 맨 앞에 세우고, 옷을 벗긴 뒤 어리석게 춤추게 했다. 이러한 관습이 분명히 다윗에게 아이디어를 주었을 것이다.

어쩌면 날씨가 더웠을 수도 있고, 거추장스러운 왕의 예복에 진저리가 났을 수도 있다. 또는 단순히 주님 앞에서 기쁨이 넘치는 찬양을 마음껏 드리고 싶었을 수도 있다. 그래서 다윗은 행동으로 옮겼다. 성경은 이 장면을 이렇게 기록한다. "[14] 다윗이 여호와 앞에서 힘을 다하여 춤을 추는데 그 때에 다윗이 베 에봇을 입었더라 [15] 다윗과 온 이스라엘 족속이 즐거이 환호하며 나팔을 불고 여호와의 궤를 메어오니라"(삼하 6:14~15, 모든 사람이 표현적으로 하나님을 예배하는 것의 중요성을 다룬 성경 구절들은 부록 "모든 사람"을 참고하라.)

다윗이 입은 베 에봇은 제사장들이 베 옷 위에 입는 옷이었다(역대상 15:27). 삼하 6:20에서 다윗의 아내 미갈이 조롱했듯이, 문제는 왕답지 않은 옷차림이었다. 다윗이 왕의 옷을 벗어 던진 것은 곧 자신의 권력을 내려놓았다는 은유적인 표현이었다. 이런 방식으로 다윗은 일시적으로 왕의 권위를 벗고 백성과 더 가까워지려 했으며, 이것이 미갈을 자극했다.

「다윗 왕은 결코 주님 앞에서 옷을 벗고 춤추지 않았다」라는 글의 저자는 이렇게 설명한다. "다윗은 레위인의 옷을 입기로 선택했고 춤을 추기 위해 옷을 걷어 올려[다리 일부를 드러내며] 묶었을 것이다. 이는 여러 면에서 분명 품위 없는 행동이었다. 첫째, 다윗은 왕처럼 옷을 입지 않았다. 둘째, 바보처럼 춤을 췄다. 셋째, 아마도 제사장답지 않게 베 옷과 에봇을 걷어 올렸다. 모든 면에서 다윗은 위엄 없이 행동했다."[4]

다윗 왕은 전에 없이 특별한 방식으로 춤을 추면서 상상을 뛰어넘는 무언가를 보여주었다. 이스라엘이 사로잡은 적국의 왕을 행렬 앞에 세워 어리석게 춤추게 했던 것처럼, 이제 다윗은 창조주 하나님의 승리 행진 맨 앞에 섰다. 왕의 상징인 옷을 벗어 던지고 격정적으로 춤추면서 자신도 만왕의 왕께 사로잡혔음을 선포했다. 놀랍지 않은가?

춤추며 예배하는 것은 쉽지 않은 일이다. 그러나 이제 할랄의 참된 의미를 이해했으니, 회중과 함께 참된 자유로 충만한 예배를 시작하라!

분명히 기쁨이 넘치는 찬양은 성경적이다. 시 35:18이 담대히 선포한다. "*내가 큰 회중 가운데서 주께 감사드리며 많은 백성들 가운데 주를 찬양(할랄)하겠습니다*(우리말 성경)." 하나님의 자녀가 한자리에 모여 기쁨으로 찬양하며 사람들 앞에서 담대히 예배하고 완전한 자유로 찬양한다! 할랄의 찬양은 우리 모두에게 열려 있다. 하나님 앞에서 온전한 자유를 누리며 드리는 찬양은 우리의 영광스러운 사명이다. 할 수 있겠는가?

나는 사람들의 마음을 이해한다. 나도 처음에는 정말 어색했다. 교회에서 주님 앞에 마구 몸을 흔들며 찬양하는 것이 무척이나 낯설었다.

4. 더스팅 오프 더 바이블 블로그, 2015년 11월 23일, www.dustoffthebible.com/Blog-archive/2015/11/23/no-king-david-never-danced-naked-before-the-lord/

그런데 놀랍게도 하나님이 내 생각을 완전히 바꿔주셨다. 오히려 하나님을 예배하며 무덤덤하게 반응하는 것이 더 이상한 모습이 아닐까? 하나님이 내게 베푸신 은혜가 이토록 큰데, 어찌 무덤덤할 수 있는가? 사람의 일에는 열광하면서 하나님의 놀라운 역사에는 기쁨으로 화답하지 않는 것이 얼마나 이상한 일인지 깨달았다.

그래서 나는 진정으로 갈급한 그리스도의 제자라면 누구나 해야 할 일을 했다. 나를 낮추고 변화하기로 결심했다. 하나님의 말씀을 실천하는 사람이 되고, 또한 내가 섬기는 사람들도 그렇게 살도록 인도하기로 했다. 예배의 모든 부분에서, 할랄의 찬양에서도 그렇게 하기로 했다.

나는 먼저 하나님과의 시간에 할랄을 연습했다. 문을 닫고 찬양을 크게 틀어놓은 채, 죽을 것 같아도 해보기로 했다. 처음에는 정말 죽을 것 같았다. 하지만 이제는 그 전으로 돌아가고 싶지 않다.

경례, 할 것인가 말 것인가?

꼭 들려주고 싶은 놀라운 이야기가 있다. 2015년 퓨어 워십 인스티튜트가 주최한 일주일간의 예배 컨퍼런스가 한창이던 수요일이었다. 그날은 참가자들이 가장 좋아하는 '히브리어 찬양의 일곱 단어 체험의 날'이었다(오래전 히브리어 찬양의 일곱 단어를 알려준 레이 휴즈와 브라이언 & 레이미 웨일런에게 큰 감사를 전한다).

강의가 끝난 후 다음 과정 전에 몇몇 참가자에게 간증을 요청했다. 뒤쪽에 있던 한 젊은 여성이 즉시 손을 들고 군인으로서 그 과정이 힘들었다고 말했다. 이야기를 계속하기 전에 바락의 정의를 다시 보자. "무릎 꿇다, 예배하며 절하다. 엎드리다, 쓰러지다, (종종 '축복하다'로 번역한다) 군사적 의미에서 경례로 경의를 표현한다." 우리는 참가자들에게 엎드리기 전에 주님께 바락으로 경례하도록 한다. 아무리 표현력이 풍부한 사람이라도 예배 시간에 하나님께 경례를 해본 사람은 거의 없다.

상상해 보라. 손바닥을 곧게 펴고 손끝은 눈썹 끝에 댄 채, 꼿꼿이 서서 고개는 똑바로 들고, 어깨를 쫙 펴고 시선은 예수님을 향한 채로 마치 10분처럼 느껴지는 2~3분 동안 차렷 자세로 서 있다. 단순한 행동이지만 이 자세를 취하고 있으면 완고한 마음을 유지하기가 거의 불가능하다.

여성은 말을 이었다. 군인은 장교가 아닌 사람에게 경례해서는 안 되기 때문에 예배에서 예수님께 경례하는 것을 군인으로서 불명예스러운 행동이라고 여겼다는 것이다. 이것이 그녀의 첫 생각이었다.

내 생각이 빠르게 돌아갔다. 처음 듣는 관점이었다. 이해되는 부분도 있었지만 뭔가 맞지 않았다. 사람인 장교에게는 경례하면서 만왕의 왕이신 예수님께는 경례하지 못한다니? 모든 장군의 장군이시며, 모든 권위자 위의 권위자이신 분께 말이다. 너무 극단적인 생각이었다.

그녀는 계속했다. 예수님을 향한 경례로 예배 체험을 시작하고 약 1분쯤 지났을 때 더는 참을 수 없었다. '경례해야 하나? 할 수 있을까? 정말 해야 하나?' 마침내 떨리는 손가락으로 천천히 손을 올리기 시작했다. 아무도 눈치채지 못했다. 그런 다음, 손이 눈썹에 닿는 순간, 그녀의 내면 깊은 곳에서 무언가가 터져 나왔다. 마음이 활짝 열리고 눈물이 뺨을 타고 흘러내렸으며 몸이 미세하게 떨렸다. 그저 그 자리에 서서 조용히 떨고 있었다. 하나님이 그녀의 영혼 깊은 곳을 만지셨다. 참으로 아름다운 순간이었다.

완전한 순환

그녀의 간증을 들으며 성령님이 주시는 깨달음이 내 영혼에 넘쳐흘렀다. 정말 믿을 수 없는 순간이었다. 보통 예배 후 목회자들이 내게 다가와 이렇게 말할 때면 나는 지치곤 한다. "제프, 기름 부음 있는 예배 인도 감사드립니다. 예배로 단단한 땅을 갈아 말씀의 씨앗을 뿌릴 수 있는 길을 열어주셨어요!"

의도는 좋지만, 나는 이 관점에 동의하지 않는다. 이는 모든 사람의 궁극적 목표가 단순히 하나님의 말씀을 듣는 것으로 여기게 만들기 때문이다. 하나님의 진정한 목적은 사람들이 말씀을 듣는 것이 아니라 말씀인 하나님과 깊은 사랑의 교제를 나누는 것이다. 예배가 말씀을 위한 길을 만드는 것이 아니라, 오히려 말씀이 예배를 위한 길을 연다.

우리가 천국에 갔을 때 사라질 것은 무엇일까? 하나님 말씀을 전하는 설교일까, 음악으로 드리는 예배일까? 우리가 하나님의 말씀을 전하는 이유는 듣는 사람이 자신의 존재 목적을 깨닫기 위해서다. 그것은 노래와 삶을 통해 하나님을 진정으로 예배하는 예배자가 되는 것이다.

예배는 우리에게 자신을 드러내신 하나님께 드리는 응답이며, 말씀은 우리가 예배로 응답하게 하시는 하나님의 계시다. 결국 우리는 알지 못하는 하나님을 예배할 수 없다.

이 이야기가 경례를 거부했던 여성과 어떤 관련이 있을까? 그 여성이 내 설교를 통해 바락의 성경적 계시를 들었을 때, 그녀 앞에는 선택지가 놓여 있었다. 반응할 것인가? 순종할 것인가? 예배할 것인가?

처음에는 계시에 반응하기를 거부했지만, 곧 마음이 바뀌었다. 먼저 하나님께 경례하라는 성경의 분명한 가르침을 통해 계시가 왔다. 그다음 새롭게 받은 계시에 순종하기로 결심하면서 반응이 왔다. 원인과 결과, 계시 다음에 반응, 설교 다음에 예배가 이어졌다.

바로 그때 성령님이 내게 진리의 다른 면을 보여주셨다. 나도 틀리지 않았고, 선의를 가진 목회자들도 틀리지 않았다. 사실 우리는 각자 양면의 진리 중 한 면을 이해했을 뿐이다. 순환하는 진리 말이다.

놀랍게도 그 여성은 완전히 이해하지 못했지만, 하나님의 말씀에 순종했고, 이를 통해 특별한 일이 일어났다. 믿음으로 순종했을 때 성령님은 '보상'으로 지식을 뛰어넘는 더 깊은 이해의 선물을 그녀의 마음에 부어주셨다. 그녀는 하나님께 경례 드리는 것이 왜 중요한지 깨달았다. 정말 놀라운 일이었다. 예수님의 말씀을 보자. “있는 자는 받을 것이요 없는 자는 그 있는 것까지도 빼앗기리라”(막 4:25). 정말 흥미롭다!

만일 그 여성이 계속 손을 주머니에 넣고 있었다면 더 깊은 계시와 개인적인 돌파를 경험하지 못했을 것이다. 오직 계시에 믿음으로 순종하여 행동했을 때 비로소 하나님께 바락으로 찬양하라는 명령의 진정한 이유를 이해할 수 있었다. 이 진리는 끊임없이 순환한다. 하나님이 계시를 주시면 우리는 순종으로 응답한다. 순종이 마음을 열어 더 큰 계시를 받게 하고, 이는 다시 더 큰 순종으로 이어진다.

하지만 반대의 경우도 있다. 하나님이 사역자들을 통해 계시를 보내시지만 우리가 반응하기를 거부할 때가 있다. 그러면 모든 것이 침묵에 빠진다. 하늘의 계시도 멈추고, 성령님의 깨달음도 사라지며, 우리 반응은 더 줄어든다. 하나님이 인색해서가 아니라 하늘의 진리와 우리 마음 사이의 통로를 스스로 닫았기 때문이다. 정말 안타까운 일이다.

이제 믿음의 반응이 지닌 능력을 이해하겠는가?

균형 잡힌 예배를 향하여

안타깝게도 오늘날 우리는 예배에서 하나님께 “믿음으로 가득한” 찬양으로 응답하지 않고 대신 성격이나 상황에 따라 이성적으로 반응하거나 아예 반응하지 않는다. 한 가지 분명히 하고 싶다. 나는 음악 예배에서 외적 표현을 과도하게 강조하려는 것이 아니다. 오히려 그동안 외적 표현을 소홀히 여긴 결과 교회에 깊은 상처를 남겼다는 점을 생각해 보자.

하나님은 우리가 전 존재로 예배하기를 원하신다. 하지만 어떤 사람들은 마음 없이 머리로만 예배하고, 또 어떤 사람들은 몸으로 드리는 예배는 즐기면서도 머리로는 전혀 참여하지 않는다.

아이러니하게도 2019년 여름 모잠비크 방문을 통해 이것을 더 깊이 이해했다. 아프리카 친구들은 마음과 영혼과 힘을 다해 하나님을 예배할 때 이성으로 드리는 예배가 가장 어렵다고 했다. 지성으로 드리는 예배가 가장 어색하고 그들 문화와도 맞지 않다고 했다. 놀라운 고백이었지만 그들이 마음과 힘으로 드리는 예배가 그들의 본질적인 핵심임을 알 수 있었다.

문제는 지성적 예배가 모잠비크 문화와 맞지 않다고 해서 그들이 생각으로 드리는 예배를 하지 않아도 되냐는 것이다. 그렇지 않다. 마음과 영혼과 생각과 힘을 다해 하나님을 예배하라는 명령은 모잠비크 예배자에게도 적용된다. 모잠비크 예배자들도 우리처럼 예배의 네 가지 표현 모두에서, 특히 문화적으로 자연스럽지 않은 부분에서 성장해야 한다.

몸으로 하나님을 예배한다고 해서 마법처럼 참된 예배자가 되는 것은 아니다. 그러나 참된 예배자는 마음과 영혼과 생각과 몸을 다해 하나님을 예배하려고 힘쓴다.

참고로 성경은 삼하 6:23에서 흥미로운 대조를 보여준다. 미갈은 평생 자녀를 갖지 못했지만, 다윗은 불완전했음에도 하나님의 사랑을 받았다. 이제 우리도 선택해야 한다. 하나님의 마음을 열정적으로 추구하도록 불붙여진 다윗의 길을 따를 것인가, 아니면 자유롭게 춤추며 엎드려 예배하는 사람들을 업신여긴 미갈의 길을 따를 것인가?

감사하게도 전 존재로 하나님을 예배할 때, 영적으로 메마른 삶이 영원한 열매를 맺는 삶으로 바뀐다.

핵심 요약

1. 성경은 우리 몸이 우리 것이 아님을 가르치며 우리 몸으로 무엇을 행하고 행하지 않았는지를 따라 심판받게 될 것이다. 몸으로 드리는 예배는 비록 작은 부분이지만, 몸이 하나님의 영에 순종하도록 훈련하는 중요한 과정이다.
2. 전 존재로 드리는 예배, 즉 몸과 마음과 영혼과 생각을 다 해 드리는 예배는 하나님과의 관계를 더욱 깊게 하고 그리스도의 참된 제자가 되는 데 없어서는 안 될 요소이다. 진정한 영적 건강을 추구한다면 우리는 예배의 모든 요소를 개인의 삶과 예배팀과 회중 안에서 지속적으로 계발하고 키워야 한다.
3. 몸으로 하나님을 예배하는 환경에서 자라지 않았다고 해서 그렇게 예배하지 않아도 되는 것은 아니다. 마찬가지로 수동적이고 조용한 성격이라고 해서 손을 들거나 춤추거나 무릎 꿇는 예배를 하지 않아도 되는 것은 아니다. 하나님이 우리에게 "좋다"고 하신 일들을 거부할 때, 우리는 자신에게 손해를 끼치는 것이다.
4. 몸으로 드리는 예배는 다른 어떤 것도 할 수 없는 특별한 방식으로 우리를 영적으로 도약하게 한다. 하나님이 몸으로 예배하라고 명령하시는 이유는 우리를 해치려는 것이 아니라 유익하게 하시려는 것이다. 우리가 이 명령을 거부한다면, 순종을 통해 경험하는 하나님의 자비와 계시를 놓친다.
5. 히브리어 찬양의 일곱 단어는 우리와 예배팀과 회중이 성경에서 말하는 방식으로 예배하도록 이끄는 귀중한 안내서다. 우리는 이 단어들을 배우고 자주 가르쳐야 한다.

10장

본보기가 되어 인도하라 (지도력의 결정적 요소)

거짓말 #10

"우리 예배팀은 하나님이 원하시는

진정한 인도자가 되기에는 정말 무감각해."

이번 장에서는 팀이 더 효과적인 인도자로 성장하게 돕는 실제적인 방법을 살펴볼 것이다. 이를 통해 예배팀의 진정성으로 회중이 하나님과 더욱 깊은 교제를 나누도록 불을 지필 것이다.

내가 예배 인도자로서, 또 예배 컨퍼런스 강사로 섬기면서 가장 자주 듣는 질문이 있다. 예배 인도 강의 후 질의응답 시간에 항상 누군가 손을 들고 이렇게 질문한다. "저는 주일 아침마다 설렘과 기대로 교회에 옵니다. 밴드와 연습하고 필요한 모든 준비를 마치고 팀원들을 격려하며 하나로 모으고 기도하며 주님을 찾습니다. 그런데 우리가 온 마음을 다해 하나님을 예배하려고 단상에 올라가면, 회중은 마치 좀비처럼 반응 없이 서 있습니다. 이런 상황을 어떻게 해결할 수 있을까요?"

여러분도 이런 경험이 있는가? 예배를 시작했지만, 사람들은 주머니에 손을 넣고 하품하며 입술도 거의 움직이지 않는다. 어떤 이는 팔짱을 끼고 어떤 이는 커피잔을 들고 있다. 몇몇은 얼굴을 찌푸리고, 또 다른 이들은 시계만 쳐다보며 점심시간이 되어 자유로워질 순간만을 기다린다.

솔직히, 일부 예배팀은 회중에게 무관심하다. 사람들을 사랑하고 참된 예배로 돌파하도록 돕기보다는 자기 목소리, 옷차림, 조명 아래 모습에 더 신경 쓴다. 그러나 많은 예배팀이 회중의 삶을 변화시키시는 하나님의 도구가 되길 간절히 기도한다. 우리는 교회 가족들이 음악 예배를 통해 하나님께 마음을 드리며 영적으로 깨어나는 모습을 보기 원한다.

우리는 회중이 하늘 아버지의 사랑을 깊이 체험하도록 돕고 싶지만, 그 방법을 늘 알지는 못한다. 이것이 우연인지, 어떤 공식이 있는지, 성경 어딘가에 비밀이 숨겨져 있는지, 재능이나 외모, 카리스마의 문제인지 알아내려 한다. 회중이 하나님과 만나도록 돕는 데 예배팀의 책임은 무엇인가? 노래와 연주를 잘하는 것 외에도 사람들이 하나님과 더 깊이 진정한 관계를 맺도록 도울 방법이 있을까?

벽을 허물다

여러분이 기대하는 것처럼, 이 책에는 우리 예배 사역을 혁신적으로 높일 특별한 방법들이 담겨 있다. 이 방법으로 여러분의 예배 팀은 영적으로나 음악적으로 더 강해지고, 단상과 회중 사이에 우뚝 솟은 장벽이 허물어지며 공동체가 살아날 것이다. 그리고 하나님과 교회의 영적 가족들 사이에 더 깊은 교제가 이루어질 것이다.

바로 이것이 우리가 간절히 바라는 것이다. 사람들이 하나님 안에서 성장하고 주님의 임재를 전하는 통로가 되며 그저 교회만 다니는 사람을 넘어서길 바란다. 하지만 먼저 단상과 회중 사이의 벽부터 살펴보자.

사실 이미 예배 인도자와 예배팀은 이 벽을 느끼고 있다. 때로는 단상과 좌석 사이에 높이 32킬로미터, 두께 6미터나 되는 거대한 콘크리트 괴물 같은 벽이 있는 것처럼 느껴진다. 이 틈은 신약 성경에 나오는 부자와 나사로 사이, 지옥과 아브라함의 품 사이의 간격보다도 더 커서 아무도 건널 수 없는 깊은 틈이다.

거의 모든 예배 인도자와 예배팀은 연주자와 청중으로서 이런 경험을 해봤다. 회중도 이 벽을 느낀다. 아무 말 없이 각자 자리 속으로 점점 더 깊이 파묻힌다. 예배 밴드는 열정적인 연주에만 몰두한 나머지 회중을 이 땅에 홀로 남겨둔 채, 우주로 날아가 버렸다는 사실조차 모른다. 예배팀은 찬양의 참된 목적을 잊어버린 듯 자기만의 여정을 떠난다. 예배팀의 목적은 회중과 함께 여정을 떠나는 것이지, 회중을 발사대에 홀로 남겨두고 자기들만의 멋진 연주를 바라보게 하는 것이 아니다.

음악성과 실력에만 집중하는 이런 태도는, 대부분의 예배팀이 바라는 목표 "함께 하나님을 예배하자"와는 정반대의 결과를 낳는다. 오히려 서로를 가르는 벽은 더 높아지고 두꺼워진다. 회중은 자리에 앉아 "우리를 잊지 마세요!"라고 적힌 큰 팻말을 들고 싶은 충동과 싸운다. 나는 모든 예배팀이 이런 흔한 문제를 피하도록 돕고 싶다.

실망한 많은 교인이 문제를 잘못 진단한다. 뭔가 잘못되었다고 느끼지만, 정확히 무엇이 문제인지 모른다. 회중과 단상 사이에 벽이 있음을 느끼지만 그 이유를 집어낼 수 없다. 안타깝게도 이 문제를 예배 인도자의 실력 탓이라고 여기지만, 실제로는 예배팀과 회중이 함께 예배하지 못하기 때문에 생기는 "공동체"의 문제다.

회중과 교감하기

회중과 교감하기는 예배 인도자가 활용할 수 있는 중요한 전략이다. 이는 앞서 말한 문제가 계속되지 않게 하고, 벽이 더 높아지지 않도록 막아준다. 하지만 이것이 실제로 무엇을 의미하는지 제대로 이해하는 사람은 많지 않다. 더구나 예배 인도자가 이 벽을 허물 방법을 이야기하면 심하게 반발하는 사람들도 있다. 마치 예배 인도자는 단상에서 하나님만 바라보며 예배해야 한다고 생각하는 듯하다. 회중과 소통하는 것은 예배 인도자의 역할이 아니라는 듯이 말이다.

나는 깜짝 놀랐다. 내 유튜브 채널에는 '회중이 반응하지 않을 때는 어떻게 해야 할까?'라는 제목으로 '회중과 함께 예배하기' 전략을 설명한 영상이 있다. 이 영상은 12만 6천 회가 넘는 조회 수를 기록했는데, 내가 모르는 사이에 댓글이 엉망진창이 되어 있었다. 마치 헛간에 쌓인 소똥처럼 부정적인 반응과 거친 논쟁으로 가득했다. 어떤 이들은 내가 이 책에서 제시하는 사랑의 지도력이 경건한 예배 인도자의 모습이 아니라며 맹렬히 비판했다. 여기 부정적인 댓글 몇 가지를 옮겨왔다.

- 더 좋은 생각이 있다. 이런 쓸모없는 팝 문화 쓰레기를 예배라고 포장하지 말고, 깊이와 의미가 있는 것을 하는 게 어떨까? 단순히 유행만 따르지 말고. 현대 예배 음악은 정말 역겹다. 순전히 허세 덩어리다. 가치 없다. 역겹다!!! 으아!!!
- 회중은 '관객'이 아니다. 나는 예배 인도할 때 그저 온 마음을 다할 뿐이다. 그들이 반응하지 않는다면 그건 그들의 선택이다. 예배는 공연이 아니다. 회중의 반응을 끌어낼 필요가 전혀 없다.
- 이봐, 친구. 너 정말 바보구나.
- 주된 이유는 음악 소리가 너무 크기 때문이다. 곡도 모르는데 인도자 목소리도 안 들리면 가사의 어느 부분인지 알 수 없다. 이게 가장 짜증 난다. 음악이 잔잔할 때 성령님이 더 쉽게 움직이시는 것 같다. 큰 소리는 방해가 된다. 주 하나님은 성도들의 목소리를 듣기 원하시지만, 음악에 묻혀버린다.
- 첫째, 우리는 예배하라는 명령을 받았다고 믿는다. 하지만 당신의 음악이나 '공연'에 사람들이 당신이 적절하다고 생각하는 방식으로 '반응'하지 않는다고 발끈하는 것은 좀 유치하다. 대체 누구의 반응을 원하는 건가, 그들인가 하나님인가? 당신이 하는 말을 잘 살펴보면, 예배의 성공과 실패를 청중의 감정적 반응으로 판단하는 것 같다.

나는 예배 인도자의 역할이 자기만족을 위해 공연을 하거나 회중의 반응을 끌어내는 것이 아니라는 데 완전히 동의한다. 솔직히 댓글에 하나하나 답하고 싶었지만, 하지 않기로 했다. 하지만, 이 훌륭한 분들은 예배 인도란 섬김이며, 섬김은 좋은 일이라는 것을 이해하지 못했다. 하나님의 자녀들이 하나님을 더 사랑하도록 돕는 것이 언제부터 유치하거나 어리석은 일이 되었는가? 내가 원하는 반응은 나 자신을 위한 것이 아니다. 내 예배 인도 실력을 드러내려는 것이 아니다. 회중이 하나님과 깊이 교제하며 축복받도록 하기 위함이다.

예배 인도자가 인도하는 방식을 조금만 바꿔서 하나님과 교회 가족들 사이에 진정한 교제 가능성을 크게 높일 수 있다면 우리는 기뻐하지 않겠는가? 기꺼이 바꾸지 않겠는가? 습관적으로 하지만 의도하지 않게 회중이 하나님과 만나는 것을 방해하는 방식으로 인도해 왔다는 사실을 깨닫는다면, 기꺼이 그 방식을 조정해야 한다.

예배 인도자의 첫 번째 목표는 언제나 하나님이 모든 영광을 받으시는 분위기를 조성하는 것이어야 한다. 두 번째 목표는 성령님의 능력으로 회중을 섬겨서 하나님의 사랑에 올바르게 반응하도록 돕는 것이다.

예배 인도자는 사람들에게 하나님을 예배하라고 강요할 수 없고, 그래서도 안 된다. 하지만 예배 인도자가 회중이 성경적이고 진실한 마음으로 하나님을 더욱 온전히 예배하도록 도울 수 있고, 방해하는 것들을 제거할 수 있다면, 마땅히 그렇게 해야 한다. 하나님과 회중을 사랑하고, 돕고, 섬기는 것이 예배 인도의 본질이다.

예배 인도자가 단상 위에서 회중을 도우면 안 된다고 확신하는 사람들에게 무슨 말을 해주고 싶은지 생각해 보고 예배팀과 나누어 보라. 이미 많은 예배 인도자가 두려움을 낳고 기쁨을 막는 영적 무감각을 뚫고 교회 가족들이 하나님을 만나도록 돕기 위해 싸운 소중한 경험이 있을 것이다.

나는 모든 예배 인도자에게 힘을 주고 격려하여 그들이 더 많이 배우고 더 잘 준비해서 회중을 효과적이고 열정적으로 돕고 섬길 수 있기를 바란다. 검증되지 않은 몇 가지 하찮은 제안을 무책임하게 던지려는 것이 절대 아니다. 이번 장에는 내가 사랑의 마음으로 준비한 성경에 기초한 실제적인 전략이 담겨 있다. 이 전략들은 예배 인도자와 회중 사이에, 또 땅과 하늘 사이에 있는 완고한 벽을 허무는 데 도움을 줄 것이다. 이제 장벽을 완전히 무너뜨릴 시간이다! 준비되었는가?

첫 번째 요소: 본을 보여 이끌라

교회에 하나님 나라의 예배 문화를 세우려면 세 가지 핵심적인 지도력 요소를 실행해야 한다. 본을 보이고, 가르치고, 실천하는 것이다. 이 장에서는 가장 기본적인 본을 보이는 것을 이야기하려 한다. 한 가지 주의할 점이 있다. 이 주제가 너무 단순해 보여서 대충 넘기고 싶을 정도겠지만, 실제로 많은 예배 인도자가 이 영역에서 큰 어려움을 겪는다.

물론 예배 인도자들이 일부러 본을 보이지 않는 것은 아니다. 하지만 대부분 비디오를 통해서야 자기 문제점을 발견한다. 비디오? 무슨 뜻인지 궁금한가? 많은 예배 인도자가 자신의 부족한 점을 인정하지 못하다가 큰 화면으로 자기 모습을 본 뒤에야 비로소 인정한다는 의미다.

거울아, 거울아

나는 NCU에서 예배팀이 섬기는 모습을 촬영하는 것이 매우 유익한 깨달음을 준다는 사실을 발견했다. 팝콘과 함께(농담이다) 팀원이 모여 영상을 보면서 영상을 평가하고 각자 자신을 돌아보며 서로의 성장을 위해 소중한 의견도 나눈다. 나는 여러분의 예배팀에서도 촬영을 시도해 보라고 권면한다. 다만 피드백의 모든 목적과 과정은 반드시 사랑을 바탕으로 해야 한다.

바울은 고전 11:1에서 지도력의 기본을 알려준다. “내가 그리스도를 본받는 자가 된 것 같이 너희는 나를 본받는 자가 되라.” 이것이 바로 인도자가 갖춰야 할 가장 기본적인 모습이다. 예배 인도자를 따르는 회중은 예배 인도자의 전반적인 예배 모습을 본받을 수 있어야 하며, 자신들이 참된 성경적 예배로 나아가고 있다고 확신할 수 있어야 한다.

이는 담임 목회자에게도 마찬가지다. 결국 교회 전체 예배 분위기를 결정하는 것은 예배 인도자보다 목회자다. 회중 대부분은 목회자가 세운 예배의 한계를 뛰어넘지 못한다. 이것이 바람직하지는 않지만 실제로는 약 10% 정도의 회중만이 한계를 뛰어넘는다. 나머지 90%의 회중은 누군가 길을 보여주고 앞서가기를 기다린다.

NLT 성경은 고전 11:1에서 ‘본받다’라는 단어를 사용한다. “여러분은 나를 본받아야 합니다. 내가 그리스도를 본받는 것처럼 말입니다(원문 직역).” 흥미롭다. 생각해 볼 질문이 있다. 나는 본받을 만한 사람인가? 여전히 질문이 남는다. 회중과 예배팀이 예배 인도자의 모습을 본받는다 해도, 그것이 과연 참된 예배자가 되는 올바른 길일까?

많은 예배 인도자가 자신을 실제 모습이 아니라 보여주고 싶은 모습으로 보기 때문에 올바르게 평가하지 못한다. 결국 촬영한 영상을 보면서 이렇게 말한다. “이런, 난 더 많이 움직였다고 생각했는데” 또는 “와, 정말 계속 눈을 감고 있었네” 또는 “처음부터 끝까지 모니터만 뚫어져라 보고 있었구나!” 예배 인도자가 먼저 기꺼이 거울을 보아야 다른 이들이 참된 예배자로 성장하도록 더 효과적으로 도울 수 있다.

인도하는 예배자

흥미롭게도 “예배 인도자”라는 전통적인 명칭을 약간 다르게 표현하면서 내게 의미 있는 변화가 일어났다.

매트 레드먼은 "인도하는 예배자"라는 새로운 표현을 사용했다. 나는 이 말이 참 좋았다. 매트는 단순히 단어 순서만 바꿔도 예배 인도의 의미를 더 잘 이해할 수 있다고 주장했다. "인도하는 예배자"라는 표현은 새로운 관점을 열어주었다. 우리는 단순히 예배자가 아니라 인도자이기도 하다는 사실을 일깨워 주었기 때문이다.

선한 마음을 가진 대부분의 예배 인도자는 "예배 인도"에서 '예배'의 중요성은 잘 알고 있지만 '인도'의 중요성은 보지 못한다. 마치 예배 인도에서 '인도'를 강조하면 예배를 소홀히 여기는 사람으로 비칠까 두려워하는 것 같다. 어떤 사람들은 예배와 인도 둘 다 영적이라는 사실을 받아들이지 않고, 예배만 강조하는 것이 더 영적이라고 자신을 속인다. 예배 인도는 100% 예배이면서 동시에 100% 인도다. 이 둘은 분리할 수 없다.

그랜드 캐니언

여행 안내자 비유를 기억하는가? 우물을 파는 것과 그랜드 캐니언 이야기 말이다. 1장에서 예배자의 관점에서 이것들을 다루었다. 앞서 말했듯이, 은밀한 곳에서 하나님과 나누는 교제는 예배 인도와는 별개로 우리 삶에서 가장 중요한 추구다. 하지만 이제 다시 처음으로 돌아가서 예배 인도자와 관련된 여행 안내자 개념에 더 집중해 보자. 이런 의미에서 여행 안내자는 예배 인도자를 대체하는 완벽한 용어다.

예배 인도자가 여행 안내자가 된다는 것은 무슨 의미인가? 무엇보다 중요한 것은 예배 인도자가 그 길을 속속들이 완전히 알아야 한다. 인도자가 다른 사람들에게 하나님을 진정으로 사랑하는 길을 알려주려면 먼저 자신이 그 길을 알아야 한다. 그 길을 아는 유일한 방법은 직접 가보는 것이다. 예배 인도자는 자신이 한 번도 가보지 않은 곳으로 다른 사람을 이끌 수 없다. 인도자가 직접 하나님을 깊이 만나보지 못했다면, 다른 사람이 하나님을 만나도록 이끌 수 없다.

예배팀은 찬양을 인도하든, 악기를 연주하든, 음향을 맡든, 어떤 사역을 하든 자신을 돌아봐야 한다. 마지막으로 하나님과 단둘이 시간을 보낸 것이 언제인지, 다른 사람 없이 오직 주님과 함께한 적이 언제인지를 말이다. 그리고 이어서 생각해 보라. 내가 최근에도 꾸준히 하나님과 홀로 함께하는 시간을 보내지 않았다면 나는 결코 다른 사람들에게 본이 되어 길을 알려줄 수 없다.

기억하라. 나는 결코 당신을 실망하게 하려는 것이 아니라 단지 진실을 말할 뿐이다. 우리는 직접 가보지 않은 곳으로 다른 사람을 인도할 수 없다. 우리가 인도자로서 해결책의 일부가 되어 단상과 회중 사이, 회중과 하나님 사이의 벽을 허물고 싶다면 예배 인도가 어떻게 작동하는지 알아야 한다. 우리가 개인적인 예배보다 공적인 예배를 더 중요하게 여길 때, 교회 가족들은 상처받고 예배팀의 인도는 효과를 잃는다. 반대로 우리가 첫사랑을 최우선으로 여기면 교회 가족들은 힘을 얻고, 예배팀의 인도 역시 더 효과적으로 된다.

오, 기쁜 날

내가 가장 답답해하는 것은 인도자가 자신은 하지 않으면서 회중에게 더 많은 것을 요구할 때다. 이런 장면을 본 적이 있을 것이다. 예배 인도자가 노래 끝 무렵에 "주님께 큰 소리로 외치며 찬양합시다!"라고 말하고는, 회중이 온 마음을 다해 외치는 동안 자신은 조용히 고개를 숙이고 기타를 조율한다. 이건 정말 화나는 일이다. 여기에는 두 가지 심각한 문제가 있다. 첫째, 외치라고 한 진짜 이유가 주님을 위한 것이 아니라 다음 곡으로 넘어가기 위해 시간을 벌려는 것이었다. 이는 함성의 본래 목적을 잃어버린 것이다. 둘째, 예배 인도자가 자신은 하지 않는 것을 회중에게 하라고 요구했다. 이는 본을 보이는 지도력의 기본 원칙을 심각하게 어긴 것이다.

지저스컬쳐의 2008년 앨범 Your Love Never Fails에서 킴 워커가 부른 '오 기쁜 날Happy Day'이란 곡을 기억하는가? 나는 이 노래가 정말 좋다! 특히 많은 예배팀이 기쁨이 넘치는 예배 곡을 쓰고 녹음하는 것을 거의 멈춘 요즘에는 더 그렇다.

회중이 '오 기쁜 날'을 부를 때 가장 최악인 것은 노래가 빠르거나 어려워서가 아니다. 예배 인도자가 고뇌에 찬 표정으로 노래하는 모습을 볼 때 회중은 정말 힘들다. 상상해 보라. 앞에 선 예배 인도자가 눈은 찡그리고, 빰은 굳어있고, 눈썹은 찌푸리고, 거의 화난 상태로 보인다. 죄를 씻어주시고 삶을 영원히 변화시켜 주신 놀라운 기쁨을 노래하는 데 예배 인도자의 표정은 잔뜩 찌푸려 있다니!

나는 예배 인도자가 이런 모순을 느끼지 못하는 이유가 인도자 자신의 죄를 용서받은 놀라움을 경험하지 못했기 때문이라고 확신한다. 죄를 용서받았다는 말의 의미와 예수님의 피로 우리 영혼이 깨끗해졌다는 말과 우리 수치가 망각의 바다에 던져졌다는 말이 무슨 의미인지 정말 안다면, 이 가사를 인상 쓰면서 부를 수 없다.

예배 인도자의 얼굴이 전하는 메시지가 부르는 가사와 정반대라는 것도 모른 채 마음의 표현보다 음악적인 연주나 노래하는 기술에만 더 신경 쓴다. 나는 확신한다. 우리가 예수님이 어떤 분이신지, 우리를 위해 무엇을 하셨으며, 다시 오실 때 우리에게 무엇을 보여주실지를 진정으로 이해하면 우리 얼굴에서 어린아이처럼 순수한 미소가 사라지지 않는다. 예배 인도자의 얼굴에 가득한 미소는 예배 인도 기술로 억지로 짓는 형식적이고 종교적인 미소가 아니라, 하나님의 한없는 자비와 은혜를 향한 진정한 감사가 넘쳐서 나오는 자연스러운 미소다. 우리는 이제 이 놀라운 진리와 그 깊은 의미를 깨달았다. 그래서 이렇게 심오한 가사를 부를 때, 어떤 박자의 노래를 부르든 우리 얼굴에는 자연스럽고 행복한 미소가 피어난다.

데스퍼레이션 밴드가 2010년에 발표한 '나는 자유해I Am Free'라는 곡을 보자. 이 노래는 열정적으로 달리고 춤추며 예배하겠다는 담대한 선포를 담고 있다. 그런데 많은 예배 인도자는 마이크 스탠드 뒤에 안전하게 서서 전혀 움직이지 않은 채 이 노래를 부른다. 교회에서 이 노래를 매우 자주 불렀지만, 이상하게도 단상 위에서든 회중에서든 실제로 달리고 춤추는 사람은 거의 없었다. 정말 이상하지 않은가? 누군가는 이렇게 말할 것이다. "하지만 제프, 우리는 마음으로 달리고 춤추고 있어요."

좋다. 그렇다면 이 노래는 단순히 비유일 뿐인가? 나는 그 이상의 의미가 있다고 본다. 사실 이런 표현들은 오랫동안 진정한 신자들의 예배에서 성경적인 기준이었다. 이미 살펴본 것처럼, 성경에서 춤은 시 149편과 150편을 비롯한 여러 곳에 나온다. 또한 달리는 것도 마찬가지다. 하늘 아버지를 상징하는 탕자의 아버지가 아들을 향한 깊은 사랑으로 사회적 관습을 깨고 달려간 것이 그 아름다운 예다.

지저스컬쳐가 2018년에 발표한 '주의 영이 계신 곳에Freedom'라는 노래도 우리에게 깊은 깨달음을 준다. 프리코러스의 한 구절은 행동을 요구하는 깊고 선언적인 메시지다. 하지만 우리는 무거운 짐에서 벗어나 자유롭게 춤추는 것이 무슨 의미인지, 우리가 참된 자유를 누리고 있는지 아니면 아직도 무거운 짐을 지고 있는지, 우리 찬양이 마음에서 우러나오는 것인지 아니면 그저 형식적인 말뿐인지 알고 있을까?

예배 인도자와 예배팀이 단상에서 먼저 본을 보이지 않으면서 어떻게 회중에게 춤추고 달리고 외치라는 가사의 노래를 진심으로 부르라고 요청할 수 있겠는가? 노래하는 사람뿐 아니라 악기 연주자들도 마찬가지다.

예배 인도자로서 우리는 솔직해야 한다. 춤추며 예배할 자유를 노래하면서도 정작 우리 자신은 그런 자유를 누리지 못한다면, 이런 종류의 찬양을 인도해서는 안 된다. 특히 그런 노래를 인도하면서도 달리고 외치고 춤추는 것이 우리 마음과 동떨어져 있거나, 개인적으로 예배할 때는 이렇게 예배하지 않는다면 더욱 그렇다.

솔직해지자. 우리가 부르는 노래와 행동이 일치하지 않는 이유는 단순히 비유로 이해했기 때문이 아니다. 진짜 문제는 이런 예배 표현이 지나치게 열정적인 소수만을 위한 것이라는 사탄의 거짓말을 믿고 있기 때문이다. 결국 이 문제의 원인은 다음 세 가지 중 하나, 혹은 전부다: 1) 우리가 하나님과의 관계에서 영적으로 미숙하거나 불안정해서, 2) 하나님과의 개인적인 시간에 이런 예배를 충분히 경험하지 않았기 때문에, 3) 예수님의 구원에 담긴 놀라운 기적을 진정으로 깨닫지 못했기 때문이다.

선택은 우리 몫이다. 우리는 회중이 왜 반응하지 않는지 답답해한다. 왜 회중은 커피잔을 들고 무표정하게 서서 예배팀을 바라보기만 하는 걸까? 그러면서도 정작 우리 자신도 하지 않는 반응을 교회 가족들에게 기대하는 이유는 묻지 않는다. 회중의 무감각한 모습은 그리스도를 따르는 바른 자세가 아니며, 예배 인도자와 예배팀의 말과 행동이 다른 예배 역시 바른 인도가 아니다. 우리가 예배에서 바라는 변화를 보기 원한다면 먼저 이것부터 바꾸어야 한다.

하나님 나라의 권위로 행하기

사탄은 음악인들을 혹독하게 공격해 왔다. 사실을 말하자면, 하나님이 부르신 인도자가 되어 회중을 사랑하고 그들이 음악 예배를 통해 하나님을 만나도록 섬기려면, 불안감을 떨쳐버리고 그리스도 안에서 우리가 누구인지를 받아들여야 한다. 이것이 오늘날 교회에 절실히 필요한 패러다임 전환이다. 우리 중 너무 많은 이들이 우리 안에 계신 그리스도가 아니라 우리 자신의 재능, 외모, 뛰어난 인도 능력 등으로 인도하려 한다. 내 친구이자 멘토인 척 포르타는 인도자들이 종종 영(우리 안에 계신 그리스도)이 아닌 혼(우리 자신)으로 예배를 인도한다고 말했다.

내가 이 이야기를 하는 이유는 수줍고 내성적인 성격을 타고난 예배 인도자를 많이 만나기 때문이다. 그들은 자신의 타고난 성격을 이유로 소극적인 인도 방식을 정당화한다. 세상은 내성적인 예배 인도자들에게 이렇게 말한다. "있는 모습 그대로를 받아들여라. 너 자신이 되어라. 네 모습을 부끄러워하지 마라. 어떤 한계가 있든 그 한계를 받아들여라. 그게 바로 너니까." 어떤 면에서는 참 듣기 좋은 말이다.

하지만, 이 메시지는 매우 위험하다. 우리가 이런 생각을 완전히 받아들이면, 그리스도가 우리 안에 사신다는 핵심을 놓칠 수 있다. 그리스도는 우리 현재 모습을 인정하기 위해 이 땅에 오시지 않았다. 주님은 자신의 본질, 자신의 성품을 우리 안에 심으러 오셨다. 이것은 판도를 뒤흔드는 진리다. 하지만, 이 성경적 진리가 우리 안에 열매를 맺으려면 우리가 믿음으로 받아들여야 한다.

자신이 원래 소극적인 성격이기 때문에 예배 인도 방식도 항상 소극적일 것이라고 믿는다면, 그 믿음을 바꿀 방법은 없다. 하지만 하나님의 말씀대로 우리는 왕의 자녀이며 약할 때도 강한 승리자라는 사실을 받아들인다면, 새롭게 회복된 하나님 나라의 성품이 우리를 강력한 인도자로 이끌 것이다. 축하한다! 이제 우리는 자기 연약함이 아니라 그리스도의 강함에서 나오는 새로운 능력으로 인도할 수 있다.

흥미롭게도 사람들은 내가(저자) 타고난 성격 때문에 표현이 풍부한 예배 인도자라고 생각한다. 사람들은 예배 인도자가 단상이나 무대에서 열정적으로 예배하는 이유가 단지 감정이나 타고난 성격 때문이라고 생각하면서 자기의 소극적인 모습을 합리화한다. 그러나 이것은 사실이 아니다. 예배 표현은 성격보다는 계시에서 나온다. 우리가 그리스도를 더 깊이 깨달을수록 내면과 외면 모두에서 반응이 더 커진다. 하나님이 우리를 이렇게 지으셨다.

그리스도의 영이 당신 안에 살아계시는가? 분명히 그렇다. 그렇다면 이 사실을 믿는가? 진정으로 믿는다면 우리도 예수님과 같은 영적 권위로 인도할 수 있다. 예수님은 자신이 누구인지 아셨다. 우리는 우리가 누구인지 알아야 한다.

> [31] 예수께서 갈릴리 지방의 가버나움으로 가셔서, 안식일에 회당에서 설교하셨
> 다. [32] 예수의 말씀이 워낙 독특하고 **권위**가 있어서, 사람들은 모두 크게 놀랐다.
> [33] 그때 악한 귀신 들린 사람 하나가 회당에 있다가, 예수를 향해 큰 소리로 외쳤
> 다. [34] "아, 나사렛 예수여! 당신은 우리에게 무엇을 원하십니까? 우리를 멸하려
> 고 오셨습니까? 나는 당신이 누구인지 잘 압니다. 당신은 하나님께서 보내신 거
> 룩한 분이십니다." [35] 그러자 예수께서 엄히 꾸짖으셨다. "입 다물고, 그 사람에
> 게서 당장 나가라!" 귀신은 사람들이 모두 지켜보는 앞에서, 그 사람을 내동댕이
> 친 후에 떠나갔다. 그러나 그 사람은 아무 상처도 입지 않았다. [36] 사람들은 크게
> 놀라서, 서로 수군거렸다. "이건 도대체 무슨 가르침인가? 이분의 말씀에는 도
> 대체 무슨 능력이 있기에, 귀신까지도 복종하는가?" [37] 예수께서 행하신 이 일은
> 화젯거리가 되어, 삽시간에 온 지빙으로 퍼져 나갔다. (눅 4:31~37, 쉬운말)

당시에 많은 종교 지도자가 사람들의 관심을 끌려고 애썼는데도, 유대인들은 예수님의 가르침에 특히 깊은 감동을 받았다. 왜 하필 예수님이었을까? 단순히 "예수님이시니까요"라고 말할 수도 있다. 그렇다면 무엇이 예수님을 그토록 특별하게 만들었을까? 하나님이시라는 사실 외에도, 하나님이자 인간이신 예수님을 평범한 지도자들과 구별되게 한 것은 무엇이었을까? 성경은 그 답을 분명히 말해준다. 바로 권위였다.

예수님은 평범한 바리새인이나 사두개인과는 전혀 다른 모습을 보이셨다. 왜 그러셨을까? 예수님은 자신이 누구인지 분명히 아셨기 때문이다. 예수님은 업적이 아닌 하나님의 아들이라는 정체성으로 행하셨다. 자기 불안이 아닌 하나님 안에서의 확신으로 이끄셨다. 그래서 사람

들은 예수님의 모든 면에서 놀랐다. 걸음걸이와 말씀하시는 방식도 남달랐다. 귀신들에게, 죄인들에게, 권력자들에게, 그리고 평범한 사람들에게 하시는 말씀도 특별했다. 예수님은 담대하면서도 교만하지 않으셨고, 겸손하면서도 강인하셨다. 언제나 상대방을 존중하며 귀 기울이고 깊이 있게 대화하셨다.

예수님은 우리도 예수님의 권위로 인도하라고 부르신다. 우리가 대단해서가 아니라 우리 안에 계신 분이 위대하시기 때문이다. 자기 확신이 아니라 하나님을 향한 믿음으로 인도해야 한다. 이렇게 생각이 바뀌면 예배 인도도 달라진다. 우리는 종종 인도할 자격이 없다고 느낄 때가 있다. 자신감을 잃고 불안하고 연약하다고 느끼는 날도 있고, 완전히 지쳐버린 날도 있다. 심지어 예배 인도를 전혀 하고 싶지 않은 날도 있다.

그러나 우리가 어떤 감정을 느끼든 중요하지 않다. 기분 좋은 날이든 형편없는 날이든 상관없다. 이제 더 이상 우리 자신의 모습으로 인도해서는 안 된다. 예수님은 우리 안에 계신 그분의 모습과 능력으로 담대히 인도하라고 초청하신다. 왜냐하면 우리는 하나님의 가족이며, 자녀이기 때문이다. 우리는 하나님께 접붙여졌고, 하나님의 DNA를 가졌으며, 하나님의 사랑과 용서를 받았고, 귀하게 여김받고 능력을 부여받았다.

예수님은 말씀하신다. "*보아라, 내가 너희에게 뱀과 전갈을 밟고, 원수의 모든 세력을 누를 권세를 주었으니*"(눅 10:19, 새번역). 이제 우리는 주님의 권위를 품은 존재이기 때문에 본래 되어야 할 인도하는 예배자lead worshiper가 될 수 있다. 비록 우리가 아무리 작아 보일지라도 담대히 서서 어둠이 둘러싼 것 같을 때도 빛을 비추며, 사슬이 끊어지고 감옥 문이 열리며 마른 뼈가 살아나고 영적 포로들이 참 자유를 누리는 분위기를 일으킬 수 있다. 우리 안에 살아계신 주님의 초자연적 능력과 권위가 있으므로 가능하다.

몸짓 언어의 법칙

예배 인도자가 하나님을 예배하는 모습을 보여주고, 본을 보이며 인도할 때 몸짓 언어의 힘을 과소평가하면 안 된다. 연구에 따르면 몸짓 언어, 즉 비언어적 소통이 가장 강력한 의사소통 방식이다. 행동은 말보다 더 강한 메시지를 전한다. 사실 몸짓은 말보다 열 배나 더 큰 영향력을 가진다. 이것은 예배할 때도 마찬가지이며, 오히려 예배 때는 더욱 그렇다.

랠프 월도 에머슨이 오래전에 남긴 유명한 격언이 있다. "당신의 행동이 너무 크게 외치기에 당신의 말이 들리지 않는다." 이를 우리 상황에 적용하면 이렇게 된다. "당신의 삶과 인도하는 모습이 너무 큰 소리를 내서 당신이 부르는 찬양의 가사가 들리지 않는다." 섬뜩하다. 이것이 사실이라면, 우리는 왜 예배를 인도하면서 우리 몸짓과 표정이 말보다 더 큰 영향을 미친다는 사실을 자주 놓치는 것일까?

이런 장면을 상상해 보자. 피곤한 기색이 역력한 예배 인도자가 부활절 새벽 6시 예배를 시작하기 위해 조심스레 단상에 올라서지만, 막상 마이크가 없어서 어색한 침묵이 이어진다. 예배 인도자의 얼굴에 짜증이 드러난다. 누군가 마이크를 들고 달려온다. 예배 인도자는 잠시 멈칫한 후 말을 시작했지만, 소리가 나지 않아 희미한 메아리만 들린다. 다시 말하면서 마이크를 평소보다 더 세게 움켜쥔다. 갑자기 마이크에서 귀를 찌르는 하울링 소리가 울려 퍼지고 모두가 놀라 움찔한다.

예배 인도자는 평정을 되찾으려 애쓰지만, 그의 표정이 모든 것을 말해준다. '이런 무능한 상황을 언제까지 견뎌야 하지? 이런 기술적 문제 속에서 어떻게 예배를 인도하란 거야?' 예배 인도자는 좌절감이 가득한 표정과 무미건조한 목소리로 말을 이어간다. "성도 여러분, 부활 주일 아침에 하나님의 집에 오신 것을 환영합니다. 이날은 주님이 정하신 날이니 우리가 즐거워하고 기뻐합시다. 아멘." 그리고 음악이 시작된다.

모든 예배 인도자가 똑같지는 않지만, 비슷한 상황을 경험했을 것이다. 우리는 앞선 예배 인도자를 이해한다. 하지만 그의 몸짓 언어 때문에 한 말들은 거의 무효가 되어버렸다. 정말 부활절 아침에 딱 맞는 말을 했지만, 그 무표정한 얼굴 때문에 회중은 그가 한 말의 대부분을 받아들일 수 없었다. 그래서 표정을 포함한 몸짓 언어는 정말 중요하다.

어느 날 올림픽 금메달리스트 수영선수가 당신에게 효과적인 수영에서 가장 중요한 건 올바른 팔동작이라고 알려준다고 하자. 당신은 수영 실력을 향상하고 싶었지만, 금메달리스트의 조언을 무시하고 늘 하던 대로 발동작에만 집중하면서 '오늘날의 수영을 제대로 이해하지 못하는 준전문가의 터무니없는 조언'이라며 비웃으며 눈을 굴렸다. 그러면서 정작 경쟁 수영선수로 성공하지 못하는 자신의 현실에 크게 좌절했다.

터무니없게 들릴지 모르지만, 많은 예배 인도자가 이렇게 행동한다. 몸짓 언어가 얼마나 중요한지 알고 있다. 열정적인 몸짓 언어 없이 회중을 인도하는 것이 얼마나 힘든지 직접 경험했고, 심지어 자신의 그런 모습을 영상으로 확인하기도 했다. 또 적절한 몸짓 언어로 인도하며 좋은 결과를 얻는 다른 인도자들도 보았다. 그런데도 여전히 변화를 거부한다.

예배의 핵심은 마음에 있다. 하지만 그 마음은 말과 몸을 통해 드러난다. 예배를 인도하는 동안 인도자의 모든 것이 메시지를 전하며, 특히 몸이 가장 큰 메시지를 전한다. 앞에서 보았듯이 예수님도 몸으로 소통하셨다. 예배에서의 신체적 표현은 단순히 몸을 움직이는 것 이상이며, 몸짓은 우리 마음과 훨씬 더 밀접하게 연결되어 있다.

물론 예외는 있다. 마이크 스탠드 뒤에서 고개를 숙이고 몸을 움직이지 않아도 잘 인도하는 사람들이 있다. 하지만 이들은 백만 명 중 한 명 정도로, 워낙 특별한 재능이 있어서 단상에서의 소극적인 모습도 문제가 되지 않는다. 하지만 이것은 나나 당신의 이야기가 아니며 매우 특별한 경우이므로 우리는 회중과의 소통을 이런 낮은 확률에 기대하면 안 된다. 특히 우리가 회중과 하나님을 진정으로 사랑한다면 말이다.

눈을 크게 떠라

나는 소닉플러드 전에 질치Zilch라는 밴드에서 활동했다. 한번은 써드데이Third Day의 오프닝 무대를 맡았다. 그런데 재미있게도 써드데이는 그날의 메인이 아니었다. 메인이 누구인지 궁금한가? 바로 MC 해머였다. 정말 믿기지 않는 조합이지 않은가? '캔트 터치 디스Can't touch this'의 그 MC 해머다.

그날 밤 나는 우리 매니저이자 써드데이의 프로덕션 매니저인 데니 케이츠만과 인상적인 대화를 나눴다. 그는 리드싱어 맥 파월이 엄청나게 많은 청중을 사로잡는 방법을 설명해 주었다. 맥은 눈과 고개를 들어 공연장 뒤쪽을 바라보다가, 다시 앞쪽에 있는 개개인과도 짧은 교감을 나눴다. 공연 내내 시선을 움직이며 여러 참석자에게 미소를 지었고, 한 사람 한 사람에게 그리스도의 사랑을 전했다.

그 결과 거의 초자연적으로, 군중 전체와의 교감과 개인과의 교감이 모든 사람을 하나로 묶어 "하나님의 어린양Agnus Dei", "Your Love Oh Lord", "온 세계 지으신God of Wonders" 같은 노래로 하나님을 예배했다. 나는 이 교훈을 마음에 새기고, 하나님의 자녀들을 사랑하는 마음과 모든 사람이 함께 하나님을 높이도록 격려하는 열정에 뿌리를 두고 내 예배 인도에 적용했다. 그러나 아직도 많은 예배 인도자가 예배 중에 눈을 뜨고, 회중과 교감하는 것을 이상하게 생각한다.

처음에는 이런 방식이 이상해 보일 수 있다. 특히 우리가 참된 예배를 목표로 한다면 하나님을 봐야지 왜 사람을 보는가 하고 생각할 수 있다. 하지만 앞에서 내가 예배 인도는 "하나님 사랑과 이웃 사랑"이라는 기초 위에 세워져야 한다고 강조했던 것을 기억하는가? 우리는 이 부분에 특별한 관심을 기울여야 한다.

예배팀 연주자들이 단상 위에서 불편한 표정으로 고개를 푹 숙이고 있는 모습을 본 적이 있는가? 싱어들도 마찬가지다. 특히 간주 중에 2절 가사가 돌아오기를 기다리는 동안 더 그런 모습을 자주 보인다. 연주자들의 이런 불편한 모습은 회중에게 강하게 전염된다. 무대나 단상 위의 예배팀이 불편해 보이면 회중도 불편해진다. 하지만 이런 문제는 대부분 쉽게 해결할 수 있다. 예배팀이 곡을 더 잘 익혀서 악기에서 시선을 자주 뗀다면 더 자연스럽고 편안한 모습을 보여줄 수 있다.

하지만 여기에는 더 깊은 문제가 있다. 눈을 아래로 향한 것은 대개 다른 문제를 의미한다. 불안하거나 심한 무대 공포증에 사로잡혀 있다는 신호일지도 모른다. 이런 모습이 큰 문제가 아닌 것처럼 보이지만, 실제로는 다른 사람들이 주님께 나아가는 것을 방해한다. 우리 눈은 하나님을 향한 진실한 사랑과 다른 사람을 향한 사랑을 전하는 가장 강력한 도구다. 다른 사람과 소통할 때도 마찬가지다. 특히 우리가 곡을 연주하느라 입과 손이 바쁠 때는 더욱 그렇다.

눈은 좋든 나쁘든 강력한 메시지를 전달한다. 따라서 우리는 눈으로 무엇을 말하는지 정확히 알고, 이 영향력을 좋은 방향으로 사용해야 한다. 예배 인도자가 예배 시간 내내 눈을 감고 있으면 회중과 담을 쌓은 것처럼 보인다. 무관심하고 차가워 보이며, 심지어 다가가기 어려운 사람처럼 보인다. 또는 일반 성도들에게는 신경 쓸 겨를도 없이 하나님과의 교제에만 몰두한 사람처럼 비칠 수 있다.

눈을 뜨는 것은 정말 중요하다. 특히 예배 인도자와 회중 사이의 벽을 허물려 할 때 더욱 그렇다. 눈을 떠서 예수님의 사랑을 전하면 교회 가족을 하나로 묶어 모두가 함께 하나님께 영광을 돌릴 수 있다! 또한 회중을 향한 예배 인도자의 진심 어린 눈길은 그들이 하나님을 향한 참된 사랑을 표현하도록 돕는 결정적인 요소다.

나는 NCU 강의에서 학생들에게 혼자서 예배를 인도하는 과제를 준다. 학생이 인도를 마치면 후렴이나 브리지를 한 번 더 부르게 하는데, 이번에는 눈을 뜨고 환한 미소를 지으라고 한다. 때로는 조금 과장해서라도. 결과는 정말 놀랍다! 이렇게 작은 변화만으로도 확연한 차이가 난다. 따뜻한 눈빛과 기쁜 미소는 단 60초 만에 예배 인도를 완전히 다르게 만든다. 동료 학생들도 감동하여 진심 어린 박수를 보낼 정도다.

한 가지 꼭 당부하고 싶다. 예배를 인도할 때 눈을 뜨기로 마음먹었다면 절대 다른 극단으로 치우치지 말아야 한다. 무슨 일이 있어도 계속 미소만 짓거나 불편해하는 회중을 뚫어지게 쳐다보는 유혹에 빠지지 말고, 눈과 미소를 사용하는 데 적절한 균형을 유지해야 한다.

나는 이 균형을 "밀물과 썰물"이라고 부른다. 때로는 눈을 감고, 하나님과의 관계를 깊이 누리다가, 때로는 다시 고개를 들어 회중을 사랑으로 바라보며 함께 하나님을 찾아가도록 초대하라. 마치 밀물과 썰물이 오가듯이, 하나님을 향해 온전히 깨어있으면서 동시에 하나님의 자녀들과 깊이 교감하라.

바른 예배 표현은 좋은 것이다

2010년 겨울 NCU에 왔을 때 우리 채플은 이미 생기가 넘쳤지만, 예배 인도에는 아주 특이한 문화가 있었다. 누구도 직접 말하지는 않았지만, "이 단상에 서는 사람은 누구든 극도로 조심해야 해. 절대로 자신에게 관심이 쏠리게 하지 마. 자칫하면 하나님의 진노를 사서 망할지도 몰라"라는 암묵적인 규칙이 있었다.

나는 충분히 이해한다. 그동안 관심받기를 원하는 예배 인도자들을 너무 많이 보았기 때문에 본능적으로 그런 모습을 강하게 거부한다. 그 결과 우리는 정반대의 극단으로 치우친다. 이렇게 우리는 교회가 수 세기 동안 반복한 실수를 또 한다. 좋은 것까지 모두 버리고 만다.

우리는 표현 자체가 본질적으로 나쁜 게 아니라는 사실을 인정하지 않는다. 대신 사탄이 우리를 속여 모든 예배 표현을 거부하도록 허용한다. 하지만 이제 진실을 바라봐야 한다. 나쁜 표현은 나쁘지만, 좋은 표현은 좋은 것이다.

우리는 음악 공연이나 스포츠 경기를 볼 때면 거의 종교적일 만큼 열정적이다. 진심으로 손뼉 치고 즐긴다. 이런 예술적 표현을 위한 전문 학위도 있고 공연장도 있다. 이처럼 자신을 표현하는 것은 경영, 스포츠, 판매, 의학, 예술 등 거의 모든 분야에서 중요한 역할을 한다. 모든 분야에서 표현이 중요한데, 예배의 표현만 다르게 보는 것은 이상하지 않은가?

예배 표현은 좋을 수도 있고 나쁠 수도 있다. 무엇이 표현을 나쁘게 만드는가? 교만인가, 불안인가? 둘 다다. 그러나 겸손과 함께할 때, 바른 예배 표현은 진정으로 마음을 따뜻하게 한다. 성령님의 기름 부음이 있고 감동이 있으며 삶을 변화시키고 하나님 나라의 목적이 있는 좋은 것이 된다.

우리는 좋은 예배 표현과 나쁜 예배 표현을 모두 보았고, 쉽게 그 차이를 알 수 있다. 하지만 과거 어느 날 누군가가 우리를 향해 손가락질하며 예배 중에 자신을 드러내서 하나님의 영광을 빼앗으려 하지 말라고 했다. 그때부터 우리는 예배에서 "표현" 자체가 하나님의 진노를 불러올 것으로 생각했다. 그러나 "잘못된 예배 표현"을 향한 바른 대응은 모든 표현을 금지하는 것이 아니라, 모든 예배 표현이 하나님의 영광을 드러내도록 바로잡는 것이다.

영적 자세가 메시지를 전한다

표정이나 옷차림이 그렇듯이 단상 위에서 우리가 보여주는 태도와 자세도 메시지를 전달한다. 우리는 영적인 자세를 가지고 있다. 문제는 우리 자세가 어떤 메시지를 전하는가이다.

예전에 우리 밴드 멤버 몇 명이 나에게 찾아와 매우 충격적인 일을 알려준 적이 있다. 예배를 마치면 젊은 여성들이 찾아와 유혹적인 제안을 하는 일이 점점 더 많아진다는 것이었다. 나는 충격에 휩싸여 생각했다. 어떻게 이런 일이 있을 수 있는가?

우리 밴드는 각자의 집에서 먼 곳으로 순회공연을 다녔다. 함께 연습하고 기도하면서 우리가 예배할 때 일어날 변화에 집중했다. 그런데 눈앞에서 일어나는 초자연적인 역사는 아랑곳없이 내 밴드 멤버들을 유혹하려 한다니, 그때 터무니없는 생각이 내 머리를 스쳤다.

왜 나한테는 그런 제안이 없었지? 잠깐. 혹시나 당신이 생각하는 그런 뜻이 전혀 아니다. 나는 그저 이유를 생각하고 있었다. 왜 이런 일이 일어나는 걸까? 왜 저 여자들이 내 밴드 멤버들을 쫓아다니지? 왜 나는 아닐까? 곰곰이 생각해 보니 수년간의 투어 동안 나는 한 번도 그런 식의 접근을 받은 적이 없었다. 단 한 번도. 그러면 내 밴드가 뭔가를 잘못하는 걸까? 아니면 내가 뭔가를 잘하는 걸까? 곰곰이 생각했다. 내가 못생겼나? 늙었나? 매력이 없나? 냄새라도 나나? 으악!

그때 깨달았다. 나는 항상 특정한 방식으로 행동했다. 늘 결혼반지를 당당하게 끼고, 아내와 아이들 이야기를 할 때 분명하고 열정적인 사랑을 담아 말했다. 종종 무대에서 가족사진을 보여주기도 했다. 그리고 나는 절대로 가족을 향한 내 사랑이나 헌신을 의심받을 만한 상황에 나를 두지 않았다. 인사를 할 때 옆으로만 조심스럽게 안아주었고, 눈빛으로 다른 '의도'를 전하지도 않았다. 이성과 단둘이 있는 상황도 피했다.

무대나 단상 위에서든 아래에서든 나는 주변에 성적이거나 감정적 관계로 이어질 수 있는 만남에는 절대 응하지 않는다는 걸 미묘하지만 분명하게 전달하는 자세를 취했다. 단상 위에서 우리는 두 가지 자세를 취할 수 있다. "나는 이미 누군가의 사람"이라고 말하는 자세와 "나는 열려 있는 사람"이라고 말하는 자세다. 솔직히 다들 무슨 뜻인지 알 것이다. 방 건너편 누군가에게 던지는 작은 눈빛 하나로도 수많은 메시지를 전할 수 있다. 예를 들면 이런 식이다. "있잖아, 우리 둘 다 예수님을 사랑하잖아. 넌 정말 특별하고 아름다운 사람이야. 네가 나한테 관심이 있는지 알아보는 것도 재미있을 것 같아. 물론 나는 거의 불가능한 상황이지만 말이야. 그래도 내가 원하기만 하면 너를 가질 수 있다는 걸 알면 좋겠어." 이런 식으로 말이다.

핵심은 자세가 메시지를 전한다는 점이다. 몸가짐이든 영적인 태도든 자세는 메시지를 전한다. 사람들은 끊임없이 우리 의도와 목적, 목표, 그리고 진정성이 어떤지 주시한다. 이것은 예배 인도자인 우리에게 큰 부담으로 다가온다. 우리는 어떻게 해야 할까? 실패가 두려워서 도망칠 것인가? 부담감에 짓눌려 고개를 숙일 것인가? 아니면 이런 문제들을 무시하고 모른 척할 것인가?

답은 단순하다. 예수님께 시선을 고정하고 의도적으로 주님과 더 깊고 진정한 관계를 키워나가는 것이다. 그래야 순수함과 거룩함으로 다른 사람들을 섬길 수 있다. 유혹의 순간에 성령님이 주시는 절제의 능력을 힘입어 모든 일에 신실하고 정직하기로 결심하자. 이렇게 함으로써 우리가 인도하는 사람들과 소통하는 능력이 점차 향상될 것이다. 겸손함으로 자신을 다스리고, 영적으로 당당하게 사역하며 참된 기쁨이 넘치는 얼굴로 찬양하고 거룩한 사랑과 애정으로 가득한 마음으로 인도할 수 있을 것이다.

핵심 요약

1. 일부 예배 인도자들은 자신이 이미 다 안다고 생각해서 이번 장을 건너뛰고 싶을 것이다. 하지만 이번 장은 가장 간과되고 제대로 실행되지 않는 지도력 형태 중 하나다. 특히 교회 예배와 관련해서는 더욱 그렇다. 예배 인도자들은 자신도 모르게 회중에게 자신은 실천하지 않는 수준의 반응을 기대한다. 그러나 이런 모순은 반드시 바뀌어야 한다.
2. 예배 인도는 단상 위에서 하나님을 예배하는 것 이상이다. 예배 인도는 인도자와 하나님과의 시간이 아니다. 예배 인도는 인도자의 은밀한 장소가 아니다. 예배 인도는 회중이 스스로 하나님을 만나도록 섬기는 순간이다.
3. 우리는 우리 안에 계신 그리스도보다는 우리 자신의 모습으로 예배를 인도하려는 경향이 있다. 이 부분에서 관점을 바꾸면 예수님 안에서 담대함과 권위로 나아갈 수 있으며, 인도자의 타고난 성격이 내성적이더라도 예배 인도 효과를 높일 수 있다.
4. 예배 인도에서 몸짓 언어는 매우 중요하다. 가사를 부르면서도 단조로운 어조나 자세를 취한다면, 아무도 당신이 말하거나 노래하는 내용을 듣지 않을 것이다. 행동은 항상 말보다 더 크게 말한다.
5. 우리 눈은 상상할 수 있는 것보다 훨씬 더 많은 것을 전달한다. 단상 위에서 90퍼센트의 시간에 눈을 감고 하나님을 예배한다면, 공동체를 세우고 다른 사람들이 열정적으로 하나님을 예배하도록 이끄는 능력이 크게 약해진다.

3부

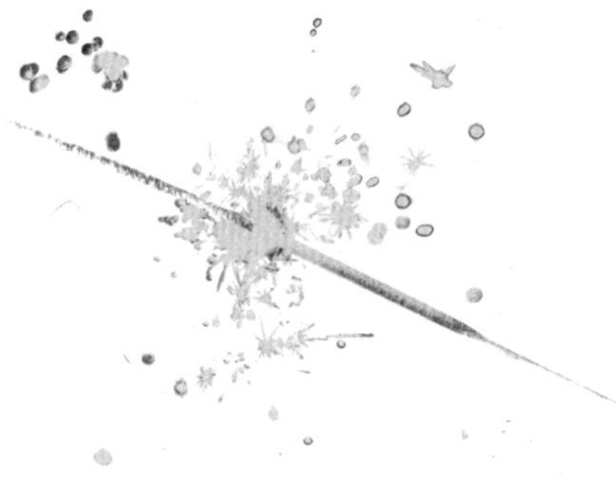

회중에게 순수한 예배의 마음 심어주기

11장

차근차근 회중의 역량을 키우는 방법

거짓말 #11

"그건 절대 우리 교회 문화가 될 수 없어."

평범한 수요일 저녁이었다. 베델 반석 교회 청소년 예배를 인도하던 로렌 프라이탁은 코디 칸스의 "주님만 원해Nothing Else"라는 찬양을 인도하다가 갑자기 성령님의 강한 이끄심을 받아 학생들에게 무릎을 꿇자고 했다. 로렌은 NCU에서 공부한 많은 열정 넘치는 예배 인도자 중 한 명이다. 하지만 로렌은 혼란스러웠다. 성령님의 인도하심 때문에 마음에 갈등이 일었다. "잘 안되면 어쩌지? 사람들이 불평하거나 아무도 반응하지 않으면 어쩌지?"

요즘은 학생들은 말할 것도 없고 성인들도 너무 어색해서인지 예배에서 무릎을 꿇는 경우가 거의 없다. 고등학생들은 뛰뛰며 춤추고 즐길 수 있는 빠른 박자의 노래에 더 잘 반응한다. 우리는 청소년들이 지루해할 수 있으니, 학생들의 짧은 집중력을 고려해 하나님의 임재 속에 너무 오래 머무르지 말라는 조언을 여러 차례 들었다.

로렌은 긴장했지만, 성령님이 주시는 감동이 너무 강했다. 사실, 로렌은 나중에 수업이 끝나고 나에게 이때의 경험이 예배를 인도하면서 느낀 것 중에 가장 강력한 기름 부음이었다고 고백했다.

다행히 그 순간 로렌은 우리 예배 인도 수업에서 배운, 예배 중에 성령님의 음성에 귀 기울여야 하는 중요성을 떠올렸다. 또한 우리가 수업에서 나눈 "가르치고 실천하는 순간"의 중요성과 이런 접근법이 어떻게 성도들을 더 깊은 예배로 이끄는지에 관한 토론도 기억했다. 여러 생각이 스쳐 지나갔다. 학생들을 잘 섬기고 싶은가 아니면 주님께 순종하는가의 문제가 아니었다. 하지만 어떻게? 아마도 로렌의 책임은 단지 예배 모델이 되는 것뿐일 수도 있다. 하지만 그녀의 마음은 달리 말했다.

로렌은 몸이 굳어버릴 정도로 두려웠지만, 믿음으로 한 걸음 나아가기로 결심했다. 깊이 숨을 들이쉬고, 학생들에게 왜 주님 앞에 무릎을 꿇는지 가르치기 시작했다. 강의에서 배운 대로 시 95:6~7 말씀을 인용했다. 방 안이 조용해졌다. "[6]*오라 우리가 굽혀 경배하며 우리를 지으신 여호와 앞에 무릎을 꿇자* [7]*그는 우리의 하나님이시요 우리는 그가 기르시는 백성이며 그의 손이 돌보시는 양이기 때문이라 너희가 오늘 그의 음성을 듣거든.*" 로렌은 또한 '무릎을 꿇다, 예배하며 엎드리다'를 의미하는 히브리어 단어 "바라크"도 설명했다. 마침내 모든 사람에게 함께 하나님 앞에 무릎을 꿇자고 초대했다.

놀랍게도, 그 자리에 있는 모든 사람이 하나님 앞에 엎드렸다. 몇 분 후, 회중은 부드럽게 "주님만 원해"의 후렴구로 돌아왔지만, 이전과 달랐다. 이번에는 깊은 겸손과 경건의 자세에서 나오는 찬양이었다.

그때 로렌과 학생들 안에서 무언가가 터져 나왔다. 많은 학생이 바닥에서 울기 시작했다. 로렌 역시 마찬가지였다. 성령님의 인도로 시작한 단순한 가르침과 실천의 순간을 통해 주님이 학생들을 사랑으로 만지시는 모습을 보며 로렌도 눈물을 흘렸다. 로렌은 음악 예배를 통해 다른 이들을 인도하라는 부르심에 확실한 확증을 느꼈다. 무슨 일이 일어난 걸까? 이렇게 작은 자세의 변화가 정말로 커다란 관점의 전환을 가져올 수 있을까?

노래도 그대로였다. 밴드도 그대로였다. 예배실도 바뀌지 않았다. 인도자도 바뀌지 않았다. 달라진 건 딱 두 가지였다. 겸손하고 믿음으로 충만한 인도자가 동료 예배자들에게 1) 말씀을 전하고 2) 말씀을 실천하자고 가르친 것뿐이었다. 그게 전부였다.

생각해 보라. 무릎을 꿇는 것은 그리 힘든 일이 아니다. 오히려 일상적인 자세다(물론 무릎에 심각한 문제가 있는 사람들은 제외다). 우리는 물건을 짚거나 침대 밑을 살피고 신발 끈을 묶는 등 다양한 이유로 무릎을 꿇는다. 그런데 예배에서는 왠지 사람들에게 무릎을 꿇자고 하면 마치 에베레스트산에 오르라고 요구하는 것처럼 부담스럽게 생각한다. 그러나 사실 요청하는 것은 우리가 아니라 하나님이시다. 하나님은 우리가 예배 중에 영적, 정신적, 관계적 측면 외에도 신체적으로 예배하도록 창조하셨다. 하나님은 이런 필수적인 예배 표현을 말 그대로 우리 DNA에 새겨 놓으셨다. 하나님은 매우 단순한 자세의 변화가 영적 자세에 어떤 변화를 불러오는지 누구보다 잘 아신다.

로렌이 수업 밖에서 가르침과 실천의 순간을 인도한 것은 이번이 처음이었다. 그 후 로렌은 몇몇 멘토와 대화하며 옛 예배 인도 방식을 버리고 새로운 열정을 품었다고 말했다. 그 옛 방식이란 의무적이고 형식적이며 기계적인 과정처럼 단상에 올라가서 평소처럼 노래 몇 절과 후렴, 브리지를 부른 후 재빨리 설교로 넘어가는 것이었다.

로렌은 회중에게 예배에 관한 말씀을 가르치고 실천하도록 초대하는 방식이 이런 엄청난 관점의 변화를 일으킬 수 있다면, 이런 가르침과 실천의 순간을 자신의 평생 예배 인도 방식으로 삼기로 결심했다. 노래하고, 말씀을 가르치고, 말씀대로 행동하며, 다시 노래하는 것이다. 그런 다음 잠시 앉아서 오직 하나님만이 하실 수 있는 일을 지켜보고, 이 과정을 반복하는 것이다.

예배 인도 그 이상의 역할과 책임

많은 예배 인도자가 단상 위에서 예배를 인도할 때 자신의 유일한 역할은 온 마음으로 하나님을 예배하는 것뿐이라고 착각한다. 9장에서 "회중이 반응하지 않을 때 어떻게 해야 하는가?"라는 논란을 일으킨 유튜브 영상에 관한 논쟁을 기억하는가? 많은 사람이 예배 인도자가 단순히 하나님을 예배하는 것 이상으로 중요한 역할을 할 수 있다는 생각에 이상하게 거부감을 느낀다.

그렇다 해도 나 역시 예배 인도자의 가장 중요한 기초는 진정한 예배자가 되는 것이라고 믿지만, 이것은 시작일 뿐이다. 솔직히 말하면, "진정한 예배자가 되는 것은 하나님 나라 예배 인도자의 기초를 다지는 것과 같다. 진정한 예배자라는 기초는 예배 인도에 꼭 필요하며 다른 예배 요소도 이 기초 위에 세워야 한다. 하지만 효과적인 예배 인도를 위해서는 이 기초를 넘어서 더 많은 요소가 필요하다. 노래하는 사람이든 악기 연주자든 모든 예배 인도자에게 해당한다. 우리는 진정한 예배자라는 기초 위에 더 많은 것을 세워야 한다.

진정한 예배자가 되는 것이 효과적인 예배 인도자의 유일한 자격이라면 누구든 예배를 인도할 수 있을 것이다. 그저 하나님께 열심히 예배하는 사람을 세우면 되기 때문이다. 하지만 이런 논리는 마치 비행기를 조종하는 유일한 자격 요건이 비행을 좋아하는 것이라고 말하는 것과 같다. 분명히 비행에는 경치를 즐기는 것보다 훨씬 더 많은 기술과 지식이 필요하다. 예배 인도에도 혼자 하나님과의 교제를 좋아하는 것 이상의 많은 요소가 필요하다. 내 말을 명심하라. 모든 예배 인도자는 반드시 하나님께 예배 하는 것을 좋아해야 한다. 그러나 예배를 좋아하는 모든 사람이 예배 인도자의 자격을 갖춘 것은 아니다. 예를 들어, 담임 목사와 예배 인도자의 전형적인 갈등을 살펴보자.

섬김도 예배다

담임 목사인 친한 친구가 이 주제로 조언을 구한 적이 있다. 3년째 함께 일하는 예배 목사님과 끊임없는 갈등이 있었다. 친구는 매주 예배 담당 목사님과 마주 앉아서 하나님께 균형 잡힌 예배 표현으로 회중을 이끄는 중요성을 다양한 방식으로 설명하려 애썼다. 그런데도 매주 주일이면 선의를 가진 예배 목사님은 담임 목사님의 바람과는 반대로 매번 느린 노래로 예배를 시작했다.

매주 빠른 노래로 예배를 시작하는 것에 동의하든 안 하든, 사람들 대부분은 예배 인도자가 담임 목사님의 비전을 최대한 지지해야 한다는 데 동의할 것이다. 이는 맹목적으로 따르라는 의미가 아니다. 하나님이 담임 목사님을 인도하신다는 진실한 신뢰를 품고 기도하는 마음으로 함께 하라는 의미다. 내 친구는 다윗 왕 시대의 사람들이 성소로 들어가기 전에 먼저 바깥뜰을 통과한 것처럼, 회중이 더 깊고 친밀한 표현으로 들어가기 전에 먼저 열정과 기쁨으로 하나님을 찬양할 기회가 있었으면 좋겠다고 거듭 설명했다.

마침내 어느 날 몇 번째인지 모를 회의를 하던 중에 갈등이 폭발했다. 예배 담당 목사님은 이렇게 말했다: "제 사역은 하나님을 향한 것이지, 사람들을 향한 것이 아닙니다." 예배 담당 목사님의 좌절감이 마침내 이해할 수 있는 방식으로 쏟아져 나왔다. 솔직히 나는 예배 목사님의 마음을 어느 정도 공감할 뿐만 아니라 한편으로는 감동적이기도 하다. 하지만 근본적으로 틀렸다. 무엇이 문제인가? 정확히 말하면 절반만 맞다.

예배 인도자의 첫 번째 사역이 하나님을 향한 것은 분명하다. 이 책에서 이 진리를 계속 강조했고 앞으로 나눌 내용도 이 원칙을 부인하지 않는다. 하나님께 드리는 예배 사역은 단상에서 시작하지 않는다. 은밀한 곳에서 하나님과 친밀해지는 것에서 시작해서, 그 영향이 공적인 자리로 흘러나와 회중이 하나님과 친밀해지도록 돕는다.

나는 이 문제의 원인을 이해한다. 내 친구의 예배 목사님은 아마도 다른 예배 인도자가 겉으로는 하나님 나라를 세운다고 하면서 실제로는 자기 영광만 추구하고 자기 사역만 키우는 모습을 보며 좌절했을 것이다. 이건 심각한 문제다. 또한 빠른 노래로 예배를 시작하면 회중의 비위만 맞추고, 진정한 예배의 깊은 곳으로 이끄는 소중한 시간을 낭비하는 것은 아닌지 염려했을지도 모른다.

이 예배 목사님이 범한 첫 번째 실수는 "쇼맨십"의 해결책을 예배를 인도하면서 사람들에게 집중하지 않는 것으로 생각한 점이다. 하지만 이런 관점은 성경에 없다. 하나님은 인도하는 일을 멈추라고 하지 않으신다. 단지 위선적인 자세로 인도하지 말라고 아주 분명히 말씀하실 뿐이다. 따라서 중요한 것은 다른 사람을 담대히 인도하는 것을 멈추지 말고, 개인적인 영역에서 꾸준히 하나님과 친밀한 관계를 맺는 것이다.

두 번째 실수는 더 심각하다. 빠른 곡이 느린 "묵상" 곡보다 덜 영적이라고 생각했다. 물론 예배 순서에서 언제 이런 노래를 하든 상관없지만 교회 예배에서 빠른 찬양을 완전히 제거하는 것은 오늘날 음악 예배에서 우리가 저지르는 가장 큰 실수다. 빠른 노래는 느린 노래보다 건성으로 부르기가 훨씬 어려우며 열정적으로 반응할 동기가 부족할 때 하나님을 향한 우리 나태함을 드러낸다. 빠른 노래들을 예배에서 제거하면 사실상 주님의 기쁨을 제거하는 것이다.

의심할 여지 없이 우리는 예배 인도자가 하나님을 사랑하는 사람이길 간절히 바란다. 하지만 동시에 회중을 사랑하며 돕고 섬기는 안내자이자 추수하는 사람이어야 한다. 예배 인도는 100% 예배이면서 동시에 100% 인도다. 훌륭한 인도자는 훌륭한 섬김에서 시작한다. 종이 사람들을 섬기고 사랑함으로써 하나님을 섬기는데, 이것이 하나님께 기쁨을 드리고 영광을 돌리며 우리 삶을 향한 하나님의 부르심을 이루는 중요한 부분이다. 마 25:40에서 이 사실을 분명히 말한다: "*내 형제 중에 지극히 작은 자 하나에게 한 것이 곧 내게 한 것이니라.*" 따라서 목마른 영혼을 위해 시원한 물 한 잔을 주며 회중을 섬기는 예배 인도자의 시도와 노력도 하나님을 향한 사역이다. 만일 우리 사역이 오직 하나님만을 위한 것이라면, 굳이 이 세상에 머물 이유가 없으니 가능한 한 빨리 지구를 떠나는 것이 낫다.

우리가 이 땅에 있는 동안, 모든 사역은 하나님을 위한 것이지만 크게 두 부분으로 나뉜다. 하나님을 향한 사랑과 사람을 향한 사랑이다. 언제나 그렇듯이, 공적인 장소에서 사람들을 섬기는 것은 은밀한 곳에서 하나님을 향한 우리 사랑의 증거다. 사랑과 섬김이 우리를 예배 인도의 두 번째 요소로 이끈다.

두 번째 요소: 가르침으로 인도하기

짐작하듯이, 예배 인도자의 역할은 어떤 사람들이 생각하는 것보다 훨씬 더 중요하다. 동의하기 어려운 사람도 있겠지만, 회중은 예배 인도자가 사람들을 인도하며 어떻게 예배할지 방법을 보여주고, 권면하고 바로잡아 영감을 주고 우리가 누구를 예배하고 왜 예배하는지를 반복해서 일깨워 주길 원하는 것이 현실이다.

첫 번째 단계가 모범을 보이며 인도하는 것이라면(10장), 두 번째 단계는 가르침으로 인도하는 것이다. 이것이 최고의 성과를 내는 지도력 방법이다. 효과적으로 가르치지 않으면서 효과적으로 인도할 수는 없다. 잠 9:9은 "*지혜 있는 자에게 교훈을 더하라 그가 더욱 지혜로워질 것이요 의로운 사람을 가르치라 그의 학식이 더하리라*"라고 말한다.

어떤 이들은 예배 인도자가 가르치는 걸 막으면서 그냥 입 다물고 노래만 하라고 충고한다. 하지만 우리는 회중이 예배하는 이유를 이해하도록 가르치면서 동시에 균형을 잡는 것이 중요하다는 것을 이해해야 한다. 예배 인도자의 역할은 강단을 차지하는 것이 아니다. 우리가 왜 예배하는지 참된 의미를 계속해서 강조하기 위해 진리의 말씀으로 회중의 예배에 사랑으로 다리를 놓아야 한다.

안타깝게도 많은 교회 성도가 성경을 공부하지 않기 때문에 하나님이 예배에서 무엇을 바라고 요구하시는지 모른다. 바람직하지 않지만 현실이다. 예배 인도자의 역할은 하나님의 말씀을 제시하여 하나님의 자녀들이 주님과 뜨거운 우정을 다시 회복하도록 돕는 것이다.

내 첫 번째 책 『Awakening Pure Worship』에서도 언급했다: 예배는 항상 계시의 응답이다. 본질적으로 하나님을 향한 우리 예배는 삶이나 노래로 표현되며, 이는 항상 하나님이 말씀이나 자녀들을 통해 자신을 드러내신 것의 반응이다. 예배자가 하나님이 주신 초자연적 계시를 통해 하나님께 더 잘 응답할 수 있다면, 예배 인도자는 하나님의 계시가 일어날 수 있는 환경을 조성하기 위해 최선을 다해야 한다.

바로 이 지점에서 일부 독자는 내 의견에 동의하지 않아 책을 덮고 싶을지도 모른다. 이들은 회중을 섬기기 위해 가르쳐야 한다는 내 말을 예배 인도자가 예배자의 반응을 조작하기 위해 하나님의 계시마저 조작하려 한다고 오해한다. 그러나 나는 단지 하나님이 우리에게 주신 모든 자원, 특히 하나님의 말씀을 활용하여 하나님의 진리를 드러내고, 하나님의 자녀들이 하나님을 예배하도록 영감을 주는 깊은 책임이 예배 인도자에게 있다고 제안하는 것이다. 예배 인도자는 하나님의 손과 발이다. 하나님은 모든 신자를 통로로 삼아 계시를 전하고 우리 각자가 하나님을 더 선명하게 볼 수 있도록 돕기로 선택하셨다.

핵심 질문: 우리는 하나님의 통로가 될 준비가 되어 있는가?

52번의 주일이 만드는 다른 회중

매트 레드먼은 『예배자 핵심 파일』에서 이렇게 말한다. "예배를 인도할 때 너무 자주 나는 사람들에게서 좋은 반응을 얻으려는 충동을 받는다. 나는 결과를 보기 원한다. 하지만 이런 반응(또는 반응 부족) 뒤에 있는 것에 훨씬 더 많은 관심을 가져야 한다. 우리는 사람들이 반응하는 모습에 연연하느라 지치기 전에, 사람들이 반응하는 대상에 신경을 쓰는 것이 좋다. 그들이 영광스러운 우리 예수님으로 가득하여 새롭게 불타오르게 되는 찬양, 전심으로 반응하게 되는 찬양을 하자."[1]

완벽하다. 하지만 이것은 우리 책임의 일부일 뿐이다. 우리는 노래가 하나님의 초자연적 진리로 가득한지 철저히 살펴야 한다. 그러나 우리의 영향력을 열 배로 높일 기회도 놓치지 말아야 한다. 한번 생각해 보자. 음악적 예배에 관한 짧은 성경적 가르침이 포함된 52번의 주일과 그렇지 않은 52번의 주일 사이에 교회는 얼마나 달라질까? 이런 작은 변화가 큰 영향을 미칠까? 두말하면 잔소리다!

예배 인도자에게 권면한다. 예배와 하나님의 성품에 관해 하나님이 어떻게 말씀하시는지 회중에게 가르치라. 그러면 회중이 하나님께 진실하고 열정적으로 반응할 수 있는 능력을 기를 수 있다. 1년 52주 주일마다 60~120초의 짧은 성경적 가르침이나 비유로 회중의 마음에 반응의 불을 지펴라. 왜 이렇게 해야 하는가? 하나님과 회중 사이에는 대부분 큰 간격이 있으며 이 틈을 메우는 데 하나님의 진리의 말씀보다 더 효과적인 것은 없기 때문이다.

오해하지 말라. 나는 여러분에게 회중이 반응하도록 인위적으로 유도하라고 말하는 것이 아니다. 단지 예배에 관한 하나님의 말씀을 분명한 목적을 두고 회중에게 전하면 마음에서 우러나오는 참된 예배를 드

---

1. 매트 레드먼, *예배자 핵심 파일1* (죠이선교회, 2003), 14쪽.

릴 가능성이 엄청나게 높아진다는 사실을 말할 뿐이다. 할렐루야! 예배 인도자는 하나님의 말씀을 나눔으로써 마치 옛날 전화 교환원처럼 하나님과 회중을 더 분명하게 연결한다. 다음은 예시이다.

하나님의 임재는 음악 안에 있지 않다

어느 날 밤, 예배 컨퍼런스에서 인도하고 있을 때 성령님이 나를 가르치기 시작하셨다. 이런 일이 일어날 때면 늘 그렇듯이 주님의 목적은 두 가지로 나타난다. 첫째는 내가 잘못 이해한 진리를 바르게 이해하도록 도우시고, 둘째는 중요한 계시를 알려 주셔서 하나님의 자녀들과 나누게 하시려는 것이다.

그 순간 성령님은 내 마음에 단순하지만, 깊은 진리를 심어주셨다: "내 자녀들에게 내 임재가 음악 안에 있지 않다는 사실을 일깨워 주어라." 나는 주님의 말씀이 무슨 의미인지 곰곰이 생각했다. '주님, 그게 무슨 뜻이죠? 주님의 임재가 음악 안에 있지 않다면, 왜 음악 예배와 주님의 임재를 그렇게 직접적으로 연결하나요? 우리가 무언가를 잘못 이해하고 있는 건가요?'

성령님이 이렇게 답하셨다. "너희가 드리는 음악 예배 시간에 내 임재를 경험할 수 없다는 말이 아니다. 내 임재가 음악에만 묶여 있지 않다는 의미다. 내 자녀들에게 가르쳐주어라. 음악 예배 안에서 나와 관계적으로 만나는 법을 배우는 것도 중요하지만, 음악 예배가 없는 상황에서도 내 관계적 임재를 경험하는 법을 배우는 것이 똑같이 중요하다."

이어서 말씀하셨다. "많은 사람이 내 임재를 강렬한 음악을 들을 때 느끼는 감정과 착각한다. 그들은 음악과 연결되면서 나와 인격적으로 연결됐다고 믿는다. 결국 나를 진정으로 만나지 못한 채 내가 창조한 음악만 즐기고 모임을 떠난다. 이것은 반드시 고쳐야 할 미묘한 속임수다."

상상해 보라. 사람들은 컨퍼런스와 교회 예배에 참석하여 하나님을 만났다고 믿지만, 사실은 감정, 능숙한 연주자들, 그리고 고조된 분위기만 경험했을 뿐이다. 이제 하나님이 왜 내게 이 진리를 회중에게 가르치라고 하셨는지 분명히 이해할 수 있다. 그렇지 않으면 많은 사람이 계속해서 이런 잘못된 생각에 빠져 살 것이기 때문이다. 그들은 단지 음악이 주는 감동을 하나님의 임재로 착각한 채 평생 살아간다.

이것이 예배를 인도할 때 성령님이 여러분을 통해 회중에게 전하길 원하시는 가르침의 한 예시다. 하나님의 자녀가 하나님이 의도하신 참된 예배자로 성장하도록 도우려면, 우리는 그들의 관점을 변화시키는 수많은 진리를 가르쳐야 한다. 한 가지 중요한 점은, 회중에게 예배의 성경적 진리를 가르칠 때 예배팀을 소외시키지 말라. 예배팀도 회중과 같은 가르침을 받아야 한다. 가능하다면 4~6개월 전에 미리 팀원들에게 먼저 이런 내용을 가르치는 것이 바람직하다.

가르칠 진리는 충분하다

이런 생각이 들지도 모른다. "그래, 다 좋아. 하지만 정말 성경에 1년 52주 동안 매주 예배에 관해 나눌 만큼 충분한 내용이 있을까?"

그렇다, 절대적으로 그렇다. 실제로 성경에는 하나님의 자녀들에게 계속해서 전해야 할 하나님 말씀의 풍부한 가르침이 있다. 이런 가르침을 통해 우리는 하나님을 더 깊이 알고 영원토록 올바른 방식으로 예배할 수 있다. 진리의 보물 창고는 끝이 없지만, 우리는 보물을 찾듯이 그 진리를 발굴해야 한다. 무엇보다 중요한 것은 예배 인도자가 돌보는 사람들에게 이 진리를 전하기 전에 먼저 자기 삶에서 아름다운 성경적 진리들을 발견하고 체험하려고 노력해야 한다.

다음은 우리가 가르쳐야 할 몇 가지 예시다:

- **하나님은 누구신가?** 정말 좋은 질문이다. 회중이 하나님의 참된 성품을 깨닫도록 도우면, 하나님께 반응하는 정도가 엄청나게 달라진다. 내가 시 103:8에서 하나님이 노하기를 더디 하시며 변함없는 사랑이 충만하시다는 계시를 깨달았을 때, 내 예배 열정에 믿을 수 없는 혁명이 일어났다. 하나님은 우리를 향한 사랑이 엄청나셔서 정당한 분노까지 참으시고 변함없이 넘치는 사랑을 쏟아부어 주신다. 이런 작은 진리 하나가 회중이 하나님께 더 강력하게 반응하도록 이끈다. 하지만 기억하라. 반응을 끌어내는 주체는 예배 인도자가 아니다. 우리는 성경적 진리를 전하고, 하나님은 그 진리를 진정한 계시로 바꾸신다. 하나님의 성품에 관한 진리는 끝이 없기에 우리는 성령님의 도움으로 회중이 하나님께 더 깊이 예배하도록 계속해서 도울 수 있다.

- **왜 노래하는가?** 교회에서 왜 노래하는지 진지하게 생각한 적이 있는가? 물론 성경이 노래하라고 가르치기 때문이지만, 하지만 많은 사람이 입 밖으로 내지 않아도 속으로 궁금해하는 질문이다. 우리는 회중이 교회에서 하는 일의 이유를 알도록 힘써 도와야 한다. 노래는 단지 수백 또는 수천 년 전부터 이어온 인간의 전통일 뿐인가, 아니면 그 이상의 깊은 의미가 있는가? 예배 인도자로서 우리에게는 왜 노래하는지, 왜 함께 모이는지와 같은 예배의 기본적인 요소를 사람들이 이해하도록 돕는 귀한 책임이 있다. 물론, 이 주제를 가르치려면 자신부터 이해해야 한다. 그러니 공부하라.

- **왜 손을 들고 예배하는가?** 하나님께 손을 들고 예배하는 교회에서 성장하지 않았다면 손을 드는 것이 오순절이나 은사주의 표현이 아니라 성경적 표현이라는 사실에 놀랄지도 모른다. 표현력이 풍부한 특정 사람들만의 행동이 아니라, 주님을 진정으로 사랑하는

사람들의 자연스러운 표현이다(성경에는 사람들이 노래할 때 손을 드는 예만큼이나 기도하거나 축복할 때, 손을 드는 예가 많다). 우리는 예배팀과 회중이 다음 두 가지를 이해하도록 도와야 한다. 1) 성경은 모든 사람이 예배와 기도 중에 하나님께 손을 들라고 초대하고 있으며, 2) 왜 그렇게 하는지 이유를 알려준다. 손을 들어 예배하는 진리를 많은 신자가 제대로 이해하지 못한다. 안타까운 일이다. 하지만 말씀을 통해 그 이유를 알게 되면, 이제 회중은 믿음으로 하나님께 나아갈 동기가 생긴다.

- **성경은 춤을 어떻게 말하는가?** 우리는 이미 춤으로 자유롭게 예배하는 법을 배워야 한다고 살펴보았다. 춤은 반복해서 가르쳐야 하는 진리다. 예상대로 많은 사람이 춤은 그런 성향과 은사가 있는 사람만 하는 것으로 생각한다. 어느 정도 사실이지만, 하나님은 우리가 모두 안전지대를 벗어나 춤으로 반응하도록 초대하신다. 어떤 것이 더 어리석은가? 사람들을 위해 춤추는 것인가? 아니면 하나님을 위해 춤추는 것인가? 하나님의 피조물을 높이는 것인가? 아니면 만물의 창조주를 높이는 것인가? 성적 타락에 자신을 맡기는 것인가? 아니면 예배에 자신을 온전히 드리는 것인가? 일부는 이렇게 변명한다. "그래, 하지만 난 원래 표현하고 소리 지르고 춤추는 그런 예배자가 아니야." 이해한다. 나도 베푸는 사람이 아니지만 베풀어야 한다. 겸손한 사람이 아니지만 그래도 겸손해야 한다. 분명히 하나님은 우리 모두를 타고난 성향을 넘어 초자연적으로 자신을 표현하도록 부르신다. 예배 인도자는 회중이 이 영역에서 하나님을 신뢰하도록 초대할 책임이 있다. 하나님이 우리에게 춤추라고 하실 때, 그것은 우리에게 해를 입히려는 것이 아니라 우리를 자유롭게 하려는 것이기 때문이다.

- **왜 하나님을 예배하는 것이 교회에서만의 일이 아닌가?** 회중이 하나님이 원하시는 열정적인 예배자로 변화되기를 바라는가? 집에서도 예배하라고 가르쳐야 한다(앞으로 나올 장에서 이 주제를 더 자세히 살펴볼 예정이다). 당연히 우리는 성도들에게 교회에서 성경을 읽었으면 집에서는 안 읽어도 된다고 가르치지 않는다. 또한 교회에서 기도했으면 집에서는 기도하지 않아도 된다고 가르치지 않는다. 그런데 예배에 관해서는 마치 노래로 하나님을 예배하는 곳은 오직 교회뿐이라고 가르친 것 같다. 이 잘못된 생각을 바꿔야 한다. 가정에서 하나님을 예배하는 것이 하나님을 향한 무감각함을 없애는 지름길이다. 회중이 이 사실을 깨달을 때 일어나는 변화는 믿기 어려울 정도다. 루이 기글리오는 이렇게 말한다: "진심으로, 교회에 오기 전 6일 동안 하나님을 열심히 추구한 사람으로 가득 찬 예배는 훨씬 더 풍성하다(원문 직역)."[2]

- **노래 가사의 성경적 배경을 가르쳐라.** 예배 인도자는 성경적으로 정확한 노래들을 신중하게 선택하고 회중이 그 가사를 삶에 어떻게 적용할지 이해하도록 도와야 한다. 많은 사람이 오래된 찬송가든 새로운 예배 곡이든 그 노래의 가사와 매일의 삶을 거의 연결하지 못한다. 많은 신자가 "그 누가 멈추리요 주가 함께 하시면 그 누가 대적하리 주 함께 하시면"이라는 가사가 크리스 톰린에게서 나온 것으로 안다. 사실, 이 가사는 롬 8:31에서 나온 것이다. 예배 인도자는 회중이 이러한 개념들이 단순히 작곡가의 마음에서 나온 것이 아니라 하나님의 마음 깊은 곳에서 나왔음을 이해하도록 도와야 한다. 예배 인도자는 "크신 내 주님"과 같은 노래를 부르기 전에 먼저 그 노래에 관한 성경적 진리를 나눠야 한다.

---

2. 루이 기글리오, *하나님을 향한 열정과 경배* (요단 출판사, 2006)

> 31 그런즉 이 일에 대하여 우리가 무슨 말 하리요 만일 하나님이 우리를 위
> 하시면 누가 우리를 대적하리요 32 자기 아들을 아끼지 아니하시고 우리
> 모든 사람을 위하여 내주신 이가 어찌 그 아들과 함께 모든 것을 우리에게
> 주시지 아니하겠느냐 33 누가 능히 하나님께서 택하신 자들을 고발하리요
> 의롭다 하신 이는 하나님이시니 34 누가 정죄하리요 죽으실 뿐 아니라 다
> 시 살아나신 이는 그리스도 예수시니 그는 하나님 우편에 계신 자요 우리
> 를 위하여 간구하시는 자시니라 (롬 8:31~34)

또, 엘리베이션의 노래 "주의 승리 보리라"의 2절에 나오는 "난 거대함 앞에 맞서 싸우리"라는 가사를 설명해 주는 것도 좋다. 이를 통해 삶 속의 거인들인 영적인 공격, 어려움, 고통, 질병, 우울증 등에 다윗이 골리앗에게 한 것처럼 대응하도록 힘을 줄 수 있다.

> 45 다윗이 블레셋 사람에게 이르되 너는 칼과 창과 단창으로 내게 나아 오
> 거니와 나는 만군의 여호와의 이름 곧 네가 모욕하는 이스라엘 군대의 하
> 나님의 이름으로 네게 나아가노라 46 오늘 여호와께서 너를 내 손에 넘기
> 시리니 내가 너를 쳐서 네 목을 베고 블레셋 군대의 시체를 오늘 공중의 새
> 와 땅의 들짐승에게 주어 온 땅으로 이스라엘에 하나님이 계신 줄 알게 하
> 겠고 47 또 여호와의 구원하심이 칼과 창에 있지 아니함을 이 무리에게 알
> 게 하리라 전쟁은 여호와께 속한 것인즉 그가 너희를 우리 손에 넘기시리
> 라 (삼상 17:45~47)

어쩌면 당신은 '제프, 사람들은 이미 다 알아요. 왜 내가 이런 걸 가르쳐야 하죠?'라고 생각할 수 있다. 먼저 나는 당신의 생각에 동의하지 않는다. 신자 대부분은 이런 성경적 진리가 자신에게 어떻게 직접 적용되는지 제대로 이해하지 못한다. 성경 이야기와 다윗의 용기에 흥미를 느끼지만, 이런 사례가 자신이 살아가는 현실에서 하나님의 능력으로

살아가는 방법을 보여주는 본보기라는 사실을 항상 깨닫지는 못한다. 설령 인식한다 해도, 종종 그것을 담대하게 말해줄 인도자가 필요하다. 그때야 비로소 이러한 진리가 사람의 잠재의식 깊은 곳에서 떠올라 진정으로 하나님 말씀의 진리를 삶에서 실천하기 시작할 수 있다.

예배 인도자의 가장 큰 기쁨은 사람들이 성경적 진리를 깨달아 실제 삶에서 적용할 수 있도록 말씀을 가르치며 돕는 역할이다. 예배 인도자는 성경의 잘 알려지지 않은 많은 진리의 베일을 벗겨내어, 사람들이 본래 의도된 예배하는 용사로 담대히 일으켜 세우는 역할로 부름 받았다. 하지만 이것은 시작일 뿐이다. 말씀을 가르치기만 하고 실천하지 않으면 말씀을 가르치지 않는 것만큼이나 좋지 않기 때문이다. 이제 예배 인도자의 세 번째 핵심 요소를 살펴보자.

세 번째 요소: 실천으로 인도하기

지금까지 나는 두 가지 주요 예배 인도 영역, 즉 모범을 보이는 인도와 가르침으로 인도하는 방식에서 더 계획적이고 의도적으로 행동하라고 제시했다. 이 두 가지를 강조한 이유는 한 가지 목적 때문이다. 예배팀과 회중에게 하나님 나라의 문화를 심어 그들을 더 잘 섬기기 위해서다. 이렇게 하면 예배 인도자가 돌보는 모든 사람이 큰 축복을 받는다.

그러나 여기서 멈춘다면 차라리 시작하지 않는 것이 낫다. 모범을 보이는 것(본을 보여 인도하는 것)은 믿을 수 없을 정도로 강력한 인도 방식이다. 본을 보이지 않으면 우리가 원하는 것보다 훨씬 못한 것, 즉 진정한 반응이 거의 또는 전혀 없는 상황을 만들어낼 뿐이다. 어떤 분야에서든 사람들은 자기 지도자가 보여주는 수준을 넘어서기 어렵기 때문이다.

단순히 모범만 보여주는 것으로는 효과가 없다. 모범은 종종 그런 행동이 소수의 사람과 특별한 성향에만 어울리는 것이라고 여기는 사람들에 의해 변명거리가 되기 때문이다. 그들은 이렇게 생각한다. '프레드가 우리를 그렇게 열정적으로 예배로 인도하는 모습이 참 좋지 않아? 나도 그 에너지의 절반이라도 낼 수 있으면 좋겠어.' 하지만 실제 마음속으로 하는 말은 이것이다. '프레드는 나와 달라. 나는 절대 그런 열정으로 하나님을 예배할 수 없어. 하나님이 그를 특별하게 창조하신 거야. 그는 예배 인도자라고! 열정적인 게 당연하잖아.'

이런 생각은 하나님이 모든 사람에게 원하시는 열정적인 예배 표현을 기르지 않는 핑계가 되기 때문에 매우 위험하다. 기억하라. 영적인 열정은 성격에서 나오는 것이 아니라 계시에서 나온다. 예수님의 발에 향유를 부은 여인에 관해 바리새인에게 하신 말씀을 들어보자. "*그러므로 내가 네게 말한다. 이 여자는 그 많은 죄를 용서받았다. 그것은 그가 많이 사랑하였기 때문이다. 용서받는 것이 적은 사람은 적게 사랑한다*"(눅 7:47 새번역). 이 바리새인은 하나님이 자신을 얼마나 많이 용서하셨는지 이해(계시)가 부족했기 때문에 하나님께 돌려드릴 사랑도 적었다. 그러나 여인은 완전히 달랐다. 하나님이 하신 모든 일에 깊은 계시가 있었기 때문에 넘치는 사랑으로 반응했다. 다시 말하지만, 우리가 사랑할 수 있는 능력은 성격과 관련이 없으며, 하나님이 우리를 위해 행하신 모든 일에 관한 계시(또는 그 부족함)와 관련이 있다.

예배 중의 가르침은 예배 인도를 한 차원 더 높은 수준으로 끌어올린다. 회중을 성경의 지식과 지혜로 무장할 때 나오기 시작할 더 깊은 예배의 반응을 한번 생각해 보라. 가르침이 없으면 하나님의 계시가 제한되고, 회중은 생명 없는 무관심한 상태에 머문다. 반면에 가르침이 늘어나면 하나님의 계시도 증가하여 회중 안에 새로운 생명이 역사한다.

물론, 예배 인도자는 사람들이 하나님의 계시를 강제로 받게 할 수는 없다. 그럴 수만 있다면 얼마나 좋을까! 하지만 그렇다고 예배의 모범만 보이고 말씀 가르치기를 소홀히 하면 안 된다. 예배를 인도할 때는 반드시 말씀을 짧게라도 전해야 한다. 그러면 사 55:11에서 약속하신 대로 하나님의 말씀은 결코 헛되이 돌아오지 않고 반드시 열매를 맺을 것임을 믿어라. 이것이 바로 하나님의 지도자들이 말씀의 설교와 가르침에 진심으로 헌신할 때 나타나는 성령님의 놀라운 역사다.

본을 보여주고 가르침으로 인도하는 것은 예배팀과 회중이 더 진실하고 열정적으로 예배하도록 돕는 놀라운 효과가 있다. 하지만 성경적으로 인도할 수 있는 완전한 역량에는 여전히 한계가 있다. 왜 그럴까? 간단하다. 약 1:22에 "*여러분은 말씀을 듣기만 하여 자신을 속이지 말고 말씀을 실천하는 사람이 되십시오.*"(현대인의 성경)라고 했기 때문이다. 예배 인도는 복잡한 로켓 공학이 아니다. 회중이 하나님의 말씀을 듣게 하는 것은 좋은 일이다. 하지만 회중이 말씀을 듣고 그 말씀을 삶에서 실천하도록 이끈다면, 단지 좋은 일을 넘어 정말 위대한 일이 일어날 것이다.

들은 것을 실천할 때 진정한 변화가 시작된다

내가 특별한 만찬을 위해 당신을 집으로 초대했다고 상상해 보라. 당신이 약속 시간보다 일찍 도착해서 음식을 조리하는 모든 과정을 처음부터 볼 수 있다. 내가 무엇을 요리할지 군침이 돌 정도로 상세하게 설명하면서 음식을 준비하는 모습을 떠올려 보라. 당신은 각 요리가 하나씩 완성되어 가는 모습을 기대에 찬 눈으로 지켜본다. 맛있는 향이 부엌에 가득 퍼지고 다양한 맛이 조화롭게 어우러지면서 그 향기에 취해 간다. 그런데 음식을 오븐에서 꺼내기만 하면 되는 순간, 내가 갑자기 당신에게 집에서 나가달라고 말한다. 와줘서 고맙지만, 그토록 기대하던 맛있는 식사를 함께하지 못한다는 것이다. 말이 되는가?

바로 이런 상황이 예배 인도자가 모범을 보이고 가르치면서도 사람들이 스스로 담대하게 실천하도록 초대하지 않을 때 일어나는 일과 정확히 같다. 예배 인도에서 실천은 모범과 가르침에 진정한 힘과 목적을 더해

준다. 사람들을 결단의 순간으로 이끌어 하나님의 영광스러운 진리를 마주하며 직접 예배의 자리로 나아가도록 인도하고, 회중이 예배 인도자에게서 본 모범과 하나님의 말씀과 예배에 관해 배운 내용을 바탕으로 실제 행동으로 반응하는 것이 예배 인도자의 최종 목표다! 내 친구가 자주 말하듯이, "그저 말만 하지 말고 실천하라."

예배 인도자로서 이런 변화를 목격하는 것은 정말 놀라운 경험이다. 회중이 배운 예배를 직접 실천할 때 놀라운 변화가 일어난다. 미지근한 교회 출석자에서 열정적인 제자로, 종교적 행위자에서 하나님과 관계를 맺는 자로, 예배의 구경꾼에서 적극적인 참여자로, 노래 애호가에서 하나님을 사랑하는 사람으로 변화한다.

예배의 바통을 넘겨라

이제 예배 인도자로서 하나님께 받은 깨달음과 계시를 교회 가족들에게 전해주기 시작하는 때가 가장 중요한 순간이다. 목적은 단 하나다. 회중이 더 이상 관중석에서 예배팀만 바라보지 않고, 직접 예배의 경주에 뛰어들어 스스로 달리도록 격려하는 것이다. 정말 아름다운 일이다.

지금까지 회중은 관람석에서 예배팀이 열정적으로 예배의 트랙을 달리는 모습을 지켜보기만 했다. 예배팀의 열정에 감동하고 격려받으면서도, 정작 자신들은 예배에 직접 참여할 생각은 전혀 하지 않고 편안하게 관람석에 앉아 있었다. 솔직히 말하면, 회중 상당수는 자신이 관람석을 떠나 직접 참여해야 한다는 생각조차 못 했다. 회중은 예배팀이 예배를 대신 해주면 그것으로 충분하다고 생각한다. 이제 우리가 바꿔야 한다. 예배 인도자는 담대하게 회중을 예배에 참여하도록 초대해야 한다.

하지만 쉽지 않다. 생각해 보라. 전에는 바통을 들고 열심히 달리는 모습을 보여주던 예배 인도자가 갑자기 어느 주일 아침부터 바통을 회중에게 건네주기 위해 손을 뻗는다. 그 순간 회중은 눈을 크게 뜨고 예배 인도자를 바라보며 이렇게 생각한다. "뭐? 내가 달리라고? 설마 나는 아니겠지. 절대 안 돼. 난 달릴 수 없어. 예배 인도자가 모두를 대신해서 이 예배 경주를 아주 잘 달리고 있잖아. 솔직히 예배팀이 전문가들이니까 나는 여기 앉아서 예배팀을 응원하는 게 편해."

우리의 과제는 무엇인가? 성령의 능력 안에서 우리가 할 수 있는 모든 것을 다해 회중이 스스로 하나님과 교제하도록 돕는 것이다. 관계 속에서, 삶 속에서 하나님을 추구하는 경주에 그들이 참여하도록 하는 것이다. 역설적으로, 많은 예배 인도자가 바로 이 지점에서 회중을 참여시키는 일을 멈춘다. 열광적인 팬들을 관중석에 그냥 두는 것으로 만족하기 때문이다.

모범을 보이고, 가르치고, 실천하는 것, 이 세 가지가 고비를 넘도록 도와준다. 물론 우리는 회중에게 예배하는 방법을 보여주어야 하고 성경적 예배를 가르쳐야 한다. 하지만 어느 시점에서는 담대하게 초대해야 한다. 회중이 직접 운동화를 신고 경주에 참여하라고. 설득력 있는 성경적 근거로 회중을 불러야 한다. 팬의 옷을 벗고 트랙 위에서 함께 뛰자고. 미지의 세계로 발걸음을 내디딜 때, 회중에게 요청해야 한다. 더 이상 구경꾼으로 남지 말고 진정한 예배자가 되라고. 하지만 이것은 오직 한 가지 방법으로만 가능하다. 예배를 모범으로 보이고 가르치는 단계에서 함께 실천하는 단계로 나아갈 때다.

예배 인도자가 회중에게 성경적 진리에 반응하여 하나님을 예배하도록 초대할 때 놀라운 변화가 일어난다. 심지어 가장 저항이 심한 사람들도 마음이 부드러워져서 전혀 예상하지 못한 방식으로 하나님께 반응한다. 어떤 사람들은 생애 처음으로 큰 소리로 담대하게 찬양하거나 하나님 앞에 무릎을 꿇는다. 또 다른 이들은 하나님과의 관계에서 새로운 차원의 예배를 경험하며 자신의 마음과 생각을 활짝 연다.

하나님 말씀을 따라 함께 예배할 때 우리는 아름다운 공동체, 하나님 나라의 공동체를 세워간다. 목회자와 예배 인도자에게 하나님의 자녀들이 창조된 방식대로 하나님을 사랑하는 모습을 보는 것보다 더 큰 격려는 없다. 모든 이가 하나 되어 예배하는 것이 진정한 예배의 완성이다.

함께 예배하기 위해 할 수 있는 것

음악 예배에서 회중에게 이러한 강력한 가르침과 실천의 순간을 소개하는 것은 어렵지 않다. 앞에서 살펴본 회중에게 가르쳐야 할 성경적 내용을 바탕으로 회중이 구체적인 행동으로 반응하도록 초대하면 된다. 어떤 행동은 아주 분명하고, 어떤 것은 덜 분명하지만, 중요한 것은 회중이 점진적으로 예배에 참여하도록 이끄는 것이다.

예를 들어 딤전 2:8 말씀으로 하나님께 손을 드는 성경적 근거를 설명했다면, 바로 그때가 말씀을 실천하도록 회중을 초대하기에 가장 좋은 순간이다. 물론 이럴 때 주변 사람들이 함께 행동함으로써 생기는 긍정적인 분위기도 작용한다. 그 결과 생애 처음으로, 또는 오랜 시간이 지난 후 처음으로 예배 중에 손을 드는 사람들이 있을 것이다.

물론 여러분의 교회에서 하나님께 손을 드는 것이 이미 자연스러운 일이라면 '그게 뭐 그리 대단한가?'라고 생각할 수 있다. 하지만 교회에는 항상 새로운 사람들이 오고, 약간의 격려만 있으면 실천할 수 있는 기존 성도도 많다. 성경의 가르침을 따라 행동하는 것은 그 가르침을 완전히 이해하지 못하더라도 더 깊은 영적 깨달음을 주고, 더 적극적인 참여와 마음의 진정한 변화로 이어진다. 당신이 섬기는 회중이 이런 변화를 경험하기를 원하는가? 그럴 것이라고 믿는다.

이제 음악 예배에서 회중에게 소개할 수 있는 몇 가지 계시적 실천의 예를 살펴보자:

- **성령 안에서 노래하기.** 바울은 고전 14:15에서 "그러면 어떻게 할

까 내가 영으로 기도하고 또 마음으로 기도하며 내가 영으로 찬송하고 또 마음으로 찬송하리라"라고 말한다. 회중에게 테힐라(주님께 즉흥적인 노래를 부르는 것과 관련된 히브리어 찬양 단어)를 가르칠 때, 알아들을 수 있는 말도 좋고 바울의 말대로 성령님의 기도 언어인 방언으로 주님께 노래하도록 초대하는 것도 좋다.

- **예배실에서 자리를 옮겨 예배하기.** 음악 예배 중에 자기 자리에서 흩어져 더 많은 공간을 확보하라고 가르치는 성경 구절은 없지만, 모일 때 강단을 향해 줄지어 앉으라고 주장하는 구절도 없다. 내 경험에 비추어 볼 때 회중에게 통로나 앞쪽, 심지어 예배실 뒤쪽으로 이동하여 예배하도록 초대하는 것은 무감각에서 벗어나는 효과가 있다. 예배 찬양 중에 다른 장소로 이동하려는 의지는 우리 마음이 삶에서 다른 영적 장소로 이동할 준비가 되어 있다는 상징이기도 하다.

- **잠잠히 하나님을 알기.** 시 46:10은 우리에게 "너희는 가만히 있어 내가 하나님 됨을 알지어다"라고 권면한다. 이는 경외 받으실 하나님이 얼마나 놀라우신 분인지 온전히 깨닫고 두려움과 떨림으로 하나님 앞에 나아가라는 의미다. 하나님을 바르게 인식할 때 예배는 더욱 깊은 경외감을 불러일으킨다. "가만히 있는 것"은 소극적인 행동 같지만, 사실은 우리 예배를 완전히 바꿀 수 있는 강력한 성경적 실천이다. 오늘날의 예배자들은 잠잠히 시간을 보내거나 깊은 경외심을 추구하는 경우가 매우 드물다. 따라서 회중에게 주님의 경이로움과 위엄과 권능을 알려주고 주님의 임재 안에서 잠잠히 겸손하게 머물도록 초대하는 것은 예배 인도에서 놀라운 열매를 맺는 전략이다.

- **감사함으로 나아가기.** 시 100:4은 "감사함으로 그의 문에 들어가며 찬송함으로 그의 궁정에 들어가서 그에게 감사하며 그의 이름을 송축할지어다"라고 말한다. 예배 인도자가 이 구절과 함께 우리가 하나님께 감사해야 할 많은 이유를 설명하면 확실히 회중 안에 감사의 마음을 불러일으킨다. 감사는 하나님과의 관계의 문을 열고, 우리를 주님의 임재로 이끄는 열쇠다. 시 100편 같은 말씀으로 회중을 격려한 후에, 각자 하나님께 감사한 이유를 소리 내어 노래하도록 권해보라. 이런 실제적인 참여는 다른 어떤 방법으로도 얻을 수 없는 깊은 변화를 일으킨다.

주의하라: 많은 예배 인도자가 자주 빠지는 함정이 있다. 실천의 어색함을 피하려고 행동하는 대신 그저 생각만 해보라고 권유하는 것이다. 예를 들어 겸손을 가르친 후 노래하면서 겸손을 생각해 보라고 말하는 식이다. 생각하는 것도 일종의 행동이지만, 이렇게 하면 사람들이 쉽게 실천의 책임을 피할 수 있으며 생각만으로는 진정한 변화로 이어지기 어렵다. 이는 마치 가난한 사람들을 직접 도우라고 요청하는 대신 그저 "도울 방법을 생각해 보세요"라고 말하는 것과 같다. 가르침은 회중이 생각할 기회를 주지만, 실제 "행동"으로의 초대는 회중이 실천하게 한다.

기억하라, 모든 실천은 성경 말씀과 같은 주제의 찬양과 연결할 때 효과적이다. 예를 들어, 잠 28:13 말씀인 "*자기의 죄를 숨기는 자는 형통하지 못하나 죄를 자복하고 버리는 자는 불쌍히 여김을 받으리라*"를 읽고, 회중을 회개의 시간으로 인도하라. 모든 사람이 주님 앞에 겸손히 엎드려서 자기 죄를 조용히 하나님께 노래하거나 기도로 고백하도록 초대하라. 잠시 후, 엘리베이션 워십의 "오 주께 나오라O Come to the Altar" 또는 코디 칸스의 "주님만 원해Nothing Else" 같은 찬양으로 이어가라. 그러면 예배 인도자의 가르침과 실천의 순간이 모든 면에서 더 큰 영향력을 발휘한다.

강단 초청의 중요성

현재 교회에서 전통적인 "강단 초청"이나 설교 후 "음악적 반응 시간"이 있든 없든 나는 설교 후에 찬양과 경배를 위한 시간을 의도적으로 갖는 것이 회중이 다음 단계로 나아가도록 돕는 데 필수적이라고 확신한다.

다시 말하지만, 예배 인도자의 궁극적인 목표는 성경적 지침안에서 필요한 모든 방법으로 하나님의 자녀들이 하나님과 더 가까워지도록 힘을 실어주는 것이다. 이 목표를 이룰 수 있는 가장 강력한 방법은 회중이 목회자의 말씀 선포(계시)를 통해 받은 하나님의 메시지를 "소리 내어" 반응할 수 있는 시간을 제공하는 것이다.

강력한 설교라는 형태로 영적 탄약을 쏟아부은 후에 회중이 그 말씀의 충격으로 비틀거리고, 숨 가빠하는 상태 그대로 점심을 먹으러 보내지 말아야 한다. 이렇게 하면 회중은 영적 성장 과정에서 매우 중요한 부분인 반응의 단계에 참여할 기회를 잃게 되어 큰 손해를 입는다.

앞서 살펴본 것처럼, 예배는 계시의 반응이다. 그렇다면 이런 의문이 생긴다: 왜 우리는 교인들이 하나님의 놀라운 초자연적 계시를 받게 하고 나서, 정작 방금 들은 말씀에 반응할 기회는 주지 않는 것일까?

내 책 『Awakening Pure Worship』 10장에서 계시와 반응을 더 자세히 설명했다.

> 모든 회중 예배의 가장 널리 알려진 핵심 주제는 '계시와 반응'이다. 이 개념은 이렇게 설명할 수 있다. 성령님의 영감으로 주어진 초자연적인 하나님의 계시가 있을 때, 그 결과로 우리는 진정하고 영향력 있으며 변화를 일으키는 예배로 반응한다. 다시 말해, **하나님께 드리는 진정한 예배 반응은 항상 하나님께 받은 통찰력 있는 계시에서 시작한다.**[3]

3. 제프 디오, Awakening Pure Worship (Shippensburg, PA: Destiny Image, 2018), page 116.

이 개념은 매우 기본적이면서도 동시에 깊은 진리를 담고 있다. 매트 레드먼은 자신의 책 『엎드림FACE DOWN』에 관한 인터뷰에서 이렇게 설명한다: "나는 모든 진실하고 의미 있고 순수한 예배는 계시의 반응이라고 생각한다. 내가 예배를 정의하는 한 가지 방법은 '하나님의 모든 가치와 계시를 향한 전인격적 반응'이다. **우리가 하나님을 볼 때, 자연스럽게 주님의 거룩함에 반응한다. 예배는 우리가 하나님을 볼 때 시작된다.**"[4]

맞다! 이 예배와 계시의 원리는 우리가 하나님이 먼저 우리를 사랑하셨기 때문에 우리도 사랑한다는 성경적 진리를 더 강화한다. 이 관점은 몇 가지 중요한 질문을 제기한다. 우리가 알지 못하는 하나님을, 보지 못한 하나님을, 이해하지 못하는 하나님을, 말 그대로 하나님이 어떤 분인지의 계시가 없이 어떻게 사랑할 수 있을까? 이는 마치 처음 만나 악수만 한 사람에게 "당신과 결혼하겠습니다"라는 말과 같다. 결혼은 헌신인데 헌신의 기초가 전혀 없다. 도대체 무엇에 헌신한다는 것일까?

많은 목회자와 예배 인도자가 회중 예배를 단지 더 큰 계시, 즉 말씀의 선포를 위한 준비 단계로만 잘못 규정한다. 다시 생각해 보자. 물론 예배는 말씀 선포를 위한 길을 닦는 역할을 한다. 그러나 그것이 전부는 아니다. 이 진리는 재미있게도 닭과 달걀 중 무엇이 먼저인가 하는 오래된 질문과 관련이 있다. 즉, 무엇이 먼저인가? 계시인가 반응인가?

하나님은 처음부터 아기가 아닌 성인 인간을 창조하셨고, 또한 동물들도 이미 다 자란 상태로 창조하셨으므로, 달걀이 아니라 닭을 먼저 창조하셨을 것이다. 마찬가지로, 반응이 먼저 온다고 생각하는 것은 비논리적이다. 무엇에 관한 반응인가? 하나님을 향한 예배의 반응도 마찬가지다. 우리는 아무것도 없는 상태에서 반응할 수 없다. 우리가 전혀 알지 못하는 하나님을 사랑하거나 예배하는 것은 불가능하다.

4. 매트 레드먼, 대니엘 뒤 랑과의 인터뷰, www.scribd.com/document/7308949/Danielle-DuRant-with-Matt-Redman

하나님은 먼저 우리 안에 주님의 존재와 영광과 능력, 그리고 우리에게 구원자가 필요하다는 사실을 계시하신다. 예수님은 "[44]나를 보내신 아버지께서 이끌지 아니하시면 아무도 내게 올 수 없으니 오는 그를 내가 마지막 날에 다시 살리리라 [45]선지자의 글에 그들이 다 하나님의 가르치심을 받으리라 기록되었은즉 아버지께 듣고 배운 사람마다 내게로 오느니라(요 6:44~45)"라고 말씀하셨다.

구원자가 절실히 필요하다고 처음 깨달은 순간을 생각해 보라. 그날 이전에는 진정으로 하나님을 예배하지 않았을 것이다. 그러나 지금은 놀라운 계시에 반응하여 무릎을 꿇고 회개하며 가슴 벅찬 마음으로 "거룩하시다"라고 고백한다. 이것이 바로 예배다. 참된 예배는 초자연적인 계시의 결과로 일어난다.

예배는 반응이 아니라 계시로 시작한다. 하나님이 먼저 우리를 사랑하셨다는 계시, 먼저 자신을 내어주셨다는 계시, 먼저 간격을 메우셨다는 계시다. 하나님이 먼저 시간과 공간을 초월하여 인간의 몸에 담기셨다. 이는 우리가 상상할 수 없는 진리, 역사를 통틀어 전 세계 수십억 명이 한목소리로 노래하게 하는 진리를 계시하기 위함이었다. 그들이 이렇게 하는 이유는 의무감이 아니라, 이보다 더 적절한 반응이 없기 때문이다.

이를 이해한다면 전통적인 주일 예배 순서를 계속 맹목적으로 따라야 할지 고민하게 될 것이다. 회중이 아직 아침에 잠에서 깨는 동안 계시 없이 즉각적인 찬양의 반응을 요구하며, 찬양이 끝나고 얼떨떨한 상태에서 회중에게 하나님의 말씀(설교)을 통해 감동적이지만 긴 계시를 제공한다. 말씀이 끝나면 회중이 주님의 사랑에 반응하여 외치고, 무릎 꿇고, 울고, 감사하며 진정으로 예배할 기회는 주지 않는다. 하나님의 변화시키는 계시에 반응할 기회를 빼앗는 것이다.

우리는 설교 말씀을 완벽하게 마무리하고 좋은 기도를 드린 후, 성도들에게 좋은 한 주를 보내라고 인사하며 즐겁게 보낸다. 회중은 훌륭한 진리로 가득 차 있지만 실제로 적용하지 못한 채 점심 식사 후 들은 말씀을 다 잊어버린다. 설교에서 들은 내용을 잊는 데 얼마나 걸릴까? 정확한 통계를 제시하지는 않겠지만, 그 비율이 상당히 높다는 것은 분명하다. 불과 몇 주가 지나면 주일에 들었던 설교 내용의 아주 작은 부분만 기억에 남는다. 그런데도 우리는 이 말씀이 성도들의 마음 깊이 새겨질 수 있도록 돕는 가장 중요한 기회인 설교 후 반응할 시간을 주지 않는다.

물론 일부 교회는 예배 끝부분에 찬양 한 곡을 부르거나 후렴 정도를 부를 수 있는 2~3분 정도의 반응 시간을 갖는다. 그러나 하나님의 영감으로 가득한 놀라운 진리(계시)의 말씀을 40~50분 정도 듣고, 2~3분이라는 짧은 시간에 하나님이 우리에게 주신 은혜에 감사(반응)를 충분히 표현할 수 있을까? 이렇게 말할지도 모른다. "하지만 제프, 우리 성도님들은 설교가 끝난 후에 예배로 반응하는 시간을 가지자는 제안을 받아들이지 않을 거예요. 그들은 설교가 끝나기도 전에 집에 갈 준비를 한다고요. 정말이에요. 우리는 회중이 예배가 끝나기도 전에 일찍 빠져나가지 않게 하는 것만으로도 꽤 성공했다고 생각합니다."

지금이야말로 우리가 잘못된 생각을 버려야 할 때다. 서문에서 이미 설명한 것처럼, 회중이 어떤 감정을 느끼든, 어떻게 반응하든, 예배 중에 보이는 회중의 모든 자연스러운 행동은 결국 목회자와 예배 인도자가 세운 예배 문화의 결과물이다. 쉽게 말하면, 지금 우리 교회에 존재하는 문화는 바로 우리 교회가 오랫동안 실천한 결과물이다.

만일 당신이 섬기는 회중이 설교 후 반응 시간에 더 열심히 참여하기를 바란다면, 딱 한 가지 문제가 그것을 막고 있다. 바로 당신 자신이다. 사실이다. 현재 교회에 존재하지 않는 특정한 문화적 요소를 갈망한다면, 당신이 직접 그 문화를 구축하는 사람이 되어야 한다. "우리 교회는 절대 변하지 않을 거예요!"라고 말하지 말라. 왜? 회중이 그렇게 하지 않는 유일한 이유는 단지 지금까지 그렇게 해본 적이 없기 때문이다. 하지만 당신이 예배 인도자로서 시간을 들여 모범을 보이고 가르치고 실천한다면 회중은 점차 그 변화를 받아들일 것이다.

교회의 예배 문화를 바꾸는 과정에서 시간이 걸리고 어떤 사람들은 불평하거나 일부는 아예 떠날 수도 있지만 괜찮다. 왜냐하면 당신이 회중을 더 깊이 인도하지 않으면 떠나기 위해 고민 중인 사람도 있기 때문이다. 당신이 세우고 있는 하나님 나라 중심의 교회와 같은 교회를 찾는 새로운 회중이 교회 가족에 틀림없이 합류할 것이다. 요점은, 시간이 걸려도 하나님 나라 중심의 예배 문화를 세울 수 있다. 일부는 떠나겠지만 일부는 머물 것이다. 그리고 일부가 물밀듯이 들어올 것이다.

효과적인 강단 초청 인도하기

지금쯤 어떻게 하면 예배에 충분한 음악적 반응 시간을 추가할지 고민일 것이다. 이제 설교 후 효과적인 강단 초청을 이끄는 방법에 관한 몇 가지 핵심 사항을 알아보자.

- **목회자와 미리 소통하라.** 효과적인 강단 초청 반응 시간을 진행하는 첫 번째 단계는 목회자와 세부 사항을 확인하는 것이다. 다음 사항을 미리 점검하라:
  - ▶ 음악 예배를 위해 시간을 얼마나 배정할 것인가?
  - ▶ 예배팀이 다시 단상에 오를 신호를 정하라.
  - ▶ 강단 초청에서 사용할 찬양을 미리 정하라.
  - ▶ 예배팀은 단순히 반주만 할지 노래도 할지 정하라.
  - ▶ 강단 초청 후 예배를 어떻게 마무리할 것인가?

- **예배팀과 소통하라.** 목회자와 상의한 후, 반드시 그 정보를 예배팀에게 명확히 전달해야 한다. 다음 사항들을 논의하라:
  - ▶ 처음 시작할 부분이나 코드 진행
  - ▶ 처음부터 클릭(메트로놈)을 사용할지 여부
  - ▶ 누가 언제 무엇을 연주할 것인가(건반, 기타 등)
  - ▶ 전체 곡을 연주할지 아니면 일부분만 연주할지 여부
  - ▶ 예배팀이 곡의 섹션 전환과 음악의 강약 조절을 확인할 방법(어떤 신호를 볼 것인가?)
  - ▶ 목사님이 갑자기 말씀하기 위해 개입하면 밴드가 음악적으로 그리고 역동적으로 어떻게 해야 하는가?
  - ▶ 강단 초청 시간을 음악적으로 어떻게 마칠 계획인가?

- **성령님의 흐름을 탈 준비를 하라.** 강단 초청 시간은 미리 계획한 순서를 엄격히 따르기보다는 설교 전 찬양보다 더 자유롭고, 성령님의 인도하심과 회중의 반응에 따라 유동적으로 진행한다. 나는 쉽게 흐름을 타도록 예배 초반에 부른 노래 중 한 곡을 다시 부른다. 이 노래는 이미 회중이 익숙하므로 성령님이 역사하시는 중요한 순간에 "생각하는 상태"에서 벗어나 "마음으로 느끼는 상태"에 머물도록 매우 효과적으로 도와준다. 강단 초청에서 노래할 때, 녹음한 것처럼 똑같이 부르지 말고, 후렴이나 브리지 같은 반복적인 부분으로 시작해서 약간의 즉흥적인 예배를 추가하는 것도 좋다. 반응 시간 동안 정체된 느낌이 들지 않도록 음악의 강약, 노래 부분, 악기 파트, 즉흥적 예배 등 모든 요소가 자연스럽게 흘러가야 한다. 예배 인도자는 회중의 참여를 이끄는 반복과 참여를 방해하는 단조로움 사이에서 미묘한 균형을 유지해야 한다.

- **상황에 맞춰 순간순간 조정하는 법을 배워라.** 예배팀이 흐름을 타는 법과 연결되지만, 좀 더 깊은 의미가 있다. 순간의 분위기에 맞게 음악을 조정할 수 있어야 한다. 한 예배 인도자가 강단 초청 시간에 "사자와 어린양"을 녹음과 똑같이 그대로 연주했다. 그러나 이런 접근법은 거의 효과가 없었다. 예배팀이 목사님의 기도나 메시지에 맞춰 유연하게 대응할 수 없었기 때문이다. 기도하는 경건한 분위기에서 갑자기 곡의 전통적인 도입부로 들어가는 것은 어색했다. "사자와 어린양"을 강단 초청 시간에 효과적으로 사용하려면 브리지 부분부터 시작하는 것이 좋다.

- **결단력 있게 예배팀을 지휘하라.** 강단 초청 시간에 가장 중요한 것은 음악적으로 어떤 방향으로 나아갈지 분명히 하는 것이다. 우유부단하면 혼란과 심각한 문제가 발생한다. 따라서 미리 예배팀에게 계획을 알리는 것이 절대적으로 중요하다. 간단한 손 신호 체계와 음악감독의 마이크 소통을 활용하면 모든 팀이 음악의 흐름에 맞춰 자연스럽게 진행할 수 있다(간소화된 신호에 관한 더 자세한 내용은 7장을 참조하라).

성도들이 성경에서 볼 수 있는 많은 예배 관련 가르침을 실천하도록 구체적인 행동으로 초대하는 것은 예배 인도자가 할 수 있는 가장 영향력 있는 일이다. 이는 진정으로 회중에게 능력을 부여하고자 한다면 특히 중요하다. 예배 인도자가 꾸준히 성경적 예배의 모범을 보이고 가르치며 회중이 직접 실천하도록 초대할 때, 영향력이 확장되면서 동시에 회중을 하나님 나라 문화에 더욱 일치시키려는 진정한 열망을 보여준다. 이러한 세 겹줄 접근법은 새 신자의 마음에 감동을 주고 오랜 신자의 열정을 회복시켜서, 그들이 관람석에서 나와 예배의 현장에 직접 참여하게 한다.

핵심 요약

1. 일부 예배 인도자들은 단지 단상에서 하나님을 예배하는 것만이 자기 역할이라고 믿는다. 이런 역할도 필요하지만, 예배 인도자의 핵심 목표는 회중이 근본적으로 왜 하나님을 예배하는지 기억하도록 돕는 것이다. 예배팀과 오랜 신앙생활을 한 신자들조차도 말씀에서 나온 짧은 가르침을 통해 예배받기 합당하신 위대하신 하나님의 놀라움을 다시 기억하고 새로운 영감을 받아야 한다.
2. 매주 예배 때마다 하나님이 우리에게 바라시는 것을 조금씩 가르치면, 비록 느리지만 확실하게 하나님 나라의 문화가 세워지고 회중은 하나님이 원하시는 참된 성경적 예배자로 변화될 것이다.
3. 교회 안에 찬양의 목적, 예배에서 몸으로 표현하는 이유, 하나님이 원하시는 예배, 또는 하늘 아버지를 사랑하고 예배하는 일이 우리가 영원토록 계속할 유일한 활동인 것을 이해하지 못하는 사람이 얼마나 많은지 알면 놀랄 것이다. 이러한 진리와 다른 여러 성경적 가르침을 회중이 깨닫고 받아들일 수 있도록 계속해서 반복적으로 가르쳐야 한다.
4. 회중이 예배에 관한 성경 말씀을 이해하도록 가르치는 것은 교회 안에 하나님 나라 문화를 되살리는 놀라운 발걸음이다. 하지만 예배 시간에 직접 그 말씀대로 행동하도록 초대하지 않는다면, 이는 우리가 지금까지 가르친 것을 스스로 부정하는 것과 다름없다.
5. 구경꾼 문화가 자리 잡은 교회에서 예배 인도의 궁극적 목표는 사람들이 관람석에서 나와 직접 경주 트랙 위에 서게 하는 것이다. 회중이 자발적으로 하나님께 노래하고, 손을 높이 들어 찬양하며, 승리의 함성을 외치는 등의 행동을 하도록 초대하는 것은 그들에게 예배의 바통을 넘겨주는 중요한 과정이다. 이렇게 함으로써 회중은 점차 예배 인도자의 권면이나 도전 없이도 스스로 하나님을 예배하는 단계로 나아간다.

12장

사랑으로 인도하라

거짓말 #12

"예배 인도의 주된 초점은 영향력이다."

첫 번째 질문: 당신은 예배 팀원들을 사랑하는가? 두 번째 질문: 당신은 회중을 사랑하는가? 마지막 질문: 예배 인도에서 사람을 사랑하는 것이 하나님을 사랑하는 것만큼 중요하다는 놀라운 사실을 생각해 본 적이 있는가?

이 질문들을 잠시 곰곰이 생각해 보라. 분명히 말하지만, 나는 결코 당신이 예배팀이나 회중을 사랑하지 않는다고 말하는 게 아니다. 또한 사람을 사랑하는 것이 하나님을 예배하는 중요한 부분이라고 주장하는 것도 아니다. 다만 예배 인도에서 사람을 사랑하는 것은 그들이 하나님을 사랑하고 예배하도록 이끄는 데 가장 중요한 요소라는 점을 다시 한 번 일깨우고 싶을 뿐이다.

하나님을 사랑하라. 사람을 사랑하라. 나를 아는 사람이라면 이 말이 내가 가장 즐겨 쓰는 표현 중 하나라는 걸 알 것이다. 어디에서 이 말을 처음 들었는지는 기억이 나지 않는다. 아마도 어느 교회의 눈길을 끄는 표어였을 것이다. 어찌 되었든, 9장에서는 간단히 언급했지만, 이번 장에서는 이 주제를 조금 더 깊이 알아보도록 하자.

여러분처럼 나도 진부한 기독교식 표현을 그리 좋아하지 않는다. 하지만 복잡한 것을 가장 기본적인 공통 원리로 단순화하는 것은 정말 좋아한다. 결국 나는 문제의 핵심에 도달하고 싶다. 즉, 우리가 사소한 세부 사항 속에서 방향을 잃기 전에 본질을 파악하고 싶은 것이다.

나도 본질에서 벗어난, 중요하지 않은 것에 빠지는 경향이 있다는 걸 깨달았다. 그러다 보면 어느새 정말 중요한 것을 소홀히 하게 된다. 말 그대로 '나무만 보고 숲은 보지 못하는' 끔찍한 상황이다. 내 인생이 끝날 때, 중요하지 않은 일에 평생을 매달리면서 정작 자신은 중요한 일을 한다고 착각했다는 것을 깨닫지 않기를 간절히 바란다.

그래서 "하나님을 사랑하고, 사람을 사랑하라"라는 표어를 처음 봤을 때 나는 무릎을 치며 생각했다. "바로 이거야! 드디어 삶의 진정한 목적을 이해하는 데 도움이 될 것을 찾았어. 내 자녀들과 NCU의 모든 학생, 그리고 우리 교회 온 가족에게 나눌 수 있는, 이 복잡하고 어지러운 삶을 이해하는 데 도움이 될 것을 찾았어." 단순하지만 정말 강력한 진리였다.

역설적 진리

그럼에도 나는 이 작은 원칙이 정말로 우리의 기본적인 예배 인도 전략으로 자리 잡을 수 있는지 궁금했다. 뭔가 앞뒤가 안 맞는 것 같았기 때문이다. 예배하면서 사람을 사랑한다고? 하나님을 사랑하는 건 당연한 진리다. 하지만 예배에서 사람을 사랑한다는 개념은…. 좀 이상할 뿐 아니라 심지어 기독교 상식에 어긋난 것처럼 느껴진다.

흥미롭게도, 어떤 사람들은 이런 생각이 단순히 상식에 반하는 정도가 아니라 훨씬 더 심각한 문제라고 본다. 예배의 진정한 핵심을 교묘하게 바꿔치기하려는 시도라며 경멸스럽고, 불쾌하며, 하나님이 혐오하실 만한 것으로 생각한다. 그들에 따르면 이런 관점은 성경에 기반한 예배의 전체 구조를 파괴하는 행위이다. 정말 그럴까?

어쩌면 사람을 사랑하는 마음과 하나님을 사랑하는 마음이 함께할 때, 이 둘이 실제로 예배 인도의 모든 것을 하나로 묶어주는 접착제 역할을 할 수 있지 않을까? 예배를 인도하면서 사람들을 사랑하는 것이 하나님을 사랑하는 우리 표현을 더욱 온전하고 풍성하게 한다면?

사람을 사랑하지 않으면서 어떻게 그들을 인도할 수 있을까? 잠깐은 회중의 이상한 행동이나 문제를 무시하고 넘어갈 수 있지만 결국 우리 앞에 다시 나타난다. 솔직히 말하면, 예배 인도자와 예배팀을 낙심하게 하는 가장 큰 이유는 대부분 회중 때문이다. 예배팀을 단 5분만 섬겨봤다면 내 말이 과장이 아니라는 것을 충분히 알 것이다.

물론 노래를 고르고 트랙을 편곡하고 연습 일정을 짜는 일이 쉽다는 말은 아니다. 하지만 많은 경우, 사람과 마주하는 문제가 그보다 훨씬 더 힘들다. 때로는 사람들과의 복잡한 관계 문제가 마지막 한계가 되기도 한다. 이것이 사역의 현실이다.

사람을 섬기는 것이 예배 인도자의 기쁨이다

그렇다고 사람이 문제라는 말은 아니다. 하나님은 종종 전혀 예상하지 못한 방식으로, 회중을 통해 예배팀과 인도자의 결점과 성격 문제를 드러내어 성장하도록 이끄시며, 반대로 우리 또한 회중에게 같은 역할을 한다. 하나님은 우리 연약함을 치유하시고 변화시키기를 원하신다. 이런 과정을 통해 우리는 하나님의 자녀들을 더 잘 섬기는 종으로 성장한다.

우리는 가끔 농담처럼 "사람만 없으면 사역이 정말 쉬울 텐데"라고 말한다. 사역에서 사람이라는 요소를 빼면 훨씬 더 매끄러울지도 모른다. 하지만 실제로 생각해 보면 그런 방식은 전혀 효과가 없으며 우리가 진짜 바라는 모습도 아니다. 왜냐하면 사람들이야말로 사역의 핵심이기 때문이다! 회중을 섬기는 것이 예배팀과 인도자의 존재 목적이며, 우리의 참된 기쁨이다.

안심하라. 우리가 함께 예배하는 가장 중요한 이유는 하나님을 예배하고 찬양하기 위해서다. 하지만 예배 인도자로서 우리에게는 두 가지 목적이 있다. 첫째, 하나님과의 관계 속에서 함께 영적으로 성장하는 것. 둘째, 진정한 그리스도의 제자들로 이루어진 공동체를 세워 하나님의 나라를 확장하는 것이다. 하나님을 사랑하고 사람을 사랑하라.

우리는 누가 더 한 달에 한두 번 교회에 얼굴만 비추는 무관심한 "교인"들을 많이 모으는지 경쟁하는 것이 아니다. 교회는 사교 클럽이 아니다. 우리가 세우려는 것은 하나님을 열정적으로 섬기며 삶을 나누길 원하는 가족 공동체다. 마치 하나님이 창조하신 거대한 바다처럼, 모든 이가 하나님을 사랑하고 주님과 교제하기 위해 하나로 연결되어 서로를 사랑하고 섬기면서 모두가 진정한 한 몸을 이루는 공동체를 의미한다. 이것이 하나님이 원하시는 것이다. 이것이 우리가 원해야 하는 것이다.

매우 혁명적인 이야기를 해도 될까? 사실, 하나님은 예배보다 사람을 더 사랑하신다. 어떤 사람은 이 말이 굉장히 이상할 것이다. 우리는 교회인 하나님의 집에서는 뛰거나 시끄럽게 떠들지 말고, 항상 예의 바르게 행동해야 한다고 배웠다. 이 가르침에는 교회에서 제대로 행동하지 않으면 하나님이 노여워하신다는 생각이 깔려 있다.

디오 가족에게 "하나님을 사랑하고 사람을 사랑하라"는 말은 아주 단순하며 음악으로 드리는 예배뿐만 아니라 그 밖의 모든 삶의 영역에도 적용된다. 그런데 놀랍게도 몇 년 전 성령님이 내게 예배를 인도할 때 이 원칙을 절대 잊지 말라고 특별히 가르치셨다.

물론 예배할 때(그리고 언제나) 하나님께 존중을 표현하는 것이 마땅하다. 하지만 하나님은 우리가 예배할 때 함께 모이라고 말씀하셨다. 하나님은 우리 각자에게 그저 집에서, 우리만의 작은 방에서, 우리만의 작은 세계 속에서 혼자 예배하라고 하실 수도 있었다.

하나님은 개인 예배도 원하신다. 하지만 동시에 우리에게 함께 예배하라고 명령하셨다. 하나님을 예배하는 큰 무리의 일원으로서 가족과 함께 공동체 안에서 서로 나란히, 사회적 계층과 세대 간의 벽을 넘어서 친구들과 함께 이웃들과 함께 처음 만나는 낯선 이들과도 함께 말이다.

하나님이 사랑하시는 것을 사랑하라

사람들을 진심으로 사랑하지 않으면 어떻게 "함께 모이는 예배"에서 회중을 제대로 인도하겠는가? 예배 인도의 초점을 오직 하나님 사랑에만 두고, 하나님을 향한 사랑이 사람 사랑으로 이어지지 않는다면, 에베소 교회가 받은 예수님의 책망을 피할 수 없다(계 2:4 참조).

"하지만 제프, 성경은 요 12:32에서 우리 목적을 아주 분명하게 정의하잖아요. '내가 땅에서 들리면 모든 사람을 내게로 이끌겠노라.' 이 말씀을 보세요. 우리가 해야 할 일은 오직 예수님을 높이는 것뿐이에요. 그러면 하나님이 직접 모든 사람을 이끌어 주실 거예요."

이해한다. 요 12:32은 분명히 중요한 구절이다. 하지만, 이 한 구절만 떼어내서 예배팀과 인도자의 영원한 목적이라고 단정할 수는 없다. 신약성경을 보면 예수님이 우리에게 새 계명을 주셨다는 말씀이 얼마나 자주 등장하는가? 서로 사랑하라. 서로 섬기라. 서로 도우라. 이 가르침을 계속해서 반복한다. 하나님을 사랑하고 사람을 사랑하라. 바로 이것이 진정한 예배 인도의 핵심이다.

문득 깨달은 것이 있다. 우리가 먼저 하나님을 사랑할 때 나타나는 자연스러운 결과로 하나님이 사랑하시는 것을 향한 우리 사랑도 함께 커진다. 그렇다면 생각해 보자. 하나님은 무엇을 가장 사랑하시는가? 주님의 가장 큰 열정은 무엇인가? 이 모든 창조물 중에 하나님이 가장 깊은 애정을 쏟으시는 대상은 무엇일까? 바로 사람이다.

나는 궁금했다. 하나님이 사람들을 그토록 깊이 사랑하시는데, 왜 우리는 예배 인도자로서 예배 중에 하나님이 사랑하시는 바로 그 사람들을 도와주기보다 오히려 무시하는 데 많은 시간을 쓰는 걸까? 사실이다. 인도자로서 나는 진심으로 사랑하지 않는 사람들을 인도하거나 섬길 수 없다. 그래서 몇 년 전 폴 발로쉬가 우리 NCU 예배 인도 수업에서 나눠준 실질적인 조언이 내 마음에 그토록 깊이 와닿은 것이다.

폴은 자신이 섬기는 교회 예배실에 아무도 없을 때 맨 앞에 기타를 들고 서서, 교회 가족들이 평소에 앉던 자리에 있는 모습을 마음속으로 그린다. 잘 아는 사람도 있고 잘 모르는 사람도 있다. 자연스럽게 친밀감이 느껴지는 사람도 있고 왠지 모르게 거리감이 느껴지는 사람도 있다. 그리고 폴은 한 사람 한 사람을 향해 자기 마음이 부드러워질 때까지 하나님을 노래하며 그들이 겪는 삶의 어려움을 놓고 중보 기도한다. 회중에게 필요한 모든 영역에서 구원과 치유와 실제적인 영적 성장이 일어날 것을 믿고 신뢰하면서 텅 빈 예배실에서 예배하고 기도한다.

그리고 다음 주일 아침 단상에 설 때, 폴은 하나님과 교인들을 향한 더 깊고 진실한 사랑의 마음이 커진 것을 깨달았다. 심지어 자신을 좋아하지 않는 사람이나 인도 방식에 동의하지 않는 사람들, 인도자가 선택한 찬양곡을 좋아하지 않는 사람들에게도 마찬가지다. 회중이 폴의 예배 인도 스타일이나 찬양 목록, 심지어는 성격에 어떤 감정이 있든 상관없이 이런 방법으로 각 개인과 가정을 더 진정성 있게 섬길 수 있었다.

예배 인도는 의심할 여지 없이 먼저 하나님을 사랑하는 것에서 시작해야 한다. 하지만, 이 기본적인 진리를 제대로 이해하지 못하는 예배 인도자가 많다. 그들은 예배를 자기 영향력을 키우거나, 단순히 음악을 즐기거나, 심지어는 재능을 이용해 자기만의 왕국을 세우는 수단으로 삼는다. 그러나 이것은 결코 "이것이냐 저것이냐?"의 문제가 아니다.

하나님 사랑과 사람 사랑은 분리할 수 없다. 이 둘은 모두 예배 인도의 핵심이다. 요일 4:20~21은 이 진리를 아주 명확하게 보여준다: "[20]누구든지 하나님을 사랑하노라 하고 그 형제를 미워하면 이는 거짓말하는 자니 보는 바 그 형제를 사랑하지 아니하는 자는 보지 못하는 바 하나님을 사랑할 수 없느니라 [21]우리가 이 계명을 주께 받았나니 하나님을 사랑하는 자는 또한 그 형제를 사랑할지니라."

지도력의 함정에서 벗어나기

일반적인 리더십, 지도력을 놓고 조금 더 이야기하자. 솔직히, 우리는 위험한 방식으로 하나님 나라의 길에서 벗어났다. 내가 당신에게 지도력의 가장 좋은 정의를 적어보라고 한다면 무엇을 쓸 것인가? 어떻게 설명할 것인가? 잠시 시간을 내어 아래 빈칸에 적어보자.

____

____

____

____

솔직히 나는 지도력이라는 주제를 꺼내기가 망설여진다. 분명 나보다 훨씬 더 자격 있는 지도력 전문가들이 많기 때문이다. 지도력은 아마도 요즘 세상에서 가장 많이 이야기하고 연구하는 주제일 것이다. 이것이 나쁜 건 아니다. 하지만 나는 우리가 생각하는 지도력의 정의를 조금 수정하고, 무엇보다 지도력을 실천하는 방식을 크게 개선하고 싶다.

지도력은 왜 이렇게 인기 있는 주제가 됐을까? 왜 사람들이 지도력 관련 책과 방송을 그토록 열심히 찾아 듣고 지도력 컨퍼런스에 열정적으로 참여하는 것일까? 나는 그 이유가 꽤 분명해 보인다.

지도자는 항상 이기고 돈이 되기 때문이다. 솔직히, 누구나 지도자가 될 수 있다면 누가 따르는 사람이 되고 싶겠는가? 지도자는 책임과 권한, 부를 소유한다. 그리고 지도자에게는 많은 사람이 원하는 또 다른 특별한 자질이 있다. 바로 영향력influence이다. 모두 다 영향력을 원한다. 하지만 영향력이 성경적 지도력의 중심 초점이 되어서는 안 된다.

나도 다른 사람처럼 절실한 마음으로 지도력을 키우고 싶어서 성공한 기업과 사업가들이 어떻게 운영하는지 핵심을 파악하기 위해 끊임없이 책을 읽었다. 하나님이 나를 지도자로 부르셨다고 믿기에 무의미하게 살지 않기 위해 최선을 다했다. 그러나 세상 지도력과 하나님 나라 지도력 사이에서 올바른 균형을 찾는 일은 정말 쉽지 않다.

지도력은 무엇인가?

지도력이 영향력이 아니라면 도대체 무엇인가?

> 25 그래서 예수님이 그들에게 말씀하셨다. 세상의 왕들은 권력으로 자기 백성
> 을 다스리고 직권을 행사하는 사람들은 자기들을 은인이라고 부른다. 26 그러
> 나 너희는 그렇게 해서는 안 된다. 너희 가운데 가장 나은 사람은 제일 나이 어
> 린 사람과 같아야 하고 지도자는 종과 같아야 한다. 27 식탁에 앉아서 먹는 사람
> 과 심부름하는 사람 중에 누가 더 지위가 높으냐? 식탁에 앉아 먹는 사람이 아
> 니냐? 그러나 나는 섬기는 자로 너희 가운데 있다. (눅 22:25~27, 현대인)

이 구절을 보면 예수님이 무엇을 말씀하시려는지 아주 분명히 알 수 있다. 첫째, 예수님은 세상 지도력과 하나님 나라 지도력을 명확하게 구분하신다. 주님은 당시에 많은 사람에게 존경받던 지도자들과는 완전히 다른 지도력의 개념을 주저 없이 제시하신다. 나는 예수님이 지도력의 정의를 완전히 뒤바꾸셨다고 생각한다. 주님은 에둘러 말씀하지 않으시고 핵심을 짚으신다.

"지도력은 섬김이다. 그리고 나는 으뜸가는 종이다." 예수님은 기존의 모든 것을 완전히 뒤집어 놓으시는 분이시다. 사실 우리는 대부분 주님의 접근 방식에 불편함을 느낀다. 왜냐하면 예수님의 방식은 우리가 당연하게 여기던 생각에 혼란을 주고 우리가 세운 체계와 절차들을 완전히 무너뜨리기 때문이다. 하지만, 이 진리를 피할 방법은 없다.

예수님은 이 구절뿐만 아니라 여러 번 비슷한 가르침을 보여주셨다. 예를 들어 요한복음 13장에서 예수님이 제자들의 발을 씻기시는 장면을 생각해 보자. 이 장면에서 예수님은 우리에게 정말 특별한 도전을 하신다. 항상 맨 앞자리를 차지하려고 애쓰지 말고, 일부러 맨 뒤로 가라는 것이다. 아무도 원하지 않는 자리를 찾아 섬기는 종의 역할을 자처하라. 우리가 손을 더럽히며 일해야 하는 자리, 다른 사람들 앞에서 몸을 낮추고 겸손하게 섬겨야 하는 자리를 찾아라. 자기를 내려놓고 약한 모습을 드러내며 겸손해져라. 그렇게 하는 사람이 나 혼자뿐일지라도 말이다.

예수님은 마 23:11에서 바리새인들에게 "*너희 중에 큰 자는 너희를 섬기는 자가 되어야 하리라*"라고 말씀하신다. "섬기면 좋겠다"가 아니라 "반드시 섬겨야 한다"이다. 즉, 선택 사항이나 권고가 아니라 반드시 지켜야 할 명령이라는 뜻이다. 현대의 지도력 철학에는 많은 오해가 있다. 다음 세 가지 오해를 살펴보자:

1. **케네스 블랜차드**: "오늘날 성공적인 지도력의 열쇠는 권위가 아니라 영향력이다." 언뜻 보면 완벽해 보인다. 누구나 권위주의보다는 영향력을 선호한다. 하지만, 이 인용구는 단 두 가지 선택지만 있다고 가정하기 때문에 한계가 있다. 실제로는 더 나은 세 번째 선택지가 존재할 수 있다. 게다가 권위적 리더십의 진정한 반대말은 영향력이 아니라 섬김일 수 있다.[1]

---

1. 케네스 블랜차드 명언집, 브레이니 쿼트, https://www.brainyquote.com/quotes/ ken_blanchard_307860

2. **드와이트 D. 아이젠하워 장군:** "지도력이란 내가 원하는 일을 다른 사람이 하게 만드는 예술이다." 조심하라. 이 방식은 때로 효과가 있지만 순식간에 단순한 영향력이 아닌 조종이나 조작으로 변질된다. 이는 매우 위험한 경계선의 줄타기와 같다. 많은 지도자가 자신이 원하는 방향으로 사람들을 움직이는 솜씨가 뛰어나다는 점을 은근히 자랑한다. 겉으로는 잘 드러나지 않지만, 이런 유형의 지도력은 대개 교만에 뿌리를 둔다. 성경은 오직 하나님만이 사람을 높이시고 낮추시는 분이라고 분명히 말씀한다(시 75:7, 단 2:21 참조).[2]

내가 접한 또 다른 위험한 생각은 다음과 같다:

3. **"비판자를 향한 가장 좋은 대답은 성공이다."** 사실, 우리가 누군가의 비판이 틀렸다는 것을 증명하기 위해 자기 힘으로 성공을 이루는 것은 자기 힘으로 심장을 뛰게 하는 것만큼이나 불가능한 일이다. 더욱이 이런 생각은 "내가 저들에게 보여주고 말겠어"라는 나쁜 마음가짐에 뿌리를 두는데, 이런 마음이 우리 생각 속에 자리 잡거나 사역의 동기가 되면 안 된다. 솔직히 말해서 우리 삶을 통해 "그들"에게 무언가를 "보여주고" 싶다면, 그것은 성공이 아니라 예수님의 보혈과 자기 부정, 조용하고 경건한 삶의 모습이어야 한다(살전 4:11 참조).

바울은 매우 분명하게 말한다: *"여러분은 이 시대의 풍조(지도력 포함)를 본받지 말고, 마음을 새롭게 함으로 변화를 받아서, 하나님의 선하시고 기뻐하시고 완전하신 뜻이 무엇인지를 분별하도록 하십시오"*(롬 12:2 새번역). 오직 하나님의 도움으로만 우리는 세상의 풍조를 흉내 내는 것을 멈추고 지도력에 관한 생각을 바꿀 수 있다.

---

2. 드와이트 D. 아이젠하워 명언집, 브레이니 쿼트, https://www.brainyquote.com/ quotes/dwight_d_eisenhower_101562

성공은 계승이다

나는 예전에 폴 앤더슨이 NCU 채플에서 전한 강력한 말씀을 기억한다: "진정한 성공의 비결은 계승입니다. 즉, 다음 세대의 영적인 아버지이자 멘토가 되어 우리가 가진 것을 아낌없이 쏟아붓는 것입니다. 구약성경을 보면 뛰어난 지도자들은 많았지만, 대부분 끔찍한 아버지였습니다!"[3]

지도자가 되고 싶은가? 주변 사람들을 진심으로 사랑하는 것부터 시작하라. 그들에게 영적인 부모가 되어주고 멘토링하라. 지식과 경험을 아낌없이 쏟아부어라. 적극적으로 도움을 주고 지원하며 어려울 때 곁에 있어 주라. 그저 옆에 있는 것이 아니라 진정으로 함께하라.

지도자가 되고 싶은가? 섬기는 것부터 시작하라. 나도 안다. 섬김에 관한 책은 영향력에 관한 책보다 인기가 없다. 마찬가지로 따르는 법에 관한 책도 이끄는 법에 관한 책보다 관심을 끌지 못한다. 하지만 뛰어난 지도자들은 먼저 따르는 법부터 배운다. 그것도 단순히 따르는 것이 아니라 정말 훌륭하게 따르는 법을 배우면서 진정한 지도력을 키운다. 바울은 이렇게 표현했다: "*내가 그리스도를 본받는 자가 된 것 같이 너희는 나를 본받는 자가 되라*"(고전 11:1).

이것이 우리가 하나님께 부름을 받은 사명이다. 하나님 나라의 지도력은 타인을 따르는 법을 배우는 것에서 시작한다. 바울처럼 위대한 지도자들도 그리스도의 본을 따르라는 말씀을 들었다. 예수님도 하늘 아버지께서 먼저 지시하시기 전에는 어떤 일도 스스로 하지 않으셨다.

우리는 지금껏 모든 것을 반대로 생각했는지도 모른다. 진정한 지도력은 이런 것이다.

- 이끄는 사람이 아니라 겸손히 따르는 사람
- 동기를 주는 사람이 아니라 본을 보이는 사람

3. 폴 앤더슨, NCU 채플 설교 (2017년 4월 12일)

- 영향력을 행사하는 사람이 아니라 묵묵히 섬기는 사람
- 피리 부는 사람이 아니라 하나님을 찬양하는 시편 기자
- 단순히 신앙을 받아들이게 하는 사람이 아니라 진정한 제자로 성장하도록 돕는 사람
- 모든 관심을 독차지하는 스타가 아니라 다음 세대를 키워내는 영적인 아버지와 어머니

지도력의 최종 목표

예배팀과 회중을 인도하는 최종 목표는 무엇인가? 예배 인도자가 하기 싫은 일을 회중이 대신하도록 조종하는 것이 아니라, 그들이 아름다운 존재, 세상을 변화시키는 혁명적인 존재가 되어 하나님 나라를 세우는 존재가 되도록 돕는 것이다.

하나님의 말씀에 따르면 우리가 제대로 인도하는지 평가하는 기준은 우리가 열매를 맺고 있는가에 달려 있다. 이 열매는 구체적으로 어떤 모습일까? 다른 이름으로 더 잘 알려진 것이 있다. 바로 제자를 세우는 일이다. 제자를 세우는 것은 하나님과 살아있고 역동적인 관계를 가꾸는 일 다음으로 모든 신자에게 주어진 두 번째로 중요한 책임이다. 성경은 이렇게 말한다.

> 그러므로 내 형제들아 너희도 그리스도의 몸으로 말미암아 율법에 대하여 죽임을 당하였으니 이는 다른 이 곧 죽은 자 가운데서 살아나신 이에게 가서 우리가 하나님을 위하여 열매를 맺게 하려 함이라 (롬 7:4)

> 16 너희가 나를 택한 것이 아니요 내가 너희를 택하여 세웠나니 이는 너희로 가서 열매를 맺게 하고 또 너희 열매가 항상 있게 하여 내 이름으로 아버지께 무엇을 구하든지 다 받게 하려 함이라 17 내가 이것을 너희에게 명함은 너희로 서로 사랑하게 하려 함이라 (요 15:16~17)

지도력의 최종 목표가 열매를 맺는 것이라면 어떻게 해야 그런 열매를 맺을 수 있을까? 답은 간단하다. 씨앗을 심어야 한다. 하지만 안타깝게도 많은 사람이 열매를 맺기 위해 정말 필요한 일을 하기보다는 손쉬운 지름길을 찾는 데 더 관심이 있다. 누가 기꺼이 땅을 파고 작은 씨앗을 심는 수고를 할 것인가? 씨앗을 심고 좋은 열매를 맺을 때까지 돌보는 일은 너무 힘들다. 누가 그런 시간을 내겠는가?

그럼에도 우리 교회에 하나님의 임재로 충만한 변화를 일으키고 싶다면 다른 지름길은 없으며 반드시 씨앗을 심는 기본적인 일부터 시작해야 한다. 좀 더 구체적으로 말하면, 정확히 세 가지 씨앗을 심어야 한다.

1. 격려의 씨앗

나는 격려하는 법을 전혀 몰랐기 때문에 내게 엄청난 도전이었다. 믿어도 좋다. 나는 이 세상에서 가장 형편없는 격려자였다. 나는 항상 무엇이 문제인지, 어떤 실수가 있었는지에만 집중했다. 성령님의 임재로 충만한 놀라운 예배를 마치고 난 후에도 나는 그 모든 영광스러운 순간보다 한두 가지 사소한 실수에만 집착했다.

하나님은 우리 중 몇 사람에게 좋은 목적으로 탁월함을 추구하는 마음을 주셨다. 하지만 세상의 모든 좋은 것이 그렇듯이, 이 갈망도 극단으로 흐르면 순식간에 해로워진다. 나는 탁월함을 추구하는 것과 격려하는 것 사이의 올바른 균형을 찾는 법을 정말 힘들게 배웠다.

지나치게 비판적인 내 지도력에 실망한 밴드 구성원들이 하나둘씩 떠나기 시작했을 때의 고통스러운 기억이 지금도 생생하다. 마침내 그들 중 한 명이 사랑하는 마음으로 나를 찾아와 내 방식이 얼마나 깊은 상처를 주었는지 솔직하게 말했다. 그 순간 나는 거울 앞에 선 것처럼 진정한 내 모습을 정직하게 바라볼 수밖에 없었다.

나는 누군가에게 상처를 주려던 게 아니라 단지 불안감과 싸우고 있었다. 하지만 나도 모르게 불안감이 내 지도력에 그대로 녹아 들어갔다. 정말 이상한 생각이지만, 나는 밴드 구성원이 잘한 98퍼센트를 칭찬하고 격려하면, 잘못한 2퍼센트를 고치지 않을 것이라고 믿었다. 그래서 어떠한 격려의 말도 하지 않았다. 두려움에 기반한 지도력이 나를 망가뜨리고 있었다. 그런데 당시 나는 이런 사실조차 깨닫지 못했다.

그래서 나는 존 맥스웰의 『리더십 법칙』이라는 책을 읽기 시작했고, 내 삶에 큰 변화를 일으켰다. 나는 마침내 격려의 진정한 힘이 무엇인지 이해했다. 이런 깨달음의 과정이 너무 뻔하고 당연해 보이겠지만, 현재의 자기 모습을 정직하게 돌아보는 중요한 계기일지도 모른다.

책을 읽고 나서 나는 주변 사람들을 격려하기 시작했다. 하지만 쉽지 않았고, 전환 과정은 고통스러울 정도로 어색했다. 누군가를 격려하기 위해 입을 열 때마다 마치 내 자신이 완전한 위선자처럼 느껴졌다. 마치 모든 사람이 내가 방금 격려에 관한 책을 읽었다는 걸 다 아는 것 같았다. 내 격려가 진심이 아니라 억지처럼 느껴졌다.

하지만 나는 포기하지 않고 주변 사람들을 격려했다. 그런데 신기한 일이 일어났다. 조금씩 내 마음이 달라지기 시작한 것이다. 나는 하나님께 도움을 구하면서 처음에는 '해야 하니까' 격려했지만, 점차 사람들과 나 자신이 행복해지는 것을 보며 '하고 싶어서' 격려하게 되었다. 이런 실천이 더 많은 연습으로 이어졌고, 점점 더 자연스러워졌다. 결국 내가 사람들을 더 자주 격려할수록, 내 진정한 성격 일부가 되었다.

마침내 나는 잭 웰치가 줄곧 알았던 진리를 발견했다. "지도자가 되기 전에는 성공이 자신의 성장에 달려 있다. 하지만 지도자가 된 후에는 성공은 다른 사람들의 성장에 달려 있다."[4]

---

4. 잭 웰치 명언집, 브레이니 쿼트, HTTPS://WWW.BRAINYQUOTE.COM/QUOTES/JACK_WELCH_833427

2. 양육의 씨앗

사람들을 은혜롭고 효과적으로 이끌려면 양육의 씨앗을 심어야 한다. 양육이란 다른 사람들에게 길을 보여주는 것이다. 더 효과적인 방법을 알려주고 시범을 보이면서 그들도 배움에 헌신하고 열심히 노력하며 성령의 음성에 귀 기울인다면 성장할 수 있다고 믿도록 격려하는 것이다.

하나님 나라의 지도자가 되는 길은 이 고대 로마 시대부터 전해 내려온 속담을 받아들이는 데서 시작한다: "자기 자신도 다스리지 못하는 사람이 다른 사람을 다스린다는 것은 터무니없다."

양육은 먼저 모범으로 이끄는 것에서 시작한다. 우리는 사람들과 함께 가야 한다. 이것은 멘토링 하고 돌보는 것을 의미한다. 또한 정글 같은 인생을 헤쳐 나가기 위해 먼저 칼을 들고 길을 뚫어간다는 의미이기도 하다. 단지 사람들에게 "저기로 가라"고 말하는 것으로는 부족하다. 어디로 가야 하는지 알려주고, 어떻게 가는지 보여주고, 함께 가야 한다.

다른 이들을 하나님이 원하시는 예배자로 양육하려면 가르치는 역할(코칭)을 받아들여야 한다. 코칭이란 우리가 가진 것을 의도적으로 나누는 과정이다. 사실 이것은 아이러니한 일이다. 만일 15년 전에 누군가가 내게 다른 예배자들을 코칭해야 한다고 말했다면, 나는 그저 본보기가 되어 이끌기만 하면 된다고 했을 것이다. 솔직히 당시 나는 직접 예배를 인도하는 역할이 너무나 좋았기 때문에 코칭은 하고 싶지 않았다. 하지만 지금의 나는 진정한 예배 인도자이면서 동시에 다른 이들에게 영감을 주는 예배 지도자가 되는 법을 배워가고 있다.

어떤 이들은 다른 이들이 자신을 뛰어넘을까 염려하며 비결을 숨기지만 성숙한 지도자들은 오히려 이것을 갈망한다. 그들은 자신의 모든 지식과 경험을 다음 세대에게 아낌없이 나누어주며, 가능하다면 자신보다 더 뛰어난 일을 할 수 있도록 적극적으로 길을 열어준다.

내가 NCU에 왔을 때 나는 어떻게 하면 열정적인 예배자와 효과적인 예배 인도자, 뛰어난 작곡가가 되는지 꽤 잘 알고 있었다. 하지만 나는 이 지식을 다른 사람에게 효과적으로 가르치고 전달하는 방법을 익혀야 했다. 하나님이 내게 가르쳐 주신 것을 체계적으로 정리해서 다른 이들에게 전수하는 시스템을 개발해야 했다. 이것이야말로 성령님이 우리에게 힘과 지혜를 주셔서 감당하게 하시는 중요한 사역이다.

3. 권한 위임의 씨앗

빌 게이츠는 이렇게 말했다. "다음 세기를 내다볼 때, 지도자는 다른 이들에게 권한을 주고 역량을 발휘하게 도와주는 사람이 될 것이다."[5]

빌 게이츠를 어떻게 생각하든, 이 말 만큼은 옳다고 본다. 지도자의 분명한 다음 단계는 양육에서 권한 위임으로 나아가는 것이다. 양육이 지식과 이해, 비결을 전수하는 과정이라면 권한 위임은 사람들이 배운 것을 실제로 적용하도록 돕는 과정이다. 쉽지 않지만 어렵지도 않다.

모든 것은 다른 사람들을 움직이게 하는 것에서 시작한다. 지도자가 모든 것을 직접 하던 것에서 다른 사람에게 위임하는 것은 어려운 일이다. 우리도 그들도 이런 권한 위임에 충분히 준비되지 않은 것처럼 느껴질 수 있다. 그럼에도 지도자는 위험을 감수하고 기꺼이 한발 물러서며 다른 사람들이 앞으로 나서도록 격려하고, 사람들은 단순히 구경만 하던 자리에서 벗어나 실제 현장에 뛰어들 용기를 내야 한다.

어쩌면 어미 새가 새끼들이 둥지를 떠나 날도록 준비하는 과정과 비슷하다. 새끼들이 준비됐을까? 아니다. 하지만 때가 왔다. 믿음으로 뛰어야 한다. 위험할까? 물론이다. 실패할 가능성도 있을까? 분명히 있다. 하지만 영원히 둥지에만 머물 수는 없다. 아기 새의 진정한 잠재력은 오직

5. 나타샤 윌리스, 「Bill Gates: Tomorrow's Leaders Will be Those That Empower Others」, RealLeaders, 2019년 12월 19일, https://real-leaders.com/bill-gates -tomorrows-leaders-will-be-those-that-empower-others

날개를 활짝 펴고 바람을 타고 날 때만 실현할 수 있다. 성숙한 지도자들은 사람들이 다음 단계로 성장하기 위해서 때로는 살짝 등을 밀어주어야 한다는 사실을 이해한다. 이렇게 함으로써 우리는 그들이 새로운 가능성을 보고, 자기 능력을 믿도록 도와준다. 바로 이것이 변화의 불꽃이다!

조종에서 재생산으로 나아가기

알다시피 원수는 아주 교묘한 함정을 놓았다. 우리 대부분은 영향력을 강하게 갈망한다. 그래서 팀을 섬기기보다 영향력을 추구하는 함정에 쉽게 빠진다. 물론 대부분 우리가 영향력을 추구하는 이유는 사람들이 예수 그리스도를 통해 하나님을 알고, 성령님과 동행하도록 돕기 위해서다. 하지만, 이 과정에서 우리는 매우 조심해야 한다.

영향력이 생기면 권력이 따라온다. 영향력이 생기면 사람들이 우리를 좋아한다. 영향력이 생기면 사람들이 우리에게 감탄한다. 영향력이 생기면 높은 위치에 오를 수 있다. 그리고 이런 높은 위치는 우리에게 많은 것, 특히 더 많은 물질적인 혜택과 특권을 준다.

지도력이 영향력이라고 믿으면 영향력을 목표로 삼기 시작한다. 이것이 효과적인 지도자가 되는 최고의 길이라고 믿기 때문이다. 어떤 면에서 맞는 것 같다. 영향력이 지도력의 완전한 구현이라면 우리는 당연히 영향력을 추구해야 한다. 하지만 불행히도 이것은 씨앗을 심지도 않고 나무에서 열매를 따려는 것과 같다. 나무(지도력) 없이는 열매(영향력)를 얻을 수 없다. 씨앗(섬김)을 심지 않고서는 나무(지도력)가 자랄 수 없다.

우리가 저지르는 가장 큰 실수는 영향력이 씨앗이라고 믿는 것이다. 영향력은 결코 씨앗이 아니며 훌륭한 지도력이 맺는 여러 열매 중 하나일 뿐이다. 우리는 열매부터 시작할 수 없다. 심지어 나무부터 시작하는 것도 불가능하다. 반드시 씨앗부터 시작해야 한다.

이 진리를 이해하기 어려운 이유는 진정한 지도력이 결국에는 영향력으로 나타나기 때문이다. 하지만 중요한 점은 영향력부터 시작하지 않는다는 사실이다. 진정한 지도력은 씨앗에서 시작하고, 그 씨앗을 많은 일과 인내로 가꾼 후에야 비로소 건강한 열매를 맺는 건강한 나무로 자란다. 이것이 하나님 나라의 진정한 영향력이다.

건강한 영향력은 오직 건강한 나무에서만 나올 수 있으며, 건강한 나무는 오직 건강한 씨앗에서만 자란다. 이 씨앗은 사랑으로 정성껏 양육되고 보살핌받았다. 바로 섬김이 이 씨앗이다(사실 정확히는 섬기는 사람이 씨앗이다).

결국 이것은 우리가 무엇을 목표로 삼고 어디에 초점을 맞추느냐의 문제다. 영향력 자체를 목표로 삼으면 결국 모든 일을 거꾸로 하게 된다. 다른 사람들을 위해 섬기며 자신을 심는 대신, 사역 성장의 수단으로 재능과 은사, 전문성, 계획을 심으려 한다. 그러나 진정으로 우리 자신을 심는다는 것은 모든 씨앗이 반드시 거치는 본질적인 과정, 죽음을 받아들이는 것이다.

역설적으로, 하나님 나라 방식은 세상 방식과 항상 다르게 작동한다. 정확히 말하면 정반대다. 하나님의 나라에서는 전체를 위해 자신이 원하는 것을 포기하여 전체를 위해 원하는 것을 이루도록 요청받는다. 이런 맥락에서 보면, 영향력 자체를 목표로 삼을 때는 한 사람만 위로 올라가고, 결국 모든 사람이 그 한 사람에게 의존하는 구조가 강화된다.

반면에 섬김을 목표로 삼을 때는 한 사람이 가장 낮은 자리에서 자신을 죽음으로 내려놓음으로써 많은 사람이 함께 성장하여 하나님의 마음을 이루는 길이 열린다. 하나님은 우리에게 예상치 못한 방식으로 행동하라고 요청하신다. 즉, 사람들을 조종하는 지도력에서 벗어나 섬기는 지도력으로 전환함으로써 진정한 재생산과 확장을 이루라는 것이다.

내가 진실로 진실로 너희에게 이르노니 한 알의 밀이 땅에 떨어져 죽지 아니하면 한 알 그대로 있고 죽으면 많은 열매를 맺느니라 (요 12:24)

새로운 생명의 풍성한 수확, 이것이 하나님 나라에서 진정한 영향력이며 우리가 처음부터 바란 것이지만 그것을 거꾸로 해왔다. 가슴 아프게도 영향력을 목표로 삼으면 진정한 영향력을 결코 얻을 수 없다. 마찬가지로 우리가 단순히 사람들을 잘 이끌려고만 한다면 진정으로 섬기지 못한다. 사람들을 잘 섬기는 것을 목표로 삼고 생명의 풍성함을 출산하기 위해 삶을 내려놓을 때, 우리는 하나님 나라의 영향력이라는 열매를 맺는다. 하나님이 성장의 기적을 담당하신다.

우리는 심고 하나님이 자라게 하신다

성장하지 않을 때 우리는 자신을 지나치게 책망하고, 성장할 때는 지나치게 자화자찬한다. 많은 사람이 성장은 우리 책임이라는 잘못된 생각을 받아들이지만, 사실 우리는 아무것도 성장하게 할 수 없다.

6 나는 심었고 아볼로는 물을 주었으되 오직 하나님께서 자라나게 하셨나니 7
그런즉 심는 이나 물 주는 이는 아무 것도 아니로되 오직 자라게 하시는 이는
하나님뿐이니라 8 심는 이와 물 주는 이는 한가지이나 각각 자기가 일한 대로
자기의 상을 받으리라 9 우리는 하나님의 동역자들이요 너희는 하나님의 밭이
요 하나님의 집이니라. (고전 3:6~9)

우리는 토양을 경작하고 물을 주고 잡초를 뽑는 등 성장을 위한 환경을 제공할 수 있다. 하지만 성장이 일어나는 기적은 전적으로 주님 손에 달려 있다. 이 차이는 미묘하지만 중요하다. 생각해 보라. 우리가 식물 성장 원리를 이해해도 성장하게 할 수는 없다. 구약에서 하나님이 종종 기근을 일으키신 것을 생각해 보라. 이스라엘이 좋은 농부가 해야 할 모든 일을 해도 결국 주님의 도우심이 없으면 수확할 수 없었다.

우리도 마찬가지다. 본질적으로 우리 자신의 씨앗을 제공하려 할 때(오직 하나님만 하실 수 있는 일이다), 하나님이 우리에게 주신 섬김의 씨앗(혹은 섬기는 사람)을 무모하게 버리는 것이다. 우리는 맹목적으로 재능과 은사라는 빈 껍데기를 심으려 하지만 이는 속이 비어 땅에서 죽을 수 없어 좋은 열매를 맺지 못한다. 오직 섬김의 씨앗만이 죽을 수 있다. 바로 우리가 하나님의 종이며 그 섬김의 씨앗이다. 우리는 다른 사람들이 하나님 나라의 열매를 맺도록 기꺼이 죽기 위해 부르심을 받았다.

반전이 있다. 영향력을 목표로 삼으면 비교, 조종, 분열을 수확하고 사역은 점점 더 무거워진다. 하지만 우리가 섬김을 목표로 삼으면 한계가 없으며 사역하면서 느끼는 기쁨은 계속해서 커진다.

모든 교회는 구도자 친화적이어야 한다

목표에 관해 성령님이 주신 깊은 깨달음을 나누고 싶다. 지도력이 사랑에서 시작한다면, 모든 교회는 구도자 친화적이어야 한다. 다시 말해, 우리 교회 문을 통해 들어오는 믿지 않는 사람들을 진심으로 사랑하는 것을 목표로 삼아야 한다. 여러분 중 일부는 열광적으로 손뼉을 치거나 돌을 던지고 싶을 수도 있다. 하지만 내 설명을 끝까지 들어보기를 바란다.

교회 성장 운동은 1955년 도널드 맥가브란의 『하나님의 다리들the bridges of god』 출간을 계기로 본격화되었다. 1990년대 윌로우 크릭(시카고, 일리노이주)이나 새들백(레이크 포레스트, 캘리포니아주) 같은 대형 교회들이 의도하지는 않았지만 '구도자'와 '구도자 친화적'이라는 용어를 대중화하는 데 이바지했다. 구도자란 대체로 하나님의 존재와 인간 기원의 답을 찾는 불신자를 가리킨다. 흥미롭게도, 21세기의 젊은이들, 특히 대학생이나 그 이하의 연령대는 이런 용어에 전혀 익숙하지 않기 때문에 설명하기 전에 약간의 역사를 제공하겠다.

이 운동의 핵심에는 혁명적인 발상이 있었다. 그 생각은 이것이다:

만약 우리가 구도자들을 그리스도께 인도하고 싶고, 그들을 교회로 데려오는 것이 제일 나은 방법이라고 믿는다면, 우리의 방식을 재고해야 한다는 것이다. 질문은 이것이다: "그리스도인을 위한 예배 디자인을 멈추고, 믿지 않는 사람을 위한 예배를 디자인하면 어떨까? 그리스도께 나아올 가능성이 큰 구도자들을 위해 예배를 새롭게 구성하자."

일부 교회들은 신자를 중심으로 예배를 계획하는 대신 "아직 믿음이 없는 예비 그리스도인들"의 관심사에 초점을 맞추기 시작했다. 대중적인 음악, 재미있는 드라마, 더 짧고 간단한 메시지를 활용하여 구도자들을 끌어들이기 위한 프로그램을 개발했다. 여기서 멈추지 않고, 예배의 거의 모든 측면을 재검토하기 시작했다. 복장부터 커피 품질까지 세세한 부분을 살폈다. 이 모든 변화는 잃어버린 영혼들을 향한 진심 어린 동정심과 사랑에서 시작했다. 이런 접근법은 논리적이고 환대의 정신을 보여주는 것처럼 보였다.

떠오르는 지도자들은 교회의 전통적 요소 중 일부가 실제로 불신자들의 교회 예배 참석을 막고 있다고 생각하기 시작했다. 이 사실만으로도 수많은 '구도자들'에게 사역할 기회를 막고 있을 수 있으며, 결과적으로 복음을 전할 사람의 수가 점점 줄어든다는 사실을 걱정했다.

목회자들은 질문하기 시작했다. "교회 예배에서 무엇을 없애야 하는가?" 길게 이어지는 찬양과 경배, 부담스러운 제단 초청, 죄를 깨닫게 하고 확신을 주는 뜨거운 설교, 음악 예배 중의 다양한 신체적 표현들. 그리고 의심할 여지 없이 가장 큰 장벽은 성령의 은사를 활용하는 부분이었다. 예언, 방언과 통역, 기적 등 불신자들이 불편하게 느낄 수 있는 모든 것이 제거 대상이 되었다. 구도자들을 하나님의 집으로 끌어들일 가능성을 높이기 위해 특히 주일 아침에 이런 표현을 자제해야 한다고 생각했다(더 정확히 말하면, 구도자들이 놀라 도망가지 않기 위해서).

나는 이 접근법 뒤에 있는 마음을 정말 좋아한다. 우리 방법을 지속적으로 재평가하려는 끝없는 열망과 모든 사람에 대한 사랑을 보여주기 때문이다. 하지만 문제가 하나 있다.

예배에서 초자연적인 요소를 제거하다

교회 예배를 불신자들에게 더 친근하게 하려는 시도는 정말 좋은 의도에서 시작한 생각이지만, 불신자들에게 가장 큰 감동을 주는 요소들을 없애 버리는 실수를 저질렀다. 바로 초자연적인 요소, 하나님이 직접 역사하시는 부분이다. 이렇게 되면 어떤 결과가 생길지 생각해 보라. 결국 교회 예배에 남는 것은 인간의 기술과 재능뿐인데, 불신자 대부분이 이미 교회 밖 콘서트장이나 코미디 클럽, 각종 쇼와 술집에서도 탁월한 인간의 기술과 재능을 얼마든지 경험한다.

요점은 명확하다: 불신자들의 삶에 진정한 변화를 일으키길 원한다면, 성령님이 주시는 도움보다 더 필요한 것은 없다. 하지만 불행하게도 교회는 구도자들이 하나님을 더 많이 만날 수 있는 초자연적인 환경을 조성하는 방식으로 그들을 섬기는 대신, 오히려 그들이 불편해하거나 거부감을 느낄만한 예배의 핵심적인 요소들을 하나둘씩 제거한다. 결국 불신자와 구도자들에게 긍정적인 것보다 부정적인 영향을 더 끼치고 있다.

안타깝게도 교회는 구도자들의 필요와 갈망을 오해하고, 그들이 이미 가지고 있는 것을 제공해서 끌어들이려 한다. 즉, 더 많은 인간적인 요소들이다. 이상하게도 우리는 우리의 조직적 능력과 교회 집회를 구도자들이 찾는 해답이라고 착각하지만 현실은 그렇지 않다. 구도자들은 그 누구도 제공할 수 없는 전혀 다른 무언가를 찾고 있다.

얼마 전에 한 목회자 친구가 말했다. “음악에 관해서 우리가 알게 된 사실이 있는데, 사람들은 예배에서의 탁월함에 끌린다는 것을 발견했습니다. 그래서 우리는 이 부분에 노력과 자원을 집중하고 있어요.” 그 말을 들으며 나는 속으로 이렇게 생각했다. '맞아, 사람들은 분명 탁월함에 끌리지. 하지만 사람들의 삶을 진정으로 변화시키는 것은 기름 부음이야. 탁월함은 훌륭하고, 우리는 음악을 탁월하게 연주하기 위해 할 수 있는 모든 것을 해야 해. 그러나 이 탁월함이 성령님의 기름 부음과 분리되어 제공된다면 오히려 도움을 주기보다는 해가 더 클 거야. 그리고 우리는 예수님께 데려오려는 바로 그 사람들을 제대로 사랑하지 못할 거야.'

불신자들이 느낄 좌절감을 한번 상상해 보자.

그들은 무언가 심오한 것을 기대하며 교회에 온다. 그들이 찾는 것은 자신의 삶을 근본적으로 바꿀 수 있는 것이다. 규칙과 종교가 아닌 그 이상을 원한다. 그들은 자기 한계를 넘어서 인간의 능력을 초월하는, 대중문화에서 이미 경험한 것들을 뛰어넘는 특별한 것을 찾는다. 사실 그들은 비록 명확히 인식하지 못할지라도, 하나님을 찾는다.

결국, 불신자들이 진정으로 찾는 것은 인간이 제공할 수 없다. 재능, 프로그램, 홍보, 음악, 기독교적 표어, 좋은 시설, 교묘한 연설이 아니다. 그들은 이미 이 모든 것을 넘치도록 누리고 있다. 그런데도 우리는 아낌없이 비용을 들여 또다시 인간적인 것을 제공한다. 게다가 여기에는 더 많은 종교적 조건까지 붙어 있다. 이것은 세상이 우리보다 천 배는 더 잘하는 일이다. 당연한 결과지만, 우리가 잘못된 방식으로 구도자들을 사랑하려 노력함으로써, 결국은 그들을 돕기는커녕 오히려 상처를 준다.

교회가 드라마, 음악, 조명, 음향 분야에 수백만 달러의 예산을 써도 결국 구도자들에게 브로드웨이의 열등한 버전을 제공할 뿐이다. 구도자들은 이미 세상 최고의 연설가, 가수, 배우의 공연을 경험했지만, 여전히 만족하지 못한 무언가를 찾고 있다. 바로 이것이 우리에게 희망을 주어야 한다. 우리는 세상이 결코 줄 수 없는 것을 불신자와 구도자들에게 줄 수 있다는 것을 알기 때문이다.

기름 부음 - 세상이 줄 수 없는 것

사람들은 종종 세상이 줄 수 없는 특별한 것을 교회에서 찾기를 간절히 원한다. 하지만 반복해서 빈손으로 돌아간다. 왜 그럴까? 우리가 마치 쳇바퀴 위의 다람쥐처럼, 세상이 이미 정통한 모든 것들과 경쟁하는 데 최선을 다하기 때문이다.

감사하게도, 우리는 경쟁할 필요가 없다. 왜냐하면 사실 우리에게는 세상에는 없는 특별한 것이 있기 때문이다. 그것은 정말 강력한 힘이 있고, 세상 어떤 것과 비교할 수 없을 만큼 특별하며, 한편으로는 우리를 경외심으로 떨게 하면서도 동시에 형언할 수 없는 아름다움을 지녔다.

인간의 언어나 표현으로는 온전히 설명할 수 없는, 꾸밈없는 그대로, 우리의 가슴을 뒤흔드는 그런 것이다. 그런데 아이러니하게도 많은 교회 지도자가 이것을 자유롭게 나타내는 것을 두려워한다. 그 이유가 무엇인가? 바로 그들이 그토록 교회로 끌어들이고 싶어 하는 구도자들 때문이다. 이것이 바로 '기름 부음'이다. 하나님의 영이신 성령님이 자녀들을 통해 흘러나오는 하나님의 강력한 능력 그 자체이다.

단순한 재능만으로는 결코 인간의 마음을 바꿀 수 없다. 타고난 재능을 지나치게 강조하다 수많은 사람이 잘못된 방향으로 흐른다. 그런데 성령님의 기름 부음을 경험하면 완전히 반대되는 일이 일어난다. 가장 완고하고 단단한 마음조차 매일 부드럽게 녹아내린다.

우리는 인기 있는 교회 지도자들이 "괴짜들"을 걸러내어 교회를 "안전하게" 유지하기 위해 얼마나 노력하는지 잘 안다. 찬양과 설교에서 조금이라도 불편하게 느낄만한 표현들은 다 제거한다. 깃발을 흔들거나 춤을 추며 열정적으로 표현하는 사람들을 자제시키고 초 단위까지 매끄러운 예배를 만들기 위해 엄청난 공을 들인다. 그리고 무엇보다 어떤 요소도 누군가에게 조금의 불편함도 주지 않게 철저히 관리한다.

내가 아는 한 교회는 목회자가 설교 중에 '피'라는 단어를 사용하지 못하게 한다. 또 예배 인도자들에게 찬양하는 동안 손을 들지 말라고 지시하는 교회도 있다. 심지어 방문자들이 불편하지 않도록 열정적인 교인들의 찬양의 함성을 막는 교회도 있다. 정말 말도 안 되는 일이다.

교회에서는 예배 표현을 억누르고 금지하는 동안, 불신자들은 콘서트나 스포츠 경기장에서는 손을 높이 들고, 목이 쉴 정도로 소리를 지르며 미친 듯이 열광적으로 환호한다. 얼굴에 화려한 페인팅을 하고 목청껏 외치며, 자신이 응원하는 팀이 골을 넣거나 좋아하는 가수가 무대 바닥문을 통해 갑자기 등장할 때면 정신을 잃은 사람처럼 춤을 추기도 한다.

평소에 이렇게 열정적으로 살던 구도자들이 교회에 오면 우리는 그들이 당황할까 봐 가장 열정적인 성도들을 침묵하게 한다. 이건 정말 말도 안 된다! 불신자가 신자들이 하나님께 열정적으로 찬양하는 모습을 볼까 두려워한다. 하지만 하나님을 향한 열정은 재능 있는 가수나 운동선수를 응원하는 것보다 훨씬 더 가치 있고 의미 있는 목적이다!

사실 나는 정반대로 본다. 불신자들이 자신의 삶을 변화시키는 바로 그 하나님께 열정적으로 예배하는 신자들의 모습을 보지 못할까 두렵다. 구도자들이 죄와 죽음의 권세를 이기신 하나님을 향한 사랑과 헌신으로 기쁨에 넘쳐 표현하는 신자들과 함께하지 못하게 될까 두렵다.

스스로 양식을 취하는 신자들

윌로우 크릭 교회의 빌 하이벨스 목사는 "어른이 된 후 가장 뼈아픈 각성"을 얻은 이유를 설명한다. 빌 하이벨스 목사는 30년 동안 프로그램 중심의 참여도로 측정할 수 있는 수백만 달러 규모의 조직을 구축하고 홍보했으며, 동시에 수백 명의 다른 교회 지도자에게도 같은 방식을 따르도록 설득했다.

빌의 말을 생각해 보자: "우리가 사람들의 영적 성장과 발전에 정말 도움이 될 것으로 생각하며 수백만 달러를 투입한 것 중 일부는 실제 데이터로 확인해 보니 그다지 도움이 되지 않았습니다. 반면에 우리가 별로 투자하지 않았고 많은 직원을 배치하지 않은 것이 교인들이 간절히 원하는 것이었습니다."

계속해서, "우리는 큰 실수를 저질렀습니다. 사람들이 신앙의 문턱을 넘어 그리스도를 영접하고 그리스도인이 되었을 때, 그들에게 가르쳐야 했던 것은 스스로 영적 양식을 섭취하는 신자가 되어야 한다는 책임감이었습니다. 우리는 신자들에게 주일과 주일 사이에 어떻게 성경을 읽어야 하는지, 또 어떻게 일상에서 더욱 적극적으로 개인 영적 훈련을 실천할지를 가르쳐야 했습니다."[6]

다시 말해, 하이벨스는 성도들의 영적 성장이 화려한 교회 프로그램이나 겉으로 완벽해 보이는 사람들에게 의존하는 것으로는 결코 이루어질 수 없다는 사실을 뼈저리게 깨달았다. 진정한 영적 성장은 오직 개인 기도와 성경 공부, 음악 예배와 깊이 있는 관계 같은 전통적인 영적 훈련을 통해서만 일어난다. 이런 깨달음의 과정에서 또 하나의 중요한 사실을 발견했다. 교인들이 기본적인 영적 훈련을 잘 실천하도록 돕는 일에 꼭 수백 명의 직원과 수백만 달러짜리 시설이 필요하지 않다는 점이었다.

나는 전통적인 "구도자" 접근법을 추구하는 몇몇 유명한 대형 교회에서 예배를 인도했었다. 반응은 항상 같았다. 직원들이 몰래 다가와 내가 인도한 깊이 있는 예배가 자기에게 얼마나 신선한 생기를 불어넣었는지 말했다. 그들은 자신과 교회의 다른 핵심 인도자들이 실제로는 더 깊은 영적 깊이에 굶주려 있다고 말했다. 왜 그럴까? 이런 유형의 교회가 추구하는 영적 초점은 대부분 얕은 물가에만 머물러 있기 때문이다.

---

6. 「윌로우 크릭은 회개했는가?」, 크리스차니티 투데이, 2007년 10월 18일, https://www.christianitytoday.com/pastors/2007/october-online-only/willow-creek-repents.html.)

솔직히, 이런 소위 '구도자 친화적'이라는 교회의 상당수가 겉으로는 1km나 되는 넓이(엄청난 교인 수와 규모를 자랑하지만)를 보여 주지만, 실제 깊이는 겨우 1cm에 불과하다(스스로 영적으로 성장하고 성숙한 그리스도의 제자가 되는 사람들을 키워내는 데 심각하게 실패하고 있다).

깊이와 넓이의 충돌

안타깝게도 교회 지도자들은 종종 깊이를 더해가는 성장(영적 성숙)과 넓이를 확장하는 성장(교인 수 증가) 중에 어느 하나를 선택하도록 강요받는 상황에 놓인다. 하나를 얻기 위해 다른 하나를 희생한다. 물론, 우리는 이 두 가지가 같이 이루어지길 간절히 기도하고 또 그렇게 믿지만, 결코 넓이를 얻기 위해 깊이를 희생해서는 안 된다는 원칙을 지켜야 한다.

예수님의 사역을 자세히 살펴보라. 주님이 영적인 진리와 가르침에 더 깊이 들어갈수록 역설적으로 주님을 따르는 사람이 점점 줄어들었다. 하지만 그것이 바로 예수님이 선택하신 방향이었다. 많은 목회자가 흔히 말하는 것처럼 처음에는 엄청난 군중이 예수님을 따르지만, 예수님이 종교 지도자들을 강하게 책망하고 진지하지 않은 구도자들을 돌려보내며 귀신들을 내쫓고, 병자를 치유하며, 죽은 자를 살리고, 열두 제자를 특별히 선택하시며, 특히 사람들에게 예수님의 살을 먹고 피를 마셔야 한다고 가르셨을 때 많은 사람이 포기하고 떠나 버렸다(요 6:66).

예수님은 사랑이지만, 우리 육신적인 욕망과 교만함, 깊이 뿌리내린 죄의 본성에는 매우 불편하고 도전적인 존재이시다. 불신자들을 대하실 때 예수님은 오늘날 우리가 말하는 '정치적 올바름'이나 사람들의 감정을 배려하는 완곡한 표현과는 거리가 먼 태도를 보이셨다. 예수님은 항상 문제의 핵심을 찌르셨다. 우물가의 여인을 어떻게 섬기셨는지 생각해 보라. 주님은 예언적 통찰력으로 여인의 부정한 관계를 정면으로 드러내셨다. 또한 부자 청년(그가 낼 수 있었던 헌금과 십일조 가능성에도 불구하고)을 어떻게 돌려보내셨는지 생각해 보라. 그런데 놀랍게도, 우리는 성령님의 초자연적인 능력이 아닌 인간적이고 자연적인 방법으로 불신자들에게 호소하기 위해 예배 시간에 온갖 노력을 다한다.

요점은 이것이다. 전통적인 '구도자 친화적 교회'의 가장 큰 문제는 결국 구도자에게 전혀 친절하지도 않으며 사랑을 베풀지도 않는다는 사실이다. 우리는 자연적인 방법으로 불신자들에게 호소함으로써, 실제로 그들이 그리스도께 마음을 드릴 기회를 줄이고 있다. 왜냐하면 우리가 하는 많은 교회 일들이 그들에게 교회는 살아계신 하나님과의 만남이 아니라 또 하나의 행사나 이벤트라고 가르치기 때문이다. 또한 신앙은 믿음이 아닌 감정의 문제이며 교회는 살아있는 공동체가 아닌 그저 멋진 건물이라고 잘못 가르치고 있다.

성령님의 역사가 없는 형식적인 예배 순서를 고집하면, 마치 기독교는 단지 사람이 만든 길고 지루한 "쇼"에 참석하는 것에 불과하다는 메시지를 전하는 것과 같다. 이는 구도자들이 이미 세상에서 경험하는 여러 오락거리의 열등한 대체품일 뿐이라고 암시하는 셈이다. 맥주도 마실 수 없고, 마음껏 소리칠 수도 없으며, 그저 앞자리에 앉은 사람의 뒤통수를 보며 커피나 마시는 곳이라는 인상을 준다. 구도자들은 속으로 이렇게 생각한다. "다행히도 이건 일주일에 한 번만 견디면 되는군요."

구도자들이 우리에게 원하는 것은 하나님과 얼굴을 마주하는 직접적이고 진솔한 만남이다. 우리는 정작 구도자들에게 필요 없는 것을 제공하고 있다. 단순히 자리에 앉아 구경만 하는 방관자들을 위해 정교하게 계획하고 완벽하게 다듬은 화려한 프로그램 말이다. 이런 종류의 프로그램들은 결국 교회의 전문적인 연출 기술에 사람들이 박수를 보내거나 우리가 예수님에 관해 얼마나 많이 아는지 감탄하게 할 뿐, 구도자들의 삶을 진정으로 변화시키는 데는 아무런 도움이 되지 않는다.

좋은 부모가 되려면 자녀들이 원하는 것보다 필요한 것을 주어야 한다. 즉, 구도자들에게 하나님의 압도적인 능력과 사랑을 직접 체험할 모든 기회를 제공하는 것이 우리가 할 수 있는 가장 사랑 넘치고 친절한 행동이다. 우리가 고안한 화려한 프로그램이나 멋진 연출이나 독창적인 아이디어가 아니라 예수님이 이 땅에 오셔서 우리에게 허락하신 놀라운 은혜를 직접 경험하게 하는 것이다. 즉, 살아계신 하나님과의 만남, 삶을 변화시키는 진리, 완전한 구원, 온전한 치유, 참된 자유, 초자연적인 능력, 분명한 영적인 방향 제시, 성령의 아름다운 열매들과 성령의 다양한 은사들을 구도자들이 그대로 체험하게 해야 한다.

이제 우리는 중요한 질문을 던져야 한다. 과연 어떤 접근법이 구도자들에게 진정으로 더 친절한 것일까? 회중을 즐겁게 하려고 노력하며 불편함을 느끼지 않도록 조심스럽게 조정하는 접근법일까, 아니면 관례를 깨고 과감하게 나아가, 비록 불편하고 도전적일지라도 회중에게 정말 필요한, 삶을 완전히 변화시키는 하나님의 초자연적인 임재를 직접 경험하게 하는 접근법일까? 역설적으로, 우리가 예수님이 보여주신 방식 그대로 불신자들을 사랑할 때 우리는 '구도자 친화적'이라는 용어를 처음 제시한 사람들보다 더 진정한 의미에서 구도자 친화적으로 된다.

핵심 요약

1. 모순처럼 느껴지지만, 예배 인도에서 사람을 사랑하는 것은 하나님을 사랑하는 것만큼 중요하다. 예배 인도자의 첫 번째 우선순위는 하나님께 영광을 돌리는 것이다. 그러나 진정으로 주님을 섬긴다면, 하나님이 사랑하시는 것을 우리도 사랑해야 한다. 하나님은 사람들을 사랑하신다. 우리가 주님의 자녀들을 사랑할 때 우리는 주님께 큰 영광을 돌리는 것이다.

2. 하나님이 우리 앞에 두신 회중을 사랑하는 데 어려움을 겪는다면, 우리는 하나님을 섬기고 사람들을 섬기는 본질을 놓치는 것이다. 사실, 예배 인도자가 사람들을 사랑하지 않으면 그들을 인도할 수 없다.

3. 많은 인기 있는 명언이 보이는 만큼 진실하지 않다. 이 점을 분명히 해야 한다. 성경적 지도력은 영향력이 아니라 섬김이다(눅 22:25~27 참조).

4. 하나님 나라의 성공은 세상의 성공과 매우 다르다. 하나님은 지도력의 영향력을 단순히 숫자로만 평가하지 않으시고 열매로 평가하신다. 결국, 하나님 나라의 성공은 계승 혹은 재생산을 의미한다. 우리 사역이 얼마나 많은 사람에게 영향을 미치는지와 상관없이, 영적인 부모로서 멘토링하고 제자 삼는 것이 참된 성경적 지도력이다.

5. '구도자 친화적'이라는 용어는 수십 년간 신자보다 불신자를 우선시하는 방식으로 주일 예배를 계획하려는 의도적인 노력을 의미한다. 역설적으로, 이렇게 할 때 불신자에게 해를 끼친다. 우리가 생각하기에 구도자가 원하는 것을 주려다 정작 정말 필요한 것을 주지 못하기 때문이다. 교회가 진정으로 구도자 친화적이려면, 예배에서 초자연적인 요소들을 제거하지 않고, 오히려 하나님의 완전한 능력을 직접 경험할 수 있는 진정한 공동체적 환경을 조성해야 한다. 하나님의 임재와 성령님의 기름 부음을 경험하는 환경이야말로 구도자 친화적인 교회의 참된 모습이다.

13장

완벽한 연합 : 계획된 예배와 즉흥적 예배의 조화

거짓말 #13

"우리는 지금까지 즉흥적인 예배 없이도 잘 해왔어, 이제 와서 그런 것을 도입해서 사람들이 교회를 떠나게 할 이유는 없어."

NCU에서는 매주 5일 동안 채플이 있다. 어떤 사람들은 이 예배 횟수가 좀 과하다고 느낄지도 모른다. 충분히 이해한다. 현대 대학생들에게 매일 채플에 참석하라고 요구하면 오히려 영적 무감각을 키워 역효과를 낼 수 있을 것처럼 보인다. 그런데 놀랍게도 우리는 정반대의 결과를 경험했다. 정말 신기한 일이다.

물론 우리 학생들이 매일 아침 행복한 표정과 기쁜 마음으로 침대에서 벌떡 일어나 채플로 달려와서 월요일부터 금요일까지 열정적으로 하나님을 찾는다고 주장하는 것은 아니다. 솔직히 나도 그렇게 하지 못한다! 그럼에도 우리는 하나님의 은혜와 능력을 의지하여 주도적으로 노력한 결과, 일반적인 기독교 대학에서 흔히 볼 수 있는 상황을 뛰어넘어 생동감 넘치게 하나님을 추구하는 공동체를 세울 수 있었다. 나는 여러분이 속한 지역 교회와 신앙 공동체에서도 이와 같은 활기찬 변화를 경험하도록 실제적인 도움을 주고 싶다.

모든 것이 시작한 날

NCU에서 사역한 지 4년째 되던 해 어느 날, 갑자기 무언가가 달라졌다. 나는 예배실에서 늘 서 있던 자리인 단상 오른편 맨 앞쪽에서 주님을 예배하고 있었는데, 학생 예배 인도자가 계획에 없던 즉흥적인 노래를 부르기 시작했다. 처음에는 정말 아름답고 영광스러웠다.

나는 그 순간을 기다리고 또 기다렸다. 영원처럼 느껴지는 10초가 흘러갔다. 인도자의 즉흥적인 노래에 예배자들의 마음은 모두 열려 있었으며 악기 소리는 아름답게 하늘로 솟아오르고 있었다. 하지만 예배 인도자는 회중을 인도하지 않았다. 그 순간 좌절감이 내 마음에 밀려들었다. 이미 우리는 이런 상황을 놓고 수업 시간에 여러 차례 논의했었다. 예배 인도 실습 시간에 이럴 때는 어떻게 해야 하는지 직접 본보기를 보여주고 자세히 가르쳤으며 어떻게 해야 하는지 분명히 가르쳐 주고 요청했지만, 지금까지 아무 변화도 없었다.

그런데 바로 그 순간, 갑자기 그 모든 좌절감이 더 이상 중요하지 않았다. 내가 수년 동안 기다린 일이 마침내 눈앞에서 펼쳐졌다. 세상에! 정말 이런 일이? 이것이 정말 현실일까? 내가 무언가 착각하는 건 아닐까? 아니다, 분명히 계속 이어지고 있었다. 예배 인도자나 예배팀이 어떠한 지시나 안내도 하지 않았지만, 학생들은 예배팀이 연주하는 동안 자발적으로 자기만의 노래를 주님께 올려드리기 시작했다. 그것은 회중의 마음 깊은 곳에서 주님께 흘러나오는 거룩한 즉흥적인 찬양이었다.

솔직히 말하면, 일반적인 상황에서는 회중이 노래할 만한 이유가 전혀 없었다. 아무도 회중에게 "함께 노래합시다" 같은 초청의 말을 건네지 않았다. 우리가 부르는 노래는 다들 아는 노래의 특정 부분도 아니었다. 화면에는 아무 가사도 없었다. 그런데 놀랍게도 회중은 아무런 지시 없이 자발적으로 주님께 자기만의 목소리를 높여 노래하기 시작했다.

별로 대단한 일이 아닌 것처럼 보이겠지만, 우리는 지난 4년 동안 NCU에서 즉흥적인 예배의 성경적 문화를 조금씩, 천천히 소개했었다. 물론 그동안 모든 사람이 함께 참여하는 아름다운 순간도 있었다. 하지만 항상 분명한 지시나 인도가 있을 때만 가능했다.

나는 예배 인도자들에게 반복해서 말했다: "여러분이 인도하는 노래에서 처음 부분이든, 중간 부분이든, 또는 끝부분이든 반드시 공동체가 즉흥적인 예배로 하나님께 자기만의 목소리를 높일 수 있는 공간을 계획해 두세요. 그런 순간이 오면, 단순히 몇 개의 기본적인 코드 진행(보통 후렴구나 브리지 부분에 있는)만 반복해서 연주하면서 회중이 하나님께 자기만의 개인적인 노래를 올려드리도록 자연스럽게 초대하세요." 나는 이 말을 수백 번도 더 반복해서 강조했다.

하지만 내가 예배 인도자들에게 절대 하지 말라고 강조한 한 가지는 아무런 인도 없이 긴 악기 연주 부분에 머무르는 것이었다. 물론 즉흥적인 노래가 이미 예배 문화의 일부인 교회 출신이라면, '왜 그렇게 해야 하지?'라고 생각할 수 있다. 간단한 대답은, 그때는 아직 NCU에서 즉흥적인 노래가 자연스러운 예배 문화의 일부가 아니었기 때문이다. 핵심은 이것이다. 교회 문화를 바꾸고 싶다면 사람들이 무엇을 해야 하는지, 그리고 왜 해야 하는지를 명확하고 간결하게 가르쳐 주어야 한다.

단순하다. 일반적으로 예배 인도자가 특별한 안내나 목적 있는 지시 없이 긴 악기 연주 시간을 보내면 회중은 금방 흥미를 잃고 다른 생각에 빠진다. '왜 화면에 가사가 안 나오는 거지? 예배팀은 뭐 하는 거야? 나는 뭘 해야 하지? 혹시 가사 담당자가 실수한 건가? 그나저나 점심은 뭘 먹을까?' 당연히 우리는 예배에서 이런 상황이 일어나기를 바라지 않는다. 하지만 오늘은 달랐다.

싹이 올라오다

전에는 한 번도 일어나지 않은 특별한 일이 그날 일어났다. 즉흥적인 예배 문화가 마침내 단단한 흙을 뚫고 작은 새싹처럼 머리를 내밀기 시작한 것이다. 작은 대학 공동체라는 토양에 즉흥적인 예배의 씨앗을 뿌리고 정성스럽게 물을 주며 양육하고 끊임없이 가꾸어 온 결과 드디어 기다린 순간이 찾아왔다.

초등학교 때 작은 컵에 흙을 넣고 완두콩이나 상추 씨앗을 심어 자라기를 기다린 경험이 있는가? 하루가 지나고 또 하루가 지나고 또 하루가 지나도 아무런 변화가 없지만, 갑자기 예상하지 못한 순간에 놀랍게도 촉촉한 흙을 뚫고 작은 새싹이 생명의 징후처럼 올라온다.

그날 우리가 예배에서 경험한 것이 바로 생명의 징후였다. 수년 동안 강의실에서 가르치고, 매일 채플에서 인도하며, 예배팀 연습 시간마다 훈련하고, 예배 인도자들에게 즉흥적인 예배를 이끄는 과제를 계속 부여한 결과, 마침내 작은 생명의 징후가 모습을 드러냈다.

새로운 문화가 뿌리내리고 있다는 것을 우리는 이렇게 알 수 있다. 바로 누가 시키지 않아도 스스로 유지하고 성장하는 생명력의 징후가 보일 때이다. 이 경우 내 예배 인도자가 회중에게 즉흥적인 노래를 올려드리자고 초대하는 것을 완전히 잊었지만, 회중은 망설이지 않고 자발적으로 노래하기 시작했다. 그리고 이것은 가르치고 양육하는 어려운 작업이 마침내 열매를 맺기 시작했다는 진정한 증거였다.

문화를 새롭게 형성하는 과정에서 이 순간이 얼마나 중요한지 이해하는가? 이것이야말로 우리가 그동안 그토록 노력한 궁극적인 목표이다. 그리스도를 따르는 공동체가 전에는 한 번도 자발적으로 받아들이지 않았던 성경적 예배의 중요한 측면을 마침내 받아들이기 시작한 것이다. 예배 문화가 점차 변화하고 나날이 성장하며 차츰 성숙해지고 있었다.

즉흥적인 예배란 무엇인가?

즉흥적인 예배란 간단히 말해서, 음악으로 드리는 예배에 미리 작곡하지 않은 즉석에서 만든 노래를 자유롭게 활용하는 것이다. 내 경험에 따르면 즉흥적인 노래들은 주로 다음과 같은 두 가지 형태로 나타난다:

1. **음악으로 표현하는 기도** - 예배에 참석한 각 개인이 서로 다른 자기만의 노래로 하나님께 기도를 올려드리는 것이다. 이런 노래들은 마치 강물이 자연스럽게 흘러가듯 자유롭게 흘러가며, 특별히 정해진 리듬이나 운율이 없이 마음에서 우러나오는 기도와 같다.

2. **공동체를 위한 노래** - 성령님의 인도로 예배 인도자나 개인에게서 갑자기 흘러나오는 노래다. 이런 노래들은 즉흥적이지만 일반 찬양곡처럼 어느 정도 리듬과 멜로디가 "구조화"되어 있으며, 모든 회중이 함께 따라 부를 수 있다.

즉흥적인 노래의 가사는 대부분 찬양 가사에서 나오거나, 성령님의 예언적인 감동에서 영감받는다. 때로는 우리가 마음에 간직한 성경 구절이 갑자기 노래로 흘러나오기도 한다. 이런 노래들은 주로 악기 연주 순간(조용한 배경 음악이든 웅장한 연주든)에 솟아나며, 하나님과의 친밀한 대화에서부터 능력 있는 선포까지 다양하게 나타난다. 궁극적으로 예배에 참여한 회중이 성령님과 더 깊이 연결되고, 각 사람이 창조주 하나님과 더욱 활기차고 의식적으로 교제할 수 있도록 돕는다.

즉흥적인 예배는 전적으로 성경적이며(이 부분은 곧 자세히 살펴보겠다), 예배에 도입하기도 쉽다(구체적인 방법도 곧이어 설명하겠다). 우리가 드리는 음악 예배의 틀 안에 바로 적용할 수 있다. 한 가지 확실한 점은 교회 회중에게 즉흥적인 예배를 소개하는 것은 우리가 상상한 것보다 훨씬 더 큰 영적, 관계적 성장의 연쇄 반응을 일으킬 것이라는 사실이다.

놀랍게도, 즉흥적인 예배는 일반 신자들의 영적 미성숙이라는 악순환을 깨뜨리는 가장 효과적인 방법이다. 생각해 보자. 우리가 함께 부르는 공동체 찬양과 더불어 각자 자기만의 노래를 하나님께 드리도록 회중을 초대함으로써, 예배 인도자는 사실상 보조 바퀴를 떼어내는 것이다. 이것은 예배 인도 측면에서 매우 가치 있는 전략이다. 왜냐하면 각 사람이 자기만의 진정한 예배 언어를 개발하고 표현할 수 있기 때문이다. 이런 접근법은 회중이 예배 인도자에게 의존하는 것을 줄이고, 각자가 하나님과 직접 개인적으로 연결하도록 돕는다.

더 이상 회중에게 "제발 주님을 예배하세요"라고 간청할 필요가 없다. 왜냐하면 즉흥적인 예배는 사실상 회중에게 지휘봉을 넘겨주어, 주일에서 주일까지 스스로 하나님의 임재 안에 들어갈 수 있기 때문이다.

하나님을 위한 공간 만들기

즉흥적인 예배는 오늘날 교회에서 변화를 일으킬 수 있는 가장 강력한 도구이지만 제대로 주목받지 못하는 요소다. 다시 말하겠다. 교회 전반을 놓고 보면, 우리 예배에서 빠진 요소 중 즉흥적인 예배보다 더 중요하고 강력한 것은 없다. 즉흥적인 예배의 중요성은 아무리 강조해도 지나치지 않으며, 절대로 예배에서 빠지면 안 되는 요소다.

분명히 말하지만, 나는 즉흥적인 예배가 예배의 가장 중요한 요소라고 주장하지 않는다. 그런 말은 분명 과장이다. 하지만 공동체와 개인 예배에 필요한 모든 기본 요소 중에 가장 많이 놓치고 있는 요소가 즉흥적인 예배라고 생각한다. 예배의 다른 핵심 요소인 진정성, 적극적인 참여, 열정, 겸손한 자세, 준비, 공동체 의식, 사랑, 탁월함, 관계 형성 등을 생각해 보면, 교회 대부분이 이 요소들을 이미 실천하고 있거나 적어도 실천하려고 노력한다. 하지만 유일하게 거의 모든 교회 예배 시스템에서 빠진 것이 바로 즉흥적인 예배다. 이제 이런 현실을 바꿀 때다.

2010년 1월 11일, 내가 처음 NCU에 부임했을 때 하나님이 나에게 가장 먼저 지시하신 일은 채플 시간에 성령님을 위한 공간을 더 많이 만드는 것이었다. 하나님은 우리가 예배 시간에 너무 많은 요소를 채워 넣고 있어서, 결과적으로는 오히려 하나님을 밀어내고 있다고 말씀하셨다.

이것을 시작으로 우리는 4년에 걸친 변화의 여정을 시작했다. 18분 동안 4곡을 계획하여 부르던 것에서 천천히 분명한 목적을 두고 18분 동안 단 2곡만 계획하는 방식으로 변화했다. 이러한 변화는 점진적이었지만 효과는 극적이었다. 우리 예배가 활력을 되찾기 시작했다.

내가 NCU에 처음 왔을 때 즉흥적인 예배를 활용하지 않은 것처럼 대부분의 현대 교회도 마찬가지다. 나는 강력히 주장한다. 우리가 진심으로 성경적 예배를 따르고 예배자와 하나님 사이의 연결을 더 활성화하려는 진정한 열망이 있다면 예배에 즉흥적인 예배를 반드시 포함해야 한다.

확실히, 내가 오기 전부터 매일 50분 동안 드리는 채플 예배에서는 이미 놀라운 일이 많이 있었다. 하지만 언제나 그렇듯이, 하나님은 더 많은 것을 원하셨다. 나는 성령님이 주시는 어떤 전략이든 실행하여 아름다운 채플 예배를 더욱 아름답게 만들어야 한다는 강한 사명감을 느꼈다.

낙서에 끌리다

약 15년 전, 주님은 내가 지금 하는 설명을 도울만한 비유를 주셨다. 그리고 그 후에 주님은 말씀에서 이러한 진리들을 내게 가르치셨다.

누군가를 위해 상점에 가서 엽서 카드를 산 적이 있는가? 나는 종종 가족과 친구들을 위해 한 장에 만 원 가까이 하는 비싼 카드를 구매했다. 15~20분 동안 공들여 카드를 꼼꼼히 살펴보고 마침내 마사의 생일에 딱 맞는 카드를 찾는다. 표지는 감동적이고 시는 완벽하며 로맨스와 유머가 적절히 균형을 이룬다. 구매한 엽서를 집으로 가져와서 마사를 향한 사랑을 표현하는 마음이 담긴 글을 정성스럽게 적는다. 그런 다음 봉투에 넣고 앞면에 마사의 이름을 멋지게 적은 후 침으로 밀봉한다.

이제 진실의 순간이 찾아온다. 마사가 봉투를 열고 엽서 앞면의 메시지를 읽고, 이어서 안에 있는 시도 읽는다. 하지만 마사의 눈길을 가장 오랫동안 붙잡는 것은 내가 직접 손으로 쓴, 특별히 고른 진심이 담긴 말이다. 마사의 입가에 미소가 번진다. 직접 손으로 쓴 말에는 특별한 아름다움이 있다. 우리가 구매하는 카드에 인쇄된 전문적인 문구보다 우리 마음을 더 깊이 감동하게 한다. 마찬가지로 하나님도 즉흥적인 예배에 더 크게 감동하신다.

NCU 총장 스콧 헤이건은 몇 년 전 채플에서 비슷한 비유를 나눴다. 아이들이 어렸을 때 자주 스콧에게 생일 카드를 주곤 했는데, 항상 아이들이 크레용으로 직접 삐뚤빼뚤 쓴 메모가 더 좋았다고 말했다. 물론 아이들은 "압바 사란해오" 같은 식으로 글을 썼지만, 맞춤법이나 단어의 철자가 틀렸거나 문법이 완벽하지 않아도 전혀 문제없었다. 이유는 단순하다. 아이들이 마음을 담아 작은 손으로 직접 쓴 글이기 때문이다.

이것은 카드나 노래에 미리 쓰여진 문구가 전혀 가치가 없다는 의미가 아니다. 사실 앞서 말했듯이, 많은 사람이 자기 마음을 딱 맞게 표현하는 완벽한 카드를 보물 찾듯 상당한 시간을 들여 찾는다. 이렇게 찾은 카드도 분명히 의미가 있지만, 우리가 직접 마음을 담아 쓴 글만큼 깊은 감동을 주는 경우는 드물다.

하나님도 우리가 부르는 노래에 같은 감정을 느끼시는 건 아닐까? 비록 음악적으로 완벽하지 않거나, 노래 전공자처럼 정확한 음정으로 부르지 않더라도, 하나님은 모든 자녀에게서 개인적으로 "마음에서 우러나온" 사랑의 노래를 간절히 듣기 원하신다. 즉흥적인 예배가 하나님이 원하시는 노래다.

중요한 질문

"제프, 우리는 즉흥적인 예배가 뭔지 잘 알아요. 베델, 힐송, 엘리베이션이 하는 것을 많이 들었거든요." 좋다. 하지만 진짜 질문은 우리가 자기 교회에서 즉흥적인 예배를 실제로 실행하느냐는 것이다. 정기적이고 효과적이며 의도적으로, 그것도 수요일이나 금요일 저녁 특별 예배에서가 아니라 주일 오전 예배에서도 실행하는지 말이다.

이러한 변화는 지도자들이 회중의 능동적 참여를 이끌면서 동시에 한 걸음 물러나 공간을 만들 때 시작된다. 회중 예배에 즉흥적인 예배를 녹여내는 것이 교회를 한 차원 높은 예배 단계로 이끄는 가장 효과적인 방법이다. 여기에는 두 가지 간단한 이유가 있다:

1. 즉흥적인 예배는 회중이 더 의도적이고 진정성 있는 마음으로 예배하게 한다.

2. 즉흥적인 예배는 인도자가 사람들에게 권한을 부여하는 능력을 높여주는데, 이는 인류가 아는 가장 효과적인 지도력 형태다.

함께 점검해 보자. 꾸준히 팀과 회중에게 즉흥적인 예배의 성경적 가르침을 나누는가? 예배 순서에서 즉흥적인 예배를 위한 의도적인 공간을 만들고 있는가? 주일 예배 중에 회중에게 자기만의 노래를 하나님께 올려드리도록 초청하는 시간이 있는가? 그렇지 않다면, 우리는 성경적인 예배의 충만함을 놓치는 것이다. 과장이 아니다.

물론, 오늘날의 교회는 예배 순서를 점점 더 초 단위까지 엄격하게 통제하는 방향으로 흘러간다. 이유는 전통적인 방식의 예배와 다른 접근 방식 때문에 잠재적인 불신자들이 놀랄 수도 있기 때문이라고 한다. 그러면서 더 엄격하게 통제하는 예배일수록 더 많은 사람이 모이고, 더 많은 사람이 모일수록 불신자가 구원받을 가능성이 커진다고 주장한다.

좋다. 그럴 수도 있고 아닐 수도 있다. 나는 여기서 역설을 제안하고 싶다. 만일 불신자들이 찾는 예배가 엄격하게 통제된 예배가 아니라면 어떻게 할 것인가? 예배를 계획하고 통제하는 체계적인 사역에 관해 자신에게 질문해 보라.

1. 성경에 나오는 예수님의 사역 방식은 각본이 있고 깔끔하며 잘 정돈된 것이었는가?

2. 실제로는 불신자들이 더 진정성 있는 "종교적 경험"을 찾고 있다면? 그들은 이미 교회 밖에서 즐기는 완벽하게 연출된 영화나 공연을 뛰어넘는 무언가를 원하는 것일지도 모른다.

많은 교회가 주일 예배를 온라인으로 생중계하면서 온라인 공동체를 늘리려고 노력하는 상황에서, 예배 순서를 더 촘촘하게 계획하는 것이 합리적인 접근법처럼 보인다. 하지만 이것이 정말 맞는 것일까?

정말 불신자들이 기름 부음과 진정성보다 조직과 구조에 더 끌린다고 믿는가? 그러나 불신자뿐만 아니라 신자들도 우리가 생각하는 것만큼 잘 다듬어진 예배 형식에 감동하지 않는다면 어떻게 하겠는가? 그들은 이미 매일 다양한 방법으로 교회와는 비교할 수 없을 만큼 큰 예산으로 제작한 화려하고 다양한 "오락거리"를 무제한으로 즐기고 있다. 불신자들이 진짜 원하는 것은 또 다른 오락거리가 아니라 초자연적인 경험이다.

예배에서 하나님을 계획적으로 배제하다

영적인 눈으로 자세히 살펴보면, 많은 교회가 하나님을 예배에서 계획적으로 완전히 배제하고 있다는 사실을 알 수 있다. "뭐라고요? 어떻게 그런 말을 할 수 있습니까?" 나도 이 말이 끔찍하게 대담한 표현이라는 것을 안다. 나는 일부러 이렇게 강하게 말했다. 현대 교회의 예배는 마치 불장난처럼 위험하기 때문이다.

크리스 듀프리는 『더 깊은 예배』에서 이렇게 경고한다. "하나님 사랑의 깊은 계시 없이는 하나님을 사랑할 수 없다는 진리와 그에 따른 성장 과정을 신자가 이해하는 것이 매우 중요하다. 그렇지 않으면 우리는 천천히 '기독교'라는 것을 흉내 내는 방법을 배우게 되어, 몇 년 후에는 너무나 완벽하게 해내서 하나님이 필요 없게 된다(원문 직역)."[1]

우리 자신의 힘만으로 교회를 운영할 능력이 있다고 믿으며 마치 우리 힘만으로 하는 일이 영원한 변화를 만들 수 있을 것처럼 생각하는 것이야말로 가장 큰 속임수다.

A. W. 토저는 우리에게 충격적인 경고를 한다: "내가 여러분에게 상기시키고 싶은 것은, 어떤 교회들은 너무나 완전히 하나님의 손을 떠나 있어서 만약 성령님이 그들을 떠나신다 해도 몇 달이 지나도록 그 사실을 깨닫지 못할 것이다."[2] 충격적이다. 다시 한번 생각해 보라.

우리는 자주 이런 급진적인 말은 우리 교회와는 상관없다고 생각하며 무시한다. 하지만 명심할 것은, 이런 상태에 빠진 교회 대부분은 자신이 그런 상황이라는 사실조차 깨닫지 못한다는 점이다. 마치 사사기 16:20에서 삼손이 여호와께서 이미 자신을 떠나셨다는 사실을 전혀 알아차리지 못한 것처럼 말이다.

자신에게 질문하라. 우리가 바쁘다는 이유로 얼마나 많이 하나님을 삶에서 밀어내고 있는지, 자신의 계획과 뜻을 이루려는 목적 때문에 하나님을 밀어내고 있는지, 사람의 시선과 평가를 두려워하여 음악 예배에서 하나님을 밀어내고 있는지 돌아보아야 한다.

이것은 심각한 문제이며 확실히 원수가 자주 사용하는 전략이다. 사탄이 우리가 기독교를, 심지어 교회까지도 완벽하게 터득했다고 믿게 만들어서 우리가 다시 주도권을 쥐면, 바로 그때 사탄이 승리한다.

1. 크리스 듀프리, 더 깊은 예배
2. A.W. 토저, A.W. 토저의 20가지 변함없는 예배 명언

이 과정은 매우 미묘하게 진행된다. 사탄은 우리가 무의식적으로 통제권을 원한다는 사실을 잘 안다. 우리는 하나님께 전적으로 의존해야 하는 '종교'에 저항하면서 이해할 수 있고 예측할 수 있고 프로그램할 수 있으며 재생산할 수 있는 하나님을 원한다. 이런 인간적이고 기계적인 방식이 성령님의 인도하심에 귀 기울이는 것보다 훨씬 쉽지만, 그 결과는 훨씬 덜 효과적이다.

하나님은 자비하셔서 우리를 오직 하나님만이 절실히 필요하다는 것을 깨닫는 상황으로 계속 인도하신다. 삶의 모든 순간, 예배의 모든 순간에서, 우리가 부르는 노래의 모든 순간에서 성령님의 음성에 귀 기울여야 한다는 것을 깨닫게 하신다. 이것이 바로 즉흥적인 예배를 인도하는 것이 그토록 중요한 이유다. 즉흥적인 예배는 주도권을 쥐고 성령님을 밀어내려는 우리의 자연스러운 경향과 맞서 싸우도록 돕는다.

네이비 실, 적응의 전문가

크리스 듀프리는 네이비 실의 비유를 통해 계획한 것과 계획하지 않은 것이 어떻게 아름답게 조화를 이루는지 이해하도록 도와주었다.

네이비 실은 임무 계획을 세울 때 철저함의 극치를 보여준다. 사소한 세부 사항 하나까지도 놓치지 않고 완벽함을 추구한다. 그들의 계획에는 오류의 여지가 없고, 실수가 용납되지 않으며, 준비 부족은 상상할 수도 없다. 모든 임무에 목숨이 달려 있으므로 당연한 결과다.

팀은 지휘부에 보고하고 상의하며, 일어날 수 있는 모든 상황을 검토하고 적을 물리칠 수 있다고 확신하는 최적의 전략으로 임무 완수를 위한 계획을 세운다. 하지만 네이비 실은 작전이 100% 계획대로 흘러가는 경우는 거의 없다는 사실을 아주 잘 안다. 바로 이런 점이 그들을 특별하게 한다. 가장 위험한 임무에 네이비 실을 투입하는 이유가 바로 여기에 있다. 그들은 모든 상황에 대비한다.

네이비 실 대원들은 최고 수준의 훈련을 받았기에 상황이 바뀌어도 눈 하나 깜짝하지 않고 즉시 대응한다. 예상치 못한 문제가 발생해도 얼어붙거나 포기하지 않으며, 특히 원래 계획에 집착하지 않고 변화된 환경에 적응하여 받은 훈련을 바탕으로 임무 완수를 위해 필요한 일을 한다.

이 점을 꼭 기억해야 한다. 네이비 실의 목표는 계획을 그대로 실행하는 것이 아니라 임무를 완수하는 것이다. 계획이 도움이 되든 안 되든 상관없이 말이다. 물론 원래 계획이 임무 완수에 도움이 된다면 좋겠지만, 계획 자체는 결코 최종 목표가 아니다. 계획은 단지 최종 목표에 도달하기 위한 여러 경로 중 하나일 뿐이다. 진짜 목표는 오직 임무 완수다.

예배 순서와 찬양 목록은 예배 인도자의 계획이지만, 사람들을 하나님과 연결하는 것이 진정한 임무다. 안타깝게도 많은 예배 인도자와 예배팀이 진정한 임무보다 계획 자체에 더 집착한다. 사실은 예상치 못한 상황에 대비하지 않아서 변화에 적응할 준비가 되어 있지 않기 때문이다. 뒤에서 이에 대한 실질적인 방법을 다룰 것이다.

예배 인도자 여러분, 우리는 회중의 영혼이 걸린 영적 전쟁 중이다! 상황에 적응할 준비를 해라. 즉흥적인 예배는 본래 목적을 잃지 않고 유연하게 대응하도록 돕는다. 하나님은 틀에 박힌 획일화된 예배로 회중을 이끄는 로봇 같은 인도자들을 원하지 않으신다. 하나님은 우리가 밀물과 썰물처럼 자연스럽게 움직이며, 환경에 반응하고 서로 교감하고, 자유롭게 움직이도록 창조하셨다. 마치 네이비 실처럼 말이다.

즉흥적 예배의 성경적 선례

하나님이 내 눈을 열어 즉흥적 예배에 담긴 변화의 능력을 보게 하셨을 때, 나는 곧바로 우리 팀과 공동체에 즉흥적 예배의 성경적 기원을 가르치기 시작했다. 우리가 즉흥적 예배를 우리 예배 문화에 성공적으로 통합하려면 처음부터 이와 관련된 확실한 성경적 근거 위에 세워야 한다.

다음은 내가 발견한 몇 가지 기본적인 성경적 진리들이다:

1. 테힐라 찬양 - 나는 NCU 공동체에서 가장 처음 찬양에 관한 일곱 가지 히브리어 단어를 가르쳤다. 이제 알다시피, 테힐라는 "노래나 찬송을 노래하다, 영의 찬양, 주님이 부르시는 노래, 주님께 드리는 즉흥적인 노래"를 의미하는 히브리어 단어다. 성경에서 자주 사용하는 이 단어는 시편 22:3에서 볼 수 있다. 이 구절에서 우리는 하나님이 "테힐라" 찬양(즉흥적인 찬양) 중에 거하신다는 사실을 배운다. '거하신다'라는 말은 문자 그대로 "하나님이 우리의 찬양에 자신을 연결하신다"라고 번역할 수 있다. 확대 성경은 "그러나 주는 거룩하시니, 오 이스라엘의 찬양(테힐라)이 드려지는 [거룩한 곳에] 거하시는 분이시여"라고 번역한다. 즉흥적인 예배는 현대 서구 교회가 너무 많이 놓쳐버린 성경적 예배 표현이다.

2. 바람처럼 - 우리가 받아들여야 할 또 다른 성경적 개념은 하나님의 성품이 예배 방식을 정의한다는 것이다. 즉흥적 예배가 정말 성경적이라면, 틀림없이 하나님의 본질과 성품에서 나온 것이어야 한다. 하나님은 결코 자기 본성과 반대되는 방식으로 자녀들을 인도하라고 지시하지 않으신다. 특히 우리가 점점 더 하나님을 닮아가도록 초대하실 때는 더욱 그렇다. "반석 같으신 하나님"이란 계시는 확실히 하나님의 성품에 관한 가장 기본적인 비유다. 이것은 우리 하나님이 변함없고, 질서 있으며, 신뢰할 수 있고, 안전하신 분임을 확립한다. 이런 특성은 삶과 예배에 중요하다(시 18:1; 삼상 2:2; 신 32:15; 출 17:6). 또한 우리는 "바람 같으신 하나님"이라는 비유도 잘 알아야 한다. 이를 통해 하나님이 새로움과 창의성, 놀라움과 자유의 하나님이심을 기억한다. 이 역시 삶과 예배에서 중요한 특성이다(요 3:8; 삼하 22:11; 욥 38:1). 하나님은 반석이면서 동시에 바람이므로, 예배 인도 방식도 이 두 가지 비유를 모두 담아내야 한다. 즉, 계획한(반석) 예배와 즉흥적인(바람) 예배 모두를 말이다.

3. 새 노래 - 무시할 수 없는 세 번째 현상은 성경이 '새 노래'라는 표현을 끊임없이 사용한다는 점이다. 숀 포이트는 성경에 "주님께 새 노래를 부르라"라는 구절이 무려 87번 나온다고 알려준다. 이것은 같은 옛 노래만 계속 부르려는 습관에 저항할 강력한 근거다. 밥 소르기의 가르침도 우리가 균형을 유지하도록 돕는다. 옛 노래는 사람들을 모으고, 새 노래는 사람들을 전진하게 한다고 말한다. 물론 새 노래를 부르라는 명령은 즉흥적인 노래만이 아니라 새로운 회중 찬양도 포함한다. 우리가 발견한 것은 "잘 알려진 노래"와 "즉흥적인 노래"가 완벽하게 조화를 이룬다는 점이다. 잘 알려진 노래는 우리를 자연스럽게 미지의 즉흥적 예배로 이끈 후, 완전한 원을 그리며 잘 알려진 노래로 돌아오게 한다. 이 과정을 통해 잘 알려진 노래들이 완전히 새로운 생명력과 의미를 얻는다.

4. 영 안에서 노래하기 - 신약성경에서 즉흥적 예배에 관한 중요한 격려는 고전 14:15에서 얻을 수 있다: *"그러면 어떻게 할까 내가 영으로 기도하고 또 마음으로 기도하며 내가 영으로 찬송하고(I will sing with my spirit) 또 마음으로 찬송하리라."* 이 구절에서 바울이 즉흥적으로 노래했다고 구체적으로 말하지는 않지만, 영 안에서(방언으로) 노래했다면 즉흥적으로 노래했다는 의미다. 영 안에서 노래할 때는 미리 준비한 곡조나 가사를 보며 노래하지 않는다. 연습하지 않은, 오직 하나님의 영에서 나오는 즉흥적이고 자유로운 감동만 있을 뿐이다. 성령의 인도를 따라 자연스럽게 흘러나오는 즉흥적인 찬양은 참으로 아름답다!

5. 강을 찾는 사냥꾼 - 마지막 깊이 있는 성경적 예는 밥 소르기의 『주님의 임재의 강으로 뛰어들라』에 나온다. 그는 에스겔 47장에서 "강을 찾는 사냥꾼"이라는 개념을 발견했는데, 이 구절은 하나님의 성전에서 흘러 모든 것을 치유하는 강을 묘사한다. 이 강은 하나님의 임재를 의미하며, 하나님과의 관계는 더 깊은 단계가 있음을 알려준다.

밥 소르기는 예배 인도자들에게 "강을 찾는 사냥꾼River hunters"이 되라고 초대한다. 예배 인도자들의 성경적 사명인 회중을 위해 하나님의 임재의 강을 "열심히 찾는" 일을 감당하라는 의미다. 밥은 많은 예배 인도자가 계획한 순서(직선 경로)만 고집하기 때문에 회중을 하나님의 임재로 인도하는 데 실패한다고 지적한다. 많은 예배 인도자가 구불구불 흐르는 강처럼 예측 불가능한 하나님의 영을 추적하기보다는, 자신들이 미리 정한 경로만 따라가려고 한다.

일부 예배 인도자들은 예배 도중 특정 순간에 우연히 임재의 강과 마주치지만, 그것을 알아내고 방향을 전환할 능력이 없어 결국 그 흐름을 타지 못한다. 이런 경험이 있는가? 갑자기 성령님의 강력한 역사가 찾아올 때, 보통 다음 두 가지 중 하나가 일어난다: 1) 찬양팀이 단순히 노래만 반주하는 밴드 이상의 역할을 할 준비가 안 되어 있어서 그 소중한 순간을 그냥 지나쳐 버린다. 아니면 2) 다른 목회자가 나와서 그 유명한 말을 한다. "이제 자리에 앉으시기 바랍니다."

예배 인도자의 임무는 회중을 위해 주님을 찾고, 주님의 음성에 귀 기울이며, 주님의 마음에 가까이 다가가는 것이다. 우리는 하나님의 임재 안에서 "특별한 순간"을 "찾아내고" 회중이 그 흐름 안에서 하나님과 교제하도록 인도한다.

밥 소르기는 2016년 퓨어 워십 인스티튜트 컨퍼런스에서 우리에게 열정적으로 호소했다. "사람들은 여러분의 찬양 목록을 보려고 교회에 오는 것이 아닙니다. 그들은 하나님의 강을 경험하러 옵니다!" 일부는 받아들이기 어렵겠지만, 예배 인도자는 전통적인 "미리 정한 찬양 목록만 고집하는 방식"에서 벗어나 계획한 것과 즉흥적인 것 사이의 균형을 추구하는 방식으로 나아가야 한다.

계획하지 않은 것을 위한 계획

이쯤에서 이런 의문이 들지도 모른다. "제프, 하나님이 우리 노래와 곡 목록, 예배 순서를 계획하는 과정에 관여하지 않으신다고 말하는 건가요?" 물론 아니다. 우리는 예배를 계획할 때 입으로만이 아니라 실제로 하나님과 깊이 교감해야 한다. 하나님은 며칠, 몇 주, 심지어 몇 달 전부터 예배 계획의 전 과정을 통해 우리를 인도하기를 원하신다. 그러나 하나님은 또한 예배의 매 순간에 실시간으로 말씀하시고 역사하시면서 우리를 인도하기를 원하신다.

이것은 예배 순서 안에 특별한 순간들을 위한 공간을 의도적으로 포함해야 한다는 의미다. 이렇게 함으로써 '계획하지 않은 것을 위한 계획'을 세울 수 있다. 네이비 실처럼 우리도 예배가 계획대로 흘러간다는 가정을 멈추고, 하나님이 예배의 모든 순간에서 우리를 여러 방향으로 인도하신다는 사실을 인정해야 한다. 여기에 두 가지 이유가 있다:

첫째, 예배에서 하나님과 실시간으로 소통하는지, 아니면 그냥 '교회 일'을 하는 것인지 발견하기 위해서다. 하나님은 이삭을 바치라고 명령하심으로써 아브라함의 예배를 시험하신 것처럼 우리 순종을 시험하신다.

둘째, 하나님의 비밀 전투 전략인 즉석에서 조정하는 법을 가르치기 위해서다. 하나님은 원수가 우리 계획을 주시한다는 것을 아신다. 원수는 우리를 예측할 수 없을 때 방해하기가 훨씬 더 어렵다. 하나님은 일부 계획을 비밀로 간직하시다가 우리가 꼭 알아야 할 때만 계시하신다.

훌륭한 설교자들도 말씀을 전하고 가르칠 때 이런 방법을 사용한다. 개요를 작성하고 비유를 구상하며 농담을 연습하고 성경적 근거를 구성하는 데 몇 시간을 보낸다. 하지만 말씀을 전하는 도중에는 성령님이 어떤 생각을 더 하시거나 빼기 원하시는지 분별하기 위해 성령님께 집중한다. 이것이 하나님과 함께 일하는 아름다움이며 궁극적인 동역이다.

기억하라. 우리가 계획하지 않은 것을 위해 계획할 때, 단순히 하나님이 나타나시면 기꺼이 예배 순서를 바꿀 의향이 있다고 말만 하는 것이 아니다. 우리가 예배 시간에 특별한 공간을 의도적으로 마련하는 이유는 하나님이 계획하지 않은 방식으로 역사하실 것을 믿기 때문이다. NCU의 매우 존경받는 헬라어 교수인 에이미 앤더슨 박사는 저서『너희가 함께 모일 때』에서 이런 통찰을 나눴다: "성령님이 없는 것처럼 철저히 계획하고, 성령님만이 전부인 것처럼 예배하라."[3]

이것은 실질적으로 더 적은 곡을 계획하고 더 많은 즉흥적인 순간을 마련한다는 의미다. 예배 곡 목록(PCO)에 성령님을 위한 순간을 의도적으로 몇 분씩 배정하는 방식으로 구현할 수 있다. 물론 "성령님의 시간: 5분"이라고 직접적으로 명시할 필요는 없다. 대신 몇 곡의 찬양에 3~4분씩 여유 시간을 추가함으로써 노래 안에서 더 많은 자유로움을 허용하는 방식으로 같은 효과를 낼 수 있다. 예를 들면 다음과 같다:

- 7:00 더 크게 할렐루야[raise a hallelujah] (보통 5:00)
- 9:00 그 사랑 위에 서리[build my life] (보통 5:00)
- 10:00 길을 만드시는 분[way maker] (보통 7:00)

처음에는 이런 방식이 두려울 것이다. 그러나 예배 시간에 너무 많은 요소를 빽빽하게 채워 넣으면, 본질적으로 하나님을 밀어낸다는 사실을 깨달아야 한다. 결과적으로 우리는 성령님의 인도하심을 따르는데 온전히 헌신해야 하며, 성경에서 배울 수 있듯이 하나님이 계획을 바꾸실 가능성이 매우 높다고 예상해야 한다. 심지어 하나님이 처음에 우리에게 주셨던 계획조차도 바꾸실 수 있다. 이러한 유연한 예배 인도는 사전 연습이 필요하다.

---

3. 에이미 앤더슨, *너희가 함께 모일 때: 하나님과의 상호작용적 관계를 위한 교회의 도전* (Being Church, 2011), 142쪽.

예배팀과 함께 즉흥적 예배 연습하기

즉흥적인 순간을 인도하는 실력을 기르는 방법은 단 한 가지밖에 없다. 바로 연습이다. 다른 모든 기술과 마찬가지다. 사람들은 연습하지 않는 분야에서 뛰어난 경우가 거의 없으며 즉흥적 예배도 예외가 아니다. 나도 "즉흥적인 예배를 연습한다"라는 말이 진실하지 않아 보인다는 것을 이해한다. 즉흥성을 거짓으로 꾸며내라는 것이 아니다. 즉흥적인 예배에서 더 탁월해지는 방법이 있다는 것이다.

연습된 즉흥성

방법은 간단하다. 주님과 홀로 보내는 시간과 예배팀 연습 시간 모두에서 즉흥적 예배를 연습하는 것이다(물론 부담이 아니라 기쁨이어야 한다). 즉흥성을 연습하면 개인으로나 팀으로나 하나님과의 관계 연결에서 성장할 수 있다. 또한 매주 회중을 인도할 때 이런 순간을 "수월하게" 관리하는 법을 배우는 데도 좋다. 당연하게도 즉흥적 예배를 더 많이 연습할수록 불편함이 사라진다. 마찬가지로 미지의 영역으로 더 많이 들어갈수록 익숙해진다. 오직 믿음과 성령님의 인도하심으로 이루어진다.

물론, 제프 디오가 권했다는 이유만으로 어느 주일 아침에 갑자기 시도했다가 처참하게 실패한 후 "우리 교회는 아직 준비가 안 됐어." 또는 "즉흥적 예배는 다른 교회에는 맞을지 몰라도 우리 교회에는 맞지 않아"라고 결론 내리지 말라. 부디 이렇게 시도하지 말기 바란다.

즉흥 예배라는 새로운 문화를 교회에 도입할 때는 천천히 시작해야 한다. 회중에게 소개하기 전에 먼저 예배팀이 연습 시간에 즉흥적인 흐름을 충분히 경험하고 익숙해져서 같은 방향을 바라보는 것으로 시작해야 한다. 특히 인도자에게 즉흥 예배가 낯설고 불편하다면 이 과정이 더욱 중요하다. 반면에 즉흥 예배가 익숙하다면 회중과 예배팀에 동시에 가르치기 시작할 수 있으며, 연습과 예배 시간마다 조금씩 도입할 수 있다.

다음은 연습 시간에 예배팀에게 즉흥적인 노래와 연주를 소개하는 방법이다:

1. **익숙한 코드 진행 반복하기.** 먼저 우리가 잘 아는 곡에서 반복적인 코드 진행을 하나 선택하여 시작한다. 보통 후렴구나 브리지 부분의 코드가 적합하다. 예배팀 전체가 이 코드 진행을 반복해서 연주하는 동안, 싱어는 그 노래의 원래 가사를 그대로 부른다.

2. **밴드에 즉흥 연주 요청하기.** 같은 코드 진행을 여러 번 반복한 후에 싱어에게 잠시 노래를 멈추라고 지시하고 밴드가 자유롭게 즉흥 연주를 하게 한다. 이때 밴드 멤버는 차례로 원곡의 기본 느낌과 분위기는 유지하면서도 새롭고 신선한 선율을 만들어 연주한다. 완전히 다른 곡으로 바꾸는 것이 아니라, 원곡의 정서 위에 새로운 요소를 더한다는 기분으로 연주한다.

3. **싱어에게 마이크 없이 즉흥적으로 노래하도록 요청하기.** 밴드가 같은 코드 진행으로 즉흥 연주를 하는 동안, 싱어들에게 마이크 없이 주님께 즉흥적으로 노래하도록 요청한다. 단순히 기도를 노래로 표현하는 것과 같으며 반복적인 리듬 패턴을 따르지 않아도 된다. 그저 마음 떠오르는 것은 무엇이든 주님께 노래로 표현하면 된다.

4. **싱어에게 마이크를 사용해 즉흥적으로 노래하도록 요청하기.** 몇 분간 마이크 없이 연습하고 가능하다면 인도자가 먼저 시범을 보인 후, 한 명씩 돌아가며 마이크를 사용해 즉흥적으로 노래한다. 이렇게 하면 싱어들이 자기 목소리를 들으며 즉흥적인 노래에 익숙해지고 자신감을 키울 수 있다. 만일 싱어가 무슨 내용을 노래해야 할지 모르겠다고 하면, 간단한 성경 구절이나 예배 고백(예: "주님만이 나의 하나님이십니다")을 주고 그 가사에 자기만의 선율을 만들도록 격려한다.

5. **모두가 실험하기.** 밴드는 계속해서 즉흥적으로 연주하며, 서로에게 영감을 주는 작은 변형 선율과 리듬 패턴을 실험한다. 이는 밴드와 싱어 모두에게 서로의 연주와 노래에 귀 기울이고 반응하면서 즉흥적인 선율과 가사를 만드는 방법을 배우는 즐거움을 주고 놀라운 창의성을 경험하는 시간이다. 이 모든 과정은 성령님의 영감으로 이루어진다.

6. **악기 연주자들의 중요성 강조하기.** 악기 연주자들은 자신도 중요한 역할을 한다는 것을 깨달아야 한다. 자기 악기로 예언하듯 연주하며, 싱어의 노래에 맞춰 조화를 이루거나 악기 솔로 시간에 예언적인 선율로 영적 분위기를 끌어올릴 수 있다. 종종 밴드는 자기가 연주하는 흐름에 따라, 또는 싱어나 성령님의 특별한 인도나 느낌에 반응하여 연주의 강도와 깊이를 자연스럽게 쌓아갈 수 있다. 이런 모든 과정이 강제적이 아닌 자연스럽게 흘러가도록 허용하는 것이 중요하다.

7. **언제 연주하지 않을지 파악하기.** 밴드는 서로의 연주를 침범하지 않도록(또는 싱어의 표현을 방해하지 않도록) 주의해야 하며, 서로의 소리에 귀 기울이고 보완하는 방식으로 연주해야 한다. 무엇을 연주할지 아는 것만큼 중요한 것이 언제 연주하지 않을지 아는 것이다. 때로는 침묵과 여백이 가장 강력한 음악적 표현이다.

8. **반복과 모티프 권장하기.** 기타 연주자가 특징적인 선율 모티프[motif]를 반복해서 연주하기 시작하면 키보드 연주자와 베이스 연주자가 이 아이디어를 받아 함께 발전시킨다. 이는 드럼 연주자의 리듬에도 자연스럽게 영향을 미친다. 이렇게 음악적 흐름이 만들어지면 싱어들도 이 선율에서 영감을 받아 어울리는 가사를 즉흥적으로 만들어 노래할 수 있다.

9. **성령 안에서 연주하고 노래하기.** 모든 팀원에게 즉흥 연주는 전통적인 솔로 연주와는 다르며, 자기 기량을 뽐내는 것이 아니라 성령님의 인도를 따라(성령님을 위해) 악기를 연주함으로써 하나님께 존귀와 예배를 표현하는 것임을 가르쳐야 한다. 싱어들에게는 성령님이 특히 강조하시는 구절과 선율에 귀 기울이도록 격려하라. 때로는 성경 말씀일 수도 있고, 익숙한 후렴구에서 파생한 새로운 가사일 수도 있다.

10. **회중이 함께 부를 수 있는 즉흥적 노래 찾기.** 싱어들이 음악에 맞춰 다양한 기도를 즉흥적으로 노래할 때, 전체 회중이 쉽게 따라 부를 수 있는 구절이 있는지 귀 기울이도록 요청하라. 모든 회중이 쉽게 배워 부를 수 있는 짧고 반복적인 구절을 발견했다면, 회중이 동참할 수 있도록 마이크에 대고 또박또박 명확하게 노래하라. 이 순간이 찾아오면, 싱어들은 같은 구절을 꽤 오랫동안 반복해서 부를 수 있으며, 진행하면서 가사에 약간의 변화를 줄 수 있다. 예를 들어, "우리는 주님이 필요해요"로 시작해서 같은 선율로 "우리는 주님을 구합니다" 또는 "우리는 주님을 사랑해요"처럼 자연스럽게 바꿀 수 있다.

11. **알려진 노래로 돌아가기.** 즉흥 예배가 절정에 도달하면, 팀에게 처음 시작한 곡으로 돌아가도록 지시하라. 이 전환 과정에서 예배는 한 차원 더 높은 다음 단계로 발전한다. 익숙한 노래에서 벗어나 즉흥적인 요소를 충분히 경험한 후 다시 익숙한 노래로 돌아가면, 모두가 아는 찬양에 완전히 새로운 생명력과 깊이가 더해진다.

12. **회중이 함께 부른 즉흥적 노래 반복하기.** 반대 방향으로도 효과가 있다. 알려진 곡으로 돌아간 후, 회중은 종종 이미 불렀던 즉흥적 노래를 잊곤 한다. 팀이 알려진 노래의 끝부분에서, 다시 한번 즉흥적인 노래를 부르면 노래가 완전히 새로워진다.

13. **새로운 문화 재확인하기.** 팀이 즉흥 예배를 연습할 때, 모두가 함께 새로운 문화를 심는 과정이라는 점을 상기시켜라. 이 문화는 일반적으로 알려진 후렴구나 브리지의 코드 진행을 활용하며, 알려진 가사와 즉흥적 가사 사이를 자유롭게 오가며 흐른다. 어떤 코드 진행을 연주하든 우리는 언제든지 즉흥적 예배로 미끄러지듯이 들어갈 수 있으며, 역동적으로 높낮이를 조절하고 심지어 드럼만 연주하는 순간으로 로켓처럼 치솟을 수 있다.

14. **신호를 사용하여 소통하기.** 이것은 필수다. 늘 그렇듯이 우리는 손 신호, 음성 신호, 몸짓 언어를 조합하여 예배팀, 가사 담당자, 그리고 회중에게 방향 전환을 알린다. 후렴구로 넘어가고 싶을 때, 브리지 부분으로 전환하고 싶을 때, 또는 그 반대 방향으로 가고 싶을 때를 밴드에게 알리는 간단한 신호를 개발하라(7장에서 예배팀이 즉흥 예배를 효과적으로 따라가도록 돕는 손 신호의 자세한 지침을 확인하라).

즉흥적 예배를 회중에게 소개하기

이제 즉흥적 예배의 놀라운 영적 능력과 이를 팀원들과 함께 연습해야 하는 중요성을 제대로 이해했으니 회중에게 소개할 준비가 되었다. 서두르지 말고, 천천히, 확실한 단계를 밟아야 한다.

아마 이 시점에서 누군가는 이렇게 말할지도 모른다. "제프, 나는 우리 교회 성도님들을 잘 알아요. 즉흥적 예배는 우리 교회에서 절대로 받아들여지지 않을 거예요!" 나는 당신이 이런 식으로 생각하지 않기를 진심으로 바란다. 이런 사고방식은 하나님 나라의 참된 지도력 전략이 아니다. 우리는 '우리 교회에서는 이것이 가능할 것이다.' 또는 '우리 교회에서는 이것이 불가능할 것이다'라는 자기 제한적 생각에 기초하여 교회 문화를 변화시키는 중요한 결정을 내리면 안 된다.

하나님 나라의 진정한 지도자들은 성경 말씀을 연구하고 하나님 나라의 원리를 발견하며 성령님의 인도를 따라 천천히, 의도적으로 하나님 나라 문화를 세워가야 한다. 하나님 나라 문화를 세우는 과정에서 '불가능'이란 단어는 존재하지 않는다. 하나님이 성경을 통해 건강한 교회 문화의 모범을 보여주실 때, 우리는 그것이 받아들여질지와 상관없이 교회를 그 방향으로 인도해야 하는 분명한 책임이 있다.

단계적 접근

나는 지난 10년 동안 NCU 공동체에 천천히 즉흥적 예배를 소개했다. 그 과정에서 올바른 방법과 잘못된 방법을 모두 경험하며 많은 것을 배웠다. 이제 내가 일반적으로 사용하는 단계별 접근법을 살펴보자.

1. **모범 보이기.** 나는 예배를 인도할 때마다 성령님의 인도하심을 따르는 짧은 즉흥적 예배 순간을 한두 번 넣도록 계획한다. 이렇게 함으로써 회중에게 즉흥적 예배의 능력과 효과를 보여줄 수 있다.

2. **가르치기.** 예배에서 즉흥적 예배를 인도하는 시간 전후로 즉흥적 예배에 관한 성경적 내용을 정기적으로 가르쳐야 한다(앞에서 본 카드엽서 비유나 "테힐라 찬양"에 관한 설명이 좋은 예시다). 이러한 가르침 시간은 밴드가 잘 알려진 코드 진행을 조용히 반복하는 동안 회중 모두에게 즉흥적으로 노래하도록 초대하기 전에 미리 설명하는 것이 효과적이다.

3. **기도하기.** 나는 예배팀에게 예배 곡 목록에서 하나님이 즉흥적인 순간을 원하실 지점을 한두 곳 기도하며 선택하라고 권한다. 노래 시작 부분이나 두 번째 후렴구와 브리지 사이, 또는 자연스럽게 흐름이 전환되는 다른 지점일 수도 있다. 우리가 하나님께 구하면, 주님은 계속해서 기름 부음 받은 창의적인 아이디어를 주실 것이다.

4. **시도하기.** 비공개로 예배팀과 함께 정기적으로 즉흥 예배를 충분히 연습하면서 공적인 예배에서 즉흥적 예배를 소개할 준비를 마친다. 잠재적인 즉흥적 순간에 이르렀을 때 노래의 알려진 부분으로 돌진하는 대신 원래 가사를 부르지 말고, 특정한 "계획된" 코드 진행을 반복한다. 이 방법은 여러 목적을 달성하는데, 주로 1) 하나님께 즉흥적으로 노래할 수 있는 열린 공간을 만들고 2) 잠시 멈추어 성령님의 음성에 귀 기울여 예배의 방향을 바꾸기를 원하시는지 분별할 수 있는 충분한 시간을 확보하게 한다.

5. **말로 설명하기.** 예배 인도자는 마이크로 회중에게 확실한 안내를 제공하도록 훈련해야 한다. 예를 들어 "지금부터 주님께 각자의 마음에서 우러나오는 자기만의 노래를 드립시다."처럼 명확한 말로 인도해야 한다. 이 장 앞부분에서 언급했듯이, 이런 방향 제시는 매우 중요하다. 만일 예배 인도자가 아무 말이 없고, 예배팀은 연주만 계속하며, 싱어들이 노래를 부르지 않으면, 회중은 어떻게 해야 할지 몰라서 예배 참여를 멈춘다. 구체적인 안내가 없으면 회중은 자연스럽게 자기 역할이 참여자가 아닌 관객이라고 생각한다. 특히 화면에 따라 부를 가사가 없거나 즉흥적 예배가 아직 교회 문화의 "일반적인 부분"이 아닌 경우에는 더욱 그렇다.

6. **반복해서 가르치기.** 항상 강조하지만, 즉흥적 예배에 관한 간결한 성경적 가르침을 꾸준히 제공하는 것이 매우 중요하다. 새로운 예배 문화를 교회 문화에 접붙여 정착시키려면 필수적으로 같은 내용을 반복해서 가르쳐야 한다. 사람들이 새로운 성경에 기반한 진리를 체화하고 새로운 예배 문화를 받아들이기 위해서는 보통 여러 달에 걸쳐 20~25번 정도의 명확하고 간결한 가르침이 필요하다.

7. **점진적으로 늘려가기.** 짧은 즉흥적 예배 순간을 예배에 계속 포함한 후에는, 할애하는 시간을 조금씩 늘려라. 그러면서 회중에게 "주님께 새 노래를 부릅시다" 또는 "각자의 기도를 하나님께 노래로 표현합시다"라고 반복해서 격려한다. 예배 인도자는 회중이 무의식적으로 즉흥 예배 초대가 "진심인지" 계속 확인한다는 사실을 알아야 한다. 처음에는 조금 노래하다가도 예배 인도자가 계속 격려하지 않으면 빠르게 물러난다. 회중은 반복을 통해 예배 인도자가 진심으로 즉흥 예배를 추구한다는 것을 배우며, 이런 방식을 통해 회중이 더 큰 자신감과 자유로움으로 즉흥적 예배에 들어갈 힘을 준다.

천천히 그러나 확실하게

솔직히 고백하면, 내가 처음 즉흥적 예배를 인도하려 시도했을 때 반응이 별로였다. 몇몇 열정적인 학생이 노래했지만, 대부분은 확신 없이 주저했다. 그럼에도 낙심하지 않고 끈기 있게 계속했으며, 천천히 그러나 확실하게 회중이 참여하기 시작했다. 예배팀이 계속해서 성경적 근거와 초자연적 의도성을 밝히자, 회중은 몇 마디 노래하다가 조용해지곤 했다. 우리는 작은 불꽃을 부채질하며 계속하도록 격려했다. 회중이 새로운 "즉흥적 예배" 방식에서 편안함을 느끼기까지는 시간이 걸렸다. 마치 예배팀이 새로운 예배 방식을 갑자기 중단하지는 않을까 의심하는 것 같았다.

우리 예배팀이 계속해서 의미 있는 즉흥적 예배를 제공하고, 이러한 순간들을 자신감 있고 효과적으로 이끄는 능력이 향상됨에 따라, 교회 공동체는 즉흥적 예배를 편안하게 대하기 시작했다. 회중은 점점 더 적극적으로, 열정적으로 기대하는 마음으로 참여했다.

회중이 깨닫지 못했지만, 하나님께 자신을 표현할 공간을 오랫동안 갈망했고, 두려움 없이 성령님의 인도를 따르는 인도자가 자신들이 더 깊고 열정적으로 하나님을 추구하도록 '허락'해 주기를 기다린 것 같았다.

덧붙이자면, 나는 이것이 진실이라고 믿는다. 지구상의 거의 모든 사람은 내면 깊숙이 절박한 마음으로 누군가가 자신을 하나님과의 의미 있고 삶을 변화시키는 깊은 예배로 인도하기를 간절히 기다리고 있다.

여러분이 이 중요한 역할을 맡았다. 이 역할을 기꺼이 받아들여라. 이것이야말로 모든 예배 인도자와 예배팀의 가장 큰 기쁨이다.

핵심 전략

즉흥적 예배를 회중에게 소개하면서 불가피하게 실수와 실패를 경험할 것이다. 걱정하지 말고, 다시 시작할 때 다음의 추가 전략을 고려하라:

1. **거의 모든 노래에 "무엇이든 가능한" 지점을 한두 군데 계획하라.** 대부분의 찬양곡마다 즉흥적 예배로 전환할 수 있는 지점을 한두 군데 미리 계획하라. 처음에는 한 곡에서 한 지점만 시작해서 회중이 새로운 문화에 익숙해짐에 따라 점차 더 많이 확장하라. 여기서 목표는 모든 노래에 억지로 즉흥적 예배 순간을 넣는 것이 아니다. 오히려 성령님의 인도에 따라 유연하게 반응할 여러 선택지를 마련하는 것이다. (중요 사항: 30초 미만의 짧은 즉흥 예배는 항상 피하라. 회중이 참여할 충분한 시간이 없다고 느끼면 오히려 참여를 주저하게 되어 역효과가 난다.)

2. **어떤 노래들은 계획한 대로 진행하는 게 좋다.** 어떤 노래는 즉흥 예배에 적합하지 않으며 어떤 노래는 곡 전체에서 단 한 부분만 즉흥 예배로 전환할 수 있다. 예배팀에게 잠재적인 즉흥 예배 시작 위치를 미리 알려줘야 한다. 그래야 미리 예배 인도자에게 주의를 기울일 수 있다. 모든 노래의 모든 부분을 즉흥적 예배를 위해 열어두지 말라. 그렇게 하면 팀이 예배하는 내내 예배 인도자의 신호를 초조하게 지켜봐야 한다. (**주의:** 아무 계획 없이 긴 예배 세트는 권장하지 않는다. 앞서 말했듯이, 하나님은 반석처럼 견고하면서도 바람처럼 자유로

우시므로, 이런 예배 계획은 하나님의 성품에 어긋난다. 또한 모든 것이 즉흥적인 완전 자유 형태의 예배는 예배팀과 회중 모두에게 지나치게 혼란스럽다. 예외로 매우 숙련된 밴드가 수년간 회중과 함께 즉흥적 예배를 경험했다면 성령님의 인도에 더 자유롭게 따라갈 수도 있다.)

3. **영적 안테나를 높여서 성령님이 인도하시는 방향을 분별하라.** 즉흥적 예배로 전환하도록 미리 계획한 지점에 접근할 때, 성령님이 어떻게 인도하실지 귀 기울여라. 이것이 연습이 중요한 또 다른 이유다. 연습하지 않으면 코드와 가사를 기억하느라 바빠서 하나님의 음성에 집중하기가 훨씬 어렵다. 부지런한 연습은 음악 기술과 근육 기억을 쌓아서 하나님의 영이 어디로 인도하시든 따라갈 수 있는 물리적 기술(손과 발의 움직임, 발성 기술)을 자연스럽게 사용하게 한다. 하나님은 일반적으로 우리 한계에 의해서만 제한받으신다. 즉, 우리가 주님의 인도를 따를 준비를 했는지 또는 소홀히 했는지에 따라 결정된다.

4. **알려진 노래의 다양한 반복과 즉흥적 노래 사이를 계속 오가라.** 알려진 노래와 즉흥적인 노래 사이를 방해받지 않고 오가는 요령을 터득하면, 음악과 가사로 하나님께 마음을 표현할 가능성이 사실상 무한하다는 것을 발견할 것이다. 역동적으로 높이거나 낮추고, 곡 목록의 노래에서 거의 끝없는 변형을 부를 수 있으며, 악기 연주를 자유롭게 오가다가 자연스럽게 다음 곡으로 흘러갈 수 있다. 즉흥적인 예배는 흥미로울 뿐만 아니라, 팀이 함께 영적으로나 음악적으로 성장하게 도와주며, 동시에 회중이 믿음으로 예배할 때 하늘 아버지께 더욱 진실한 마음으로 자신을 표현하는 능력을 키운다.

5. **기억하라. 즉흥적 예배 노래가 계획된 알려진 노래보다 본질적으로 더 영적인 것은 아니다.** 반석 같으신 하나님과 바람 같으신 하나님의

특성이 똑같이 중요한 것처럼, 즉흥적인 노래와 알려진 노래도 각각 고유한 의미가 있다. 한쪽 스타일만 계속 고집한다면 영적인 소화불량을 경험하게 된다. 즉흥적인 노래와 알려진 노래로 모두 찬양하는 것은 하나님께 드리는 예배 표현에서 건강한 균형을 유지하게 한다.

성령님의 책망

NCU 예배에서 즉흥적 예배가 계속 늘어나면서, 익숙한 노래와 즉흥적 노래 사이의 더 나은 균형을 향한 갈망이 커졌다. 우리는 18분짜리 예배 곡 목록에서 익숙한 노래의 수를 4곡에서 3.5곡으로, 3곡으로, 그리고 2.5곡으로 계속해서 줄여 나갔고, 이런 식으로 2~3년에 걸쳐 진행했다(참고: 우리 목표는 결코 익숙한 노래를 없애는 것이 아니라, 익숙한 노래와 즉흥적인 노래를 균형 있게 활용하는 것이었다).

성령님을 위한 공간을 마련하기 위해 곡 목록을 줄인다는 생각은 20년 전의 나에게 상상할 수 없는 일이었다. 그때 나는 예배 시간 제한에 자주 반발했다. 35분 예배를 인도해달라는 요청에 45분을 인도하며 많은 관계를 망쳐버렸다. 나는 성령님께 제한을 두면 안 된다고 생각했다. 이런 접근법이 어느 정도 타당했지만, 성령님은 나를 책망하셨다: "문제는 너에게 더 많은 시간이 필요한 것이 아니라, 주어진 시간을 더 잘 활용하는 방법을 찾는 것이다." 얼마나 놀라운 깨달음인가! 주님은 자세히 설명해 주셨다. "너의 곡 목록에서 몇 곡을 빼고 나를 위한 공간을 더 마련해라."

전에는 그런 식으로 생각해 본 적이 없었지만, 이제는 생각하고 있었다. 와! 혹시 내가 완전히 잘못된 방향으로 접근했던 것일까? 내가 지금까지 모든 것을 거꾸로 해왔던 것 같았다. 계속해서 더 많은 시간을 요구하는 대신, 주어진 시간을 최대한 활용하기 위해 '적은 것이 더 많은 것'이라는 사고방식을 받아들이기만 하면 되는 것이었다. 이것이 바로 내가 NCU에 부임했을 때 처리하고 있던 문제였다.

교회 대부분은 단순히 인기 있는 예배 찬양이 대략 4.5분 길이이니, 18분을 4로 나누면 노래당 4.5분이 나온다고 계산한다. 간단하다. 노래 4곡을 선택하고 앨범처럼 연주하면 짜잔! 시간도 정확하고 매끄러운 완벽한 예배 세트가 완성된다. 하지만 하나님은 우리를 위해 더 많은 것을 원하신다. 나는 하나님이 여러분의 예배에도 똑같이 더 많은 것을 원하신다고 믿는다. 그래서 우리는 예배의 열기를 한층 더 높이기로 했다.

참고: 부록에서 매년 NCU 학생들에게 주어지는 "한 곡으로 18분 동안 인도하기" 과제의 자세한 내용을 확인하라.

회중이 집중할 수 있게 돕기

여러분도 나처럼 수없이 부른 찬양을 하면서 딴생각을 한 경험이 있을 것이다. 의도하지 않았지만, 점심 메뉴나 앞자리에 앉은 사람의 독특한 옷차림을 생각하며 산만해진다. 너무 익숙해서 집중력이 떨어지는 현상으로 모든 사람에게 일어난다. 심지어 예배 인도자도 마찬가지다.

핵심은 이것이다. 예배 인도자가 회중에게 하나님께 각자의 노래를 올려드리도록 초대하면, 회중은 즉시 예배에 더 집중한다. 예배 후의 계획이나 베이스 연주자의 긴 수염 같은 허튼 생각 대신, 즉흥적 예배를 통해 본래의 목적으로 돌아오기 때문이다. 이미 외운 가사를 기계적으로 반복하는 것이 아니라, 마음에서 우러나오는 진실한 노래를 표현하기 위해 더욱 집중하게 된다.

이 모든 변화는 예배 인도자가 회중에게 하나님께 각자의 노래를 드리도록 초대할 때 시작한다. 익숙한 찬양들, 심지어 악보집에 있는 노래들은 처음에는 매우 도움이 되지만 시간이 지나면 지루해진다. 그러나 익숙한 찬양을 즉흥적 예배와 함께 사용하면 집중력 저하 현상이 크게 줄어든다. 잘 알려진 익숙한 찬양에 새 생명을 불어넣는 가장 효과적인 방법은 바로 즉흥적 예배와의 결합이다.

기쁨의 소리

물론 일부 회중은 처음에는 즉흥적인 노래를 어려워한다. 모든 사람이 재능 있는 작사·작곡가는 아니기 때문이다. 물론 회중이 갑자기 즉흥적인 노래로 유명한 작곡가처럼 깊이 있는 가사를 쓸 수는 없다. 즉흥적인 예배 동안 회중은 전문 작곡가들의 노래를 고급 캘리그라피지만 자신의 노래는 크레용으로 쓰는 것 같다고 느끼기도 한다. 그럼에도 우리가 하나님께 자기만의 노래를 부를 때, 악보 없이 마음에서 우러나오는 노래를 드리는 것이다. 이때 음정이 정확한지, 가사가 얼마나 깊은 의미를 담았는지는 거의 중요하지 않다. 진짜 중요한 것은 주님을 향한 열린 마음과 진실한 찬양을 표현하는 순간으로 들어가는 것뿐이다.

"하지만 제프, 저는 가수가 아니에요!" 괜찮다. 하나님은 전문가를 찾으시는 것이 아니라, 기쁨의 소리를 내기 원하는 사람들을 찾으신다.

가장 좋은 예배 인도는 단순히 다른 사람의 노래를 되풀이 하는 것이 아니라 직접 하나님과 소통하는 방법을 가르침으로써, 하나님과 더 높고 친밀한 관계로 나아가도록 돕는 것이다. 우리는 회중이 다른 사람의 노래를 되풀이 하는 것에서 자기만의 예배를 고백할 수 있도록 도와야 한다.

결국, 예배 인도자의 가장 중요한 임무는 자기 역할이 필요 없게 하는 것이다. 회중이 자기 목소리와 마음을 주님께 올려드리도록 즉흥적인 예배로 인도할 때, 우리는 그 목표에 한 걸음 더 가까이 가는 것이다.

즉흥적 예배에 관한 주의 사항

회중에게 즉흥적 예배를 소개하려는 열정이 커지면서, 성도들이 영적으로 성장하는 다양한 방식에 관한 기대도 자연스럽게 커질 것이다. 새로운 문화를 도입할 때와 마찬가지로 배움의 과정이 쉽지 않고 여러 장애물도 만난다. 이런 어려움을 최소화하기 위해 다음 사항을 고려하라.

1. 두려움을 제거하라. 두려움은 초자연적인 하나님 나라 문화를 세울 때 직면하는 가장 큰 장애물이다. 예배 때마다 영적 안테나를 조금 더 높이 올려서 하나님의 음성을 더 자주 들어야 한다는 믿음이 조금 벅찰 때가 있다. 하지만 동시에 우리에게 놀라운 자유를 준다. 왜냐하면 우리는 더 이상 하나님이 하실 일을 하려는 짐을 지지 않아도 되기 때문이다.

예배 인도자의 역할은 1) 충실히 준비하는 것, 그리고 2) 성령님께 귀 기울이는 것이다. 하나님의 일은 오직 하나님만이 하실 수 있는 일, 즉 삶을 변화시키는 것이다. 이런 관점은 우리가 흔히 느끼는 "뭔가 특별한 일이 일어나게 해야 한다"라는 부담을 덜어준다. 물론 모든 것을 건너뛰고 노래당 4.5분이라는 계산에 의존하는 게 더 쉬워 보인다. 하지만 그렇게 예배할 때 우리는 많은 소중한 것을 놓치고 회중이 경험할 중요한 영적 성장과 더 깊은 교제의 기회를 차단하는 결과를 초래한다.

즉흥적 예배는 처음에는 어떤 사람들에게 어색하거나 이상하게 보일 수 있다. 하지만 이는 우리가 자라온 배경 때문이지, 실제로 이상하기 때문이 아니다. 사실, 이번 장에서만 살펴본 성경적 근거와 실제적인 효과를 보면, 더 많은 교회가 즉흥적 예배를 실천하지 않는 것이 더 이상하다. 나는 하나님도 이런 상황을 의아하게 여기실 거라고 확신한다!

정말 회중을 생기 넘치고 성경적인 예배 방식인 즉흥적 예배로 인도함으로써 출석자를 잃을 것이라고 생각하는가? 하나님은 다른 "성공적인 교회"들이 무엇을 하든 상관없이, 오직 주님께 순종하려는 우리의 진실한 마음을 보신다. 하나님은 이런 두려움을 내려놓으라고 말씀하신다.

- "예배를 망치면 어떡하지?"
- "즉흥적으로 노래하자고 했는데 아무도 노래하지 않으면 어떡하지?"
- "성령님의 음성을 듣지 못하면 어떡하지?"

- "예배에 온 불신자들이 우리를 이상하다고 여기면 어떡하지?"
- "예배팀이 박자를 놓치고 모두 엉망이 되면 어떡하지?"

즉흥적 예배에서 일어나는 실수의 결과는 아예 시도조차 하지 않는 결과보다 훨씬 가볍다. 매번 완벽할 수 없다. 나도 실수로 이상한 말이나 어색한 표현을 해서 당황한 적이 있다. 하지만 나는 팀과 함께 즉흥적 예배를 드리면서 초자연적인 임재의 문을 활짝 여는 경험도 수없이 했다. 걱정하지 말라. 우리 부족한 인간적 요소가 하나님의 초자연적인 능력과 만날 때, 약점을 채워주실 하나님을 신뢰하라.

2. 흐름에 들어가라. 모든 즉흥적 예배는 목적이 있다. 성령님에게서 오는 목적이나 방향 없이 이리저리 방황하는 것은 현명하지 않다. 이런 방식은 예배 인도자로서 목회자의 신뢰를 잃고, 예배팀을 좌절시키며, 결국 회중의 관심도 잃게 될 뿐 아무런 유익이 없다. 완벽한 실패 공식이다! 기억하라, 계획이 있는 것과 없는 것 사이의 밀물과 썰물이 모든 사람을 강의 흐름에 머물게 한다. 즉흥적인 영역에 지나치게 오래 머무는 것은 계획한 예배에만 너무 의존하는 것만큼이나 부정적이다.

내 조언은 즉흥적 예배를 너무 빨리 끝내지도 말고, 너무 오래 끌지도 말고, 균형을 유지하라는 것이다. 만일 회중의 참여가 낮은데도 즉흥적 예배에 더 머물러야 한다고 느낀다면, 회중이 다시 참여하도록 추가적인 권면이나 가르침을 제공해야 할 수도 있다. 분별력이 핵심이다.

3. 강단 초청 음악을 더욱 풍성하게 활용하라. 즉흥적 예배의 놀라운 장점 중 하나는 설교 후 초청 시간이나 기도 시간의 음악을 더욱 풍성하게 만드는 것이다. 이와 관련해 내 경험을 간략히 나누겠다.

나는 3일간 네 번의 집회가 있는 대형 청소년 컨퍼런스에서 예배를 인도했다. 집회마다 30~45분의 긴 강단 초청이 있었는데, 솔직히 말하면 적절한 "기도 찬양"이 점점 떨어지고 있었다. 마지막 초청을 위해 단상에 다시 올라갔을 때는 이미 몇 곡의 노래를 반복해서 사용한 상태였다. 강사가 말씀을 마무리하고 있었지만 나는 아직 어떤 노래를 인도할지 결정하지 못했다. 그래서 예배팀에게 내가 자주 부르던 "예수님, 내가 항복합니다[jesus, i surrender]"의 후렴구를 반복해서 연주하라고 지시했다.

그때 놀라운 일이 일어났다. 강사는 "죽기 좋은 날이다"라는 제목의 강력한 말씀을 전하면서 여러 번 학생들에게 이 문구를 크게 외치도록 요청했는데, 내가 마이크 없이 작게 흥얼거리던 즉흥적인 선율이 이 문구와 완벽하게 어울린다는 것을 깨달았다. 잠시 후 강사가 말씀을 마치고 학생들을 인도해달라고 신호를 보내자, 나는 그 문구를 즉흥적인 선율에 맞춰 노래하면서 학생들에게 함께 부르자고 초대했다.

결과는 놀라웠다. 첫째, 2천 명의 청소년들이 성령님의 감동에서 나온 즉흥적인 노래에 몰입했고, 둘째, 강사는 자신이 전한 말씀이 노래로 바뀐 것을 듣고 깜짝 놀라며 기뻐했다. 셋째, 성령님이 초자연적인 방식으로 학생들의 삶에 강력하게 역사하기 시작했다.

학생들은 강력한 말씀을 듣는 것뿐만 아니라, 이제 그 말씀을 담대하게 노래로 선포함으로써 그 진리가 삶에 더 깊이 뿌리내렸다. 나는 새로운 즉흥적인 노래와 생명력으로 가득 찬 "예수님, 내가 항복합니다" 사이를 자유롭게 오가며 예배를 인도했다.

집회를 마치고 강사가 나를 찾아와서는 "형제님, 그 노래는 어디서 나온 건가요?"라고 물었다. 나는 하나님의 영이 그 가사를 노래하도록 인도하셨다고 대답했다. 강사는 성령님의 음성에 귀 기울이고 계획한 곡목을 고집하지 않은 우리 자세에 깊이 감사를 표했다. 이 경험을 통해 나는 즉흥적 예배가 회중을 섬길 뿐만 아니라, 목회자와 예배 인도자 사이의 관계도 더욱 깊게 한다는 사실을 깨달았다.

흐름을 타라

뛰어난 교사이자 지도자인 척 포르타는 2016년 퓨어 워십 인스티튜트 컨퍼런스에서 깊이 있는 비유를 나누었다. "독수리는 모든 새 중에서 가장 강력한 날개가 있지만, 놀랍게도 이 새의 목표는 날개를 사용하지 않는 것이다." 이상하지 않은가? 독수리는 날개를 최대 2.3미터까지 펼칠 수 있는데, 이는 거의 그랜드 피아노의 길이만큼이나 넓다.

그럼에도 독수리는 정말 필요할 때만 그 거대한 날개를 펄럭인다. 독수리는 둥지를 떠날 때 날개를 사용해서 공기가 희박한 높은 곳까지 올라간다. 심지어 산봉우리와 낮게 드리운 구름보다 더 높이 올라간다. 이유는 단 하나, 기류를 찾기 때문이다.

일단 기류를 찾으면 독수리는 창조된 본래 목적을 시작한다. 바로 비상하는 것이다. 독수리의 궁극적인 목표는 날개를 펄럭이는 것이 아니라 기류를 타고 바람에 몸을 맡긴 채, 하늘을 자유롭게 활공하는 것이다. 이 비유가 예배 인도에 어떻게 적용되는가?

날개를 펄럭이는 것은 인간의 노력을 상징한다. 인간적인 계획, 곧 목록과 예배 순서, 우리의 준비를 의미한다. 이 모든 것은 나쁜 것이 아니라 좋은 것이다. 독수리가 날개를 가진 데는 이유가 있다. 날개는 독수리의 자연스러운 존재의 일부이며 하나님이 지으신 중요한 부분이다. 마찬가지로 예배 인도자의 준비도 본연의 모습이다. 예배를 시작하기 위해 우리의 '날개'를 펄럭이는 것은 당연하고 효과적이다.

하지만 독수리처럼 우리 궁극적인 목표는 비상하는 것이다. 날개를 활짝 펼치고, 머리를 높이 들고, 바람을 타고 나는 것이다. 인간적인 노력을 내려놓고 성령님의 흐름과 함께 활공하는 것이다.

분명히 노력과 영적 비상이라는 두 요소는 아름다운 조화를 이룬다. 그러나 우리의 궁극적인 열망은 가능할 때마다 노력을 내려놓고 비상을 선택하는 것이다. 비상하는 순간이야말로 우리가 하나님과 완전히 하나가 되는 곳이기 때문이다. 그 순간 우리는 삶을 활짝 열고 주님의 능력에 연결되어, 원하시는 곳이라면 어디든 자신을 온전히 내어드린다.

독수리가 푸른 하늘 높이 올라가 기류를 타는 모습을 상상해 보라. 기류가 어디로 데려가든 그저 따라갈 뿐이다. 그 과정에서 오르내리는 기류와 예측할 수 없는 변수를 받아들이며 평생에 남을 여행을 즐긴다. 기류는 독수리를 이리저리 움직이게 하고, 때로는 처음 시작했던 높이보다 훨씬 더 높이 끌어올리기도 한다.

기류가 약해지면 독수리는 새로운 기류를 찾아 낮고 깊숙이 급강하한다. 그리고 다른 기류로 이동할 만큼만 몇 번 강력하게 날갯짓하고 다시 자유로운 비행을 계속한다.

이것이 바로 즉흥적 예배를 인도하는 진정한 능력이다. 우리는 주님이 주신 모든 재능과 도구를 활용하여 하나님의 자녀들을 섬기기 위해 최선을 다해 계획하고 준비한다. 그러나 그 이후에는 성령님의 흐름 속에서 하나님과 함께 더 높이 올라갈 순간을 찾기 위해 큰 기대감으로 지켜보며 기다린다. 이 모든 것은 오직 하나님의 목적과 영광과 하나님과 깊은 교제를 위한 것이다.

즉흥적 예배는 미지의 하늘을 가로지르는 흥미진진한 여행 같아서, 예배 인도자와 예배팀, 회중 모두에게 신선하고 설레는 경험을 선사한다. 하나님이 정확히 어떤 일을 하실지, 우리를 어디로 이끄실지 전혀 알 수 없다. 즉흥적인 예배에서 모든 제한이 사라지고 기꺼이 하나님의 뜻과 인도하심에 자신을 맡긴다. 동시에 하나님의 자녀들이 영적 성숙으로 성장하도록 인도한다.

핵심 요약

1. 안타깝게도 많은 교회가 성령님이 주신 가장 강력한 성경적 전략인 즉흥적 예배를 활용하지 않는다. 일반 회중 찬양 중에 회중과 예배팀이 즉흥적 예배를 드릴 수 있도록 가르치는 것은 매우 강력한 전략이다. 즉흥적 예배는 음악 예배에서 이전에 없던 노래를 사용하는 것이다.
2. 알려진 회중 찬양과 즉흥적 노래를 결합하는 것이 중요한 이유는 서로의 영향력을 증폭하며 서로 보완하기 때문이다. 회중 찬양은 공동체 예배를 시작하도록 돕고, 즉흥적 노래는 하나님과 더 깊은 관계로 인도하며, 무감각할 정도로 익숙한 노래에 새로운 생명력을 불어넣는다.
3. 즉흥적 예배는 생일 카드에 손으로 쓴 메모처럼 아름답다. 음정이 완벽하지 않고 전문적이지 않아도, 우리가 직접 마음을 담아 드리는 것이기에 하나님께 무엇보다 소중하다.
4. 즉흥적 노래는 회중이 예배에 계속 집중하게 돕는다. 이미 아는 노래를 부를 때는 주의가 산만해지기 쉽지만, 즉흥적 노래를 부를 때는 즉석 기도처럼 가사의 의미에 훨씬 더 집중하게 된다.
5. 의외로, 즉흥적 노래는 감성적인 신자들만을 위한 것이 아니다. 성경은 모든 신자가 즉흥적 노래를 불러야 한다는 개념을 지지하는 구절로 가득하다. 가장 중요한 단어는 찬양을 의미하는 히브리어 '테힐라'다. 이 작은 단어는 성경 곳곳에서 대부분 주님께 드리는 즉흥적 노래를 가리킨다.
6. 즉흥성을 위한 계획은 곡 목록에 적은 수의 노래를 계획하면서 즉흥적 노래를 위한 공간을 남겨두는 것이다. 또한 예배팀과 함께 즉흥적 연주와 노래를 미리 연습하고, 주일 예배에 즉흥적 노래를 한 번에 조금씩 의도적으로 포함하라.

14장

진짜 영적 아기들과 탈진한 사역자들

거짓말 #14

"교회 지도자의 자리는 외롭고 힘든 길이며,

이것이 목회의 현실이자 숙명이다."

휴스턴, 문제가 생겼다.[1] 눈치챘는가? 교회는 계속해서 영적 양분만 공급받으려는 미성숙한 신자들과 완전히 지쳐버린 목회자와 인도자로 넘쳐난다. 사실 이것은 지도자인 우리가 무의식적으로 만들어내고 지속시킨 문화다. 변화가 필요하다.

우리는 모두 잘못된 생각에 빠져있다. 평신도의 역할은 단순히 교회에 출석하는 것이고, 목회자의 역할은 성경을 연구하고 사람들을 구원으로 인도하는 것이라는 오해다. 이것은 성경적이지 않다.

자세히 살펴보기 전에 먼저 담대하게 말한다. 이번 장에서 나눌 정보를 바탕으로 우리가 실질적인 행동을 취하지 않으면, 우리가 아는 교회라는 공동체는 목회자와 지도자들과 함께 결국 무너질 것이다.

내가 마치 재앙을 예고하는 사람처럼 보인다는 점을 안다. "분명히 하나님은 교회를 다루실 수 있어. 주님이 가만히 앉아서 교회가 무너지도록

1. 아폴로 13호 우주 미션 중 우주비행사가 한 말에서 유래했다. 이 표현은 서구 사회에서 심각한 문제 상황이 발생했음을 알리는 관용적 표현으로 널리 사용한다.

내버려두시지 않을 거야." 하지만 예수님은 이 마지막 시대에 많은 신자가 믿음에서 떨어져 나갈 것이라고 분명히 경고하셨다. "[10] 그 때에 많은 사람이 실족하게 되어 서로 잡아 주고 서로 미워하겠으며 [11] 거짓 선지자가 많이 일어나 많은 사람을 미혹하겠으며 [12] 불법이 성하므로 많은 사람의 사랑이 식어지리라"(마 24:10~12).

어떻게 이런 일이 일어날 수 있는가? 교회에는 영적 어린아이가 가득하고, 강단에는 지쳐버린, 때로는 부도덕한 지도자들이 있으면 충분히 가능하다. 부디 내 말을 들어주길 바란다. 전 세계 모든 예배 인도자가 담임 목회자가 하나의 중요한 목표를 위해 연합해야 한다. 그것은 바로 하나님이 말씀하신 "제사장 나라" 모델을 적극적으로 지지하고 실천함으로써, 교회의 병든 판도를 뒤바꾸는 것이다.

예배 인도자, 분위기 조성자

"이 모든 내용이 예배 인도자에게 어떻게 적용되는가?" 정말 중요한 질문이다. 핵심은 이것이다. 예배 인도자가 영적 분위기를 통제하지는 않지만, 대부분 교회에서 두 번째로 영향력이 큰 지도자들이다. 예배 인도자는 담임 목회자만큼이나 자주 강단에 서며, 교회의 모든 사람이 그 영향력이 긍정적이든 부정적이든 음악의 강력한 힘을 잘 알고 있다.

예배 인도자와 예배팀은 단상 위든 밖이든 모든 행동이 교회 공동체의 성장과 성숙에 엄청난 역할과 책임을 받아들여야 한다. 우리가 입는 옷, 하는 말과 노래, 선택하는 곡부터 팀원과 가족을 대하는 방식에 이르기까지, 우리는 회중이 하나님께 더 가까이 나아갈 때 도움을 줄 수도 있고 방해할 수도 있다. 부담이 정말 클 것 같지만 사실은 그렇지 않다. "부담"은 말씀을 성취하시는 하나님께 있다. 우리가 할 일은 단지 듣고 순종하는 것뿐이다. 우리가 하나님과 함께 멍에를 메고 있는 한, 힘든 일은 하나님이 하신다.

그리스도의 몸 된 교회를 세우는 우리 역할에 관해 성경이 말하는 기본적인 내용들을 살펴보기 전에, 먼저 교회 구성원들이 성숙함과 열정으로 성장할 수 있도록 지도자로서 우리가 할 수 있는 일(또는 하지 말아야 할 일)을 잠시 생각해 보고 아래에 간단한 목록을 작성해 보자.

____

____

____

결국, 누구의 일인가?

시간이 흐르면서 목회자들은 회중에게서 나타나는 열정의 부재에 점점 더 좌절했고, 결국 자신이 아는 유일한 방법을 선택했다. 교인들을 대신해서 그 일을 하는 것이다.

상황은 이렇게 흘러간다. 교인들이 성경을 읽지 않고, 간절히 기도하지 않으며, 음악으로 하나님과 매일 교제하지 않고, 주님의 음성을 듣고자 애쓰지 않으며, 영적 은사를 활용하지 않고, 자유롭게 예배를 표현하지 않으며, 자기 신앙을 나누지 않는다면 목회자는 선택의 여지 없이 그저 자기 양들을 대신해 이 모든 일을 떠맡을 수밖에 없다.

누군가는 이렇게 생각한다. "어쨌든 우리가 목회자에게 사례비를 주는 이유가 바로 이것 아닌가? 성경을 연구하고, 영적인 사람이 되고, 주님의 음성을 듣고, 잃어버린 영혼을 구원하기 위해서?"

교회에서 목회자와 지도자들의 실제 역할이 무엇인지 올바르게 알기 위해서는 엡 4:11~12을 한번 살펴보면 된다. "[11]그가 어떤 사람은 사도로, 어떤 사람은 선지자로, 어떤 사람은 복음 전하는 자로, 어떤 사람은 목사와 교사로 삼으셨으니 [12]이는 성도를 온전하게 하여 봉사의 일을 하게 하며 그리스도의 몸을 세우려 하심이라."

정말 단순해서 쉽게 놓치는 사실은, 교회에서 지도자들의 진짜 역할은 직접 사역을 수행하는 것이 아니라 그리스도의 몸 된 교회가 사역하도록 훈련하고 준비시키는 것이다. 이 구절을 잘 아는 많은 목회자와 지도자 중에서도 이 말씀을 믿음으로 받고 실제로 온전하게 실천하는 사람은 거의 없다. 그 이유는 무엇일까? 다음과 같은 가능성이 있다:

- 목회자들은 평신도들에게 사역에 참여하라고 계속 부탁하는 것에 지쳐버렸고(충분히 이해할 만하다), 결국 자기 혼자 하나님의 일을 감당하는 것 외에는 다른 방법이 없다고 생각한다.
- 목회자들이 엡 4:11~12에서 성경이 설명하는 사역자의 진정한 역할을 제대로 이해하지 못하기 때문에, 무지한 상태로 계속해서 잘못된 접근법을 고수한다.
- 목회자들은 하나님의 일을 수행함으로써 얻는 인정과 찬사를 즐기며, 영적으로 미성숙한 회중이 목회자를 계속 필요로 하는 상황에 만족감을 느낀다.

다행히도 에베소서의 성경적 원리는 교회 지도자들을 해치려는 것이 아니라 돕기 위한 것이다. 우리가 아무리 강하다 해도 모두 같은 어려움과 유혹에 빠지기 쉽다. 분명히 이런 예방책들은 우리를 보호하기 위한 것이다. 하나님의 관점에서 보면 엡 4:11~12이 가장 좋은 체계다. 목회자와 지도자가 회중을 양육하여 영적으로 성숙하도록 돕고, 사역의 무게가 소수에게만 집중되지 않고 교회 전체가 나누는 것이다. 완전히 합리적이지만, 우리 자존심이 문제다.

안타깝게도, 사역자들이 직접 모든 사역을 하려고 시도함으로써, 두 가지 결과를 통해 그리스도의 몸된 교회를 무너트렸다. 첫째, 사역자 자신이 소진될 가능성을 높였고, 둘째, 회중이 계속해서 영적 어린아이 상태에 머물게 했다. 이러한 문제는 초대 교회 시대에도 흔히 있던 일이다.

[12] 사실 여러분은 지금쯤 선생이 되었어야 할 터인데도 오히려 하나님의 말씀에
대한 기초적인 원리를 다시 배워야 할 형편에 있습니다. 그래서 여러분은 단단
한 음식을 먹지 못하고 젖을 먹어야 할 사람이 되었습니다. [13] 젖을 먹는 사람은
아직도 어린 아이라서 의의 말씀에 익숙지 못합니다. [14] 그러나 어른이 되면 단
단한 음식도 먹게 됩니다. 성인은 지각을 사용하여 계속 훈련함으로써 선과 악
을 분별합니다. (히 5:12~14, 현대인)

많은 지도자가 진퇴양난에 처해 있다. 어떻게 할 것인가? "우리 교회 교인들은 영적으로 미숙해. 하지만 너무 세게 밀어붙이면 교회를 떠날지도 몰라." 목회자와 지도자들은 결국 교인들을 감싸주면서 가능한 한 많은 사람을 예수님께 인도하는 데만 집중한다.

친구 초청 주일

내가 어릴 때 다니던 교회에서 사용한 전도 방법이 생각난다. 그때는 꽤 괜찮아 보였다. 매달 한 번씩 '친구 초청 주일'이라는 행사를 진행했다. 목사님은 한 달 중 3주 동안 모든 교인에게 구원받지 못한 친구를 그 달 넷째 주일 예배에 초대하도록 권면했다. 이 예배는 평소에는 교회에 나오지 않은 사람들을 예수님께로 이끌기 위해 특별히 준비한 것이었다. 아마 여러분의 교회에서도 비슷한 행사를 했을지도 모른다.

이런 방식이 구원받지 못한 사람들에게 다가가는 괜찮은 방법처럼 보이지만, 오랜 시간에 걸쳐 교회에 심각한 해를 끼친 잘못된 생각을 강화한다. 평신도들의 전도 역할은 단지 불신자 친구들을 교회로 데려오는 것뿐이라는 생각이다. 이는 하나님의 말씀과 정면으로 배치된다.

목회자가 모든 구원 사역을 혼자 하려는 시도를 멈추고 대신 교인들이 복음을 전하도록 훈련하는 데 힘을 쏟는다면 얼마나 많은 사람이 구원받을지 생각해 보라. 하나님 나라를 위해 어느 쪽이 더 강력할까?

한 사람이 수백 명에게 복음을 전하는 것과 수백 명의 신자들이 수천 명에게 복음을 전하고 제자 삼는 것 중 어느 쪽이 더 강할까? 하나님은 모든 신자가 교회 사역에 동참하길 바라신다. 하나님은 각 사람이 복음의 진실한 증인으로 성장하길 원하신다. 하나님은 모든 사람이 자기 삶의 영역에서 있는 사람들에게 복음을 전하길 바라신다.

목자 vs. 음유시인

예배 인도자로서 우리는 하나님의 양들을 돌보는 책임이 있다. 우리는 담임 목회자와 함께 목자 역할을 한다는 중요한 사실을 놓치지 말라. 우리 역할은 먼저 예배팀을 돌보고, 다음은 예배팀의 도움을 받아 대표 목자인 담임 목회자의 지도로(그리고 궁극적으로는 최고 목자이신 예수님 아래) 전체 교회 공동체를 돌보는 일에 함께 참여한다.

노래와 음악은 예배 인도자의 역할이며 목회와 목양은 예배 인도자의 정체성이다. 사실 우리 중 많은 사람이 의도치 않게 목자와 양의 비유를 완전히 잘못 이해하고 있다. 이는 엡 4:11~12의 실천과 직접 연결된다. 나는 양 전문가는 아니지만, 목자의 주된 일이 양에게 먹이를 주는 것이 아니라는 점은 잘 안다. 연약하거나 어미 없는 양들만 직접 먹이고, 그마저도 스스로 풀을 뜯어 먹을 만큼 튼튼해질 때까지 먹인다.

목사의 역할은 먹이를 주는 것이 아니라 양을 새로운 목초지로 이끄는 것이다. "[1] 여호와는 나의 목자시니 내게 부족함이 없으리로다. [2] 그가 나를 푸른 풀밭에 누이시며 쉴 만한 물 가로 인도하시는도다. [3] 내 영혼을 소생시키시고 자기 이름을 위하여 의의 길로 인도하시는도다"(시 23:1~3).

많은 교인이 "요즘 교회에서 영적 양식을 제대로 공급받지 못하고 있다"라고 말하는데, 여기에는 깊은 이유가 있다. 목회자의 역할은 원래 양을 먹이는 것이 아니다. 성숙하고 건강한 양(아주 어린 양조차도)은 스스로 먹이를 먹는다. 사람들이 영적 양식을 공급받지 못한다면, 그것은 단순히 그들이 스스로 먹기를 거부하기 때문이다. "게으른 자는 자기의 손을 그릇에 넣고서도 입으로 올리기를 괴로워하느니라"(잠 19:24). 물론 이 흥미로운 구절은 육체의 게으름뿐 아니라 영적 게으름도 의미한다.

안타깝게도 많은 목회자가 매주 양들에게 젖병으로 먹이를 준다. 마찬가지로 많은 예배 인도자가 아무도 불편하게 하지 않으려고 음악 예배의 수준을 낮게 유지하면서 양들을 마치 어린아이처럼 대한다.

우리는 성령님의 인도 속에서 스스로 하나님의 말씀을 공부하면서 성장한다. 사람들을 예배 안에 있는 그들의 안전지대, 편안한 영역 밖으로 초대할 때, 자신을 옭아매는 불안을 내려놓고 하나님의 임재 안에서 더 충만하게 살아가는 법을 배운다. 우리는 하나님의 말씀을 양식으로 삼고 하나님의 영이신 성령님과 교제함으로써 하나님의 음성을 듣고 분별하는 법을 배운다.

목회자나 예배 인도자를 통해서만 하나님과 소통한다고 상상해 보라. 흥미롭게도, 예수님 이전 시대에는 실제로 이렇게 했다. 이런 상황은 마치 평생 친구나 낯선 사람을 통해서만 자기 어머니와 대화하는 것과 같다. 멀리서도 어머니의 마음을 어렴풋이 이해할 수 있지만, 목소리를 직접 알아들을 수 없고 향기도, 말하는 어조도, 웃는 모습도 알 수 없다. 어머니와 진정한 개인적 관계가 생기지 않으며, 얼굴을 맞대는 만남 없이 그저 다른 사람을 통한 형식적이고 겉핥기식 소통만 존재할 뿐이다.

많은 사람이 하나님과의 관계를 이런 방식으로 중간자를 통해서만 맺고 있으며 하나님과 직접적인 연결은 거의 없거나 아예 없다. 그들은 목회자나 다른 사람의 설교를 통해 하나님이 무엇을 말씀하시는지 어느 정도 이해하며, 스스로 성경을 공부하지는 않는다. 결국, 설교는 열심히 듣지만 성경이 실제로 무엇을 말하는지 진정으로 알지 못하고 단지 목회자가 말하는 성경의 내용만 알 뿐이다.

이는 매우 위험하다. 하나님의 자녀의 가장 중요한 특징은 바로 주님의 음성을 듣는 능력이기 때문이다. 우리는 예배 인도로 이것을 도와야 한다. "27 내 양은 내 음성을 들으며 나는 그들을 알며 그들은 나를 따르느니라 28 내가 그들에게 영생을 주노니 영원히 멸망하지 아니할 것이요 또 그들을 내 손에서 빼앗을 자가 없느니라"(요 10:27~28).

목자는 자신의 음성을 아는 양에게 영생을 주신다. 그 결과 양들은 목자를 따른다. 이는 또한 목자의 음성을 알지 못하는 사람들에게는 영생이 없음을 의미한다. 그들은 목자를 따를 능력이 없다.

예배 인도자로서, 우리는 하나님과 자녀들 사이에 직접적인 관계가 생기도록 모든 일을 해야 한다. 우리 자신이 그 관계의 중간자가 되지 않도록 주의해야 한다.

우리가 함께 모일 때

만일 나와 에이미 앤더슨 박사를 나란히 본다면, 교회 음악 예배에 관한 관점이 비슷하다고 생각할 사람은 거의 없을 것이다. 그러나 고전 14:26을 바탕으로 한 그녀의 훌륭한 책『너희가 함께 모일 때』는 교회의 모든 사역이 어떤 모습이어야 하는지 확실한 성경적 기초를 제공한다.

> 성도 여러분, 어떻게 하면 좋겠습니까? 여러분이 **함께 모일 때**, 어떤 사람에게는 찬송할 것이 있고, 어떤 사람은 가르칠 것이 있고, 또 다른 사람에게는 계시가 있고, 방언도 있고, 통역하는 것도 있을 것입니다. 이 모든 것은 교회의 덕이 되게 행하십시오. (고전 14:26, 쉬운)

신학자 대부분은 고전 12~14장이 초대 교회가 함께 모일 때 실천해야 할 전략들을 이해하도록 돕기 위해 쓰였다는 데 동의한다. 이것이 사실이라면, 고전 14:26은 12~14장의 짧은 요약으로 우리가 모임에서 해야 할 많은 것을 간단한 한 문장으로 명확하게 설명한다.

한 가지 문제가 있다면, 많은 교회가 이런 성경 지침을 바탕으로 예배를 구성하지 않는다는 점이다. 사실 여러 측면에서 우리는 이런 전략에서 완전히 멀어졌다. 우선, 모든 신자가 교회 모임에 각자 도움이 될 것이 있다는 개념이다.

나는 고전 14:26을 킹제임스 성경과 메시지 성경으로 같이 보는 것을 좋아한다.

> 형제들아, 그러면 어떻게 해야 하겠느냐? 너희가 함께 모일 때에 너희 각자에게 시도 있고, 교리도 있으며, 방언도 있고, 계시도 있으며, 통역도 있으니, 모든 것을 덕을 세우기 위하여 하라. (고전 14:26, 한글킹)

> 나는 여러분이 이렇게 하면 좋겠습니다. 예배하러 모일 때는, 각자가 전체를 유익하게 할 만한 것을 준비하십시오, 찬송을 부르거나, 가르치거나, 이야기를 해주거나, 기도를 인도하거나, 영적으로 깨달은 것을 나누십시오. (고전 14:26 메시지)

다시 말하지만, 교회 지도자와 교인을 포함한 많은 사람이 아직도 틀린 생각을 하고 있다. 교회란 힘든 한 주를 보낸 신자들이 격려와 힘을 얻기 위해 지친 몸을 간신히 끌고 와서 예배에 참석하는 장소이고, 그 후 세상으로 나가 두들겨 맞고 상처받으면 하나님이나 자신을 포기하지 않도록 설득받기를 바라며 마지못해 교회로 돌아온다. 그리고 이 과정을 반복하고 또 반복하고 끊임없이 반복한다.

이런 접근법은 목회자들의 주된 책임이 불쌍한 신자들에게 주일에 빠르게 영적인 한 끼를 제공하여 신자들이 일주일의 나머지 6일 동안 어려움을 버틸 수 있게 돕는 것이라는 잘못된 생각에 기초한다. 마치 우리가 오래전부터 회중을 성령 충만한 신자로 성장하도록 돕는 희망을 포기하고, 그저 한 주를 버텨내는 것에 만족하게 된 것 같다.

대신 주일 예배의 수준을 높이면서 동시에 회중이 주중에도 성장하도록 도울 수 있다. 회중이 일주일 동안 매일 하나님과 시간을 보내고 이미 충만해진 상태로 예배에 와서 하나님을 찬양하고 말씀을 듣는 예배를 생각해 보라. 모두가 하나님이 자신을 통해 공동체를 위해 말씀하시거나 역사하시기를 원하신다고 믿으며 주일을 맞이하도록 가르쳐야 한다.

모든 사람이 도움이 필요한 무력한 거머리처럼 교회에 오는 대신, 영적으로 충만해서 다른 지체를 격려할 준비를 마치고 온다면? 이렇게 바뀐다면 일주일 내내 혼자 하나님을 찾는 것처럼 느끼는 지친 목회자의 부담을 덜어주고, 음악 예배를 훨씬 더 열정적으로 바꿀 것이다.

하지만 안타깝게도 우리 음악 예배는 종종 회중의 영적 미성숙을 강화한다. 회개와 겸손, 영적 성장을 이끄는 깊이 있는 노래들을 피하고, 마음의 진짜 문제를 다루지 못하는 피상적인 노래들을 선택한다. 또한 회중이 편안하게 앉아서 쇼를 즐기는 콘서트 같은 분위기를 조성한다. 우리는 불과 열정 대신 편안함과 과보호를 제공하면서 회중에게 도움을 준다고 믿지만, 사실은 그들의 영적 생명을 서서히 죽이고 있다.

모두의 활성화

각자가 성장한 교회 문화에 따라, 우리 교회 모임이 하나님 나라의 진정한 문화에서 얼마나 멀어졌는지 깨닫지 못할 수 있다. 간단히 말하면, 예배 인도자의 사명은 그리스도의 몸 전체를 활성화하는 것이다. 하지만 안타깝게도 우리는 자주 자녀들이 어려움이나 고통을 겪지 않도록 모든 것을 대신 해결해 주는 헬리콥터 부모[helicopter mom]처럼 행동한다.

목회자들과 예배 인도자들은 양들이 성숙하는 데 필요한 고통, 어려움, 도전, 불편함, 시련 같은 경험에서 양들을 보호하려 한다. 지도자들의 이런 행동은 겉으로는 사랑하는 지도자처럼 보이지만, 실제로는 결국 신자들에게 해를 끼친다.

에이미 앤더슨에 따르면, "성도들이 지도자들에게서 사역을 위한 훈련을 받지 못하면 영적 아기 상태로 머물러, 평생 먹여주고, 달래주고, 기저귀를 갈아 줘야 하는 존재로 남게 될 것이다."[2]

성경은 전체 교회의 활성화를 "제사장 나라"라는 개념으로 표현한다. 이 개념은 오직 제사장만 하나님께 직접 나아갈 수 있고 다른 모든 사람은 멀리 떨어져 있었다는 일반적인 이해와 정면으로 충돌한다. 알다시피, 구약의 율법 시대는 예수님이 마지막 숨을 내쉴 때 성전 휘장이 찢어지면서 완전히 끝났다. 휘장이 찢어진 사건은 하나님의 본래 의도를 확인해 주었다. 모든 사람이 중개자 없이(예수님을 제외하고) 자유롭게 하나님께 나아가 직접 관계를 맺을 수 있다는 것이다.

흥미롭게도, 모세 자신이 출 19:5~6에서 하나님의 궁극적인 계획을 미리 예언했지만, 이 계획이 실제로 이루어지기까지는 수백 년이 걸렸다.

> [5] 이제 너희가 정말로 나의 말을 듣고, 내가 세워 준 언약을 지키면, 너희는 모든 민족 가운데서 나의 보물이 될 것이다. 온 세상이 다 나의 것이다. 그러므로 너희는 내가 선택한 백성이 되고, [6] 너희의 나라는 나를 섬기는 제사장 나라가 되고, 너희는 거룩한 민족이 될 것이다.' 너는 이 말을 이스라엘 자손에게 일러 주어라. (출 19:5, 새번역)

많은 사람이 베드로가 교회를 제사장 나라로 활성화하는 것을 지지했다는 사실은 알지만, 이것이 하나님의 원래 계획이었다는 점을 아는 사람은 거의 없다.

> 그러나 너희는 택하신 족속이요 왕 같은 제사장들이요 거룩한 나라요 그의 소유가 된 백성이니 이는 너희를 어두운 데서 불러 내어 그의 기이한 빛에 들어가게 하신 이의 아름다운 덕을 선포하게 하려 하심이라 (벧전 2:9, 개정)

---

2. 에이미 앤더슨, *너희가 함께 모일 때*

제사장 나라는 신약시대의 새로운 개념이 아니라, 출애굽기 19장의 옛 가르침이 다시 메아리친 것이다. 역설적으로 모세 시대의 이스라엘 백성도 이 아름다운 제안을 받아들이지 않은 것처럼, 오늘날 많은 교회가 제사장 나라의 원리를 거부한다. 우리와 하나님 사이에 어떤 형태의 중개자가 있는 시스템 안에서 살기를 원한다.

이것은 하나님의 뜻이 아니다. 따라서 우리는 회중을 담대하게 인도하면서 계속해서 성도들이 하나님과 직접 관계를 맺을 수 있도록 중개자 역할에서 물러서는 방법을 찾기 위해 부지런히 노력해야 한다.

위대한 일을 기대하라

다음을 고려해 보라. 예배 인도의 최종 목표는 사람들에게 우리가 사랑받는 것이 아니라 사람들이 하나님을 사랑하도록 돕는 것이다. 예배 인도는 단순히 기분을 좋게 하는 것이 아니라 하나님과 직접 만날 수 있는 분위기를 제공하는 것이다. 예배 인도는 사람들의 감정을 자극하는 것이 아니라 하나님께 영광을 돌릴 때 하나님이 사랑을 부어주실 자리를 마련하는 것이다. 예배 인도는 말씀을 듣기 위한 준비가 아니라 회중이 말씀 속에 계신 아름답고 놀라우신 하나님을 직접 만나게 하는 것이다.

우리가 고전 14:26의 말씀을 지침 삼아, 지도자만이 아닌 모든 구성원이 예배 때 나눌 것을 가져와서 교회를 세우는 데 참여할 수 있다는 인식을 높인다면 어떨까? 고전 14:26의 목록이 모든 내용을 포함하지는 않지만, 시작점으로 삼기에는 아주 좋다:

- 찬송하기
- 교훈을 가르치고 이야기 들려주기
- 기도 인도하기
- 영적 통찰력 제공하기

이는 완전히 다른 사고방식이다. 교회의 모든 구성원이 이런 방식으로 동료 신자들을 격려하기 위해 성령님께 쓰임 받고자 하는 열린 마음으로 매주 예배에 참석하는 모습을 상상해 보라. 이 하나의 작은 변화만으로도 교회 모임의 사고방식, 문화, 영향력이 완전히 달라질 것이다.

내가 처음으로 에이미와 이런 방법들을 어떻게 예배에 적용할지 대화했을 때, 그녀는 시작하기 좋은 몇 가지 아이디어를 제안했다.

1. **회중에게 즉석에서 참여하는 순간을 제공하라.** 성도들에게 성경 구절을 소리 내어 읽거나 기도하도록 초대하라. 이는 회중이 성령님의 음성에 집중하도록 도전하고 영적으로 목소리를 내는 용기를 갖게 한다. 또한 하나님이 자신을 사용하여 전체를 격려하신다는 사실을 깨닫게 한다. 몇몇 성도에게 그 자리에서 서너 개의 짧은 찬양 구절을 나누거나 짧은 감사 기도를 소리 내어 외치도록 요청하되, 배경 음악은 크지 않게 하고 모두가 들을 수 있도록 담대히 말하게 하라.

2. **회중이 목소리를 낼 수 있게 하라.** 모든 기회를 활용하여 예배팀에 속하지 않은 회중이 예배에서 작은 방식이라도 도울 기회를 만들어라. 성경 구절을 읽거나 기도가 필요할 때 등 회중 중에 누군가가 그 역할을 맡게 하라. 그들이 그 순간 자원할 수도 있고, 며칠 전에 미리 부탁할 수도 있다. 이런 경우에는 마이크 앞으로 나오게 하라.

3. **변화를 일으키는 간증을 장려하라.** 간증은 목회자의 적절한 지도하에 마이크를 사용하는 것이 가장 효과적이다. 간증할 주제를 미리 제시하고 간결하게 나누도록 요청하라. 가능하면 목회자나 사역팀이 마이크를 대신 들어주는 것도 좋다. 목회자와 사전 상의 없이 지나치게 사적인 내용을 나누는 등의 부적절한 상황을 주의해야 한다. 간증 주제로는 이번 주 경험한 하나님의 치유, 최근 어려운 시기를

혜쳐나오게 도와주신 하나님, 기독교(또는 비기독교) 가정에서 성장한 경험, 예수님께 헌신한 계기, 하나님이 감동을 주시는 사역의 비전 등이 있다. 이런 짧은 간증을 음악 예배 직전에 나누면 하나님이 그 사람의 삶에 어떻게 역사하셨는지 듣고 다른 사람들도 하나님께 영광을 돌릴 수 있는 영감을 받는다.

4. **침묵의 시간을 마련하라.** 자극적인 세상에서 예배 중에 잠시 침묵하며 성령님의 음성을 듣고 쉼을 얻는 시간은 매우 귀중한 경험이다. 이 시간에는 말이나 노래, 악기 연주 없이 모두가 주님 앞에 완전한 침묵 속에 고요히 머문다. 처음에는 2~3분 정도가 적당하지만, 회중이 편안함을 느끼면 더 길어도 좋다. 회중에게 침묵의 시간은 의도적으로 하나님을 기다리는 시간이며, 약간 어색해도 괜찮다고 알려주라. 이는 모든 사람이 두려움 없이 편안히 침묵을 받아들이도록 돕는다

모든 사역을 사역자들이 하려는 시도를 멈추고 회중이 직접 주님의 음성을 듣는 환경을 조성해야 한다. 안전지대에서 벗어나 자신이 할 수 있다고 생각지 못한 방식으로 사역하도록 도와야 한다. 우리는 예배 중에 사람들이 성령님의 인도를 받아 노래하고 가르치며 예언하고 이야기를 나누며 간증하고 통역과 함께 방언으로 메시지를 전할 수 있는 공간을 마련해야 한다. 이 모든 것이 교회를 건강하게 하고 주님께 영광을 돌린다. 하지만 꽤 위험해 보인다. 맞다, 분명히 위험한 면이 있다!

과연 성도들에게 성경대로 실천할 권한을 주면서 가끔 실수하는 상황을 감수하는 것이 더 위험할까, 아니면 사역자들만 모든 힘든 영적 사역을 떠안고 회중은 평생 구경꾼으로 남는 것이 더 위험할까? 무엇이 더 나쁜가? 회중이 가끔 실수할 가능성을 열어두는 것이 더 나쁜가, 아니면 성경이 명령하는 대로 성령님이 자녀들을 통해 말씀하실 기회를 완전히 차단하는 것이 더 나쁜가? 어떤 것이 더 위험한가?

문제가 생겼을 때 대처법

문제가 생기면 대부분 지도자는 하나님이 회중을 통해 말씀하시길 원하신다는 사실 자체는 부정하지 않는다. 그러나 현대 교회에서는 성령님이 회중을 통해 역사하실 여지를 거의 허용하지 않는다. 그 이유는 두려움 때문이다. 무언가 잘못될 가능성, 누군가 극단적인 행동을 할 가능성, 누군가 적절한 순서를 무시하고 발언할 가능성, 누군가 하나님이 주시지 않은 말을 전할 가능성을 두려워한다.

사실 전혀 문제없다. 이런 일이 발생할 때(반드시 발생할 것이다), 오히려 가르침과 교정을 통해 적절한 성경 절차를 더 명확히 설명할 훌륭한 기회를 얻는다. 성령님의 인도를 벗어난 행동을 한 성도에게 바른 방향을 제시하는 과정 자체가 개인과 교회 전체의 성장을 위한 완벽한 기회가 될 수 있다. 사람들이 실패할까 두려워서 믿음으로 나아가는 것을 막는다면 성장을 경험할 수 없다.

우리는 고전 14:26의 원리를 신앙 공동체에 심어야 한다. 성도들에게 하나님이 주일날 다른 교우들에게 전하기 원하시는 말씀이 있는지 질문하고 한 주간 내내 묵상하게 하면 어떨까? 또한 모든 사람이 예배 중에 주님이 자신을 통해 어떤 일을 하길 원하시는지 기도하는 마음으로 민감하게 반응하도록 격려해야 한다.

실수를 두려워하는 대신, 성도들이 성령님의 인도에 반응하지 못해 놓칠 것을 더 두려워해야 한다. 이제 영적 지도력의 기회를 독점하지 말고, 사역자만 하나님이 말씀하실 유일한 통로라는 잘못된 생각을 버려라.

사역자들만이 교회 사역에서 하나님이 사용하시는 유일한 통로가 아니다. 성령님은 그리스도의 몸 된 모든 구성원이 다양한 방식으로 많은 사람을 격려할 수 있는 능력을 주기 원하신다. 목회자와 지도자들은 단지 언제 어떻게 해야 할지를 조율하고 감독하는 사람들이다.

“제프, 우리 교회에서는 아무도 방언이나 예언을 하지 않아요. 그러니 갑자기 시작하기는 어렵습니다”라고 말할 수도 있다. 좋다. 하지만 생각해 보라. 성도들이 이런 활동(찬송하기, 교훈 나누기, 이야기 들려주기, 기도 인도하기, 성령님의 통찰 나누기)을 하지 않는 이유가 무엇인가? 혹시 사역자들이 이런 활동을 교회의 성경적인 활동으로 분명히 제시한 적이 없어서는 아닌가? 아마도 교회는 이런 활동을 장려하거나, 기대하거나, 환영하는 문화를 만든 적이 없을 것이다. 그렇다면 이제 바꿔보자! 다음은 내가 성령님의 도움으로 교회에서 실천한 일들이다.

- 예배 중 성령님의 역사를 향한 성도들의 믿음을 키우기 위해 성경 말씀을 활용했다(롬 10:17 참조).
- 예배 중에 주님이 주신 메시지가 있다고 느끼는 사람들이 지도자 중 한 명에게 나아오도록 초대했다.
- 메시지를 들은 후 지도자는 내용이 전체 교회에 적합한지, 시기가 적절한지 분별했다.
- 적절한 시간에 그 사람을 음악 예배의 “자연스럽게 흘러가는 순간”에 단상으로 데려와 마이크로 나누게 했다.
- 미리 짧고 간결하게, 주님이 말씀하시는 것만 나누도록 지시했다.
- 만일 지도자가 판단하기에 그 메시지가 특정 순간에 적절하지 않거나 성경과 일치하지 않는다면, 사랑으로 그 사람에게 전달하고 자리로 돌려보냈다.
- 물론 우리는 수개월 동안 연주자들과 찬양팀이 이런 상황에 유연하게 대처하도록 미리 준비했다. 덕분에 예배팀은 이런 상황을 민감하게 감지하고, 음악적으로 어떻게 조정할지 터득했으며, 성령님의 이러한 개입에 당황하거나 불쾌해하지 않았다.

예배 곡 목록을 느슨하게 잡기

한번은 채플 인도자 모임에서 한 인도자가 좋은 의도로 연주자들을 존중하고 그들의 시간을 침해하지 않겠다고 말했다. 음악 예배 시간이 이미 짧았기 때문에, 그는 소중한 18분을 "빼앗고 싶지 않다"라고 했다.

내 첫 반응은 '와, 드디어 이해했구나. 고맙다!'였다. 생각해 보면, 사역자가 예배팀에게 와서 예배 중에 다른 일이 중요하니 노래를 줄여달라고 부탁하는 일이 얼마나 자주 있는가? 유아 세례, 성찬식, 또는 특별 광고를 위해 설교 시간을 줄이는 경우는 극히 드물다. 분명히, 우리가 다른 예배 요소를 위해 찬양 시간을 줄일 때, 굳이 말하지 않아도 우리 우선순위가 무엇인지 보여준다. 나는 그 인도자가 연주자들을 배려하는 마음이 있어서 정말 기뻤다.

성령님이 우리 예배에 개입하시기를 기대하는 문화를 일으키려면 모든 예배 인도자는 자기 계획을 느슨하게 잡을 준비를 해야 한다. 음악가이든 목회자이든 마찬가지다. 기억하라, 하나님이 예배 전에 우리가 세운 계획에 관여하지 않으신다는 말이 아니다. 하나님은 우리 예배 계획에 분명히 관여하신다. 다만 계획한 것과 계획하지 않은 것에 모두 관여하신다는 말이다. 하나님은 예배 계획의 구체적인 지침을 주신 후, 예배 중간에 갑자기 다른 지시를 내리시는 경우가 많다.

나는 이런 점들을 예배팀에게 계속 지도했지만, 이제는 지도자들에게도 알려줄 때가 되었다. 우리가 모두 예배의 모든 부분에서 주님의 음성에 귀 기울이기로 동의했다면, 성령님의 개입을 위해 음악 예배에서 시간을 빼앗기는 것을 걱정하지 않아도 된다고 알려주어야 한다.

흥미롭게도, 2018년 10월 29일 내가 설교하기로 한 날에 내 설교 계획을 느슨하게 조정할 의지를 증명할 기회가 생겼다. 그날 하나님이 우리 학생들에게 정말 강력하게 역사하셔서 예배와 기도가 내가 설교할 시간을 지나도록 계속 이어졌다. 이런 일은 전에 없었고, 내가 한 학기에 단 한 번만 설교할 기회를 얻는 상황이었기에 더욱 큰 의미가 있었다. 다른 사람에게 예배에서 더 유연하게 대처하라고 권면했던 나보다 성령님께 자신의 계획과 기회를 느슨하게 잡도록 요청받기에 적합한 사람이 또 있을까?

내가 처음 NCU에 왔을 때 하나님이 나에게 예배에서 "성령님을 위한 자리를 더 많이 내어드리라"라고 말씀하셨는데, 당시에는 그것이 "제사장 나라" 개념을 실현하기 위한 준비였음을 거의 깨닫지 못했다. 이 개념은 회중에서 두세 명이 주님께 받은 계획에 없던 예언적 메시지를 나눌 수 있게 하는 것이다. 나는 단지 사람들이 즉흥적으로 예배할 수 있는 공간을 만드는 것으로 생각했지만, 하나님은 훨씬 더 큰 계획이 있으셨다.

항상 그렇듯이 이 부분에도 균형이 필요하다. 분명히 우리는 성령님이 우리 예배에 자유롭게 역사하시기를 원하지만, 너무 많은 "주님이 주시는 말씀"을 허용하여 찬양과 설교 시간이 없어지는 상황도 원치 않는다. 성경은 이 점을 명확히 말한다. 성령님은 보통 예배 중에 예언이나 방언 통역 같은 방식으로 몇 차례만 개입하신다. 이러한 현상들은 교회 안에서 자연스럽게 일어나는 정상적인 일로 받아들여야 한다.

> 27 만일 누가 방언을 하려면 두 사람이나 많아야 세 사람이 차례대로 하고 한 사람은 그것을 통역하십시오. 28 통역하는 사람이 없으면 교회에서는 조용히 하고 자기 자신과 하나님께만 말하십시오. 29 예언도 두 세 사람만 하고 다른 사람은 그것을 새겨 들으십시오. 30 그러나 자리에 앉은 다른 사람에게 하나님의 계시가 내렸을 때에는 먼저 말하던 사람은 조용히 하십시오. 31 그렇게 하면 하나님의 말씀을 받은 사람들이 차례로 모두 예언할 수 있게 되므로 모든 사람이 다 배우고 용기를 얻게 될 것입니다. 32 예언하는 사람은 자기 자신을 다스릴 수 있어야 합니다. (고전 14:27~32 현대인)

우리 지도자 팀과 이런 문화 변화를 어떻게 실행할지 논의하는 자리에서, 나는 이미 예배팀에게 성령님이 예배에 개입하셔서 원하시는 대로 인도하실 수 있도록 찬양곡 목록을 유연하게 준비하도록 지시했다고 알려주었다. 곡 수를 줄이고 더 많은 흐름이 있는 음악적 순간을 갖는 방식이 이 목표를 효과적으로 달성하는 데 도움을 주었다. 계획한 찬양 목록을 다 소화하는 것에만 집착하다가 주님의 음성을 듣는 기회를 놓치거나 무시하게 된다면, 이보다 더 불행한 일은 없다.

물론, 사고방식을 바꾸는 데 긴 시간이 걸렸다(그리고 아직도 과정 중이다). 많은 연주자와 싱어가 일주일 내내 연습한 노래, 특히 자신이 중요한 역할을 맡은 노래를 부르지 못하거나 연주하지 못하면 쉽게 상처받거나 실망한다. "세상에, 이건 너무 불공평해! 일주일 내내 이 곡을 열심히 연습했는데 내 기타 솔로를 연주할 기회가 없어졌잖아!"

우리 예배 인도자(혹은 싱어) 중 한 명이 단 한 곡만 부르기로 예정했는데, 그 노래를 빼야 한다면 어떨까? 언뜻 매우 불공평해 보이지만, 이것이 바로 바꿔야 할 사고방식이다. 다시 말하지만, 우리 계획을 너무 꽉 잡고 있다가 정작 성령님이 회중과 하나님을 깊이 연결하는 데 필요한 모든 일을 하시게 하는 부르심을 놓치면 안 된다. 우리는 어떤 대가를 치르더라도 우리 욕망보다 성령님을 더 앞세워야 한다. 이는 예배팀, 목회자, 지도력에 참여하는 모든 사람에게 마찬가지다.

우리는 성령님이 우리가 계획한 대본에서 벗어나 일하실 때 유연하게 대응하도록 계획을 느슨하게 잡아야 한다.

하나님 나라 모델

마치 어제 일처럼 생생하게 기억나는 사건이 있다. 2018년 3월, 내가 NCU의 채플 예배에 깊이 빠져 있을 때였다. 우리 대학의 영성 생활 처장인 더그 그레이엄 박사에게 한 학생이 찾아와서 우리에게 전할 주님의 메시지를 받았다고 말했다. 그레이엄 박사는 그 학생의 이야기를 듣고 내용이 적절한지 분별한 후, 음악 예배 중 적절한 순간에 그를 단상으로 데려왔다. 이런 일이 우리 채플에서 점점 더 일상적인 일이 되고 있었다.

이 이야기를 시작하기 전에 한 가지를 짚고 넘어가고 싶다. 나는 우리 학생들에게 하나님이 지도자들을 통해 역사하시는 것만큼이나 일반 성도들을 통해서도 역사하시길 기대한다는 점을 계속해서 강조했다. 또한 성도들에게 "제사장 나라"라는 성경적 모델을 반복적으로 가르치며, 예배 시간에 하나님이 말씀하시는 음성을 듣도록 격려했다.

본질적으로, 우리는 영적 공동체가 '나를 채워 주세요'라는 수동적 태도가 아닌 '나를 통해 흘러가세요'라는 능동적 태도로 예배에 나오도록 격려했다. 이런 단순한 기대의 변화가 우리 공동체의 채플 참석 방식을 극적으로 바꾸어 놓았다.

앞의 이야기로 돌아가자. 예배팀이 노래를 멈추고 부드럽게 연주를 계속하자, 그레이엄 박사는 그 학생이 방언으로 메시지를 나눌 것이라고 말했다. 나는 거의 숨이 멎을 뻔했다. 왜냐하면 그때까지 오순절 교단 계열인 우리 대학에서도 약 5년 동안 채플 예배에서 방언으로 메시지를 전한 적은 없었기 때문이다. 내 심장이 빠르게 뛰었다.

그 학생은 마이크를 꽉 쥐고 방언으로 말하기 시작했다. 방언의 은사를 조금이라도 이해한다면 이 순간이 예배의 성패를 좌우하는 중요한 고비라는 사실을 알 것이다. 우리 대학이 오순절 계열이긴 했지만, 학생들의 절반은 오순절 교회 출신이 아니었다. 게다가 안타깝게도 오늘날 대부분의 오순절 교회조차 주일 예배에서 성령의 은사가 나타나는 것을 허용하지 않는 방향으로 변했다. 이는 우리 학생 중 극소수만이 실제 예배 중에 방언 메시지를 들어본 적이 있다는 의미였다.

그 학생이 마이크를 쥐고 방언을 한 2분이 마치 영원 같았다. 그동안 나는 바닥에 엎드려 조용히 울고 있었다. 아마도 많은 사람에게 학생의 방언이 마치 외계어처럼 이상한 말로 들렸을 것이다. 어떤 면에서는 정말 그랬다. 하지만 학생은 성령의 언어로 담대하게 말했다.

그 자리에서 두 가지를 느꼈다: 성령님의 강력한 임재와 호기심 가득한 수많은 학생의 반응이었다. 왜 나는 바닥에 엎드려 울었을까? 우선 성령님의 강력한 임재 때문이었지만, 더 큰 이유는 이런 일이 다시 일어나기를 몇 년 동안이나 기다려 왔기 때문이었다. 나와 몇몇 동료가 여러 달 동안 성경을 통해 가르치고 본을 보였다. 우리는 하나님이 결국에는 예배에 다시 한번 성령님의 역사를 풍성하게 부어주실 것이라고 믿었다. 그리고 마침내 그 일이 실제로 일어나는 것을 보면서 가슴 속에 솟아오르는 기쁨을 억누를 수 없었다.

나는 수많은 교회가 매주 인간적인 노력과 전통에만 의존하면서 성령님을 배제한 분위기 속에서 예배한다고 확신한다. 그러나 우리는 세심하게 짜놓은 계획을 조금 포기하더라도, 주님이 원하시는 대로 역사하실 수 있게 하겠다는 간절한 열망을 보여주기로 결심했다.

우리는 모두 그 학생이 방언을 마치고 마이크를 그레이엄 박사에게 돌려줄 때까지 숨죽이고 귀를 기울였다. 우리는 통역을 기다리고 또 기다렸다. 얼마 후 마침내 통역이 나왔다. 우리 교수진 중 한 분이 나와서 모든 사람이 들을 수 있도록 큰 소리로 통역을 선포했다. 정말 강력하고 놀라운, 초자연적인 말씀이었다. 그러나 성경에 따르면 이런 일은 그렇게 놀랍거나 드문 일이어서는 안 된다.

어떤 사람들은 "하지만 불신자들이 이런 모습을 보면 충격받지 않을까요?"라고 질문할 수 있다. 아마 그럴 것이다. 사실 나는 우리가 모두 이런 충격을 받을 필요가 있다고 생각한다.

나는 하나님이 평범한 사람을 통해 초자연적인 방법으로 말씀하실 때 경외감을 느낄 만큼 충격받기를 원한다. 하나님이 우리의 형식적인 신앙 행위를 단번에 뚫고 들어오시는 것을 깨달을 만큼 충격받기를 원한다. 솔직히 말하면, 이것이야말로 불신자들이 찾는 교회의 진짜 모습이다. 사람의 한계와 능력을 넘어서는, 진짜 초자연적인 것 말이다.

> 4 방언하는 사람은 자기 덕을 세우지만 예언하는 사람은 교회의 덕을 세웁니다. 5 나는 여러분이 모두 방언하기를 바라지만 예언하기를 더욱 바랍니다. 방언을 통역하여 교회의 덕을 세우지 않으면 방언하는 사람보다는 예언하는 사람이 더 낫습니다. (고전 14:4~5, 현대인)

기본적으로 방언 메시지는 통역하는 순간 예언이 된다. 예언은 하나님이 성령님을 통해 자기 자녀들과 말씀하시는 또 하나의 방법이다. 사실 성령님의 초자연적인 개입을 향한 우리 기대치를 높이는 것이야말로 개인과 교회 전체의 영적 성장을 강화한다. 우리는 천천히 의도적인 변화를 통해 좋은 성경적 문화가 교회에 단단히 뿌리내리게 할 수 있다.

모든 성도가 함께 만드는 예배

우리의 최종 목표는 교회의 "문화"가 하나님 나라 문화를 반영하는 것이다. 교회 문화가 하늘의 문화와 어긋나 있다면(아마도 그럴 가능성이 높지만) 매주 조금씩 바꾸어 하나님 나라 문화에 가깝게 맞춰가야 한다.

재미있는 것은 이 과정이 결코 완전히 끝나지 않는다는 점이다. 우리가 하나님의 방식과 완벽하게 일치하는 상태에 도달해도 그대로 방치하면 하룻밤 사이에 무너질 수 있다. 사실이다. 이것이 바로 영적인 감독spiritual oversight이 중요한 이유다. 지도자로서 우리 임무는 영혼의 원수가 교회를 잘못된 방향으로 끌고 가려 할 때도, 영적 공동체가 최대한 하나님께 가까이 머물도록 계속해서 격려하고 도전하는 것이다.

10장과 11장에서 나눈 것처럼, 예배에서 하나님 나라 문화 원칙을 실천하는 가장 좋은 방법은 음악 예배 중에 모범을 보이고, 가르치고, 실천하며 성령님의 인도를 받아 계속해서 수준을 높여가는 것이다. 우리는 더 이상 영적 가족을 과보호하는 것에 안주하면 안 된다. 오히려 모든 신자와 심지어 아직 완전히 믿음 안으로 들어오지 않은 '예비 그리스도인'들에게서 위대한 일들이 일어나기를 기대해야 한다.

- 우리는 모든 사람이 평소에 하나님과 시간을 보내서 교회 전체에게 전할 하나님의 말씀을 더 잘 들을 수 있기를 요청하라.
- 우리는 모든 사람이 예배로 모일 때 단순한 구경꾼이 아니라 성령님께 받은 것을 나눌 준비를 하고 오기를 바란다.
- 우리는 모든 사람이 영적으로 성숙해져서 교회 전체가 함께 사역하며 지역 사회가 주님께 돌아오는 것을 볼 수 있기를 바란다.

우리가 높은 기준을 추구하는 이유는 지극히 높으신 하나님이 우리 안에 거하시기 때문이다. 하나님은 모든 신자를 통해 일하시겠다고 약속하셨다. 부유하거나, 재능이 뛰어나거나, 외모가 아름다운 사람만이 아니라 모든 나라와 부족과 민족과 언어의 모든 개인을 통해 역사하시겠다고 약속하셨다. 하나님을 찬양하라!

핵심 요약

1. 오늘날 교회가 직면한 가장 큰 문제는 교인들의 영적 미성숙이 심각해지고 있다는 점이다. 이는 목회자가 성도들을 대신해서 하나님을 찾고 사역해야 한다는 잘못된 생각 때문이다. 신자 대부분은 목회자가 되새김질해 주는 말씀만 받아먹는다. 예배도 마찬가지다. 우리가 때로는 의도하지 않게 콘서트 같은 분위기를 계속 만들어가면서 같은 일이 일어난다. 영적으로 어린 그리스도인들은 예배에 전혀 참여하지 않으면서 커피를 마시며 수동적으로 앉아 예배팀의 공연을 구경한다. 이러한 상황은 반드시 바뀌어야 한다.

2. 예배 인도자의 최종 목표는 자기 존재가 더 이상 필요하지 않게 하는 것이다. 회중이 인도자의 격려나 자극 없이도 주님을 찾고, 성도들이 거의 예배를 주도하는 수준에 이르렀을 때 우리는 진정한 성경적 예배 문화를 심었다고 말할 수 있다.

3. 요즘 사람들은 힘든 한 주를 보내고 완전히 빈 상태로 겨우 몸을 끌고 교회에 와서 하나님께 다시 연결되어 위로받으려 한다. 반대로, 성도들이 일주일 내내 하나님과 시간을 보내고 영적으로 충만한 상태로 와서 함께 기쁨을 나누는 문화를 만든다면 어떨까? 이것이 예배 인도자인 우리가 해야 할 일이다.

4. 우리는 이제 모든 사람이 하나님의 말씀과 성령님께 직접 나아갈 수 있는 제사장 나라 시대에 살고 있다. 그러므로 성전 휘장이 찢어지기 전의 방식으로 돌아가지 말고, 이 진리에 맞게 교회를 이끌어야 한다. 우리는 모든 성도가 중간자 없이 하나님께 직접 나아가 교제하도록 초대받았다는 사실을 이해하도록 도와야 한다. 이는 우리가 오랫동안 유지해 온 숟가락으로 떠먹여 주는 교회 문화와 정면으로 충돌한다.

15장

교회 음악 예배의 미래

거짓말 #15

"예배 인도자의 역할은 주일 아침에 노래 부르며

하나님을 예배하는 것뿐 그 이상도 그 이하도 아니다."

교회 음악 예배의 미래에 관한 장에서, 여러 캠퍼스(지교회)가 있는 교회나 다문화 환경에서 예배 인도하는 방법 같은 주제를 다룰 것이라 예상할 수 있다. 하지만 현대 예배의 여러 문제점은 이미 8장에서 충분히 다루었다. 이번 장은 다문화 예배의 몇 가지 중요한 문제를 언급하긴 하지만, 나는 더 넓고 깊은 관점에서 성령님이 어떻게 역사하시는지 이해하는 접근법을 선택했다. 이를 통해 앞으로 우리가 교회 성도들을 더 성경적이고 책임감 있게 섬길 수 있기를 바란다.

예전에 나는 텍사스 댈러스에 있는 '열방을 위한 그리스도 대학'(CFNI)을 매년 방문해서 열방을 위한 청년 컨퍼런스의 예배를 인도하고, 마르코 바리엔토스와 함께 '알리엔토' 컨퍼런스에도 참여했다. 특히 교회의 음악 예배 미래를 생각할 때, 이런 모임들이 예배자이자 인도자로서 나에게 이전보다 더 하나님 나라를 추구하도록 영향을 미쳤다.

예배 인도는 회중을 세우는 것이다. 인도자가 권력을 얻기 위한 것이 아니다. 하나님의 능력 안에서 사람들이 자유로워지도록 섬겨야 한다. 예배 인도의 목적은 정결케 하시고 치유하시는 하나님의 임재 안에서 회중이 하나님을 깊이 사랑하고, 친밀하게 동행하며, 영원토록 하나님의 모든 자녀와 함께 거룩함으로 하나 되어 사는 사람이 되도록 돕는 것이다.

안타깝게도 너무 많은 지도자와 인도자가 권력으로 사람들을 지배하려 한다. 왜 그럴까? 권력을 행사할 때 느끼는 쾌감을 사랑하기 때문이다. 슬픈 현실이지만 많은 지도자가 여전히 사람보다 권력을 더 사랑한다. 이는 결국 하나님보다 권력을 더 사랑한다는 의미이다.

하나님 나라의 참된 지도자는 어떤 모습일까? 참된 지도자는 지위나 권력에 관심을 두지 않고 성령님의 능력으로 사람들을 세우는 일에만 집중한다. 이런 지도자 문화가 교회 예배의 미래를 바꾼다. 예배 인도도 마찬가지다. 예배 인도자의 가장 중요한 역할은 성도들이 인도자에게 의존하지 않고 직접 하나님을 만나도록 돕는 것이다.

이게 무슨 뜻일까? 다시 말하면, 회중에게 주도권을 넘겨주는 방법을 찾는 것이다. 이것이 내가 이 책의 서문에서 말한 이상적인 미래 예배의 모습이다. 사실, 하나님 나라의 예배 인도자에게 예배 중 가장 감동적인 순간은 자기 목소리가 마이크를 통해 울려 퍼지는 순간이 아니다. 오히려 인도자가 마이크에서 물러나면서 그리스도께 모든 영광을 돌리는 수많은 성도의 하나 된 목소리가 크게 울려 퍼지는 순간이다.

우리는 회중이 이러한 하나님 나라의 순간을 더 많이 경험하도록 가능한 모든 방법을 찾아야 한다. 더 크게 노래하든, 더 부드럽게 노래하든, 아니면 완전한 침묵의 순간으로 회중을 이끄는 것이든 무엇이든 상관없다. 때로는 노래를 바꾸거나, 즉흥적으로 노래하거나, 음악 예배 중간에 성경 구절을 나눌 수도 있다. 무엇이든 성령님께 순종하면서, 회중이 하나님과 더 깊은 친밀함과 교제를 갈망하도록 도울 수 있다면 기꺼이 해야 한다. 바로 이것이 예배 인도자 사명의 참된 기쁨이다.

끔찍하게 아름다운 경험

내가 아무리 담대한 예배 인도자라고 해도 열방을 위한 그리스도 대학 행사에서 우리 밴드와 함께 처음 단상에 올라갔을 때 느낀 완전한 무력감을 잊을 수 없다. 한순간에는 하나님을 향한 완전한 경외감을 느끼다가 바로 다음 순간에는 극도의 불안감이 밀려오는 그런 경험이었다. 나는 이미 예배에서 사람들의 반응을 끌어내기 위해 이를 악물고 노력해야 하는 상황에 꽤 익숙했다.

기독교 대학에서 학생들이 팔짱을 끼고 앉아서 누가 자기를 움직일지 심사라도 하듯 바라보는 채플에서 예배 인도하는 일에도 익숙했다. 사람들이 하나님보다 자기 애플 워치에 더 관심이 있어 보이는 예배를 인도하는 데도 익숙했다.

하지만 CFNI는 그런 곳이 아니었다. 정말로. 완전히. 달랐다. 내가 첫 번째 후렴구에 도달하기도 전에 회중은 마치 포탄을 발사하듯 폭발적인 열정으로 주님께 예배하기 시작했다. CFNI의 분위기는 완전히 놀라웠다. 보통은 우리 밴드가 회중보다 더 열정적인 편인데, 이번에는 오히려 회중의 뜨거운 열기를 따라가기 위해 우리가 애쓰는 상황이었다. 모든 것이 평소와는 정반대였다.

나는 회중이 우리를 끌어당기는 것을 느꼈다. 회중이 우리를 더 깊은 예배로 이끌었으며 오히려 예배팀이 더 깊이 믿고, 더 간절히 구하며, 더 자유롭게 표현하고, 더 뜨겁게 사랑하도록 도전했다. 정말 끔찍하면서도 아름다운 경험이었다. 끔찍한 이유는 우리 팀을 안전지대, 편하게 관성으로 가는 영역에서 밀어냈기 때문이다. CFNI의 회중은 우리가 편하고 익숙한 영역을 벗어나게 했다. 동시에 아름다웠던 이유는 우리 예배팀이 모든 상황을 통제하려 하기보다 성령님이 우리를 통해 일하시도록 신뢰하라는 도전을 받았기 때문이다. 나는 그것을 싫어하면서도 동시에 사랑했다.

회중이 스스로 인도하도록 이끌기

밥 소르기는 반가운 마음으로 하나님은 교회가 "강단 중심의 예배 문화"에서 "회중 중심의 예배 문화"로 서서히 전환하도록 부르신다고 말한다. 강단 중심의 예배 문화는 현재 이 땅의 문화로 벗어나야 할 방향이며 회중 중심의 예배 문화는 천국의 문화로 우리가 추구해야 할 방향이다. 밥은 현재의 강단 중심 예배 문화의 난처한 상황을 말하며 "두려워하지 마세요. 현실이 그렇습니다"라고 말한다.

우리가 어떤 문화를 세울지 이해하려면 먼저 우리가 물려받은 문화가 어떤 것인지 정확히 파악해야 한다. 강단 중심 예배 문화란 모든 회중이 강단 위의 사람들이 권장하는 옷을 정확히 입고 강단 위의 사람들이 정한 시간에 정확히 도착하는 문화를 말한다. 강단 아래 사람들은 의자에 앉아 강단 위의 사람들이 등장하기를 기다린다. 강단 위의 사람들이 올라와서 강단 아래 사람들에게 무엇을 해야 할지 단계별로 지시한다. 강단 아래 사람들은 강단을 바라보며 이 지시를 따른다.

강단 위의 사람들은 강단 아래 사람들에게 일어서기, 노래하기, 손들기, 손뼉치기, 찬양하기, 예배하기, 소리 높여 외치기 등 다양한 행동을 하도록 요청한다. 강단 아래 사람들은 다시 앉으라는 지시를 받거나 주변에 있는 강단 아래 사람들과 교제하라는 안내를 받기도 한다. 강단 위의 사람들은 강단 아래 사람들에게 헌금이나 성찬식에 참여하도록 권하고, 가장 확실하게는 강단 위의 가장 중요한 사람이 준비한 말씀을 듣게 한다.

모든 강단 아래 사람들은 강단 위의 사람이 폐회를 선언할 때까지 얌전히 자리에 앉아 집중해서 말씀을 듣는다. 그런 다음 강단 위의 가장 중요한 사람이 강단 아래 사람들에게 실천하라고 도전한 것을 하기 위한 준비를 마친 채 교회를 떠난다. 그렇게 일주일을 보내고, 다음 주에 다시 모여 강단 위 사람들이 시키는 대로 행동하는 과정을 반복한다.

안타깝게도, 이런 지도력은 겉으로만 진전이 있는 것처럼 보일 뿐이다. 이런 방식이 정말 우리가 생각한 만큼 열매를 맺을까? 실상은 이런 지도력 스타일은 사람들을 실제로 활성화하지 못하기 때문에 현재의 상태를 넘어 성장하도록 돕지 못하며, 단지 같은 예식을 계속해서 반복하게 할 뿐이다. 마치 미리 프로그래밍한 예배 로봇처럼 말이다.

이것이 영감 없는 지도력 때문에 많은 교인이 살아가는 모습이다. 하지만 하나님은 우리가 이런 상태로 계속 머물러 있기를 원치 않으시며, 우리가 강단 중심의 예배 문화에서 점차 벗어나 천국의 문화인 회중 중심의 예배 문화로 나아가길 바라신다.

천국에서는 일반적인 예배 인도자가 필요 없다. 왜냐하면 예수님의 실제 임재가 우리 중에 직접 계시기 때문이다. 누군가가 "저기 예수님이 계십니다"라고 가리키지 않아도 모든 사람이 저절로 무릎 꿇고 모든 입이 예수 그리스도가 주님이심을 자연스럽게 고백할 것이다.

예배 인도자의 가장 중요한 역할은 회중과 하나님을 연결하는 것이다. 하지만 예수님이 실제로 우리 앞에 계신다면, 회중은 더 이상 누군가의 인도가 필요 없다. 우리는 의지와 관계없이 즉시 저절로 주님께 반응하며 모든 사람이 저마다 누군가의 강요나 요청이 아니라 내면에서 우러나오는 자연스러운 마음으로 가장 합당하고 열정적인 예배를 드릴 것이기 때문이다. 문제는 우리가 아직 천국에 있지 않다는 점이다.

그럼에도 우리는 회중 중심 예배로 전진해야 한다. 회중이 강단에서 언제, 어떻게, 왜 예배해야 하는지 지시받지 않아도 되는 상태를 향해 천천히 움직여야 한다. 회중은 하나님의 말씀과 성령님이 주시는 깨달음, 그리고 목회자와 예배 인도자의 도움을 통해 강단 중심 예배 문화에서 회중 중심 예배 문화로 바뀔 수 있다. 예배 인도는 사람들에게 명령하고 반응을 요구하는 것이 아니라 스스로 예배하도록 돕는 것이다.

교회 성도들이 개인적으로 하나님과 교제하도록 계속 격려할수록, 그들은 회중 예배 시간에도 점점 더 열정적으로 하나님을 예배한다. 그 결과 회중은 개인 기도와 묵상에서 하나님의 더 깊이 알고 싶어하게 된다. 이렇게 회중 예배와 개인 예배는 서로를 강화하는 선순환을 이룬다. 흥미롭게도, 이것은 교회 성도들이 자기만의 언어로 하나님을 예배하도록 돕는 즉흥적 예배의 중요성을 다시 한번 보여준다.

걱정하지 마라. 우리 최종 목표는 이 세상에서 예배 인도자를 완전히 없애는 것이 아니다. 불신자들과 새 신자들이 계속 교회로 들어올 것이고, 우리는 그들에게 도전하고 가르쳐야 한다. 하지만 성도 대부분이 회중 중심 예배 문화로 전환하면 지금과 같은 예배 인도의 필요성은 점차 줄어들 것이다. 이것이 바로 우리가 바라는 바다!

누가 누구를 인도하는가?

나는 10년 동안 퓨어 워십 컨퍼런스를 주최하면서 예배 문화를 완전히 새롭게 구축하는 놀라운 기회를 얻었다. 이 책에서 설명하는 원리를 적용하기 위해 여러 해 동안 열심히 노력했고, 그 결과 회중에게 진정한 열정으로 주님을 예배하도록 애원하거나 간청할 필요가 거의 없었다. 마치 앞서 언급한 '열방을 위한 그리스도 대학'(CFNI)의 사람들과 비슷했다.

흥미롭게도, 몇 년 전 우리가 초청했던 밴드 중 하나는 이런 형태의 예배 문화에 익숙하지 않았다. 유명한 밴드로서 널리 알려진 찬양곡을 보유했지만, 그들의 연주 방식은 음반에-녹음한-그대로-연주하고 바로 다음 곡으로 넘어가는 식이었다. 오해하지 마라. 그들은 매우 진실하고 기름 부음 있는 밴드였다. 다만 우리 참석자들이 익숙한 자유롭고 창의적인 예배의 흐름으로 인도하지 않았을 뿐이다. 오늘 밤까지는.

이 밴드가 인기 있는 예배 곡 하나를 마무리하려 할 때, 우리 순진한 예배자들은 그 신호를 놓친 것 같았다. 우리 회중은 노래가 끝나면 예배도 함께 끝내야 한다고 생각하지 않았다. 그래서 밴드가 마치 음반에서처럼 확실한 마무리와 함께 마지막 화음을 연주할 때 우리 회중은 계속해서 찬양을 이어갔다. 이것은 반항이나 반기를 들려는 의도가 아니라, 하나님을 향한 억누를 수 없는 기쁨에서 나온 자연스러운 반응이었다.

그때 밴드 멤버들의 표정을 봐야 했다. 그들은 완전히 당황했다. 긴장한 눈빛을 주고받는 사이에 연주가 잠시 흐트러졌지만, 곧 상황에 맞춰 후렴구 코드를 반복 연주했다. 어느새 밴드가 아니라 우리 순수한 예배자들이 예배를 이끌었다. 정말 아름다웠다! 나는 미소 짓지 않을 수 없었다. 밴드를 당황하게 해서가 아니라, 바로 우리 눈앞에서 회중 중심의 예배 문화가 말 그대로 점화되는 것을 목격했기 때문이다. 주님, 이런 일이 더 많이 일어나게 하소서!

여러분은 이 소동이 왜 그렇게 중요한지 궁금할 것이다. 밴드가 노래를 마치려 할 때 회중이 계속 예배한 것이 뭐가 그리 대단한 일인가? 타당한 질문이다. 이 사건이 아름다운 이유는 다음과 같다: 예배 인도자의 가장 중요한 임무가 스스로 필요 없는 존재가 되어 회중에게 주도권을 넘기는 것이라면, 밴드의 선택은 올바른 방향으로 나아가는 엄청난 발걸음이다. 회중이 언제, 어떻게 예배해야 하는지 더 이상 지시 받지 않아도 된다고 깨닫는 순간, 곧 하나님 나라 예배 문화를 받아들이기 시작한다. 이때가 회중이 꼭두각시 인형처럼 예배하지 않고 스스로 하나님을 추구하는 순간, 관중석에 앉아만 있다가 이제 직접 경기장으로 뛰어드는 순간이다. 바로 이것이 우리가 그토록 갈망한 일이다.

회중 예배의 기준을 회복하라

상상해 보라. 사람들이 이 진리를 깨닫기 시작한다면 어떨까? 예배하려면 반드시 교회에 와야만 한다는 생각에서 벗어난다면? 더 정확히 말하면 교회만이 예배하는 유일한 장소가 아니라는 사실을 깨닫는다면?

교회가 성도들에게 진정한 성경적 예배 모델을 가르쳐서 그들이 교회 안과 밖 어디서든 예배하며, 음악 예배의 기준을 다시 회복한다면?

참 신기한 일이다. 이것이 바로 내가 첫 소닉플러드 CD를 발매할 때 이루려던 목표였다. 당시에도 하나님은 이미 나에게 하나님이 찾으시는 예배자는 어떤 모습인지, 교회 지도자들이 성도들을 어떻게 그런 예배자로 세워야 하는지를 알려 주셨다. 새로운 것 같지만 사실은 성경에 이미 있던 오래된 진리다.

"*아버지께 참되게 예배하는 자들은 영과 진리로 예배할 때가 오나니 곧 이 때라 아버지께서는 자기에게 이렇게 예배하는 자들을 찾으시느니라*"(요 4:23). NIV 성경은 이 구절을 "이런 사람들이 아버지께서 찾으시는 예배자들이다"라고 번역한다.

깊이 생각해 보자. 하나님이 찾으시는 예배자가 있고, 하나님이 거부하시는 예배자가 있다. 잠깐, 정말인가? 조금은 찔리지만 사실이다. 달리 표현할 방법이 없다. 하나님이 찾으시고 원하시는 예배자가 있다면, 논리적으로 생각할 때 원치 않으시는 예배자도 있을 것이다. 이제 우리에게 남은 유일한 질문은 하나다. 나는 어떤 예배자인가?

하나님은 지금, 이 순간에도 전 세계, 우리나라, 지역 사회, 이웃, 가정을 샅샅이 살피시며 진정한 예배자를 찾으신다. 입술로만 예배하지 않는, 거짓으로 꾸며내지 않는, 노래와 삶이 다르지 않은, 자기 힘만 믿지 않는 진짜 예배자를 찾으신다. 그리고 하나님은 자기 자녀들을 참된 예배자로 양육할 지도자들이 있는지 찾으신다.

흥미진진하다! 하나님이 바로 이 시대를 위해 불타는 예배자 세대를 일으키시기 때문이다. 이렇게 진짜 그리스도를 따르는 예배자들에게는 몇 가지 매우 중요한 공통된 특성이 있다. 물론 이것이 모든 특성의 완전한 목록은 아니다. 주로 회중을 세우는 음악 예배 영역에 초점을 맞춘다.

1. 하나님이 찾으시는 예배자들은 인도자가 없어도 예배한다.

이것이 정말 우리가 원하는 것일까? 아마 그럴 수도 있고 아닐 수도 있다. 누가 알겠는가? 실제로 우리 교회에 이런 문화를 만든다면, 막상 좋아하지 않을 수도 있다. 왜냐하면 회중의 변화와 성장보다 예배 인도자가 더 원하는 것이 있기 때문이다. 바로 인정욕구다. 좋든 싫든, 회중이 주도권을 잡으면 예배 인도자는 그만큼 주도권을 내려놔야 한다. 그리고 또 다른 것도 포기해야 한다. 바로 통제권이다.

여기에 모순이 있다. 하나님께 자유롭게 자신을 표현하고 싶어 죽을 지경이다. 우리는 모두 자유롭게 예배하도록 창조되었으므로 당연하다. 하지만 예배 인도자들은 어떻게 생각하는가? '사람들이 진짜 소극적이야, 진정한 예배를 거부하고 있어.' 정말 답답하다. 때로는 이런 의문이 든다. 실제로는 회중이 주저하는 것이 아니라, 오히려 예배 인도자가 회중을 주저하게 만드는 것은 아닐까?

마치 회중이 성장해서 예배 인도자를 더 이상 필요로 하지 않을까 봐 두려워하는 것 같다. 정말 말도 안 되는 생각이다! 그래서 예배 인도자는 계속해서 회중이 그리스도 안에서 진짜 자유를 발견할까 봐 두려워 계속 목줄을 잡고 보조 바퀴를 더 꽉 채운다. 회중이 스스로 예배하는 법을 배워서 교회에 안 나올까 봐 두려워하는 자신감 없는 인도자들은 회중에게 권한을 주기 싫어한다. 하지만 이것은 전혀 사실이 아니다.

예배 인도자가 평범한 회중을 세워준다고 해서 교회 출석률이 줄어들지 않는다. 오히려 예배 인도자에게 덜 의존하는 예배자들이 많아질수록 교회는 더욱 강해진다.

오해하지 말라. 예배 인도자가 중요하지 않다거나 교회에서 서서히 없애야 한다는 말이 아니다. 그렇지만 내가 계속 강조하듯이, 최고의 예배 인도자들은 자신의 존재가 점차 필요 없을 정도가 되도록 회중을 성장시키는 일에 헌신한다. 참된 예배 인도자들은 회중이 인도자가 있든 없든 열정적이고 꾸준히 하나님을 예배하는 예배자로 키운다.

하나님이 찾으시는 예배자는 차원이 다른, 흔치 않은 사람들이다. 누군가 앞에서 응원해 주거나 어르고 달래주지 않아도 스스로 예배하는 사람들이다. 성숙한 예배자들은 이미 하나님과 친밀한 관계를 쌓아왔기 때문에 주일마다 하나님을 새롭게 소개해 줄 필요가 없다. 혼자 있을 때도 꾸준히, 함께 모였을 때도 열정적으로 하나님과 교제한다. 성숙한 예배자들은 하나님과 허물없는 사이다. 모세가 친구와 이야기하듯 하나님과 대면하여 대화한 것처럼, 하루 종일 주님과 생생한 교제를 나누며 산다.

여기 질문이 하나 있다. 만일 우리가 모든 성도를, 정말 한 사람도 빠짐없이 예배 인도자로 세우는 데 집중한다면 어떤 일이 일어날까? 잠깐, 잠깐만. 뭐라고? 이제 이 말의 의미를 설명하겠다.

결국 예배 인도에서 가장 큰 열정은 하나님을 온 마음으로 사랑하는 것 외에 사람들 각자가 자신만의 예배 인도자가 되도록 이끄는 것이어야 한다. 사실, 예배 인도자는 누구도 하나님을 예배하게 할 수 없다(그럴 수도 없다). 단지 문을 보여주고, 예수님을 가리키며, 전능하신 하나님께 찬양을 올려드리도록 초대할 수 있을 뿐이다. 온 마음과 뜻과 생각과 힘을 다해 주님을 찾도록 강요할 수는 없으며, 다만 말씀을 따라 예배를 향해 나아가도록 영감을 줄 수 있을 뿐이다. 이것이 예배 인도다. 사람들이 실제로 행동하도록 영감을 주려고 애쓰는 섬김이다.

하나님이 내게 큰 충격을 주신 순간이 생각난다. 큰 교회에서 예배를 인도하는 중에 성령님이 그 자리의 모든 사람을 예배 인도자로 임명하라고 지시하셨다. 나는 속으로 의아했다. '주님, 왜 이러세요? 모든 사람이 예배 인도자로 부르심 받은 것도 아닌데, 이러면 오히려 상황이 더 복잡해지는 거 아닌가요?'

"그럴 수도 있다. 하지만 내가 말하는 것은 회중 각자를, 수천 명을 위한 예배 인도자로 세우라는 게 아니다. 한 사람, 바로 자기 자신을 위한 예배 인도자로 세우라는 것이다. 보라, 결국 각자가 스스로 결정해야 한다. 입을 열 것인가? 손을 들 것인가? 주님께 항복할 것인가? 제프, 네가 할 수 있는 일에는 한계가 있다. 너는 잘하고 있어. 하지만 결국 회중이 예배하게 하는 것은 너의 책임이 아니다. 너의 책임은 그들을 예배로 초대하는 것이고, 그들이 스스로 결정해야 한다."

정말 놀라웠다. 나는 음악을 낮추고 이 새로운 깨달음을 회중과 나누었다. 그러자 예배 분위기가 완전히 뒤집혔다. 갑자기 모든 사람이 다른 차원에서 예배하기 시작했다. 각자가 자신을 위해 하나님을 예배한다는 의미가 무엇인지 새롭게 이해하기 시작한 것이다. 강단 위의 사람들에게 영감받기만을 기다리던 사람들이 이제는 스스로 하나님과의 친밀한 관계로 들어가기 시작했다. 예배실 전체의 기준이 높아졌다.

하나님이 세우시는 예배자들은 강요하거나 간청하지 않아도 스스로 예배하는 사람들이다. 단상 위에 재능 있고 기름 부음 받은 예배 인도자가 있든 없든 하나님을 전혀 문제없이 예배한다.

2. 하나님이 찾으시는 예배자는 가사 화면이 필요 없다.

다시 말하지만, 화면에 가사를 보여주는 게 나쁘다거나 교회 프로젝터를 떼서 당근 마켓에 팔라는 이야기가 아니다. 단지 하나님이 찾으시는 진정한 예배자들은 예배하기 위해 '힌트'가 필요하지 않다. 예배자들은 이미 가사를 다 알고 있다. 그 이유는 그 가사들이 하루 종일 하나님을 예배하는 마음에서 자연스럽게 흘러나오기 때문이다.

나를 가장 화나게 하는 것은 사람들이 고작 2분 기도하고 "하나님께 더 이상 할 말이 없어요"라고 말하는 것이다. 정말 그런가? 진정한 그리스도인은 하나님과 대화하고 그분의 음성에 귀 기울이며 몇 시간을 보내도 전혀 지루하지 않다. 친한 친구끼리는 원래 그렇다.

지금은 결혼한 지 28년이 넘은 내 아내 마사와 처음 진짜 대화를 나눈 순간을 기억한다. 우리는 인디애나주 앤더슨 대학교 3학년이었다. 어느 날 수업이 끝나고 나는 한 시간짜리 피아노 레슨을 기다리며 벤치에서 공부하고 있었다. 그때 갑자기 천사가 복도에 나타났다. 누군가 내 이름을 불렀다. 고개를 들어보니 마사가 거기 서 있었다. 우리는 대화를 시작했다. 계속 말했다. 또 말했다. 마사는 벤치에 앉았다가 일어서기를 반복하며 나를 혼자 공부하게 놔둬야 할지 망설이는 듯했다. 나는 책을 덮고 기꺼이 더 있어 달라고 부탁했다.

마사가 처음 다가왔을 때는 피아노 레슨까지 45분이 남아 있었다. 그러다 15분 전, 5분 전, 그리고 약속 시간을 5분 지났다. '어? 조금 늦겠네'라고 생각했다. 그러다 15분, 20분이 지났다. 아! 완전히 늦었다! 그래도 상관없었다. 대화가 너무 좋았기 때문에 레슨은 뒷전이었다. 이 순간을 놓치고 싶지 않을 만큼 소중했다. 우리 대화는 자연스럽게 이어졌다.

우리는 서로에게 강하게 끌려서 대화 주제가 끝없이 생겨났다. 계속 이야기할 이유도 끝이 없었다. 마사의 말 한마디마다, 목소리를 들을 때마다, 머리카락을 넘길 때마다 끝없는 기쁨을 느꼈다. 그리고 다른 어떤 것도 마사를 향한 내 관심을 돌릴 수 없었다. 정말 좋은 시간이었다!

말씀이 네게 가까워 네 입에 있으며 네 마음에 있다 하였으니 (롬 10:8)

즉흥적인 예배의 가사는 어디에서 나올까? 신자들의 마음속에서 나온다. 우리는 하나님이 우리 마음에 새겨 주신 말씀을 끌어낸다. 하나님이 자신을 위해 우리 마음에 심어 두신 말씀, 하나님이 우리 마음 깊은 곳에 만드신 샘에서 나오는 말씀이다. 하지만 하나님을 모르면 그런 말씀도 알 수 없다. 그래서 금방 할 말이 떨어진다.

오해하지 마라. 익숙한 찬양의 시대가 끝난다는 말이 아니다. 즉흥적인 노래만 불러야 한다거나 회중이 모든 가사를 외워야 한다는 말도 아니다. 다만 아버지가 찾으시는 예배자가 되고 싶은 사람들은 하나님을 찬양할 방법이 충분해야 한다는 것이다. 교회 프로젝터가 갑자기 꺼지더라도 우리 예배가 함께 고장 멈출까 봐 두려워할 필요 없다.

우리가 날마다 하나님을 찾을 때, 찬양과 예배의 말들이 우리 마음에서 살아 움직인다. 한번 생각해 보자. 누군가 우리에게 회의 마무리 기도를 부탁할 때 미리 써 둔 기도문이 필요한가? 대부분 그렇지 않다. 마찬가지로, 아버지가 찾으시는 예배자들은 화면에 가사가 있든 없든 변함없이 열정적으로 하나님을 예배한다.

3. 아버지가 찾으시는 예배자는 밴드나 음악이 필요 없다.

11장에서 내가 "하나님의 임재는 음악 안에 있지 않다"라고 했을 때 어떤 느낌이 들었는가? 아마 고개를 끄덕였을 것이다. 마음으로 이미 알지만, 아직 말로 표현한 적은 없었을 것이다.

음악 전문가가 아니어도 음악이 멈춘다고 하나님이 사라지지 않는다는 것을 우리도 알고 누구나 안다. 예배팀이 마지막 화음을 치고 나서 갑자기 하나님과 연결이 끊어지지 않는다. 하나님이 우리와 만나는 능력이 피아노의 부드러운 선율에 달려 있다고 생각하는가? 말도 안 된다! 피아노에서 완벽한 음악이 나오든 나오지 않든 하나님은 언제나 우리와 함께하신다.

우리는 키보드의 조용하고 따뜻한 패드 소리를 농담 삼아 "성령님"이라고 불렀다. 이 소리만 나오기 시작하면 하나님이 역사하시는 능력이나 우리가 성령님의 역사를 느끼는 능력이 확 늘어나는 것 같았기 때문이다. 마치 이런 음악이 나와야만 하나님이 사람들에게 역사하시는 것처럼 말이다.

아니다. 하나님은 음악이 흐를 때나 조용할 때나 언제나 우리와 함께 하신다. 하나님의 임재는 음악에서 나오는 것이 아니라, 우리가 하나님과 친밀하게 교제하며 소통할 때 더욱 뚜렷하게 느껴지는 것이다. 바로 지금, 이 순간 하나님과 생생한 관계 속에서 말이다. 이럴 때 우리는 하나님의 임재를 마음껏 누린다.

무서운 생각이지만, 우리는 노래를 부르고 밴드 연주를 즐기고 음악에 감동하면서도 정작 하나님을 만나지 못할 수 있다. 각자에게 직접 임하시는 하나님의 임재를 경험하지 못할 수 있다.

때로는 훌륭한 밴드가 주는 즐거움이 오히려 역효과를 낼 수 있다. 진퇴양난, 참 어려운 일이다. 사람들이 음악에 너무 빠지다 보면 정작 그 음악을 만든 사람을 창조하신 하나님을 잊어버린다. 물론, 이런 이유로 밴드의 실력을 포기하거나 창의성을 버리라고(아니면 아예 그만두라고) 할 수는 없다. 반대의 경우도 마찬가지다. 음악의 질이 떨어지면 사람들이 예배에 집중하지 못할 수도 있기 때문이다.

그렇긴 하지만, 잠시 밴드 이야기는 접어두자. 아버지가 찾으시는 예배자들은 밴드가 있든 없든, 실력이 어떻든 상관없이 훌륭하게 예배한다. 음악이 중요한 게 아니라는 걸 깨달았기 때문이다. 예배자는 음악을 있는 그대로 본다. 즉 도구일 뿐이라는 걸 알기 때문에 음악에 지나치게 빠지지 않는다. 음악은 하늘 아버지와 연결하는 도구이면서, 동시에 우리가 '음악'이라고 부르는 아름다운 것을 창조하신 우주의 창조주가 찬양받으실 만하다는 또 하나의 증거이기도 하다.

예배 인도자는 교회 공동체에 중요하지만 눈에 잘 띄지 않는 진리들을 가르쳐줘야 한다. 평소에 놓치기 쉽지만 신앙생활에 꼭 필요한 내용들 말이다. 그런 가르침을 통해 회중은 점차 신앙적으로 성숙해진다.

4. 아버지가 찾으시는 예배자는 교회 예배나 유명한 집회가 필요 없다.

우리가 옛날 교회의 모습으로 되돌아가고 있다는 걸 느낀 적이 있는가? 어쩔 수 없는 상황이든, 단순한 착각이든, 교회에 다니는 많은 기독교인이 다시 한번 이런 생각을 받아들이고 있다. 하나님이 어떤 특별한 물리적 장소에서 다른 곳보다 더 강하게 역사하신다거나, 하나님의 치유나 예언적인 능력이 특정 장소와 묶여 있다는 생각이다. 선한 지도자들이 "하나님의 집"이라고 부는 바로 그런 장소에 하나님이 더 특별하게 역사하신다는 생각이다.

예수님은 요한복음 4장에서 우물가 여인과 이런 문제를 논의하셨다. 그 여인도 예배는 "어디에서" 하느냐가 핵심이라고 생각했다. 그래서 그리심 산과 예루살렘 중 어느 곳이 예배하기에 더 좋은지 예수님께 분명히 말씀해 달라고 했다. 하지만 루이 기글리오가 『하나님을 향한 열정과 예배』에서 표현했듯이, "하지만 예수님은 늘 그래오셨듯이 '어디에서'라는 질문을 또 다른 차원의 문제, 즉 '누구에게'라는 질문으로 바꾸셨다."[1]

예수님 부활 이후 신학post-resurrection theology은 예배가 특정 장소와 연관이 있다는 생각을 없애고, 대신 예배가 인격과 관련이 있음을 알려준다. 아버지가 찾으시는 예배자들은 사도행전 7:48의 예리한 진리를 깨닫는다: "지극히 높으신 이는 손으로 지은 곳에 계시지 아니하시나니." 예배자들은 하나님의 능력이 어떤 건물에서 다른 건물보다 더 쉽게 나타난다거나, 세계 특정 지역의 부흥회에서만 경험할 수 있는 것이 아님을 안다. 참된 예배자가 깨달은 진리는 이것이다: 하나님의 능력은 하나님의 자녀들과 연결되어 있다는 것이다. 하나님의 자녀들이 바로 하나님의 성전, 즉 성령님이 거하시는 성전이며, 하나님은 교회 건물이 아니라 자녀들 안에 살아 계시기 때문이다.

---

1. 루이 기글리오, 하나님을 향한 열정과 경배, 요단 출판사 2006, 65쪽

교회 건물은 하나님의 집이 아니다. 우리가 하나님의 집이다. 이것이 비록 사소한 거짓말처럼 보일지라도 이런 잘못된 생각을 알고 있는 많은 교인의 마음에서 다시 한번 완전히 제거해야 한다.

> [16] 여러분은 하나님의 성전이며, 하나님의 성령이 여러분 안에 거하신다는 것을 알지 못합니까? [17] 누구든지 하나님의 성전을 파괴하면, 하나님께서도 그 사람을 멸하실 것입니다. 하나님의 성전은 거룩합니다. 여러분은 하나님의 성전입니다. (고전 3:16~17, 새번역)

"제프, 지금 무슨 말씀을 하시는 건가요? 사람들이 교회에 가지 않아도 된다는 말씀인가요?" 물론 그렇지 않다. 나는 그저 하나님의 말씀을 되풀이할 뿐이다. 하나님이 교회 건물 안에서만 역사하시는 분이 아니라는 사실을 상기시키려는 것이다. 하나님의 임재는 성전에 갇혀 있지도 않고, 완벽한 예배 순서 안에 담겨 있지도 않다. 하나님을 제한하려는 우리의 시도에 묶이지 않으신다. 교회 식구들이 이를 깨달을 수 있도록 지도자들이 도와야 한다. 하나님은 거리에도 계시고, 집에도 계시고, 차 안에도 계시고, 해변에도 계시고, 비행기에도 계시고, 사무실에도 계신다. 왜일까? 우리가 어디에 있던 하나님이 우리 안에 계시기 때문이다.

하나님이 세우시는 새로운 차원의 예배자들은 장소에 상관없이 훌륭하게 예배할 수 있다는 사실을 안다. 교회 건물이든 들판이든, 산 위든 기차 안이든, 800년 된 대성당이든 야구장이든, 작은 사무실이든 감옥 독방이든 어느 곳에서도 상관없이 예배할 수 있다.

진짜 중요한 질문은 이것이다. 만일 그리스도를 따른다는 이유로 감옥에 갇히는 날이 온다면 어떻게 될까? 물론 이런 일은 세계 여러 곳에서 이미 일어나고 있다. 미국에서도 일어나지 않으리란 법은 없다. 그런 감옥에 영상 프로젝터, 예배 인도자, 예배팀, 음향 시스템, 예배 모임도 없다면 우리는 어떻게 신앙을 지켜야 할까? 어떻게 하나님을 찾고 예배할 것인가?

상상하기 어렵다고 생각할 수 있다. 하지만 정말 그렇게 불가능한 일일까? 그러고 보니 우리는 2020년 코로나19 때 이런 상황의 축소판을 이미 경험했다. 많은 가정이 교회에서 하던 것처럼 집에서 음악 예배에 참여하는 데 큰 어려움을 겪었다. 이것이 우리 현주소를 어느 정도 보여주는 단서가 아닐까? 이런 상황을 통해 예수님은 마침내 우리를 그분이 원하시는 자리에 두셨다. 우리의 모든 모습이 완전히 드러나고, 예배의 방법과 방식, 수단만 중요시하는 헛된 인간의 전통에서 완전히 벗어난 채로 말이다. 이제 우리는 방법이 아닌 왕이신 하나님을 높일 수 있다. 그때야 비로소 예배의 기준이 하나님이 본래 원하신 모습 그대로 이루어진다.

문화와 스타일을 좇다

5. 아버지가 찾으시는 예배자는 자기 문화나 양식적 선호를 충족하지 않는다. (이 주제는 중요한 내용이라 앞의 네 주제보다 더 길게 다룬다)

다양성은 특히 지난 10년간 우리 사회의 핵심 화두였다. 당연히 교회도 하나님 나라의 관점에서 다양성의 의미를 깊이 고민했다(그래야 마땅하다). 처음부터 분명히 말하자면, 다양성 자체는 놀랍도록 아름다운 것이다. 모든 나라와 민족이 함께 모여 주님 안에서 하나 되어 예배하는 것은 지금 우리가 바라는 일이며, 하나님의 나라에서 영원무궁토록 이루어질 일이다. 모든 문화와 인종은 동등한 가치를 지니며, 그리스도의 몸을 이루는 소중하고 놀라운 부분으로서 그 누구도 대신할 수 없는 존재다.

그러나 다양성 추구가 예배 인도자의 핵심 목표가 되거나 그리스도의 몸 안에서 우리가 따라야 할 대상이 되어서는 안 된다. 이상하게 들릴지 모르지만, 그렇게 하면 우리가 바라는 결과를 얻지 못한다. 그 결과는 바로 모든 족속과 문화와 언어를 가진 사람들이 그리스도의 보좌 앞에 모이는 것이다. 이제 그 이유를 설명하겠다.

연합은 다양성보다 훨씬 더 중요한 가치이며, 이 둘이 같은 것이 아니라는 점을 분명히 알아야 한다. 사실 조심하지 않으면 큰 다양성을 이루면서도 진정한 연합은 전혀 이루지 못할 수 있다. 여러 문화와 인종이 함께 예배에 참여한다고 해서(다양성) 우리가 서로 하나님 나라의 가치에 동의하며 하나가 되었다는 뜻(연합)은 아니다. 또한 다양성만으로는 교회가 하나님 나라의 방식을 따라간다고 보장할 수 없다. 그럴 수도 있고 그렇지 않을 수도 있다. 착각하지 말자. 다양성은 아름답지만, 하나님 나라에서 가장 중요한 목표는 아니다.

이제 약간 충격적인 이야기를 하겠다. 재미 삼아 하는 말이 아니라, 우리가 가능한 한 가장 효과적이고 경건한 지도자가 되기 위해서다. 자, 시작해 보자. 다양성은 건강한 교회의 표징이 아니다. 어떻게 아느냐고? 간단하다. 지옥도 천국만큼 다양한 사람들로 가득할 것이기 때문이다.

몇 년 전 어느 오후, 우리가 사랑하는 NCU의 전 총장이신 고든 앤더슨 박사님과 대화를 나누다가 이 경건한 지도자에 관한 새로운 면을 알게 되었다. 박사님은 음악을 정말 사랑하신다는 것이었다. 박사님은 좋아하시는 예술가를 자세히 이야기하시면서, 심지어 본인의 75년산 오베이션 어쿠스틱 기타와 70년산 깁슨 레스 폴 일렉트릭 기타를 연주할 때 느끼는 엄청난 기쁨도 말씀하셨다. 이렇게 오랫동안 알고 지냈는데도 박사님이 이런 이야기를 숨기고 계셨다니 믿을 수 없었다.

앤더슨 박사님은 나에게 자기가 들을 때마다 영감을 받는 노래나 음악가가 누구인지 맞혀보라고 질문하셨지만, 나는 전혀 알 수 없었다. 그러자 박사님은 가까운 시일 내에 본인이 좋아하는 음악을 들려주고 싶다고 하셨다. 호기심이 폭발한 나는 "지금은 어떠세요?"라고 제안했다. 내가 조금 졸라댄 끝에 박사님은 사무실에서 우리가 아끼는 스타인웨이 그랜드 피아노가 있는 NCU 예배실까지 짧은 거리를 함께 걸어가기로 했다. 나는 기대감으로 들떠 있었다.

그 후에 일어난 일이 내 눈을 번쩍 뜨게 했다. 박사님은 피아노 앞에 앉아 오래전 노래들의 화음을 연주하며 멜로디를 부르셨다. 본인의 초보적인 피아노 실력을 굳이 변명하시면서도, 계속해서 소년처럼 들뜬 표정과 반짝이는 눈으로 나를 바라보셨다.

나는 완전히 매혹되었다. 경외감마저 들었다. 음악 자체보다는 박사님의 실력과 열정, 그리고 그 순간의 깊은 감동에 압도되었다. 박사님은 계속 나를 바라보며 마치 "이 노래들 정말 최고 아니야?"라고 말하는 듯했다. 나는 깊이 매료되어 그 흑백 건반에서 흘러나오는 음악에 큰 감사를 느꼈지만, 개인적으로는 박사님과 같은 방식으로 그 스타일에 공감하지는 못했다. 재미있게도 나도 아이디어가 떠올랐다. 박사님께 내가 좋아하는 음악을 조금 들려드리고 싶었다. 마침, 최근에 영화 음악 스타일의 연주곡들을 작곡했는데, 꼭 들려드리고 싶었다. (참고로, 관심 있는 분들을 위해 최근 From Eternity라는 제목의 EP로 다섯 곡의 피아노 연주곡을 모든 스트리밍 플랫폼에 발매했다) 우리는 자리를 서로 바꿨다.

재미있게도 나는 박사님과 똑같은 행동을 했다. 열정적으로 연주하면서 박사님을 기쁜 미소로 올려다보며, "이제 이게 진짜 음악이지요, 안 그래요?"라고 말하는 듯한 표정을 지었다. 그런데 놀랍게도 박사님은 산만해 보였다. 박사님이 연주하실 때 내가 그랬던 것처럼 말이다. 박사님은 몰입하지 못하는 기색을 보이셨고, 언제라도 "아, 벌써 시간이 이렇게 되었네. 비서가 나를 부르는 것 같아"라고 말씀하실 것만 같았다.

나는 흥미로웠다. 그때 성령님이 교회 예배 문화에서 다양성을 추구하는 것이 왜 거의 확실히 재앙으로 이어지는지 깨달음을 주셨다.

요 4:23에서 하나님이 찾으시는 예배자들이 가사가 있든 없든, 예배 인도자가 있든 없든, 음악이 있든 없든, 특별한 예배 모임이 있든 없든 예배에 뛰어난 것처럼, 주님이 찾으시는 성숙한 예배자들은 스타일 문제에도 별로 흔들리지 않는다. 그들은 단상에서 어떤 장르의 예배 음악이 흘러나오든 제약받지 않고 하나님을 예배한다. 개인적 취향에 맞든 맞지 않든 말이다.

새로운 교파

눈치챘는가? 예배 음악 스타일이 새로운 교단이 되어버렸다. 물론 전통적인 교단이 여전히 존재하지만, 요즘 사람들은 같은 신학을 공유하는 사람들보다는 자신과 같은 방식으로 음악 예배를 드리는 사람들(같은 악기나 같은 수준의 표현을 사용하는)과 함께 모이는 경향이 있다. 흥미롭다.

어떤 사람들은 피아노와 오르간으로 연주하는 찬송가를 선호한다. 또 다른 이들은 성가대가 부르는 가스펠 음악과 많은 음악/가사 반복을 좋아한다. 또 어떤 이들은 기타, 우쿨렐레, 타악기 같은 어쿠스틱 악기를 선호하며 돌림노래 형식으로 부르기를 즐긴다. 그리고 또 다른 이들은 더 젊은 감각의 신시사이저가 주도하는 활기찬 장르에 끌린다.

한편, 좋든 나쁘든, 다양성을 향한 외침이 목회자가 다른 문화 출신의 사람을 교회로 끌어들이는 방법을 찾는 네 매달리게 한다. 이는 한 교회에 더 많은, 다양한 나라 사람들을 모은 교회가 더 성공한 교회라는 통념 때문이다. 이런 개념은 종종 목회자들이 예배 인도자에게 많은 서로 다른 민족에게 어필하기 위해 가능한 한 많은 다양한 스타일의 음악을 통합하도록 도전하고 격려하는 결과로 이어진다.

이것은 오류다. 왜냐하면 다양한 음악 스타일을 통합하는 것이 다양성 교회diverse church를 세우는 핵심이라고 치명적으로 가정하기 때문이다. 이는 결국 출석자들을 만족시켜서 더 많은 사람을 확보하기 위해 스타일을 쫓는 피곤한 노력에 중점을 두게 한다. 이것은 전혀 진실이 아니다.

나는 다른 나라 출신 사람들을 교회 예배로 끌어들이는 문제는 음악 스타일을 다양화한다고 해서 절대 해결할 수 없다.

이는 위험할 뿐만 아니라 비논리적이기까지 하며, 더 나쁜 것은 전혀 효과가 없다는 점이다. 그런데 불행하게도 어떤 작은 면에서 효과가 있는 것처럼 보이면 우리는 분명히 지구상에 가득한 문화적으로 독특한 음악적 표현을 통합하려고 시도하며 지칠 줄 모르고 노력할 것이다.

인구 통계학

문화적으로 다양한 교회를 세우는 것이 정말 중요하다고 생각하는가? 그것이 성경의 가르침에 부합하는가? 모든 사람의 개인적인 스타일과 취향을 딱 적당한 양만큼 통합하는 것이 다양성 교회, 건강한 교회를 세우는 비결이라고 볼 수 있을까? 많은 질문이 떠오른다.

만일 다양성 교회를 세우는 것이 정말 최우선 과제라면, 먼저 어떻게 실현할 수 있을지 고민해야 한다. 어떤 민족에게 먼저 다가가야 할지, 어떤 문화권을 우선시해야 할지, 어떤 음악 장르를 선택해야 할지, 그리고 그 장르 안에서도 어떤 세부 스타일을 사용해야 할지 결정해야 한다.

나는 이 부분에서 흥미로운 점을 발견했다. 종종 예배 음악에서 다양성을 가장 많이 주장하는 사람들이 실제로는 단 두 가지 뚜렷한 스타일, 팝 사운드의 백인 음악과 흑인 가스펠 음악만 통합하려 한다. 짜잔! 우리는 다양성을 이루었다! 솔직히 이런 사고방식은 우리를 오만하거나 무지해 보이게 한다. 세계의 수많은 음악 스타일 중 극히 일부만 대표하고 나머지 대부분을 무시하면서 어떻게 "다양성"을 달성했다고 할 수 있는가?

교회 주변 지역의 인구 통계를 연구하고 그에 따라 음악 스타일을 다양화하려고 시도할 수 있다. 2019년 인구 조사에 따르면, 미네소타주 미니애폴리스시는 대략 흑인 19.2%, 히스패닉이나 라틴계 9.6%, 백인 60%, 아시아인 5.9%, 아메리카 원주민 1.4%, 하와이 원주민이나 태평양 섬 주민 0%, 두 개 이상 인종 4.8%로 나타났다. 만일 우리가 다양성 논리를 따른다면, 주일 아침에 보통 진행하는 23분짜리 예배 음악 세트도 이와 비슷한 비율로 구성해야 할 것이다. 흑인 음악 19.2%, 히스패닉이나 라틴계 음악 9.6%, 백인 음악 60%, 아시아 음악 5.9%, 원주민 음악 0%, 기타 음악 4.8%를 통합하면 정말로 다양한 회중을 확보할 수 있을까?

어려운 문제다. 나는 어떤 지도자들이 왜 특정 스타일 추구에 빠지며, 이것이 다른 문화 출신 사람들을 한데 모으는 가장 좋은 방법이라고 생각하는지 충분히 이해한다. 그러나 우리가 이 길을 시작하면 끝을 찾을 수 없을 뿐 아니라, 더 나쁜 것은 우리가 의도한 목적지에 실제로 도달하지 못할 것이라는 점이다.

상황이 복잡해질 수 있다

믿든 안 믿든, 나는 대학생이 되고 나서 랩 음악을 조금씩 듣기 시작했다. dc Talk 같은 기독교 랩 그룹과 라디오에서 나오는 인기 있는 랩도 들었다. 나는 랩 음악의 리듬감과 음악적 흐름에 매력을 느꼈고, 특히 가사를 통해 사회 문제나 논쟁적인 주제를 다루는 방식이 마음에 들었다.

곧 나는 랩 음악에 푹 빠져서 직접 랩 음악을 제작했다. 'Another Alternative'와 'Go the Distance'라는 두 장의 랩 CD였다. 헐렁한 바지에 야구 모자를 뒤로 쓰고, 화려한 장신구를 달고, 나이키 하이탑 운동화를 신고 다녔다. 굳이 변명하자면, 그때는 90년대 초반이었다.

요점은 이것이다. 내가 여러 교회와 청소년 그룹을 다니며 공연했을 때 사람들은 서로 다른 반응을 보였다. 하지만 키가 크고 홀쭉한 한 남자가 카우보이 부츠와 카우보이 모자를 쓰고 진한 남부 억양으로 내게 다가와서 한 말을 절대 잊을 수 없다. "이봐, 형씨. 나는 보통 그런 랩 음악을 좋아하지 않아. 알겠어? 하지만 오늘 밤 자네의 기름 부음 받은 공연과 하나님을 증거하는 방식은 정말 특별했어. 감동적이었네."

몇 년이 지난 후, 나는 유행을 따라 얼터너티브 록 음악을 작곡하고 부르기 시작했다. 마찬가지로 어느 주일 아침, 한 노부인이 내게 다가와 귀마개를 빼며 말했다. "젊은이, 나는 보통 그런 로큰롤 음악을 좋아하지 않는데, 오늘 아침 자네가 부른 기름 부음 받은 노래와 진심을 담은 나눔에 정말 감동했어. 고마워."

나는 다양한 사람의 호응을 얻기 위해 여러 음악 스타일로 노래하며 수년을 보냈다. 힙합을 좋아하는 아이들을 위한 랩 음악, 얼터너티브 록을 좋아하는 아이들을 위한 록 음악, 젊은 부부들을 위한 발라드 한두 곡, 그리고 연세 드신 분들을 위한 찬송가까지. 그런데 바로 그렇게 내 이론은 산산조각 났다.

놀랍게도, theguardian.com에 따르면 글렌 맥도널드는 현재 전 세계에 모든 문화를 대표하는 1,264개 이상의 음악 장르와 세부 장르가 있다고 보고했다.[2] 이를 염두에 두고 다시 생각해 보자. 서로 다른 음악 스타일을 가진 수백 개의 문화 중에서 우리는 어떤 것을 만족시키기 위해 노력해야 할까? 한 가지 음악 스타일을 적절한 양만큼 예배에 통합했다고 생각하는 바로 그때, 우리는 다른 수십 가지 스타일도 고려해야 함을 깨닫는다. 문제는 앞서 본 인구 조사의 7가지 주요 문화 범주만 고려해도 여전히 엄청난 양의 일이 남아 있다는 것이다.

나는 프랑스계이자 독일계다. 그렇다면 나를 교회에 나오게 하려면 어떤 문화를 통합해야 할까? 특히 프랑스인과 독일인은 취향이 매우 다르다. 어쩌면 우리는 모든 백인이 같은 음악 장르를 좋아한다고 가정하는 것은 아닐까? 아니면 백인들이 미국에서 다수이니, 그들의 취향은 별로 중요하지 않다고 생각하는 걸까? 하지만 그렇다면 타인이 우리에게 하지 않기를 바라는 그 행동을 오히려 우리가 하는 것이다. 비슷한 피부색의 사람들을 한 그룹으로 묶어서, 모두 같은 음악 취향이라고 가정하는 일 말이다.

---

2. www.theguardian.com/music/2014/sep/04/-sp-from-charred-death-to-deep-filthstep -the-1264-genres-that-make-modern-music

이왕 하는 김에 또 하나의 중요한 논쟁의 여지가 있는 질문을 해보자. 교회 구성원을 다양화할 책임이 대형 백인 교회에만 있는 것일까, 아니면 동남아시아 소수민족 교회, 라틴계 교회, 필리핀 교회, 흑인 교회, 아시아 교회, 메시아닉 유대인 교회에도 똑같이 있는 것일까? 모든 교회에 다양성의 책임이 있다면, 이런 교회들은 다른 모든 문화를 위해 얼마나 다양한 스타일을 예배에 포함해야 할까? 자, 이제 상황이 정말 복잡해진다.

지옥도 큰 다양성을 자랑한다

스타일을 쫓는 일이 우리를 얼마나 쉽게 산만하게 하는지 알겠는가? 솔직히 더 많은 다양한 사람을 우리 예배에 끌어들이려는 희망에 음악 스타일을 쫓는 행동은 밑 빠진 독과 블랙홀과 같다. 결국 우리에게 역효과만 낼 것이다.

다양성을 추구하는 교회와 영적으로 성숙한 교회 중 어느 것이 더 중요한가? 어떤 사람들은 다양성 교회를 세우려는 노력이 영적 성숙을 향해 성장하는 증거라고 주장할지 모르지만, 이는 지나치게 단순한 생각이다. 다양성 자체만으로는 거의 아무것도 이루지 못한다. 다양성은 아름답고 바람직하지만, 최종 목표는 아니다. 요 17:21에 나오는 예수님의 기도에 따르면, 교회의 최종 목표는 연합이다.

몇 단락 전에 내가 한 담대한 주장을 다시 반복하겠다. 다양성은 천국의 표징이 아니다. 어떻게 아는가? 지옥도 천국만큼이나 다양한 사람으로 가득하기 때문이다.

이 진실을 이해해 보라. 나는 거짓말을 하거나 성경에 반하는 말을 하지 않는다. 다양성을 추구해야 한다고 주장할 때 우리가 자주 인용하는 성경 구절을 살펴보자.

> 9 그 후에 내가 보니 국가와 종족과 언어를 초월하여 세계 모든 민족 가운데서
> 아무도 셀 수 없는 엄청난 군중이 나와서 흰 옷을 입고 손에 종려 가지를 들고
> 보좌 앞과 어린 양 앞에 서서 10 큰 소리로 '구원을 주시는 분은 보좌에 앉으신 우
> 리 하나님과 어린 양이십니다.' 하고 외쳤습니다. (계 7:9~10, 현대인)

정말 아름답다! 천국은 모든 족속, 모든 언어, 모든 나라에서 온 사람으로 가득하다. 이 사실은 모든 신자에게 기쁨이며, 나 역시 깊이 감동한다! 하지만 다시 생각해 보자. 지옥도 모든 족속, 모든 언어, 모든 나라에서 온 사람으로 가득하지 않은가? 이것이 사실이라면, 우리는 오직 하나의 중요한 결론에 도달한다. 다양성은 하나님의 자녀를 영원히 멸망할 사람들과 구별하는 핵심이 아니다. 천국과 지옥 모두 모든 문화권의 다양한 사람이 있다. 하나님과 함께 영원히 살 사람들이나 지옥에서 영원히 살 사람들 모두 매우 다양한 구성원으로 이루어진 집단에 속한다.

이 개념은 "다양성은 목표가 아니다"라는 말을 777번이나 반복해서 말해야 할 만큼 어렵지 않다. 다양성이 목표가 아니라면, 무엇이 목표인가? 우리는 알고 있다. 사랑이다. 사랑이 목표다. 사랑은 궁극적으로 사람들이 교회에 오는 이유이며 또한 교회에 계속 남아 있는 이유이기도 하다. 음악 스타일은 목표가 아니다. 포용하고 사랑이 넘치는 교회로 알려지기 위해 인구 통계를 바탕으로 문화, 음악 취향, 피부색의 균등한 분포를 이룰 필요는 없다. 서로 사랑한다는 것을 증명하기 위해 같은 음악을 즐겨야 할 필요도 없다. 사실, 음악이든, 음식이든, 옷이든, 춤이든, 여행이든, 예술이든, 책이든, 오락이든 무엇이든 간에 모두 같은 스타일만 좋아한다면 그것이야말로 끔찍하다.

진실은 이것이다. 다문화 회중을 성장시키는 것은 음악 스타일에 관한 것보다 진실한 사랑과 성령님의 기름 부음이 하나로 어우러진 상태에서 교회를 운영하는 것과 훨씬 더 깊은 관련이 있다.

성경적 색맹

하나님 나라에서는 피부색을 따지지 않는다. 물론 피부색이나 문화에 무지하거나 둔감하다는 뜻이 아니다. 하나님은 우리 피부색이나 문화적 배경이나 하나님이 창조하신 모든 사람 안에 있는 하나님 나라 가치에 완전히 편견이 없으시다. 문화, 피부색, 나이, 성별, 경제적 상황, 지능과 관계없이 모든 사람이 똑같이 소중하다. 이것이 진리이며 하나님 나라의 아름다움이다.

그런데 현대에는 많은 사람이 이렇게 피부색을 구별하지 않는 "색맹적 표현법"을 오히려 무지하고, 악의가 있거나, 심지어 인종차별적이라고 낙인찍는다. 하지만 색맹적 관점은 완전히 성경에 근거한다.

> 26 너희가 다 믿음으로 말미암아 그리스도 예수 안에서 하나님의 아들이 되었
> 으니 27 누구든지 그리스도와 합하기 위하여 세례를 받은 자는 그리스도로 옷
> 입었느니라 28 너희는 유대인이나 헬라인이나 종이나 자유인이나 남자나 여자
> 나 다 그리스도 예수 안에서 하나이니라 29 너희가 그리스도의 것이면 곧 아브
> 라함의 자손이요 약속대로 유업을 이을 자니라 (갈 3:26~29)

이 말씀은 하나님이 더 이상 우리를 겉모습으로 판단하거나 구분하지 않으신다는 진리를 단번에 파악하게 한다. 인종이나 문화, 즉 비유상 "옷"으로 우리를 구별하지 않으신다. 왜 그럴까? 우리가 이제 완전히 새로운 문화의 일원이기 때문이다. 우리는 완전히 새로운 옷을 입은 완전히 새로운 가족, 아브라함의 가족이다. 하나의 문화, 하나님 나라 문화에 속했으며 더 이상 과거의 방식으로 규정되지 않는다.

우리는 이제 그리스도 안에서 새로운 피조물이다. 유대인이나 이방인, 아프리카인이나 북미인, 호주인이나 아시아인, 남미인이나 유럽인, 늙은이나 젊은이, 종이나 자유인으로 구분하지 않는다. 하나님 나라에서

우리 정체성은 남자나 여자라는 성별로도 구분하지 않는다. 우리는 이제 모두 작은 그리스도 같은 사람이 되었으며, 과거에 우리를 규정하고 종종 갈라놓았던 외적인 특징은 하나님 나라에서 더 이상 적용되지 않는다.

우리는 모두 하나의 크고 아름다운 가족이다. 이제 우리를 하나로 묶는 것이 우리를 갈라놓는 것보다 더 중요하다. 그것은 바로 우리 모두 안에 살아 계신 그리스도의 영이다.

솔직히 우리가 저지르는 가장 큰 실수는 문화적 차이를 지나치게 강조하는 것이다. 이는 주로 우리 자신을 '옛사람'으로 규정하고 그리스도 안에서의 정체성으로 보지 않는 것과 비슷하다. 물론, 이것이 우리 피부색, 머리카락, 생김새, 체형, 옷 스타일, 문화 같은 차이점들을 무시하거나 가볍게 여기라는 말은 아니다. 오히려 이런 다양한 차이점들을 소중히 여기고 기뻐해야 한다! 하지만 우리를 하나로 묶는 것은 차이점이 아니다. 차이점은 우리를 아름답게 만들지만, 하나님의 자녀라는 공통점이 우리를 하나로 모은다.

언어의 장벽을 깨기

"교회 예배에서 다양한 스타일의 음악을 더 이상 사용하지 말라는 말씀인가요?" 절대 아니다! 나는 그저 다양성이 건강한 교회를 성장시키는 핵심이라는 잘못된 믿음을 버려야 한다고 말하는 것이다. 문제는 이것이다. 앤더슨 박사님과 내가 발견한 바와 같이, 이 문제는 우리가 처음 생각한 것보다 훨씬 더 복잡하다. 우리가 맹목적으로 인종과 문화적 선호도를 고려하는 동안, 세대 간의 선호도는 거의 잊고 있었다. 보라, 음악 스타일은 일종의 언어로서 문화적 언어인 동시에 세대의 언어이기도 하다. 세계에는 다양한 문화, 남녀 성별, 여러 나이를 대표하는 수많은 음악적 '방언'이 존재한다.

이것이 나이 든 세대가 때때로 “새로운 찬양은 부르기 어렵다”라고 말하는 이유다. 실제로 부르기 어려워서가 아니라, 그들이 자라던 시절과는 전혀 다른 음악적 언어이기 때문에 어른 세대에게는 마치 외국어처럼 낯설게 들린다. 이것은 젊은이들이 1600년대 찬송가를 “구식”이나 “시대에 뒤떨어진 것”으로 생각하는 것과 같은 이유다. 젊은이들에게 찬송가는 그저 알아들을 수 없는 말과 같다. 그냥 이해가 안 되고 가사나 선율 어느 쪽으로도 영감을 주지 못한다. 찬송가나 고전 음악의 질이 낮아서가 아니라 젊은 세대에게는 생소한 나이 든 세대가 선호하는 음악적 언어이기 때문이다.

‘외국어’ 같은 음악 언어를 그대로 두면 하나님의 자녀들을 나누는 장벽이 될 수 있다. 사람들에게 여러 가지 새로운 스타일을 억지로 밀어 넣는 것은 해결책이 아니다. 놀라울 정도로 더 효과적인 방법이 있다.

기름 부음이 멍에를 깨트린다

“좋아요. 그럼, 대체 무엇이 우리를 하나로 모을 수 있을까요?”

간단하다. 앞에 나온 카우보이와 할머니가 처음부터 답을 알았다. 바로 성령님의 하늘 언어, 기름 부음이다. 성령님이 우리를 하나 되게 하는 요소다. 이 기름 부음은 우리 모든 스타일과 문화적 차이를 뛰어넘어 함께 모으는 능력이다. 성령님은 각 사람의 고유한 가치를 부정하지 않으면서도 하나님의 자녀 사이의 음악적 언어 장벽을 허무신다.

하나님의 인격과 기름 부음을 통해 경험하는 하나님의 임재는 마치 실처럼 전 세계의 모든 신자를 하나로 연결한다. 우리 스타일, 세대 차이, 개인적 선호도에 상관없이 말이다. 할렐루야!

하나님의 기름 부음은 모든 영적인 사람, 즉 거듭난 모든 사람의 “음악”이다. 이 기름 부음이 속박의 멍에를 깨뜨린다(사 10:27 참조). 만일 누군가 내가 한 번도 들어본 적 없는 지구 반대편 언어로 된 아름다운 노래를 들려준다면, 나는 그 의미를 전혀 이해할 수 없다. 하지만, 같은 노래라도 기름 부음이 가득한 하나님의 영이 주시는 강력하고 보편적인 하늘의 언어와 함께 부른다면, 비록 내가 가사를 완전히 이해하지 못해도 내 영은 그 사람의 영과 함께 뜨겁게 예배할 수 있다. 우리는 자연적으로는 불가능한 방식으로 초자연적인 연합을 경험하게 될 것이다.

주의: 이제부터 아주 중요한 이야기다.

예배 인도자와 예배팀은 회중이 좋아하는 음악 스타일로 그들의 마음을 얻으려 할 것이 아니라, 오히려 회중이 어떤 음악 스타일이든 상관없이 하나님을 열정적으로 예배하도록 가르쳐야 한다. 바로 이 점이 우리가 추구해야 할 진정한 해결책이다. 우리는 교회 공동체에 이 진리를 반드시 가르치고 전해야 한다. 더 나아가 우리 자신이 먼저 이러한 태도로 예배함으로써 회중에게 본을 보이고 앞장서야 한다.

하나님의 자녀들은 어떤 문화 스타일이든 상관없이 예배하는 방법을 배워야 한다. 세대에 따른 음악 스타일이 달라도 예배해야 한다. 음악 수준이 높든 낮든 상관없이 예배해야 한다. 단상 위에 뛰어난 밴드가 있든 몇 명의 아카펠라 가수만 있든 상관없이 예배해야 한다. 우리 감정 상태와 관계없이 예배해야 한다. 음악가들이 어떤 옷을 입었든, 심지어 어떻게 행동하든 상관없이 예배해야 한다. 우리가 좋아하는 노래를 정확한 음정으로 부르든 그렇지 않든 상관없이 예배해야 한다. 이런 요소들은 정도의 차이는 있을지라도 모두 본질이 아닌 부차적인 것일 뿐이다.

많은 사람이 놓치는 점은, 다양성 추구가 결국 교회 회중의 육신적 욕구에 호소하는 반면, 기름 부음을 추구하는 것은 회중의 영에 호소한다는 사실이다. 게다가 교회 지도자들이 다양성만 쫓다 보면 종종 원래 바란 것과는 정반대의 결과를 얻는다. 예배 인도자와 예배팀이 스타일과 개인적 선호에 초점을 맞추면, 사람들은 예배의 스타일과 회중의 선호도가 왕이라고 배운다. 하지만 우리가 기름 부음에 초점을 맞추면, 회중은 예수님이 왕이심을 배운다.

사실, 우리가 완벽한 음악의 조화와 모든 문화의 이상적인 균형을 갖춘 교회를 세우는 것은 불가능하다. 그래도 괜찮다. 왜냐하면 그런 것은 애초에 진짜 목표가 아니기 때문이다. 다양성을 추구하는 교회에 다니는 사람들은 종종 다양성을 추구하지 않는 다른 교회에 분노하는 경향이 있다. 하지만 걱정하지 말라. 일단 사람들이 당신의 교회가 하나님의 영을 추구한다는 사실을 알면, 다양성 추구에 관한 걱정은 자연스럽게 사라질 것이다. 그리고 우리가 하나님의 영을 진정으로 추구할 때, 하나님이 직접 모든 족속과 나라, 문화권의 사람들을 우리 교회로, 그리고 궁극적으로는 하나님 자신에게로 이끌어 오실 것이다.

예배는 영적 전쟁이다

6. 아버지가 찾으시는 예배자는 하나님께 예배드리는 것이 곧 영적 전쟁에서 싸우고 이기는 길임을 안다.

예배 인도자와 예배팀이 준비되어 있든 그렇지 않든, 하나님은 회중을 예배 속에서 일어나는 영적 전쟁을 더 깊이 이해하도록 인도하기를 원하신다. 많은 사람에게 영적 전쟁은 두려운 주제이거나 그저 무시하고 싶은 일이다. 하지만 하나님이 미래를 위해 자기 자녀들을 준비하는 데 사용하시는 예배 인도자는 음악 예배 시간 동안 단순히 하나님께 영광을 돌리는 것 이상의 일이 일어난다는 것을 이해하는 사람이다.

우리 대부분은 악령의 역사를 마주하거나 많은 이가 '축귀'라고 부르는 일이 일어나는 교회에서 성장하지 않았다. 그러나 예수님은 분명히 모든 제자에게 원수에게 대항할 수 있는 영적 전쟁의 권한을 주셨다.

[1]예수께서 열두 제자를 불러 모으사 **모든 귀신을 제어하며 병을 고치는 능력과 권위**를 주시고 [2]하나님의 나라를 전파하며 앓는 자를 고치게 하려고 내보내시며 (눅 9:1~2)

그 후 눅 10장에서 예수님은 다른 72명의 제자를 택하시고 비슷한 지시를 주신 것 같다. 어떻게 알 수 있는가? 72명의 제자가 돌아와서 기쁘게 보고했기 때문이다. "72명의 제자들이 기쁨으로 돌아와 '주님, 주님의 이름으로 명령했더니 *귀신들도 우리에게* 복종했습니다.' 하고 보고하자"(눅 10:17, 현대인)

질문: 당신의 예배팀과 교인들은 현시대의 영적 전쟁의 실체를 이해할 준비가 되어 있는가? 회중에게 우리가 악한 영들을 대적할 권위를 받았으며, 우리가 예수님의 주되심을 예배하고 선포할 때 하나님이 우리를 대신해 어둠의 세력을 물리치신다는 사실을 가르쳤는가? 사실 우리는 이 부분에서 더 성장해야 한다. 물론 악한 영들이 복종한다고 해서 자랑해서는 안 된다. 하지만 분명한 사실은 이것이다: 악령들은 하나님이 주신 능력과 권위 때문에 하나님의 자녀에게 복종할 수밖에 없다.

지금도 전쟁 중이다

우리가 인정하든 하지 않든, 영적 전쟁은 지금도 진행 중이다. 그렇기에 우리 교회 회중이 영적 전쟁이라는 현실을 제대로 알도록 예배 인도자와 예배팀이 먼저 현실을 직시하는 것이 매우 중요하다. 이는 회중을 두렵게 하려는 것이 아니라, 영적 전쟁의 현실 속에서 자신 있게 싸울 수 있도록 돕기 위함이다. 만약 이렇게 하지 않는다면 회중은 위험 앞에 무방비 상태로 놓이게 될 것이다. 다음 성경 구절들을 깊이 생각해 보라:

근신하라 깨어라 너희 대적 마귀가 우는 사자 같이 두루 다니며 삼킬 자를 찾나니 (벧전 5:8)

도둑이 오는 것은 도둑질하고 죽이고 멸망시키려는 것뿐이요 내가 온 것은 양으로 생명을 얻게 하고 더 풍성히 얻게 하려는 것이라 (요 10:10)

우리는 종종 익숙한 성경 구절을 읽을 때 그 깊은 의미를 그냥 지나친다. 마귀의 능력을 절대 얕잡아 보지 말라. 성경은 매우 분명하게 경고한다. 마귀는 단순히 우리 휴대전화를 잃어버리게 하거나 자동차 시동이 걸리지 않게 하는 사소한 방해로 괴롭히지 않으며 우리를 완전히 파멸시키려 한다. 마귀의 궁극적인 목표는 우리를 죽음에 이르게 하여 땅속 깊이 묻은 후, 영원히 자신과 함께 지옥에 있게 하는 것이다.

드럼 연주자이며 내 친구인 루 산티아고 주니어는 이런 상황에 딱 맞는 성경 구절을 안다: "*나의 반석이신 여호와를 찬송하리로다 그가 내 손을 가르쳐 싸우게 하시며 손가락을 가르쳐 전쟁하게 하시는도다*"(시 144:1). 루는 드럼 연주자로서 자기 역할이 영적 전쟁 하는 것임을 잘 안다. 즉, 예배할 때, 하나님이 주신 능력과 권위로 손과 손가락, 발을 사용하여 연주하면서 하나님의 자녀를 위해 싸운다. 이 시편 말씀은 원래 하나님이 자기 자녀들을 칼, 활, 몽둥이, 창으로 싸우는 실제적인 전투를 위해 준비시키는 것을 뜻하지만, 동시에 우리가 찬양과 경배를 통해 영적 전투에서 싸워 이기도록 준비시킨다는 의미도 담고 있다.

당신의 예배팀과 회중은 영적 전쟁을 잘 이해하고 있는가? 만일 그렇지 않다면, 이제 이 중요한 진리를 알려줄 때가 왔다. 첫째, 영적 전쟁은 이미 우리 예배에서 실제로 일어나고 있다는 것과 둘째, 음악적 찬양과 경배는 영적으로 방황하거나 억압받는 사람들을 자유롭게 하는 데 특별히 강력한 역할을 한다는 사실이다.

놀랍게도, 영적 전쟁이라는 중요한 문제를 무시하는 것은 마치 예배팀과 회중을 전투에 필요한 어떤 보호 장비도 없이 완전히 무방비 상태로 반바지와 티셔츠만 입은 채로 전쟁터에 내보내는 것과 같다!

우리 찬양은 어둠을 드러낸다

2014년, 그리핀 맥그래스가 이끄는 애리조나의 한 캠프에서 말씀을 전하려고 단상에 올라가던 순간이 생각난다. 열정적으로 예배하는 학생들 사이를 지나 단상으로 올라갔다. 밴드가 강력한 예배 시간을 막 마친 후였고, 내가 말씀을 전할 차례였다. 밴드의 연주 강도가 점점 높아지는 가운데, 나는 학생들에게 즉흥적인 예배를 드리도록 격려했다. 바로 그 때, 내 왼쪽 앞줄에 있던 한 남학생이 갑자기 비명을 지르며 몸에 경련이 일어났다. 순식간에 모든 학생의 시선이 그 아이에게로 쏠렸다.

나는 마음으로 성령님의 인도하심을 구하면서도, 동시에 모든 학생에게 예수님께 계속 집중하라고 격려했다. 머릿속으로는 여러 가능성을 생각했다. 이 학생이 단순히 누군가에게 발을 밟혀서 소리를 지른 것일까 아니면 성령님의 강한 임재에 압도되어 그런 것일까? 혹시 악령의 억압이나 심지어 악령에 사로잡혀 싸우는 것은 아닐까?

우리는 비교적 빠르게 원수가 이 젊은이로 하여금 좌절과 동요 속에서 소리 지르게 한다고 분별했다. 예수님 시대에 귀신들이 그랬던 것과 같은 방식으로 말이다. "*더러운 귀신들도 어느 때든지 예수를 보면 그 앞에 엎드려 부르짖어 이르되 당신은 하나님의 아들이니이다 하니*"(막 3:11).

여기서 핵심은 사람들을 사로잡거나 억압하는 악령들이 예수님과 만날 때, 또는 예수님의 이름을 열정적으로 높이는 신자들 안에 있는 성령님과 접촉할 때, 그들은 극도로 불안하고 동요한다. 이것이 바로 악령이 종종 비명을 지르며 자기도 모르게 존재를 드러내는 이유다.

예수님 시대에 흔했던 이런 명백한 악령의 활동이 적어도 오늘날 서구 사회에서는 거의 볼 수 없다는 사실이 이상하지 않은가? 우리는 이런 현상이 더 이상 일어나지 않는다고 여긴다. 하지만 내 생각에 악령들은 사라진 게 아니라 그저 눈에 띄지 않게 활동하는 방식을 택했을 뿐이다. 악령이 가장 두려워하는 것은 쫓겨나는 것이기에, 그들은 전략을 바꿔 자기 존재를 드러내지 않고 사람들의 귀에 은밀히 거짓말을 속삭이며 마치 꼭두각시처럼 조종하는 방식으로 적응한 것이다.

음악으로 예배하는 동안 우리가 그저 가만히 앉아만 있으면, 악령이 드러나고 피해자가 자유를 얻을 가능성은 크게 줄어든다. 하지만 하나님의 임재가 강하게 나타나는 순간에는 악령들이 너무 좌절한 나머지 자기 정체를 감출 수 없다. 이렇게 생각해 보라: 예수님을 찬양하면 예수님의 임재가 임하며, 예수님의 임재는 원수를 드러낸다.

우리 찬양은 어둠을 몰아낸다

원수를 드러내는 것과 물리치는 것은 차원이 다른 일이다. 하지만 우리가 신자로서, 연주자와 싱어로서 예수님의 능력으로 영적 원수들과 맞설 때 정확히 이런 일이 일어난다.

> 하나님께서 부리시는 악령이 사울에게 이를 때에 다윗이 수금을 들고 와서 손으로 탄즉 사울이 상쾌하여 낫고 악령이 그에게서 떠나더라 (삼상 16:23)

나는 모든 교회에서 예배팀으로 섬기는 모든 멤버가 자신이 연주하고 노래할 때 신자에게 주어진 초자연적인 능력과 권위를 제대로 알았으면 한다. 우리가 맞서 싸우는 영적 전쟁은 대부분 마귀와 악한 세력들이 최대한 많은 사람을 영적 어둠 속으로 이끌기 위해 쉬지 않고 일하는 모습으로 나타난다. 하지만 우리는 예수님의 보혈과 하나님의 성령을 통해 찬양과 예배로 어둠을 몰아내고, 영적으로 가려진 눈을 뜨게 하는 능력이 있다.

사람들이 오늘날 심각한 문제인 영적 맹목 상태로 살면 하나님의 진리를 볼 수도, 이해할 수도 없다. 비록 그 진리가 눈앞에 분명히 있어도 그들은 보지 못하거나 아예 보려고 하지 않는다. 영적으로 눈이 어두워졌기 때문이다. 고린도후서 4:4에서는 이런 상태에 원수가 어떤 역할을

하는지 말한다: "이 세상의 신인 사탄이 믿지 않는 사람들의 마음을 어둡게 했기 때문에 그들은 하나님의 모습인 그리스도의 영광에 대한 기쁜 소식의 빛을 볼 수가 없습니다"(현대인).

사탄은 불신자들의 눈을 가려 복음의 진리를 보지 못하게 할 뿐 아니라, 신자들의 눈도 속여서 다양한 영역의 진리를 이해하지 못하게 한다. 예를 들어 참된 정체성, 건강한 정신 상태, 삶의 혼란과 두려움, 우울증 등에 관한 진리를 보지 못하게 방해한다.

안타깝게도, 우리는 예수님의 십자가로 이미 영적 전쟁이 승리한 전쟁이라는 사실을 깨닫지 못해 대체로 패배한다. 하지만 상황은 달라질 수 있다. 우리는 단지 믿음으로 우리의 승리를 인정하고, 하나님이 주신 사람들을 자유롭게 하는 사명을 깨달으면 된다. 우리는 신자와 불신자 모두를 위해 중보함으로써, 그들의 큰 원수인 마귀가 그들을 죽이고, 빼앗고, 파괴하려는 시도를 무력화하도록 부름을 받았다.

존 파이퍼는 "하나님의 자녀들이 노래할 때 하나님의 원수들은 혼란에 빠진다"라고 말했다. 참으로 놀라운 말이다. 여러분은 이 말에 동의하는가? 여러분의 예배팀은 이 진리를 아는가? 정말로 마음 깊이 이해하는가? 여러분이 섬기는 교인들은 어떤가?[3]

나는 이런 장면을 상상한다. 우리가 목소리와 악기로 예수님의 이름을 높이며 하나님을 찬양할 때, 악령들은 격분하여 자기 존재를 드러낸다. 마치 전에는 사람들의 눈을 가리던 악령들에게 우리 찬양 소리는 끔찍하게 들리기 때문에 견디지 못해 사람들의 눈에서 손을 떼고 대신 자기 귀를 막는 것과 같다. 그 순간, 하나님의 자녀들이 찬양할 때 영적인 안개가 걷히기 시작한다. 우울함의 안개, 안일함의 안개, 외로움의 안개, 실망의 안개, 방황의 안개가 걷힌다.

---

2. 존 파이퍼, https://www.desiringgod.org/messages/ambushing-satan-with-song)

그 놀라운 순간, 영적 포로 상태에 있던 사람들이 하나님의 밝게 빛나는 임재 안에서 정신을 차리고 생애 처음으로 진리를 보기 시작한다. 마치 오랫동안 굳게 닫혀 있던 영적인 눈을 겨우 뜨려는 듯 계속해서 눈을 깜빡인다. 예수님의 영광의 빛 안에서 비로소 자신이 포로였음을 깨닫고 오랫동안 스쳐 지나갔던 그리스도 안에 있는 놀라운 자유를 선택할 기회를 얻는다. 그리고 사슬이 끊어지면서 감옥 문이 활짝 열리고, 눈을 가리던 비늘도 바닥에 떨어진다. 우리의 찬양이 원수들에게 큰 혼란을 일으키기 때문에 이 모든 놀라운 일이 일어난다.

우리 찬양은 어둠을 격파한다

감옥 문이 열렸다고 해서 갇혀 있던 포로들이 갑자기 용기를 내어 자유를 향해 걸어 나올 수 있는 것은 아니다. 한 단계 더 나아가서 우리는 찬양을 통해 영적 전쟁에 참여하도록 부름을 받았을 뿐만 아니라, 하나님의 도우심으로 결국에는 그 전쟁에서 승리하게 되어 있다.

우리는 역대하 20장에 기록된 유다의 왕 여호사밧 이야기를 안다. 음악과 예배가 영적 전생에서 어떤 역할을 하는지를 보여주는 가장 놀라운 역사적 사례다. 이런 상황을 한번 상상해 보자. 여호사밧의 나라가 평화롭게 잘 돌아가고 있을 때, 갑자기 모압과 암몬, 그리고 일부 마온 사람들이 대군을 이끌고 유다를 침략하겠다고 선포했다. 이는 마치 중국, 러시아와 여러 나라가 하룻밤 사이에 미국을 공격한다는 소식과 같았다. 얼마나 두려운 소식인가!

위기 상황에 직면한 여호사밧은 즉시 올바르게 반응했다. 주님께 도움을 구하고 유다 전국에 금식과 기도를 선포했다. 이렇게 하나님을 찾는 여호사밧의 행동에 주님은 한 선지자를 통해 명확하고 강력한 응답을 주셨다:

[15] 야하시엘이 이르되 온 유다와 예루살렘 주민과 여호사밧 왕이여 들을지어다
여호와께서 이같이 너희에게 말씀하시기를 너희는 이 큰 무리로 말미암아 두려
워하거나 놀라지 말라 이 전쟁은 너희에게 속한 것이 아니요 하나님께 속한 것
이니라 [16] 내일 너희는 그들에게로 내려가라 그들이 시스 고개로 올라올 때에 너
희가 골짜기 어귀 여루엘 들 앞에서 그들을 만나려니와 [17] 이 전쟁에는 너희가
싸울 것이 없나니 대열을 이루고 서서 너희와 함께 한 여호와가 구원하는 것을
보라 유다와 예루살렘아 너희는 두려워하지 말며 놀라지 말고 내일 그들을 맞
서 나가라 여호와가 너희와 함께 하리라 하셨느니라 하매 (대하 20:15~17)

이것은 정말 놀라운 일이다. 그러나 동시에 두렵기도 하다. 왜 그럴까? 우리가 여호사밧과 함께 그 자리에 있었다면, 하나님이 우리에게 "집에 머물러 있으라"라고 말씀하시고 혼자서 원수들을 물리치지 않으신 점에 실망했을지도 모른다. 그런데 하나님은 오히려 이스라엘에게, 그리고 현대의 우리도 예배하며 "각자의 자리에 서라"고 초대하신다.

여호사밧은 하나님의 말씀에 순종하여 다음 날 이른 아침에 유다 백성들을 이끌고 전쟁터로 향했다. 그런데 여호사밧은 이상한 일을 했다. 찬양대원들을 선발하여 군대의 맨 앞에 세운 것이다. 이 노래의 가사는 단순하면서도 강력했다: '*여호와께 감사하라. 그의 사랑은 영원하다!*'(*대하 20:21, 현대인*).

놀랍게도, 노래의 결과는 이러했다:

[22] 그 노래와 찬송이 시작될 때에 여호와께서 복병을 두어 유다를 치러 온 암몬
자손과 모압과 세일 산 주민들을 치게 하시므로 그들이 패하였으니 [23] 곧 암몬과
모압 자손이 일어나 세일 산 주민들을 쳐서 진멸하고 세일 주민들을 멸한 후에
는 그들이 서로 쳐죽였더라 [24] 유다 사람이 들 망대에 이르러 그 무리를 본즉 땅
에 엎드러진 시체들뿐이요 한 사람도 피한 자가 없는지라 (대하 20:22~24)

흥미롭게도, 대하 20:22에 나오는 '찬양'의 히브리어 단어는 '테힐라'다. 이를 통해 하나님의 자녀들이 "여호와께 감사하라. 그의 사랑은 영원하다!"라는 단순한 가사를 즉흥적인 선율로 노래했다는 것을 알 수 있다. 이스라엘이 부른 테힐라 찬양의 응답으로, 하나님이 직접 나서서 원수를 물리치셨다. 누가 이런 일이 일어날지 알았겠는가?

전투의 최전선에 찬양하는 사람들을 배치한다는 발상은 정말 특이한 전략이다. 일반적인 전쟁 상황에서는 가장 강인하고, 용맹하며, 거친 전사들을 최전방에 배치하는 것이 당연한 전술이다. 그러나 여호사밧은 현대인들이 놓치는 중요한 진리를 알았다. 바로 기름 부음 받은 찬양 사역자들이야말로 영적 영역에서 가장 용맹한 전사들이며, 영적 불꽃을 지닌 사람들이고, 진정한 영적 전투의 선두 주자라는 사실이다.

교회 성도들에게 영적 전쟁의 진리가 퍼지면 큰 변화가 일어날 것이다. 예배팀과 회중에게 영적 전쟁의 원리를 가르치고 훈련하면 예배의 깊이가 완전히 달라진다. 찬양을 시작하는 그 순간 그들이 예수님의 이름으로 영적 원수를 물리치는 강력한 전사라는 진리를 일깨워 주면, 우리 예배는 더욱 강력한 영적 무기가 된다.

> 6 그들의 입에는 하나님에 대한 찬양이 있고 그들의 손에는 두 날 가진 칼이 있도다 7 이것으로 뭇 나라에 보수하며 민족들을 벌하며 8 그들의 왕들은 사슬로, 그들의 귀인은 철고랑으로 결박하고 9 기록한 판결대로 그들에게 시행할지로다 이런 영광은 그의 모든 성도에게 있도다 할렐루야 (시 149:6~9)

여호와를 찬양하라! 많은 현대 찬양곡은 바로 이런 찬양의 능력과 영적 승리를 우리 마음에 일깨우려 한다. "이것이 싸우는 방식Surrounded", "더 크게 할렐루야Raise a Hallelujah", "살아나라!Rattle" 같은 노래들이 그러하다. 하나님은 우리가 영적인 골리앗과 홀로 싸우길 바라지 않으신다. 대신 일반적인 전투 방식과는 전혀 다른 특별한 방법으로 싸우길 원하신다.

하나님은 우리에게 이렇게 말씀하신다. “네가 찬양의 노래를 높여 부르며 마음과 영혼과 생각과 힘을 다해 나를 예배하면, 내가 직접 너 대신 싸우겠다.” 영적 전투에서 우리 역할은 하나님을 온전히 찬양하는 것이고, 하나님의 역할은 우리의 모든 적을 물리치시는 것이다.

혹시 교회나 집회에서 탬버린을 치며 찬양하던 사람이 있지 않았는가? 사 30:32의 말씀을 보자: “*여호와께서 예정하신 몽둥이를 앗수르 위에 더하실 때마다 소고(탬버린)를 치며 수금(하프)을 탈 것이며 그는 전쟁 때에 팔을 들어 그들을 치시리라*” 정말 그렇다! 그러나 한 가지 중요한 점을 기억해야 한다. 우리가 이 말씀을 오늘날(예수님 부활 이후) 적용할 때, 더 이상 사람들과 싸우는 데 집중하면 안 된다. 사람들은 우리의 원수가 아니다. 엡 6:12은 이렇게 말한다: “*우리의 씨름은 혈과 육을 상대하는 것이 아니요 통치자들과 권세들과 이 어둠의 세상 주관자들과 하늘에 있는 악의 영들을 상대함이라.*”

우리가 음악 예배를 통해 하나님을 높일 때, 하나님이 어둠을 물리치고 상처받은 사람들에게 거룩한 치유와 구원을 베푸실 환경이 조성된다. 이러한 예배 전략은 그리스도의 재림이 가까워질수록 더욱 중요하다. 하나님이 우리에게 영적 전쟁에서 이기는 데 중요한 역할을 맡기신 것은 순전히 은혜다. 우리는 하나님이 승리하시기 위해 찬양이 꼭 필요하다거나, 노래할 때 단순한 예배가 목적이 아니라고 말하는 것이 아니다. 다만 하나님이 우리를 찬양과 예배를 통해 원수를 물리치는 일의 동역자로 초대하셨다는 사실을 강조하는 것이다.

우리의 미래를 위한 과거의 비전

이 책을 마무리하며, 서론에서 말한 “당장 급한 일에 쫓기는 지도력 패턴”이라는 흔한 접근법에서 벗어나야 할 필요성을 다시 생각해 보자. 안타깝게도 사역자들의 좋은 의도와 열정에도 너무 많은 경우에 우리는 영적 부흥을 경험하며 풍성한 열매를 맺기보다는 하루하루 살아남기 위해 허우적대는 생존 모드에 빠져있다. 솔직히 말하면, 때로는 한 주에서 다음 주까지 간신히 버틸 뿐이다. 마치 영적 월급날에서 다음 영적 월급날까지 겨우 살아가는 것과 같다. 멋져 보이는 작은 예배를 위해 곡 목록을 겨우 준비하는 정도에 그친다.

하지만 이런 상황은 우리가 머물러야 할 지점이 아니다. 하나님이 우리를 부르신 것은 앞을 내다보는 통찰력으로 새로운 길을 개척하며, 영적 영역을 확장하는 것이다. 또한 예수님이 "내 멍에는 쉽고 내 짐은 가볍다"라고 말씀하신 것처럼, 하나님은 교회 성도들 사이에 기쁨과 평안이 있는 신앙생활을 불러일으키길 원하신다. 우리는 더 위대한 부르심을 받았다. 하나님은 우리에게 영적인 눈을 주셔서 우리 영적인 가족을 위해 준비하신 놀라운 계획들을 볼 수 있게 하셨다. 또한 영적인 귀를 주셔서 주님의 마음에서 흘러나오는 부드럽지만, 강력한 인도 하심을 들을 수 있게 하셨다. 이 인도하심은 주님의 말씀과 성령님의 음성을 통해 우리에게 온다. 그러므로, 우리는 자신에게 이렇게 질문해야 한다:

- 우리 계획이 아닌 하나님의 계획을 진심으로 구한 때가 언제인가?
- 우리 교회를 향한 하나님의 장기적 비전이 무엇인지 기도한 적이 있는가?
- 예배 중에 초자연적인 하나님의 역사를 위한 시간과 공간을 마련한 때가 언제인가?
- 성령님이 주일 예배를 완전히 주관하신 적이 있는가?

목회자와 예배 인도자는 지도자로서 어떤 교회 문화를 조성하고 있는지 생각해야 한다. 우리 말과 생각과 행동을 통해 어떤 문화가 형성되는가? 우리는 진정으로 하나님 나라의 문화를 세우는가, 아니면 그저 인간이 만든 전통을 유지하는 데 그치고 있는가? 우리는 교회의 머리 되신 예수님과 조화를 이루며 살고 있는가? 하나님의 말씀과 성령님을 통해 계시된 그리스도의 몸을 향한 예수님의 비전과 우리 방향이 일치하는가? 아니면 우리는 늘 다른 무언가를 추구하는가? 더 새롭고, 더 현대적인 것을?

물론, 전도서의 말씀처럼 해 아래 새로운 것은 없다. 우리가 아무리 그것을 찾고, 갈망하고, 힘써 노력해도 결국은 헛된 일이다. 실제로 우리는 자주 '새로움'이라는 그 자체를 추구하다가 크게 방향을 잃고 헤매기도 한다. 또는 그 반대로, 100년, 400년, 심지어 1,000년 전의 교회 역사로 되돌아가 답을 찾으려 하기도 한다. 결국 하나님의 말씀이 아닌 다른 무엇에서 해결책을 구하려는 시도다.

흥미롭게도, 만약 우리가 과거 시대 교회들에서 의미 있는 전략과 지혜를 찾을 수 있다면, 그 전략들 역시 원래는 성경에서 나왔다고 보는 것이 타당하다. 그렇다면 왜 우리는 처음부터 하나님의 말씀으로 돌아가지 않는 것일까? 복사본에서 다시 복사하는 과정에서 발생할 수 있는 오류와 왜곡의 위험을 굳이 감수할 이유는 없다.

들불

2018년 4월 5일, 우리가 NCU 채플로 모였을 때 갑자기 하나님이 우리 학교 총장 스콧 헤이건 박사를 통해 계시적 진리를 주셨다. 이 깨달음은 내가 교회 문화를 바라보는 관점에 큰 영향을 미쳤다.

우리는 내 친구이자 기름 부음 받은 예배 인도자 조너선 리를 초청했다. 그는 더스틴 스미스와 요한 애스가드라는 작곡가들과 함께 만든 "들불[wildfire]"이라는 새로운 찬양을 인도하는 중이었다. 하나님의 영이 들불처럼 우리에게 임하시기를 구하는 가사를 함께 부르자, 예배 장소 전체가 마치 불이 붙은 것처럼 활활 타는 뜨거운 분위기로 가득 찼다. 모든 사람이 열정적으로 참여하면서 예배의 분위기는 점점 더 타올랐다.

노래가 거의 끝날 무렵, 헤이건 총장이 마이크 앞으로 나와 우리에게 놀라운 이야기를 들려주었다. 그는 최근 캘리포니아를 방문하고 돌아왔는데, 대규모 산불이 통제되지 않은 채 번지는 중이라고 했다. 많은 사람이 목숨을 잃었고, 수많은 가정집이 파괴되었다. 헤이건 총장은 전문 소방관들이 종종 사용하는 전략을 설명했다. 소방관들은 대형 산불이 번지는 방향 앞으로 가서 일부러 '계획된 불'이나 '통제된 화재'를 사용한다는 것이다. 이 방법의 원리는 간단하다. 산불이 이미 불에 탄 지역에 도달하면 더 이상 태울 물질이 없어 자연스럽게 꺼진다는 것이다.

이어서 헤이건 총장은 놀라운 통찰을 나누었다. 통제된 화재가 캘리포니아의 산불을 막는 데는 효과적이지만, 하나님 나라 지도력은 정반대로 작동한다는 것이다. 성령의 들불과 관련해서는, 그 불을 통제하려는 사역자가 아니라 성령의 불길이 더 강하게 타오르도록 부채질하는 데 자신을 온전히 내어 맡긴 사역자들이 필요하다고 강조했다. 성령의 불은 통제하기보다 오히려 더 크게 번지도록 도와야 한다는 역설적인 진리였다.

안타깝게도 우리는 너무 자주 성령의 들불보다 앞서 통제된 불을 지피려는 사역자들을 본다. 이 사역자들은 자기가 충분히 이해하지 못하는 초자연적인 성령님의 역사를 어떻게든 '관리'하고 싶어 한다. 이렇게 잘못된 이해를 바탕으로 한 작은 통제된 불은 겉으로는 진짜처럼 보이고 어느 정도 힘이 있는 것처럼 느껴진다. 하지만 사실 이 가짜 불은 모든 것을 태우는 하나님의 진정한 들불에 비하면 그저 희미한 그림자에 불과하다. 이런 통제된 불은 주로 좋은 의도를 품은 지도자들이 예배나 모임이 통제를 벗어나지 않는 안전한 영적 환경을 조성하려는 목적으로 일으킨다. 그러나 안타깝게도 이런 접근법은 근본적으로 두려움에서 시작하기 때문에 결과적으로는 그리스도의 몸 된 교회 안에서 성령님의 강력하고 초자연적인 움직임을 억압해서 영적인 불을 꺼트린다.

나는 오랫동안 일부 목회자와 지도자들을 지켜보면서 같은 점을 발견했다. 그들은 겉으로는 성경적인 오순절 교회의 특징을 보여주는 듯했지만, 실상은 달랐다. 이들이 실천하는 것은 진정한 성령의 불이라기보다는 디모데후서에 나오는 "경건의 모양만 있고 경건의 능력은 부인하는 모습"에 가까웠다. 물론 어떤 교회 지도자들이 오순절 주의를 복음의 핵심 요소로 보지 않고 피해야 할 이단처럼 취급하는 것도 문제다. 그러나 더 심각한 문제는 자기 스스로 오순절 주의자라고 주장하면서도 성령님의 진정한 들불을 억압하거나 조종하려는 지도자들이다. 이들은 겉으로는 성령님의 은사를 인정하는 듯하지만, 실제로는 그 능력이 자유롭게 나타나는 것을 두려워한다.

이런 위선적인 영적 가식은 이제 끝내야 한다. 우리는 신자나 불신자가 불편하거나 불쾌해할지 두려워서 성령님의 역사를 막지 말아야 한다. 사실, 하나님의 영으로 인해 사람들이 불편해하는 것을 염려하는 것이 사람에 대한 두려움으로 하나님의 영을 근심하게 하는 것보다 더 클 때, 우리는 이미 잘못된 길에 있는 것이다.

교회 성도들은 비록 그것이 무엇인지 정확히 알지 못하지만, 모두 하나님 영의 "자유롭고 거침없는" 역사에 이끌리기를 내심 갈망한다. 그러나 안타깝게도 우리는 지나치게 자주 성도들이 아직 준비되지 않았다고 섣불리 판단한다. 하나님이 성도들을 위해 준비하셨다고 말씀하시는 그 영적 경험에, 우리가 대신 "아직 때가 이르다"라고 단정한다.

내가 바라보는 신앙의 관점은 이렇다:

- 나는 예배 중에 손을 드는 환경에서 자라지 않았다. 그러나 성경에서 그런 예배 자세를 발견한 후 내 태도를 바꾸었다.
- 나는 방언 기도하는 교회에서 자라지 않았다. 하지만 성경에서 방언을 적극 권장하기 때문에, 이제 나도 방언으로 기도한다.

- 나는 춤추거나 큰 소리로 외치는 예배 방식에 익숙하지 않았다. 그러나 성경에 이런 표현이 나오는 것을 보고 나서, 이제는 열정적으로 예배한다.
- 나는 하나님과의 "친밀함"이 어색한 환경에서 자랐다. 그러나 아가서와 다른 성경 구절을 통해 배운 후, 이제는 하나님과 깊은 교제로 나아간다.
- 나는 하나님이 직접 말씀하시는 것을 기대하는 문화에서 자라지 않았다. 하지만 성경 전체에서 하나님이 자녀들에게 끊임없이 말씀하신 수많은 사례를 발견한 후, 이제는 주님의 음성을 주의 깊게 듣고자 노력한다.
- 나는 기적을 기대하는 환경에서 자라지 않았다. 그러나 성경에서 기적에 관한 내용을 계속해서 읽으면서, 이제는 나도 기적을 믿고 기적을 위해 기도한다.
- 나는 예언이 활발한 교회에서 자라지 않았다. 하지만 구약과 신약에서 하나님이 선지자들을 통해 일하시는 모습을 보고, 지금은 이러한 초자연적인 영역의 이해를 키워가는 중이다(아직 배우는 과정이다).
- 나는 귀신을 쫓아내는 사역이 있는 환경에서 자라지 않았다. 그러나 예수님이 제자들에게 이 영역의 권위를 주셨다는 말씀을 읽고, 이제는 믿음을 끌어모아 적극적으로 그 권위를 행사하려 한다.

예배팀과 교회 성도들에게 이런 성경적 '들불' 문화를 불러일으키기 위해 이런 영적 진리들을 가르치고 행동으로 실천하려면 내가 먼저 이런 영역 속에서 살아가야 한다. 그렇다면 당신은 어떤가? 위에 나열한 영역 중에서 당신이 더 성장해야 할 부분은 무엇인가?

자신 있게 전진하라

음악적 예배의 미래를 생각할 때, 하나님 나라 문화의 일부 측면이 우리를 불편하게 할 수 있다. 익숙하지 않은 예배 방식이나 표현이 때로는 우리를 당황스럽게 할 것이다. 하지만 이러한 예배의 모습이 성경에 계속해서 나타나는 한, 우리는 하나님이 교회를 이끄시는 방향으로 자신감 있게 따라가야 한다. 하나님은 교회를 이런 모습으로 바꾸신다:

- **인도자**는 성도들 위에 군림하고 지배하기보다는 스스로 성장하고 사역할 수 있도록 힘을 실어주어야 한다.
- **예배팀**은 자신을 단순히 노래 반주만 하는 사람이 아니라 영적 인도자로 인식해야 한다.
- **회중**은 신앙의 여정이라는 이 영적 경주에서 자기 역할을 깨닫고 책임감을 느끼고 참여해야 한다.
- **인도자**는 먼저 하나님과 깊은 관계를 쌓아야 한다. 이는 자신이 경험하지 못한 깊은 예배로 다른 이들을 인도하려는 잘못된 시도를 피하기 위함이다.
- **예배팀**은 단순히 노래방 밴드나 무대 위에서 노래하는 사람들이 아니라 예배를 통해 하나님께 나아가는 길을 열어주는 영적 인도자임을 이해해야 한다.
- **회중**은 영적으로 성숙해져서 주일뿐 아니라 월요일부터 토요일까지 일상에서도 자발적으로 하나님을 찾아야 한다.
- **인도자**는 창의성과 기술, 탁월함을 도구로 활용하여 예배에 활력을 불어넣고 회중의 무감각한 상태를 깨워야 한다.
- **예배팀**은 회중 앞에서 공연하듯 노래하지 말고, 진정으로 회중을 섬겨야 한다.

- **회중**은 인도자와 예배팀이 어떤 스타일로 노래하는지 신경 쓰기보다 노래 종류나 장르에 상관없이 하나님과 직접 교제하는 데 집중해야 한다.
- **인도자**는 모든 사람이 하나님의 임재의 강의 흐름 속에서 함께 움직이도록 성령님의 강을 찾는 법을 배워야 한다.
- **예배팀**은 단상에서도 교회 가족에게 진심 어린 인도와 사랑이 느껴질 수 있는 방식으로 섬기는 법을 배워야 한다.
- **회중**은 마치 하나님께 정성스러운 손 편지를 쓰듯이, 교회와 가정에서 자발적으로 "기쁨의 소리"를 내며 즉흥적인 찬양을 드리는 법을 배워야 한다.
- **인도자**들은 회중에게 예배하는 성경적 이유를 가르쳐 말씀을 듣는 사람일 뿐 아니라 실천하는 사람이 되게 해야 한다.
- **예배팀**은 연습을 통해 자연스럽게 함께 흘러가는 능력을 기르고, 예배 중에도 의도적으로 모험을 감행해야 한다.
- **회중**은 노래가 바뀔 때마다 집중력을 잃지 않고 전환 과정에서도 계속해서 예배하는 법을 배워야 한다.

우리는 조심해야 한다. 함께 드리는 예배는 쉽게 하나님 아버지와의 진정한 친밀한 만남이 아니라, 예배자의 "만족감"을 위한 감정적이고 음악적인 경험으로 변질될 수 있다. 안타깝게도 많은 현대 교인이 여전히 예배를 "나 중심"으로 만들었다. 하나님을 위한, 하나님을 향한 예배가 내 감정 중심, 내 취향 중심, 내 재능 중심, 내 일정 중심이 되고 있다. 현실적으로 너무 많은 사람이 함께 드리는 예배를 "우리가 사는 삶을 노래로 표현하는 것"이 아니라 단순히 "우리가 부르는 노래" 자체에 관한 것으로 만들어 버렸다.

이제는 목회자와 예배 인도자가 회중에게 하나님 아버지께서 주신 공동체 예배 비전을 전달해야 할 때다. 이 비전은 모든 사람, 즉 교회 공동체 전체가 함께 모여 조금의 망설임도 없이 온 마음과 영혼과 생각과 힘을 다해 우주의 유일하신 참 하나님을 예배하는 것이다.

> 이스라엘 모든 자손은 불이 내리는 것과 여호와의 영광이 성전 위에 있는 것을 보고 돌을 깐 땅에 엎드려 경배하며 여호와께 감사하여 이르되 선하시도다 그의 인자하심이 영원하도다 하니라 (대하 7:3)

> 에스라가 위대하신 하나님 여호와를 송축하매 모든 백성이 손을 들고 아멘 아멘 하고 응답하고 몸을 굽혀 얼굴을 땅에 대고 여호와께 경배하니라 (느 8:6)

얼마나 아름다운 광경인가! 이런 모습이 우리가 추구해야 할 예배 문화다. 사실 이것은 새로운 것이 아니라, 인류 역사 전체를 통해 줄곧 우리 눈앞에 있었던 모습이다. 우리는 새로운 예배 방식을 발명하지 않아도 된다. 오히려 성경에 이미 있는 진정한 예배의 모습으로 돌아가야 한다.

새로운 문화를 위한 지속력

솔직히 말하면, 성경적인 교회 문화를 세우는 일은 마치 자녀 양육과 비슷하다. 부모는 매일 내리는 결정, 함께하는 활동, 나누는 대화, 그리고 지켜야 하는 전통을 통해 끊임없이 가족만의 문화를 형성한다. 당연하게도 이미 건강하지 못한 문화가 뿌리내린 가정에서 문화를 바꾸려는 시도는 매우 어려울 수밖에 없다. 새로운 가정을 처음부터 시작하는 것보다 이미 형성된 나쁜 가족 문화를 바꾸는 것이 훨씬 더 힘들다.

대부분은 부정적인 문화를 아름다운 문화로, 열정 없는 문화를 생기 넘치는 문화로 바꾸는 데 필요한 희생을 치르려 하지 않는다. 변화를 시도할 때 마주치는 즉각적인 어려움이 가장 좋은 의도를 품은 부모조차 주눅 들게 한다. 하지만 역설적으로 아이의 반항적인 행동 패턴을 바꾸는 데는 2주 간의 진심 어린 노력과 집중된 사랑, 끈기만 있으면 충분하다.

선택은 단순하다. 지금 잠시 어려움을 감수하거나, 나중에 몇 년 동안 고통을 겪거나. 매주 조금씩 변화하기 위해 용기 있게 나아가거나, 위험하게도 '안락의자'처럼 편안하기만 한 예배 경험에 안주하거나. 하지만 지금 약간의 불편함을 감수하면 나중에 더 큰 아픔을 피할 수 있다.

그렇다, 교회에 하나님 나라 문화를 세우는 일은 자녀 양육보다 조금 더 복잡하다. 또 "새로운" 하나님 나라의 문화적 표현을 교회 안에 불러일으키는 것은 절대 쉽지 않으며 큰 노력과 끈기가 필요하다. 일부 사람들은 불만을 표출할 뿐만 아니라 수십 년 혹은 수백 년에 걸쳐 익숙해진 편안한 방식에서 벗어나 수천 년의 역사를 가진 더 위대한 하나님 나라 문화의 비전을 향해 나아가기 시작할 때, 일부 사람들은 교회를 떠날 것이다.

두려워하지 말라. 하나님께 순종함으로써 하나님을 영화롭게 하고, 그렇게 하나님을 영화롭게 함으로써 성도들을 가장 좋은 방법으로 섬기고 도우며 사랑하는 것이라는 사실에서 위로를 얻어라. 또한 하나님이 원하시는 교회에 불을 붙일 진정한 기회를 주고 있다는 사실에서 힘을 얻어라.

이 가치를 얼마나 소중히 여기는가? 단순히 노래하고, 음악 만들고, 교회의 새 앨범을 녹음하며 즐겁게 지내는 것에 만족하거나 아니면 교회 공동체가 본래 누리도록 창조된 하나님 나라 문화로 인도할 준비를 할 수 있다. 지금 결정해야 한다. 편안한 현실에 안주할 것인지, 아니면 하나님이 의도하신 더 큰 비전을 향해 나아갈 것인지 말이다.

성령님을 통해 하나님의 말씀에 계시된 천국 문화를 믿는가? 만일 그렇다면, 우리 교회 공동체 안에 있는 사람들의 마음과 가정에 이 아름다운 하나님 나라 문화를 불러일으키는 일에 우리 자신을 쏟아부을 때 놀라운 열매를 맺게 될 것이다. 하나님 나라의 예배 문화를 세워라.

핵심 요약

1. 최고의 예배 인도는 지위나 권력에 뿌리를 두는 것이 아니라, 다른 사람이 자발적으로 하나님을 추구하는 열정을 키우도록 힘을 실어주는 데 있다. 우리는 예배 인도에서 권위를 얻기보다 권위를 나누어 주는 데 계속 집중해야 한다. 이것이 하나님 나라의 지도력이며 미래다.

2. 예배 인도자와 예배팀의 성경적 목표는 성령님의 도움으로 교회 문화를 하나님 나라 문화로 변화시키는 것이다. 우리는 의도적이고 점진적으로 성도들이 강단 중심에서 회중 중심 예배로 전환하게 도와야 한다. 강단 중심 예배는 인도자가 주도하지만, 회중 중심 예배는 뜨거운 성도들이 주도한다.

3. 하나님 나라의 예배 인도자에게 가장 감동적인 순간은 자기 목소리가 마이크를 통해 울려 퍼질 때가 아니다. 마이크에서 물러나 온 회중이 하나 된 목소리로 하나님을 찬양할 때 진정한 감동이 찾아온다. 이때 우리는 주님의 도구로 쓰임 받아 진정한 예배자들을 일으킨 것이다.

4. 교회가 관람자 역할에서 벗어나 믿음의 바통을 이어받도록 돕는 가장 중요한 방법은 예배를 향한 성도들의 고정관념을 깨뜨리는 것이다. 많은 사람이 완벽한 조건에서만 예배할 수 있다고 생각한다. 즉, 좋아하는 노래, 완벽한 가사 화면, 뛰어난 예배팀, 정확한 안내, 완벽한 시설이 갖춰져야 한다고 여긴다. 예배 인도자와 예배팀의 도움으로 회중은 이런 높은 기준에서 벗어나 일상에서도, 어떤 환경에서도 하나님을 예배할 수 있게 된다. 그때 그들은 요한복음 4:23에서 말하는 아버지께서 찾으시는 진정한 예배자가 된다.

5. 많은 신자가 세상에서 생존하기 위해 혼자 마귀와 악한 영향력에 맞서 싸워야 한다고 믿는다. 그러나 하나님이 찾으시는 참된 예배자들은 예수님이 이 영적 전투에 이미 승리하셨음을 안다. 이들은 우리 역할이 어둠과 싸우는 것이 아니라 예배하는 것임을 이해한다. 안타깝게도 우리는 예배 자체가 강력한 영적 전쟁의 무기라는 사실을 아는 교회를 거의 본 적이 없다.

SPARK

부록

코로나19를 통해 하나님이 교회에 드러내신 네 가지

나는 이 책의 앞부분은 코로나19가 발생하기 전에 작성했지만, 나머지 부분은 인류 역사상 가장 혼란한 시기 속에서 집필했다. 2019년 말부터 시작해서 적어도 2021년 이 책을 출판할 때까지 이어진 팬데믹 때문에 전 세계가 멈춰 선 시기였다. 내가 만난 모든 사람이 한결같이 이렇게 말했다. 만일 누군가 미국이 봉쇄되어 회사, 학교, 사업체, 교회, 상점, 공원, 휴양지 등이 문을 닫고, 심지어 실내는 물론 야외에서까지 마스크를 써야 한다고 미리 말했다면, 절대로 믿지 않았을 거라고. 이런 일은 미국은 물론이고 전 세계적으로도 전례가 없었다.

이런 상황에 직면하여, 나는 교회 지도자이자 그리스도를 따르는 사람으로서 주님께 물을 수밖에 없었다. 이 모든 일을 통해 우리가 배워야 할 교훈이 무엇인지 알고 싶었다. 이처럼 불편하고 피할 수 없는 시련 없이는 결코 배울 수 없었을 교훈들이라고 나는 확신한다. 다음은 하나님이 교회 안의 문제점들을 드러내기 위해 코로나19를 어떻게 사용하셨는지 나에게 보여주신 네 가지 핵심 사항이다:

1. 분주함. 우리는 모두 지나치게 바쁘게 살았다. 여러 일을 동시에 처리하느라 정신없이 뛰어다니거나, 단순히 지금의 추진력을 유지하기 위해 무리하게 일을 밀어붙인다. 따라서 목사와 인도자들은 종종 소진

하고, 의도치 않게 도덕적 실패에 빠지기도 한다. 코로나19는 우리에게 쉬고 리셋할 강제적인 기회를 주었다. 그런데 우리는 어땠나? 정말 쉬었나? 리셋했나? 그렇지 않다. 오히려 우리는 더 열심히 일하며 온라인 예배 환경을 개선하는 데 집중함으로써 불안과 두려움을 잊으려 했다. 교회들이 디지털 음향 콘솔, 새 카메라, 고성능 인터넷 서비스를 구매하기 위해 경쟁하면서 음향 장비 제조업체들은 오히려 큰 혜택을 얻었다. 정말 역설적이지 않은가? 하나님이 팬데믹을 통해 교회에 주신 몇 안 되는 긍정적인 기회는 바로 강제적인 '휴식 시간'이었다. 이는 우리를 보호하기 위한 훈련이었다. 하지만 우리는 이를 받아들이지 않고, 성령님의 경고에도 불구하고 자기 힘으로 계속 나아갔다.

2. 기름 부음보다 재능. 하나님은 우리의 예배실, 카메라, 조명, 음향 시스템 같은 외적인 요소들을 제거함으로써 우리에게 중요한 진리를 보여주셨다. 많은 회중이 모인 큰 공간에서는 성령의 기름 부음이 아닌 사역자의 재능과 화려한 연출에 의존한다는 사실이 쉽게 가려진다. 그러나 텅 빈 예배실에서 카메라 앞에 홀로 서면 그 차이는 명확하게 드러난다. 핵심은 진정한 기름 부음과 진실성이 없을 때 재능이 많은 문제를 덮는 것처럼 보인다는 점이다. 특히 직접 모여 예배할 때는 더욱 그렇다.

한 가지 주목할 점이 있다. 재능은 TV 화면이나 태블릿을 통해서는 그 힘이 약해진다. 반면에 성령의 기름 부음, 하나님을 향한 갈망, 진정성, 열정은 화면을 통해서도 강력하게 전달된다. 이런 영적 특성은 거실에서 예배하는 작은 가족에게도 힘 있게 흘러간다.

많은 온라인 예배 참석자가 문득 깨달았다. '어차피 화면으로만 볼 거라면, 우리 교회가 아니어도 되잖아?' 더 유명한 사역자들의 예배를 온라인으로 쉽게 볼 수 있었기 때문이다. 자신의 작은 고향 교회 예배에 계속 참석(시청)하는 대신, 더 유명한 사역자들의 예배를 온라인으로 쉽게 볼 수 있게 된 것이다. 이런 현상은 반드시 바뀌어야 한다.

3. 가짜 양. 코로나19 기간에 우리는 교회 가족의 약 1/3에서 절반 정도를 잃었다. 놀랍게도 하나님은 이 과정을 통해 양 떼를 정화하셨다. 많은 사람이 집에서 편안한 소파에 잠옷 차림으로 앉아 대형 화면으로 예배드리는 것이 실제 교회 건물에 가서 예배드리는 것과 별반 다르지 않다고 생각했다. 이러한 현상은 우리에게 두 가지 중요한 진실을 보여주었다.

첫째, 교회에 다니는 많은 사람이 교회의 본질을 제대로 이해하지 못한다는 점이다. 교회는 우리가 가는 장소가 아니라 우리 자신이 바로 교회이며 살아있는 공동체 안에서 서로에게 책임지고 서로를 다듬어 주는 관계 속에 함께하는 것이다. 실제 사람들과 가까이 지내며 서로 섬기고 사랑하고, 기쁠 때나 어려울 때나 함께 걸어가는 것이 진정한 교회의 모습이다.

둘째, 우리가 그동안 교회 출석 인원을 매우 잘못된 방식으로 계산했다는 점이다. 우리도 모르는 사이에 실제로는 진정한 교인이 아닌 사람들을 "교인"으로 세어왔다. 씨 뿌리는 자의 비유(마 13:20~21)처럼, 처음에 하나님의 말씀을 기쁘게 받아들였던 많은 사람이 시련이나 박해가 오면 떨어져 나가기 쉽다. 코로나19 이전에 우리는 의도치 않게 이런 사람들이 떠나거나 헌금하지 않을까 봐 그들이 적극적인 참여자가 아닌 구경꾼으로 남아있도록 허용했다. 우리가 영적 형제자매들에게 믿음의 바통을 이어받고 그리스도의 몸 된 교회의 성숙한 지체가 되라고 도전했더라면 좋았을 것이다. 그랬다면 폭풍이 올 때 그들이 교회를 떠나는 것을 합리화할 가능성이 훨씬 줄어들었을 것이다.

4. 진정성 없는 예배. 부모들이 가족과 함께 평소 영화나 게임을 보던 그 TV 앞에서 예배드리게 된 순간, 문제가 드러났다. 교회 성전에서 수백 명의 다른 교인과 함께 있을 때는 진정으로 예배하지 않는 사람들이 쉽게 숨을 수 있다. 주변 사람들의 긍정적인 영향력과 좋은 분위기 덕분에 함께 노래하고 손을 드는 것은 어렵지 않고, 예배 인도자들도 누구든 불편하게 하지 말라고 배웠기 때문에 더욱 눈에 띄지 않는다.

그러나 예배가 각 가정의 거실로 옮겨지자, 상황은 완전히 달라졌다. 아이들은 평소에 열정적으로 하나님을 찬양하거나 주님께 큰 소리로 기도하는 모습을 거의 보지 못했던 부모님과 가까운 공간에 함께 있게 되었다. 그래서 가족이 모여 대형 TV 화면 앞에서 드리는 예배가 매우 조용해진 것은 전혀 놀라운 일이 아니다. 가족 대부분은 그저 조용히, 다소 어색하게 앉아서 화면 속 단상 위의 사람들이 노래하고 예배하는 것을 지켜볼 뿐이었다. 솔직히 말해서, 편안한 운동복 차림으로 소파에 앉아 있을 때, 주변에 예배의 분위기를 이끌어 줄 다른 예배자나 예배 인도자가 없는 상황에서 가족들에게 적극적으로 예배에 참여하자고 이끄는 것은 엄청난 용기가 필요한 일이다. 이런 상황에서 부모들은 갑자기 자신들이 전혀 준비되지 않은 예배 인도자의 역할을 맡게 된 것이다.

3장에서

주기도문을 하나님과의 대화의 출발점으로 사용하기

3장에서 나는 하나님과 홀로 시간을 보내는 실질적인 예시를 공유했다. 여기에는 내가 기도로 하나님과 대화하는 다양한 방법을 나눈다. 예수님은 제자들에게 기도하는 방법을 가르치기 위해 마태복음 6장에서 주기도문을 알려주셨다. 나는 이 본문을 단순히 기계적으로 암송하는 것이 아니라 하나의 틀로 주셨다고 진심으로 믿는다. 이런 관점에서, 내가 하나님과 대화할 때 주기도문을 활용하는 몇 가지 방법을 소개한다.

1. 이름이 거룩히 여김을 받으시오며. 나는 이 짧은 한 구절을 깊이 묵상하며 하나님의 위대하심을 찬양하는 시간으로 활용한다. 주님의 무한한 권능과 힘, 완벽한 성품과 웅장함, 한결같은 신실함과 위엄에 찬양의 말을 쏟아낸다. 때로는 계 4:8처럼 성경의 다른 구절도 함께 고백한다: *"거룩하다, 거룩하다, 거룩하다, 주 하나님 곧 전능하신 이여, 전에도 계셨고 이제도 계시고 장차 오실 이시라."* 이런 기도를 통해 나는 내

마음에 예수님이 반드시 다시 오신다는 약속을 새긴다. 언젠가 하늘이 갈라지고 하나님의 나팔 소리가 울려 퍼지며, 인자이신 예수님이 구름 위에서 우리를 맞이하실 것이다. 우리가 믿는 하나님과 같은 다른 신은 이 세상 어디에도 없다. 그분의 이름 외에 구원의 능력을 지닌 다른 이름은 존재하지 않는다.

2. 나라가 임하시오며. 나는 이 부분에서 하나님 나라가 구체적인 영역에 임하기를 구하며 기도한다. 내 삶과 아내 마사의 삶, 우리 아이들의 삶, 우리가 사는 나라, 내 이웃의 삶에 하나님의 통치와 뜻이 이루어지기를 간절히 선포한다. 매일 조금씩 다른 방법으로 이 부분을 기도하는데, 내 뜻보다는 하나님의 뜻이, 내가 세우려는 왕국보다 하나님 나라가 우선하도록 마음을 다잡는다. 이렇게 깊이 기도하다 보면 짧게는 2분, 길게는 10분까지도 이 한 구절에 머문다. 종종 나는 토미 테니의 기도 방식을 본받아 이렇게 표현한다: "주님, 주님의 나라가 임하소서. 제 나라는 사라지게 하소서. 주님의 뜻이 이루어지게 하소서. 제 뜻은 없어지게 하소서. 주님, 제 의지를 주님 뜻에 온전히 맡깁니다."

3. 오늘 우리에게 일용할 양식을 주시옵고. 이 구절을 기도할 때 나는 하나님이 나와 내 가족에게 베푸신 모든 것에 구체적으로 감사를 표현한다. 하나님께 감사하는 마음을 키우는 것은 신앙생활에서 매우 중요하다. 나는 또한 마 6:31에서 약속하신 대로 하나님이 우리 필요를 채워주실 것이기에 먹을 것이나 살 곳을 걱정하지 않아도 된다는 사실을 되새긴다. 때로는 내 사무실 주변에 있는 평범한 물건들, 우리 집, 자동차, 심지어 스테이플러까지 하나하나 열거하며 감사의 기도를 드린다. 이 시간에 다른 필요한 간구도 함께 올린다. 단순히 육체적인 필요를 넘어서, 하나님이 주시는 영적인 양식, 즉 주님의 말씀을 통해 얻는 영적 양분도 감사드린다. 이렇게 기도하면서 내가 가진 모든 것, 숨 쉬는 것부터 생명 자체까지 전부 하나님에게서 왔다는 사실을 깊이 인식하게 된다.

4. 우리가 우리에게 죄지은 자를 사하여 준 것 같이. 나는 정기적으로 나에게 상처 준 사람들을 직접 소리 내어 이름을 부르며 용서한다. 때로는 최근에 상처 준 사람들이지만, 가끔은 오래전 상처로 돌아가 수년 전 나에게 상처를 준 사람들을 다시 용서하기도 한다. 나는 누구에게도 쓴 마음을 품고 싶지 않으며, 그들이 나에게 가한 고통스러운 행동 때문에 내 마음이 지배당하기를 원치 않는다. 진심으로 하나님이 나에게 베푸신 자비와 사랑을 그들에게도 베풀고 싶다. 마 6:14~15에서 예수님은 "[14] *너희가 사람의 잘못을 용서하면 너희 하늘 아버지께서도 너희 잘못을 용서하시려니와* [15] *너희가 사람의 잘못을 용서하지 아니하면 너희 아버지께서도 너희 잘못을 용서하지 아니하시리라*"라고 말씀하셨다. 나는 사람들을 용서할 때 '풀어준다'라는 표현을 자주 사용한다. 나에게 진 빚이든, 상처 주는 말이든, 해로운 행동이든 상관없이 말이다. 심지어 용서를 구하지 않은 사람들, 용서받을 "자격이 없는" 사람들도 용서한다. 내 용서가 그들의 잘못을 인정하는 것은 아니다. 단지 그들로 인한 분노와 상처가 내 마음을 계속 지배하지 못하도록 그 영향력을 끊어내는 것이다.

5. 우리 죄를 사하시고. 나는 거의 매일 구체적으로 죄를 회개한다. 내가 알고 있는 죄뿐만 아니라 심지어 인식하지 못한 죄까지도 말이다. 알고 있는 죄들을 하나씩 짚어가며 하나님께 겸손히 내 마음을 내려놓는다. 어떤 사람들은 이런 구체적인 회개가 필요 없다고 말하지만, 나는 회개가 하나님과의 관계에 매우 중요한 부분이라고 생각한다. 우리는 친구나 가족이 우리를 항상 용서해 줄 것을 알면서도, 새로운 잘못을 저지를 때마다 계속해서 용서를 구한다. 마찬가지로 우리가 상처 준 사람들 앞에서 겸손해지는 것은 계속되어야 한다. 하나님과의 관계도 다르지 않다. 잠 28:13의 말씀처럼 "*자기의 죄를 숨기는 자는 형통하지 못하나 죄를 자복하고 버리는 자는 불쌍히 여김을 받으리라.*" 용서의 중요한 측면은 예수님의 피를 통해 과거의 죄에서 깨끗해지는 것뿐만 아니라, 성령님을 통해 앞으로 죄를 짓지 않을 능력을 얻는 것임을 기억하자.

6. 우리를 시험에 들게 하지 마시옵고. 이 부분은 매우 중요한 기도이므로 절대 가볍게 지나치면 안 된다. 우리는 매일 다양한 시험에 직면한다. 그리고 이런 시험들을 이겨내기 위해서는 성령님의 도움이 필요하다. 마귀는 우리를 강제로 죄짓게 할 힘이 없고, 야고보서에서 말씀하듯 하나님은 결코 우리를 죄로 유혹하지 않으신다. "[14]*오직 각 사람이 시험을 받는 것은 자기 욕심에 끌려 미혹됨이니* [15]*욕심이 잉태한즉 죄를 낳고 죄가 장성한즉 사망을 낳느니라*"(약 1:14~15). 야고보는 유혹이 우리 내면의 욕망에서 나온다고 분명히 말한다. 이 부분에서 나는 간절히 기도한다. "주님, 저를 도와주소서!"

7. 다만 악에서 구하소서. 나는 이 부분에서 하나님께 세 가지 유형의 악에서 구해 주시기를 간구한다. 첫째는 내 안에 있는 악한 욕망, 둘째는 이 세상에 만연한 악, 셋째는 마귀와 어둠의 세력이다. 종종 예수님의 피로 내 가족 모두를 덮어 보호해 달라고 기도하고, 우리 삶을 지켜주시는 하나님께 감사를 표현한다. 위험한 상황에서 우리를 건져내 주시길 간구하고 예상치 못한 질병이나 비극, 재난의 두려움을 하나님께 맡긴다. 그렇게 함으로써 나와 내 가족을 보호해 주실 것이라는 믿음과 신뢰를 굳건히 한다.

9장에서

모든 사람

9장에서는 찬양에 관한 일곱 가지 히브리어 단어의 숨겨진 보물을 살펴보았다. 하지만 실제로는 이런 보석 같은 단어들이 일곱 개보다 훨씬 더 많다. 정말 놀랍다! 이런 놀라운 진리들을 모른 채 살았다니 도둑맞은 기분이다. 어쩌면 하나님은 보물 같은 말씀을 깊이 묻어두시고, 누가 그것을 파헤칠 만큼 호기심이 있는지 지켜보시는지도 모른다.

여기서 질문이 하나 있다. 지구상의 모든 사람이 정말로 찬양에 관한 모든 히브리어 단어로 하나님을 예배해야 하는 것일까?

성경에서 "대부분의 백성이 여호와 앞에 엎드렸다"라거나 "편안함을 느끼는 이스라엘 사람들만 손을 들어 하나님을 찬양했다"라거나 "노래하라는 명령과 성격이 맞는 사람들만 새 노래를 불렀다"라는 구절을 본 적이 있는가? 한 번도 없다.

함성 외치며 찬양하기

- 수 6:5, 새번역 - 제사장들이 숫양 뿔 나팔을 한 번 길게 불면, 백성은 그 나팔 소리를 듣고 모두 큰 함성을 질러라. 그러면 성벽이 무너져 내릴 것이다. 그 때에 백성은 일제히 진격하여라.
- 레 9:24, 쉬운말 - 주 앞에서 불길이 나오더니, 번제단 위의 번제물과 기름 덩어리를 모두 태웠다. 온 백성이 이 모습을 바라보고, 기뻐서 크게 소리치면서 땅바닥에 엎드렸다.
- 대상 15:28, 현대인 - 이렇게 해서 이스라엘 백성들은 기쁨의 함성을 지르고 양각과 나팔을 불며 제금을 치고 비파와 수금을 힘있게 타면서 여호와의 궤를 예루살렘으로 옮겨왔다.
- 스 3:11, 개정 - 찬양으로 화답하며 여호와께 감사하여 이르되 주는 지극히 선하시므로 그의 인자하심이 이스라엘에게 영원하시도다 하니 모든 백성이 여호와의 성전 기초가 놓임을 보고 여호와를 찬송하며 큰 소리로 즐거이 부르며
- 시 29:9, 우리말 - 여호와의 음성은 암사슴이 새끼를 낳게 하시고 숲이 벌겋게 드러나게 하십니다. 그분의 성전에서는 모두가 "영광!"을 외칩니다.

이 성경 구절들은 하나님을 향해 큰 소리로 외치는 것에 불편함을 느끼는 사람들을 배려하지 않는다. 큰 소리로 외치는 문화가 없는 가정에서 자란 사람이나 소심하거나 수줍음이 많은 사람을 위한 예외 조항도

없다. 오직 '모든 사람이 외친다'라는 표현만 있을 뿐이다. 함성은 우리가 하나님께 반응하도록 창조하신 본래 방식으로서 우리가 예배하도록 설계된 원리이며, 하나님이 우리에게 부여하신 본성의 일부이다. 하나님은 자신이 창조한 모든 사람에게서 함성을 원하신다. 함성은 하나님께 영광을 돌리며 동시에 우리에게 유익을 준다.

노래하기

- 출 15:1 - 이 때에 모세와 이스라엘 자손이 이 노래로 여호와께 노래하니 일렀으되 내가 여호와를 찬송하리니 그는 높고 영화로우심이요 말과 그 탄 자를 바다에 던지셨음이로다
- 민 21:16~18 - [16] 거기서 브엘에 이르니 브엘은 여호와께서 모세에게 명령하시기를 백성을 모으라 내가 그들에게 물을 주리라 하시던 우물이라 [17] 그 때에 이스라엘이 노래하여 이르되 우물물아 솟아나라 너희는 그것을 노래하라 [18] 이 우물은 지휘관들이 팠고 백성의 귀인들이 규와 지팡이로 판 것이로다 하였더라 그들은 광야에서 맛다나에 이르렀고

춤추며 찬양하기

- 삼하 6:5, 현대인 - 다윗과 모든 이스라엘 사람들은 뒤따라가며 잣나무 가지를 꺾어 즐거운 표정으로 흔들고 수금, 비파, 소고, 양금, 제금과 같은 여러 가지 악기로 여호와 앞에서 춤추고 노래하였다.

어떻게 해석하든 "온 힘 다해"라는 표현은 분명히 최대한의 강도로 실천한다는 의미다. 성경의 사람들이 소심하고 조용하게 춤을 춘 것이 아니라 만왕의 왕이시며 만주의 주이신 하나님을 기념하기 위해 전부를 쏟아부어 큰 기쁨으로, 거리낌 없이, 부끄러움 없이 찬양했다.

누군가는 이렇게 말할지도 모른다. "그래요, 하지만 춤은 이스라엘의 문화잖아요." 맞다. 그렇다면 문화란 정확히 무엇인가?

이 책의 서문에서 설명했듯이, 문화는 오랜 시간에 걸쳐 형성된 특정 민족의 장기적인 습관과 의식의 총합이다. 문화 자체는 본질적으로 선하거나 악하지 않으며 그저 존재할 뿐이다. 그러나 단지 존재한다는 이유만으로 무조건 받아들여야 한다는 의미는 아니다. 내 문화가 어느 지점에서든 하나님 나라의 문화와 충돌한다면, 그 문화는 잘못된 것이며 바뀌어야 한다. 이것이 바로 예수님이 하시는 일이다. 우리가 오랜 시간에 걸쳐 하나님의 문화에서 멀어져서 하나님께 반대하는 문화를 만들었기 때문에, 예수님은 하나님 나라의 문화를 다시 확립하기를 원하신다.

간단히 말하면, 어떤 문화가 800년 동안 지속했어도 천국의 문화와 일치하지 않는다면 800년 내내 틀린 것이었으며 새로워져야 한다. 우리 문화가 예배 중 신체적 표현을 위한 여지를 주지 않았다면 바뀌어야 한다. 인도자로서 우리는 이러한 중요한 진리를 받아들이고 가르쳐야 한다.

땅에 엎드려 얼굴을 대기

- 왕상 18:38~39, 현대인 - [38] 바로 그때 갑자기 하늘에서 여호와의 불이 내려와 그 제물과 나무와 돌과 흙을 태우고 도랑의 물을 핥아 버렸다. [39] 그러자 모든 백성들은 이것을 보고 땅에 엎드려 '여호와는 하나님이시다! 여호와는 하나님이시다!' 하고 외쳤다.
- 대하 20:18 - 여호사밧이 몸을 굽혀 얼굴을 땅에 대니 온 유다와 예루살렘 주민들도 여호와 앞에 엎드려 여호와께 경배하고
- 대상 29:20 - 다윗이 온 회중에게 이르되 너희는 너희 하나님 여호와를 송축하라 하매 회중이 그의 조상들의 하나님 여호와를 송축하고 머리를 숙여 여호와와 왕에게 절하고
- 대하 7:3, 새번역 - 이렇게 불이 내리는 것과 주님의 영광이 성전에 가득 찬 것을 보고, 이스라엘 모든 자손은 돌을 깎아 포장한 광장에 엎드려 경배하며, 주님께 감사하여 이르기를 "주님은 선하시다. 그 인자하심이 영원하다" 하였다.

예배 인도자들과 목회자들은 주목하라. 다윗은 실제로 대상 29:20에서 "여호와 너희 하나님을 찬양하라[바락]!"라고 말하며 사람들에게 어떻게 예배할지 알려주었다. 나는 회중에게 어떻게 예배해야 하는지 지시하는 것을 불편해하는 많은 젊은 예배 인도자들을 만난다. 심지어 회중에게 '우리는 여러분이 성령님의 인도하심을 따라 자유롭게 예배하기를 원합니다'라고 말하는 인도자들도 있다.

그러나 이것은 다윗이 인도한 방식이 아니다. 다윗은 하나님께 위탁받고 권한을 부여받은 지도자로서 사람들이 어떻게 예배해야 하는지 정확하게 지도했다. 우리 예배도 마찬가지여야 한다.

손을 높이 들기

- 느 8:6 - *에스라가 위대하신 하나님 여호와를 송축하매 모든 백성이 손을 들고 아멘 아멘 하고 응답하고 몸을 굽혀 얼굴을 땅에 대고 여호와께 경배하니라*
- 시 67:3 - *하나님이여 민족들이 주를 찬송하게 하시며 모든 민족들이 주를 찬송(야다)하게 하소서 [야다는 "손으로 경외하거나 예배하다(비틀기, 뻗기, 흔들기)"를 의미하는 히브리어 단어이다.]*
- 시 145:10 - *"여호와여, 주의 모든 창조물이 주께 감사(야다)하며, 주의 신실한 추종자들이 주를 찬양할 것입니다."*

우리는 하나님의 창조물인가? 세계 민족의 일부인가? 하나님의 신실한 추종자인가? 그렇다면 하나님은 우리에게 손으로 주님을 찬양하라고 명령하신다. 우리와 마찬가지로 분명히 이스라엘도 타고난 성격에 맞지 않는 방식으로 하나님을 예배하라는 명령을 받았을 것이다. 흥미롭게도, 성경 구절 속 사람들은 차분히 앉아서 자기 기분을 따라 하나님을 어떻게 예배할지 선택하지 않았다. 또 최신 예배 유행의 어떤 표현이 자기 문화에 잘 맞는지 따지지 않았다.

성경 속 사람들은 그저 순간적으로, 눈 깜짝할 사이에 무의식적으로 반응했다. 하나님이 압도적으로 나타나서서 바닥에 엎드리거나 소리쳐 찬양하는 것 말고는 다른 반응을 생각할 겨를이 없었다. 마치 누군가 우리 등에 총을 들이댔을 때 손을 드는 것이나, 거대한 회색곰이 30미터 거리에서 달려올 때 목숨을 위해 도망치는 것이나, 자녀가 올림픽에서 금메달을 땄을 때 환호성을 외치는 것처럼 무의식적이며 피할 수 없는 반응이다. 이런 순간에는 어떻게 손을 들어야 하는지, 어떻게 곰에게서 도망쳐야 하는지, 또는 어떻게 자녀를 응원해야 하는지 알려주지 않아도 된다. 그저 자연스럽게, 온전하고 즉각적으로, 본능적으로 반응하는 것이다. 모든 정상적이고 건전한 사람들이 그렇게 하는 것처럼 말이다.

우리 예배도 이와 같아야 한다. 우리가 하나님과 진정으로 교감하며 그분이 누구신지 온전히 인식할 때, 우리는 그저 조용히 앉아 감동 없이 있을 수 없다. 우리는 하나님의 자녀들과 함께 온전하고 합당한 찬양을 드리도록 강하게 이끌릴 것이다.

13장에서

도전적인 과제

나는 예배 인도자들의 성장을 위해 종종 도전적인 과제를 준다. 그중 하나는 11년째 주고 있는 과제로, 일부에게는 꽤 어려운 것으로 입증되었다. 최고의 예배팀에게 18분 예배 세트 전체를 한 곡으로만 인도하도록 하는 것인데, 특히 즉흥적인 예배를 인도하고 흘러가는 법을 배우는 데 여러 면에서 도움이 된다.

이 과제를 처음 받은 한 팀은 내 확장 예배 도전에 불만이 있었다. 그들은 마치 자동차 상향등에 놀란 사슴처럼 나를 바라보았다. 정신이 나간 건가? 어떻게 한 곡으로 18분을 인도한단 말인가? 후렴이나 브리지를 121번 반복하면 바보처럼 보일 것이다(당시 우리는 여전히 한 곡당 4~5

분이라는 너무나 일반적인 규칙을 따르고 있었다).

우리는 이 상황을 격렬히 논의했고, 내가 가르치려던 것이 거의 전달되지 않은 것 같아 좌절감과 허탈감을 느끼며 자리를 떠났다. 그래도 이 아이디어를 놓고 좀 더 함께 작업해야 했다는 것을 깨달은 나는 집에 가서 어떻게 바보처럼 보이지 않고 한 곡으로 18분을 쉽게 인도할 수 있는지 내용이 담긴 이메일을 작성했다. 사실 가능성을 나열한 후에는 내 목록의 모든 것을 구현한다면 한 곡으로 35분도 쉽게 인도할 수 있었다(너무 길어서 문제가 될 정도였다). 다음은 "18분 동안 한 곡으로만 드리는 예배"를 위해 내가 제공한 본보기다:

- 예배의 부름으로 시작하기(환영, 성경 말씀, 기도, 가르침, 즉흥 찬양)
- 후렴을 몇 번 가르치며 시작하기(특히 새 노래 소개 시)
- 첫 번째 절을 두 번 부르고, 그사이에 간주를 연주하기
- 전체에 걸쳐 연주 섹션 한두 개 추가하기(악기들이 "예언"하도록)
- 중간 어딘가에서 회중과 가르침/실천의 순간 공유하기(히브리어 찬양 단어의 의미 등)
- 한두 번의 즉흥 찬양 순간 인도하기(부드럽게 또는 강하게)
- 브리지를 여러 번 인도하되, 역동적이고 음악적인 흐름을 타기
- 평소보다 긴 드럼 솔로 순간 포함하기
- 침묵의 순간 포함하기
- 노래 관련 주제로 회중을 기도 시간으로 초대하기
- 예배팀이나 회중 중 누군가에게 특정 성경 구절을 소리 내어 읽도록 부탁하기
- 회중 안에 성령의 은사를 위한 공간 마련하기

다음은 내가 제공한 실제 분 단위 진행 순서다:

오전 11:00

1. 피아노와 신시사이저 패드로 후렴이나 전주를 반복 연주(클릭 없이)
2. 인도자가 모든 사람을 환영하며 기도로 시작하거나 하나님의 임재로 들어가는 놀라운 초대를 설명하기.
3. 인도자가 모든 사람에게 즉흥적으로 하나님을 찬양하도록 목소리를 높이도록 권유(노래나 말로)(밴드 연주 점점 크게)
4. 인도자가 즉흥 기도나 즉흥 노래 인도하기.
5. 인도자가 마이크에서 벗어나 계속 즉흥적으로 노래하며, 모든 사람이 계속 노래하도록 격려(이를 몇 분간 지속하고, 찬양이 줄어들면 "더 깊이 들어갑시다" 또는 "강물로 다시 들어가자"고 권유)

오전 11:04

6. 인도자가 클릭 유무와 관계없이 후렴이나 브리지를 몇 번 부르기.

오전 11:06

7. 클릭 없이 노래의 반복 부분을 가르친 후, 밴드가 부드럽게 클릭과 함께 노래의 일반 전주로 전환
8. 일반 구조로 노래를 부르거나 연주하되, 첫 번째 절을 두 번 부르고 그사이에 음악적 전환 넣기(또한, 평소보다 브리지를 몇 번 더 반복)
9. 노래의 "일반" 버전이 끝날 때, 밴드 연주가 증폭되고 인도자는 클릭 유무와 관계없이 후렴을 다시 몇 번 부르기

오전 11:12

10. 인도자가 모든 사람에게 후렴 코드 진행에 맞춰 새 노래를 부르도록 격려
11. 이를 다시 몇 분간 지속하며, 계속 격려하고 모범을 보이며 인도

오전 11:14

12. 인도자가 다시 브리지를 부르기 시작. 부드럽게 시작해서 꽤 오랫동안 계속할 수 있음(네 번 또는 여섯 번 정도)
13. 적절한 시기에 밴드와 함께 천천히 분위기를 고조하면서 가능하면 일반 코드로 브리지 한 번, 사전에 계획한 대체 코드로 브리지 한 번을 구성(새로움과 음악적 긴장감 제공)
14. 중요: 아직 후렴으로 가지 말 것. 브리지 코드에 머물면서 밴드와 함께 크게 연주할 것.(인도자는 브리지의 마지막 단어에서 길고 높은음을 유지하여, 밴드가 계속 브리지 코드를 연주할 예정이라도 자신은 더 이상 브리지를 부르지 않을 것임을 밴드와 회중에게 알려야 함) 음악이 한두 브리지 동안 주도하게 할 것.(기타리스트가 솔로/자마르를 하는 동안 사람들은 각자의 방식으로, 테힐라로 응답)
15. 한두 번의 신나는 연주 브리지 후, 인도자는 다른 브리지를 통해 즉흥적으로 노래할 수 있으나, 가능하면 대체 코드로 할 것. 그런 다음 4박자에서 연주를 정지(브레이크)하여 밴드와 함께 코러스로 완전히 돌아가는 것을 고려.

오전 11:18

16. 마지막 후렴을 부르기(또는 한 번 부르고 밴드가 마지막으로 연주만 하게 하기).
17. 끝을 크게 마무리하거나, 가능하면(시간이 허락한다면) "전주/후주" 분위기로 가면서 서서히 내려오기, 여전히 클릭과 함께. 전주/간주에 들어가면, 팀은 한동안 이 부분에서 즉흥 연주를 하고, 즉흥적으로 노래하거나 밴드가 연주로 이끌게 할 수 있음. 이 부분은 모든 것을 연결하는 말을 하기에도 좋은 자리이며, 성령님이 인도자가 말할 적절한 내용을 주실 것임.

오전 11:20

18. 어느 시점에서 클릭을 끄고, 서서히 약간 느린 박자로 전환하며 마무리.
19. 시간이 허락한다면, 브리지나 후렴을 한 번 더 부르거나, 기도하거나, 그냥 음악이 끝나게 할 수도 있음.
20. 끝.

말할 필요도 없이, 내 팀은 18분 동안 한 곡을 연주하는 과제를 완수했을 뿐만 아니라 정말 훌륭하게 해냈다! 그들은 시간이 얼마나 빨리 흘렀는지, 그리고 의미 없는 반복이 생각보다 거의 필요 없었다는 점에 놀랐다.

몇 년이 지난 지금, 우리 팀들은 18분짜리 채플 예배에 한두 곡만 계획한다는 것을 자연스럽게 알고 있으며, 내가 이런 과제를 줄 때도 거의 당황하지 않는다. 그동안 우리가 즉흥 예배를 "일상적인 문화"로 만들기 위해 끊임없이 노력했기 때문이다.

이것은 우리 인도자들과 예배 공동체가 이제 즉흥 예배를 인도하고 참여하는 데 훨씬 더 익숙해졌다는 뜻이다. 하지만 이것은 우리가 여러 달에 걸쳐, 한 주씩, 한 예배씩 문화를 재구성하는 기초 작업을 공들여 쌓았기 때문에 가능했다. 이제 여러분의 차례다!

색인

제프 디오

JEFF DEYO

제프 디오는 예배 인도자, 작가, 작곡가, 강연자로, 그래미 후보에 오르고 도브 상을 받은 그룹 소닉플러드의 전 리드 싱어다. 1969년 캘리포니아에서 태어나 사역자 가정에서 자랐으며 4세에 아버지와 함께 침대 옆에 무릎을 꿇고 예수님을 영접하고 6세부터 피아노를 시작했다.

청소년 시절 BMX 자전거 부상으로 양쪽 손목과 쇄골이 부러지는 부상을 통해 음악에 집중하는 것이 하나님의 뜻임을 깨달았다. 고등학교 때도 계속 피아노 레슨을 받으면서 녹음 장비 다루는 법을 배웠고, 작곡에 몰두하며 하나님을 향한 진실한 마음을 키웠다.

시카고 휘튼 대학에서 음악/커뮤니케이션을 전공했으며 인디애나 앤더슨 대학교에 편입해 음악 비즈니스를 전공했다. 여기서 아름답고 놀라운 여인 마사를 만났으며 완전히 사랑에 빠져서 둘 다 서로 결혼할 운명임을 한 번에 알아 차렸다. 1992년 대학교 졸업 후 결혼했다.

그 후 1993년 내슈빌로 이사해서 5년 동안 음반 계약을 따내려고 필사적으로 노력하며 랩부터 얼터너티브 록에 이르기까지 다양한 장르로 3장의 개인 앨범을 녹음했다. 물론 사람들이 앨범을 통해 예수님을 알기 원하는 마음도 있었다. 하지만 프로 음악계에 진입하는 어려움에 좌절하고 많은 상처를 받았지만, 하나님이 자신을 록스타로 부르지 않으시고 친구로 부르셨다는 것을 깨닫고 마음 전부를 예수님께 드렸다.

1997년 질치라는 밴드가 제프에게 리드 싱어 자리를 제안했다. 제안을 승낙 후 함께 순회공연을 하면서 밴드 전체가 놀라운 하나님의 은혜를 경험하고 점점 예배자가 되어갔다. 순회공연 후에 찬양 예배 음반을 녹음하면서 이 앨범이 단순한 좋은 앨범 이상인 것을 깨달았으며 밴드 이름을 소닉플러드로 바꾸었다.

1999년 출시한 소닉플러드 음반은 차트 1위를 기록했고 거의 90만 장이 판매되었으며 수많은 사람이 은혜를 경험했다. 정말 놀라웠다! 소닉플러드 음반이 생애 첫 기독교 음반이었다고 말하는 수많은 사람을 만났다. 그러나 2000년 어려운 상황 속에서 제프는 소닉플러드를 떠나야 했다. 솔직히, 마침내 예배 인도자의 부르심을 발견한 후 일어난 결과에 절망했지만, 그 과정을 통해 많은 것을 배우고 성장했다.

제프 디오는 4장의 개인 앨범을 더 녹음하고 세계를 투어한 후, 2010년 내슈빌을 떠나 미네소타에 있는 노스 센트럴 대학교에서 예배학 교수가 되어 학생들에게 예배 인도와 작곡을 가르치기 시작했다. 2024년, 14년간의 교수직과 셀레브레이션 교회 사역을 마감하고 2025년 텍사스 웩사하치의 트리니티 교회 담임목사로 새로운 사역을 시작했다.

지성소 / 값 10,000원

성령님께서 지금 이 시간 그리스도의 거룩한 신부들이 지성소로 들어가도록 부르신다. 하나님께서 가장 높고 은밀한 지성소에서 천국의 사명과 계시, 하나님의 뜻과 거룩한 부르심을 주시고, 이것을 성취할 수 있는 권능을 주신다!

중보적 예배 / 값 13,500원

우리가 예배와 중보기도를 음악과 하나로 모을 때, 이 땅 위에 하나님의 계획과 목적이 더 충만하게 나타날 것이다. 이 책은 깊은 예배와 강력한 기도와 탁월한 음악의 능력이 함께 어우러지도록 돕는다.

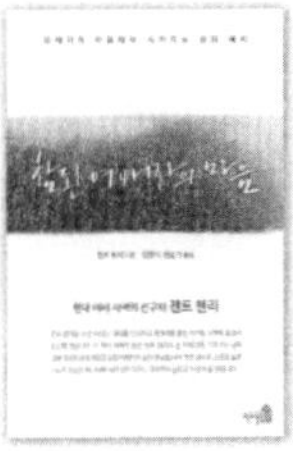

참된 예배자의 마음 / 값 8,500원

이 책의 저자 켄트 헨리는 지난 40년간 예배를 인도하고 예배자를 훈련하는 일에 헌신해왔다.
이 책을 통해 참된 예배자의 마음을 더 깊이알고 살아가게 될 것이다.

하나님의 임재를 갈망하는 예배자 / 값 10,000원

샘 힌 목사는 어떻게 예배를 통해 하나님의 임재 안으로 들어갈 수 있는지 친절하게 알려 준다. 예배 가운데 주님께 초점을 맞추고 하나님의 영광과 은혜로 자기 자신을 보기 시작할 때, 당신은 가장 놀라운 변화를 경험하게 될 것이다.

예배의 불꽃

지 은 이 제프 디오
옮 긴 이 한성진

펴 낸 이 한성진
펴 낸 날 2025년 11월 27일
펴 낸 곳 벧엘북스 BETHEL BOOKS
등 록 2008년 3월 19일 제 25100-2008-000011호

주 소 서울시 강남구 봉은사로 71길 31
웹사이트 https://www.facebook.com/BBOOKS2 또는 페이스북에서 벧엘북스로 검색
쇼 핑 몰 https://smartstore.naver.com/bethelbooks
전 화 070-8623-4969(문자 수신 가능)
총 판 비전북 0507-1495-3927
ISBN 978-89-94642-44-4

SPARK

예배의 불꽃